केरल की सांस्कृतिक विरासत

केरल की सांस्कृतिक विरासत

(कालिकट विश्वविद्यालय हिन्दी विभाग की रजतजयन्ती के उपलक्ष्य में)

संपादक

जी. गोपीनाथन

अध्यक्ष, हिन्दी विभाग,
कालिकट विश्वविद्यालय

संपादन-परामर्श मंडल

टी.एन. विश्वंभरन, इक़बाल अहमद,
जे. हेमावती अम्मा, एम.एस. विश्वंभरन
ए. अच्युतन, डॉ. पी.के. पद्मजा
आर. सुरेन्द्रन।

वाणी प्रकाशन

वाणी प्रकाशन
ज्ञान के विविध आयामों के प्रकाशक

वाणी प्रकाशन का 'लोगो' विख्यात चित्रकार मक़बूल फ़िदा हुसेन की कूची से

वाणी प्रकाशन, 4695, 21-ए, दरियागंज, नयी दिल्ली-110002
वाणी प्रकाशन, अशोक राजपथ (पटना कॉलेज के सामने), पटना (बिहार)

KERAL KI SANSAKRITIK VIRASAT
Edited by G. Gopinathan
Culture/History

ISBN : 81-7055-610-4

शब्द संयोजक

प्रथम संस्करण : 1998

आवृत्ति : 2010

वाणी प्रकाशन

मूल्य : 395/-

फोन : 0091#11#23273167, 23275710

फैक्स : 0091#11#23275710

वेबसाइट : www.vaniprakashan.in

ई-मेल : vaniprakashan@gmail.com

vani_prakashan@yahoo.com

जी. एस. ऑफसेट, प्रेस द्वारा दिल्ली-110032 में मुद्रित

अनुक्रम

पुरोवाक्

कालिकट विश्वविद्यालय का हिंदी विभाग पिछले 25-26 वर्षों से उत्तर केरल या मलाबार के प्रमुख हिंदी अध्ययन-अनुसंधान केंद्र के रूप में कार्यरत है। मलाबार का क्षेत्र मुख्य रूप से ग्रामीण अंचलों से भरा है और संस्कृति के पुराने अवशेष और कलाएँ यहाँ प्रचुर मात्रा में मिलते हैं। हिंदी विभाग ने समय-समय पर यहाँ की कलाओं को हिंदी के माध्यम से अखिल भारतीय स्तर पर लाने का प्रयास किया है। इसलिए यह उचित ही सोचा गया कि हिंदी विभाग की रजतजयंती के उपलक्ष्य में केरल की सांस्कृतिक विरासत पर एक ग्रंथ निकाला जाए। मुझे प्रसन्नता है कि हमारे साथियों, शिष्यों एवं मित्रों के सहयोग से यह ग्रंथ पाठकों के सामने प्रस्तुत कर पा रहा हूँ। इसके अधिकांश लेख मूल रूप से हिंदी में लिखे गए हैं, कुछ लेख अंग्रेजी और मलयालम से अनूदित हुए हैं। यह अनुवाद कार्य अनुवादक मंच के कुछ सदस्यों ने किया है। ये लेख प्रमुख रूप से 'मलाबार' ग्रंथ से लिए गए हैं। इन लेखकों और अनुवादकों के प्रति आभार प्रकट करना अपना कर्तव्य समझता हूँ। 'वाणी प्रकाशन' का भी आभारी हूँ जिन्होंने इस ग्रंथ के प्रकाशन का दायित्व सहर्ष स्वीकार किया है।

प्रो.जी. गोपीनाथन

अध्यक्ष हिंदी विभाग,
कालिकट विश्वविद्यालय
21-8-1997

1

केरल : इतिहास के झरोखे से

के.के.एन. कुरुप

पश्चिमी घाटी एवं अरब सागर के बीच स्थित भारत संघ का दक्षिणी राज्य, केरल, पुराने जमाने से ही व्यापारिक और सांस्कृतिक महत्त्व का प्रदेश रहा है। मुख्य रूप से सामुद्रिक प्रदेश होने के कारण यह प्रदेश सर्वदा अन्य भूखण्डों से आनेवाले ऐतिहासिक शक्तियों के हस्तक्षेप का शिकार बन कर रहा है। प्रागैतिहासिक युगों में भी इन प्रदेशों में प्रागैतिहासिक मानव निवास करते थे और उनके उत्तर पाषाण कालीन एवं प्रागैतिहासिक महापाषाणकालीन उपनिवेशों की खुदाई यहाँ के विभिन्न प्रदेशों में हुई है। इडुक्की और वयनाडु के पास एडक्कल की खुदाई से प्राप्त प्रागैतिहासिक अभिलेख, गुफानक्काशियाँ और अन्य महापाषाणकालीन अवशेष प्राचीन अतीत के पुरातत्त्व अध्ययन में अमूल्य संपत्ति प्रदान करते हैं। राज्य की कुछ आदिम जातियों को, विशेषकर 'हाइरेन्ज' प्रदेशों और वन प्रदेशों में बसनेवालों को यहाँ के प्राचीन निवासियों की परंपरा माना गया है।

बौद्धों और जैनियों के प्रारंभिक दिनों में ही यहूदियों और ईसाइयों ने इस देश में अपनी नींव डाली थी। उन्होंने अपने धार्मिक केंद्रों की स्थापना की और देशी लोगों को संगठित धर्म का आशय प्रदान किया। धीरे-धीरे वैदिक हिंदू धर्म का रंग प्रवेश हुआ और उन्होंने केरल के विभिन्न भागों में 32 धार्मिक उपनिवेशों की स्थापना की। हर एक उपनिवेश ने उपासकों के लिए 'ग्रामक्षेत्र' नाम से एक-एक मंदिर की स्थापना की। इस प्रकार के कई उपनिवेशों ने बाद में द्वितीय या अंतः उपनिवेशों का सृजन किया और यह हिंदू धर्म के प्रसार का कारण बन गया। आठवीं या नवीं सदी होते-होते यह प्रक्रिया समाप्त हो गई। इस सामाजिक पृष्ठभूमि पर पूरे क्षेत्र का एक राजनैतिक एवं प्रशासनिक ढाँचा प्रस्तुत करते हुए बाद में महोदयपुरम के चेरवंश का उदय हुआ।

इस वैदिक विकास के सामाजिक परिवेश में महान् दार्शनिक एवं वेदान्त व्याख्याता, जगद्गुरु शंकराचार्य का जन्म कालडी में हुआ। उनका जीवन काल 788

ई. से 820 तक होने की अधिकांश संभावनाएँ हैं। भारत के चारों भागों में चार मठों की स्थापना करके उन्होंने भारतीय सांस्कृतिक एकता के लिए महत्त्वपूर्ण योगदान दिया। दुनिया के महान् दार्शनिकों एवं आचार्यों के बीच केरल के इस श्रेष्ठ पुत्र का स्पष्ट एवं महत्त्वपूर्ण स्थान है।

व्यापारियों एवं धर्म प्रचारकों के द्वारा इस्लाम ने एक धर्म के रूप में भारत में नींव डाली। मध्यकालीन व्यापार केंद्रों में माडायी और कोडुन्गल्लूर में ही प्रारंभिक मुस्लिम उपनिवेश स्थापित हुआ। इन प्रदेशों की मस्जिदें प्रारंभिक इस्लामिक संस्कृति का अवशेष हैं। उनके अनुगामी माप्पिलाओं ने एक धनी व्यापारी समाज के रूप में सामान्यतः सारे समुद्रतटवर्ती नगरों में अपनी जड़ों को फैलाया। अरब सागर के लक्षद्वीप समूहों का प्रशासन कार्य निभाने योग्य एक राजवंश–'अरक्कल राजवंश'–का सोलहवीं सदी तक कन्नूर में जन्म हो चुका था।

जब महोदयपुरम के प्रारंभिक चेर राजाओं का तिरोधान हुआ तब वहाँ अनेक राजवंश एवं छोटे-छोटे राज्यों का उदय हुआ। उनमें दक्षिण के वेणाट या ट्रावनकूर, मध्य की कोच्ची और उत्तर के सामूतिरि और कोलत्तिरि राजवंश विख्यात थे। अपनी असीम सुगंध-द्रव्य संपत्ति के कारण सामूतिरियों की राजधानी कोषिक्कोड एक अन्तर्राष्ट्रीय व्यापार केंद्र बन गया। पंद्रहवीं सदी के अंत में कोषिक्कोड में पुर्तगाल के लोगों के आगमन ने एशिया के इतिहास में एक नए युग का उद्घाटन किया। उस महान् ऐतिहासिक घटना के नायक, वास्को द गामा ने व्यापार प्रतियोगिता का ही नहीं बल्कि महत्त्वपूर्ण राजनीतिक कार्यक्रम का भी आविष्कार किया। एक सदी तक पुर्तगालों के विरुद्ध स्वदेशी प्रतिरोध होता रहा। उनमें कुंजाली मरक्कार की बहादुरी एक उल्लेखनीय अध्याय है। 1663 होते-होते डच्चों ने पुर्तगाली उपनिवेशों पर जीत हासिल की थी। समांतर रूप से ईस्ट इंडिया कंपनी ने केरल में अपनी दो फैक्टरियों की स्थापना की–एक तलश्शेरी में और दूसरी अम्जेन्गो में। फ्रेंचों ने भी माहि में अपनी फैक्टरी की स्थापना की। इस यूरोपीय प्रभाव ने उपनिवेशवादी आधिपत्य की एक कटु प्रतियोगिता का मार्ग खोल दिया। अंत में अंग्रेजों ने जीत हासिल की। 1792 में मलाबार उनके आधिपत्य की सीमा में आया। धीरे-धीरे देश के शेष भाग भी उनके अधीन आए।

ब्रिटिशों के कॉलनी आधिपत्य के विरुद्ध यहाँ के लोगों ने विरोध प्रकट किया था। उनमें पषश्शि राजा और वेलुत्तंबी की क्रांतियाँ महत्त्वपूर्ण थीं। 1921 में दक्षिण मलाबार का कृषक वर्ग एक सशस्त्र प्रत्याक्रमण के द्वारा ब्रिटिश सत्ता के विरुद्ध खड़ा हुआ। यह 1857 के बाद ब्रिटिशों के विरुद्ध हुई क्रांतियों में एक महत्त्वपूर्ण क्रांति थी।

स्वतंत्रता प्राप्ति के बाद आधुनिक भाषापरक, केरल राज्य का आविर्भाव 1956 में हुआ। अगले वर्ष जनकीय चुनाव में साम्यवादियों ने राजनीतिक अधिकार पाया और दो वर्षों की अवधि तक उन्होंने शासन किया। बाद में आई कई सरकारों

में वे भागीदार बने।

ऊपर दिए गए राजनीतिक परिवर्तनों के बावजूद इस क्षेत्र ने सदियों से लेकर एक धनी सांस्कृतिक विरासत को बनाए रखा है। यहाँ की स्वदेशी शारीरिक एवं युद्ध प्रशिक्षण 'कलरिप्पयट्टु' शरीर व्यायाम और द्वंद्व युद्ध प्रयोगों के कारण विश्वप्रसिद्ध है। खिलाड़ी का फुर्तीलापन और ढाल एवं तलवार प्रयोग का वैदग्ध्य आदि उल्लेखनीय है। आचार एवं आचार्यों के सामर्थ्य के अनुसार सालों तक रहनेवाला प्रशिक्षण कार्यक्रम आधुनिक दुनिया में आकर गायब नहीं हुआ, किंतु परंपरा से परंपरा तक संप्रेषित किया गया। विश्व स्वास्थ्य संगठन द्वारा स्वीकृत स्वदेशी वैद्य विधि या आयुर्वेद केरल की धनी सांस्कृतिक संपत्ति है। कोट्टक्कल आर्य वैद्यशाला को धन्यवाद देते हैं जिसके कारण परंपरा प्रतिष्ठित वैद्य विधियों का पुनरुत्थान होने से यूरोपीय भूखंडों में भी उसका प्रचार हुआ है। यहाँ की वनस्पति औषधियाँ मालिश के लिए प्रयुक्त तेल आदि मानव को एकदम दीर्घायु बनाने में सक्षम हैं। कलरिप्पयट्टु और शारीरिक व्यायाम के अभ्यास आदि आयुर्वेद और मर्मविधियों से युक्त रूप में किए जाते हैं।

क्लासिकल एवं लोकरंगमंचों में केरल की अपनी एक धनी विरासत है। तेय्यम जैसी उसकी कुछ अनुष्ठान कलाओं का उदय जातिपरक है। विश्वरंगमंच में कूडियाट्टम और कथकली के क्लासिकल रंगमंच का महनीय स्थान है। एक संगठित संस्था के रूप में रहकर केरल कलामंडल ने इन कलारूपों को प्रोत्साहन दिया और मानवता की सांस्कृतिक परंपरा को संपन्न किया। इन कलारूपों के अतिरिक्त इस संस्था ने भरतनाट्यम, मोहिनियाट्टम जैसी कलाओं को भी प्रोत्साहन दिया। मोहिनियाट्टम केरलीयों की एक विशिष्ट रंगमंचीय प्रस्तुति है। वह मात्र स्त्रियों द्वारा खेली जानेवाली एक कला है। उसने पदचालन, वेशभूषा आदि को तिरुवातिरक्कली आदि खेलों में अपनाया।

इस क्लासिकल कला परिवेश के ठीक विपरीत यहाँ सैकड़ों लोक कलारूप हैं, जो ग्रामीण जनता के विभिन्न धर्मों एवं जातियों द्वारा सुरक्षित रखे गए हैं। चविट्टुनाटकम, मार्गम कली आदि ईसाई कलाएँ और ओप्पना जैसी माप्पिला कलाएँ उन धार्मिक विभागों के निजी कला रूप हैं। इनके अलावा मलाबार के पेरुमकलियाट महोत्सवों और त्रिश्शूर के पूरम महोत्सव आदि केरलीय जीवन को उत्सवमय बनाते हैं। ओणममहोत्सव, जिसकी एक धार्मिक एवं मिथकीय अस्मिता है, आज सरकार की देखरेख में जनतांत्रिक उत्सव बन गया है।

केरल के दक्षिणी क्षेत्रों में नाव खेने की प्रतियोगिता आजकल एक जनकीय उत्सव हो गई है। ऐसे समारोह समाज के विभिन्न वर्गों की जिंदगी को मनमोहक, रंगीला एवं संगीतमय बनाते हैं। वस्तुतः केरल की सांस्कृतिक विरासत का प्रतिफलन इन लोक और ग्रामीण उत्सवों में होता है जो समाज में सदियों की लंबी परंपरा से

प्रतिष्ठित हैं। उन्होंने कृषक जीवन को, बोने से लेकर फसल काटने तक के सारे कार्यो को, बहुआयामी बना दिया है। विषु उत्सव का कार्षिक जीवन से निकट संबंध है।

भारतीय भाषाओं के बीच मलयालम उसकी सारी आधुनिक शाखाओं के प्रचुर विकास के कारण एक महत्त्वपूर्ण स्थान रखती है। 'दास कैपिटल' से लेकर विश्व क्लासिक की लगभग सारी रचनाएँ मलयालम में अनूदित होकर आई हैं। उसके कुछ रचनाकार, जैसे तकषी, बषीर, एम.टी. वासुदेवन नायर आदि अपनी रचनाओं के कारण भारत के बाहर भी प्रसिद्ध हैं। विभिन्न धर्मावलंबियों की अंतर्देशीय योजनाओं ने इस प्रदेश में धार्मिक कार्यों को ही नहीं मानव-सेवा कार्यों को बढ़ावा देने में भी महत्त्वपूर्ण भूमिका निभाई है। कुछ ऐसी सेवा संस्थाओं ने भी यहाँ के मानव संसाधन विकास में महत्त्वपूर्ण योगदान दिया। अंतर्देशीय स्तर पर उल्लेखनीय कुछ पर्यटन केंद्र भी यहाँ हैं। तेक्कडी के वन्यजीवन संरक्षण केंद्र, कोवलं का समुद्र तट, कोच्चि की झील और कायल आदि हज़ारों दर्शकों को आकर्षित करते हैं। गुरुवायूर मन्दिर, शबरि मला तीर्थस्थान आदि प्रसिद्ध हिंदू तीर्थ स्थान भी भारत के विभिन्न भागों से भक्तों को आकर्षित करते हैं।

यहाँ के कई मलयाली नौकरी की तलाश में विश्व के कोने-कोने में जाकर बसे हैं। उनमें अधिकांश लोगों ने मध्य पूर्वी देशों में नौकरी पाई है। यहाँ की आर्थिक स्थिति में उनकी आय का निर्णायक स्थान है। यह ऐसे एक प्रतिभास का कारण बन गया है कि निम्न प्रतिशीर्ष आय में भी उच्च उपभोग होता रहा है। इन प्रवासियों ने ग्रामीण घरों तक में इलेक्ट्रोनिक संस्कृति को लोकप्रिय बनाया और समस्त क्षेत्र को जनसम्मत इलेक्ट्रोनिक नागरिकता में रूपांतरित किया।

वस्तुतः नई संस्कृति और विरासत अपने अंतिम बिंदु पर स्थित है। परंपरागत संस्कृति की जड़ें उखाड़ी नहीं गई हैं किंतु वे क्षण-क्षण परिवर्तनशील हैं। ग्रामों की परंपरागत खाद्य विधियाँ तक शीघ्र परिवर्तित हो रही हैं। गाँवों तक के केरलीय पुरुषों और स्त्रियों की वेशभूषा में आमूल परिवर्तन हुआ है। अंग्रेज़ी माध्यम के नर्सरी स्कूलों तथा अन्य शैक्षणिक संस्थाओं के कारण अंग्रेजी यहाँ की लोकप्रिय सामान्य भाषा बन गई है। और एक कोलोनियल बपौती होने के कारण यह श्रेष्ठता की प्रतीक के रूप में स्वीकृत हुई। सामाजिक एवं सांस्कृतिक क्षेत्रों का यह उल्लेखनीय परिवर्तन देखकर दृढ़ता के साथ कह सकते हैं कि केरल के परंपरागत सूत्र का सर्वनाश नहीं हुआ है। परंपरा एवं आधुनिकता दोनों ने जीवन और उसकी विकास की गति पर प्रभाव डाला है। यह स्थिति उन ऐतिहासिक शक्तियों की देन है जिन्हें सदियों से लेकर इस समुद्रतटीय प्रदेश ने समेट लिया है। हमने विश्व समूह को बहुत कुछ दिया और उससे बहुत कुछ लिया है। जो भी हो, हमारी जड़ें अब भी मजबूत हैं। आलंकारित ढंग से कहें तो यह हमारे समाज की शक्ति एवं दुर्बलता दोनों को दर्शाती है।

अनुवाद : सिजी जेकब

2

केरल के आदिवासी : नृत्तवैज्ञानिक भूमिका

के. पी. देवदास

संसार के सभी कोने में विकसित हुए प्राचीन जनवर्गों की संस्कृतियों, भाषाओं एवं प्रसार की पृष्ठभूमि पर केरल के आदिवासी लोगों की वंशीय पृष्ठभूमि की एक झलक प्रस्तुत करना ही इस लेख का मुख्य उद्देश्य है। कुछ साल पहले, भारत तथा अन्य देशों में प्राचीन, मानव वंशों एवं भाषाओं के संबंध में जो शोध कार्य हुए थे, उनसे प्राप्त कुछ तथ्य भी यहाँ लागू करने की कोशिश की है। केरल के पहाड़ी प्रदेशों में पाए जानेवाले आदिवासी लोग केवल केरल के ही नहीं, वंश, परंपरा और संस्कृति की दृष्टि से ये लोग भारत के अन्य सभी आदिवासी वर्गों से संबंध रखते हैं। आदिवासी गोत्रों के नाम की समानता और समान सांस्कृतिक पृष्ठभूमि आदि इसके लिए ज्वलंत प्रमाण प्रस्तुत करते हैं।

शिलायुगीन समय से भारत में जीवन बितानेवाले मानव की परंपरा में आनेवाले लोगों, हज़ारों सालों से होकर भूखण्डों से यहाँ आकर बसनेवाले प्रवासियों तथा इस देश से होकर चले जानेवाले यात्रियों के मिलेजुले रूप हैं भारतवासी। लेकिन इतिहास के गतिशील प्रवाह के बीच किसी न किसी कारण से सांस्कृतिक विकास के क्षेत्र में पिछड़े हुए या अवरुद्ध गतिवाले लोग हैं आदिवासी लोग। हमें यह याद रखना आवश्यक है कि हमारे पूर्वजों की स्थिति वर्तमान आदिवासी लोगों से भिन्न न थी। विभिन्न आर्थिक, सामाजिक, भौगोलिक वातावरण में एक मानव समुदाय का असंतुलित सांस्कृतिक विकास ही संभव है। इसलिए ही एक विशेष-क्षेत्र के अंतर्गत एक ही समय आदिवासियों और संस्कृत लोगों को हम देख पाते हैं।

केरलीय क्षेत्र

यह अनुमान किया जा सकता है कि केरल में प्राचीन शिला युग काल से ही मानव निवास करते आए थे। 'कारबन' के परीक्षण के द्वारा यह स्पष्ट किया गया है कि तेन्मला प्रदेश में लगभग 5100 साल पहले मानव जिन्दा थे। यहाँ की गुफ़ाओं में

खुदवाए चित्र भी देखने को मिलते हैं। कुछ शोधकारों ने यह सूचित किया है कि वयनाड की एड़क्कल गुफाओं में पाए जानेवाले सबसे प्राचीन रेखाचित्र 3000 से 4000 साल पुराने हैं। वर्तमान आदिवासी इन लोगों की वंशपरंपरा में आनेवाले लोग होंगे। यह जानकारी प्राप्त हुई है कि वंश मिश्रण उसके पहले ही होता था।

भारत में कुल 327 भाषाओं और उनके उपभेदों को बोलनेवाली 4599 जातियाँ रहती हैं। केरल सरकार की एक राजकीय विज्ञप्ति के अनुसार यहाँ कुल 35 आदिवासी वर्ग हैं। लेकिन 'ट्राइब्स आफ केरल' नामक ग्रन्थ में इनकी संख्या 48 बताई गई है। एक अन्य ग्रंथ में यह सूचना दी गई है कि यहाँ के आदिवासियों की वास्तविक संख्या 41 और 54 के बीच में है। 1961 की जनगणना के अनुसार आदिवासी लोगों की संख्या 2,07,956 थी। 1971 में इसमें वृद्धि हुई 2,64,356। लेकिन 1981 में यह 1,28,275 तक सीमित हुई। भौगोलिक या भूगोल शास्त्र की दृष्टि से कासरगोड, वयनाड, अट्टपाडी, निलम्बूर, परंबिक्कुलम, इडुक्कि, तिरुवनन्तपुरम आदि सात क्षेत्रों में इनके निवास केंद्रों को विभक्त किया है।

नाम की समानता

केरल के कुछ आदिवासी समुदाय के नाम (उच्चारण की भिन्नता है) परिवर्तन के साथ अन्य राज्यों में पाए जाते हैं। इन्हें साधारणतया अनुसूचित जनजाति और वर्गों के अंतर्गत गिनाया जाता है। उदाहरण के लिए 1976 में 'पुलयर' को अनुसूचित जन वर्ग से जाति में परिवर्तित किया गया था। इसी प्रकार उत्तर केरल की होल्या अनुसूचित जनजाति है। इस प्रकार इडुक्कि के आसपास रहनेवाले 'पलियर' को तीन वर्गों के रूप में अनुसूचित जनवर्ग के अंतर्गत स्थान दिया गया है। पल्लेयन, पल्लियान और पल्लियर। तमिलनाडु के पलियर, पलयर आदि इसी समुदाय के सदस्य होने की संभावना है। एक अन्य आदिवासी समुदाय है होलर, जो कर्नाटक राज्यवासी हैं, 'बोलाय' नामक देवता की पूजा करने के कारण यह नाम मिला होगा। इस प्रकार जन समुदाय को भिन्न वर्गों और जातियों के अंतर्गत गणना करने के लिए कोई मानवशास्त्रीय आधार नहीं है। केरल के अनुसूचित जनजाति के लोग 'कूरवन' तमिष़नाडु में 'कोरवा' और उत्तर भारत में 'कोरव' नाम से जाने जाते हैं। वास्तव में केरल के कुरुम्बन और कुरुमा लोग ही कर्नाटक, तमिलनाडु और आंधप्रदेश के 'कुरुम्बा' समुदाय हैं। यहाँ बिहार का 'कुरुमि' नाम भी स्मरणीय है। यहाँ के इरूलर और काणिक्कार तमिष़नाडु में भी पाए जाते हैं। इन लोगों के ऐतिय के अनुसार ये तमिष़नाडु के केरल में आकर बसे थे। ऐतिय में यह बताया गया है कि काणिक्कार समुदाय के लोग भी तमिलनाडु से यहाँ आए थे। इसी प्रकार दक्षिण केरल के 'कोलियान' विभाग भारत के प्राचीन जनवर्ग कोलार्य जन की याद दिलाता है। गुजरात और महाराष्ट्र आदि राज्यों में सणूकोली, महादेव कोली आदि

अनेक प्रकार के कोली रहते हैं। इस वर्ग के लोगों को आंधप्रदेश में 'कोलम' कहते हैं। केरल में मुकयर, मोगयर, मोगवीरर नाम से जानेवाले आदिवासी लोग कर्नाटक में बोविमुकयर, मोगर और महाराष्ट्र में महर नाम से जाने जाते हैं। इस विभाग के लोग मध्य काल में महाराष्ट्र के प्रांतों में 'मैखरिया' नाम से शासन सँभालते थे।

'कुरिच्यर' कारूंबर नाम का संक्षिप्त रूप होने की संभावना है। गुजरात और राजस्थान आदि राज्यों में 8वीं शताब्दी में 'गुरजर' नामक गोत्र वर्ग से उत्पन्न राजवंशों की सूचना इतिहास में मिलती है। आज भी राजस्थान के गोत्र वर्गों में गूजर एक सबसे बड़ा वर्ग है। कोलत्तुनाडु का कारुवनाडु एक और नाम भी था। वहाँ के युद्ध वीरों की कुरिच्यर, कारुवर नाम से ख्याति प्राप्त करने की संभावना है। कुरिच्यर और गुर्जर दोनों एक ही गोत्र वर्ग की याद दिलाते हैं। ऐसा होने की संभावना अधिक है। यह प्रमाणित किया गया है कि एक ही गोत्र के लोग भारत के भिन्न प्रान्तों में अलग होकर रहते थे। आदि काल में भारत के आदिवासी लोग एक सामंत संस्कृति के अधिकारी थे। इन प्राचीन गोत्रों से ही सभी राजवंशों की उत्पत्ति हुई थी।

वंश निर्णय

भारत की आदिवासी जनता के वंश निर्णय का काम अत्यंत जटिल है। प्रागैतिहास काल के लोगों के वंशों के बारे में स्पष्ट प्रमाण देने के लिए सहायक दस्तावेज कुछ भी नहीं है। यह निश्चित है कि लगभग 4500 साल पूर्व सिंधुघाटी की सभ्यता को विकसित करनेवाले लोग निश्चय ही भिन्न वंश के लोग थे। यह वंश मिश्रण की परंपरा का विकास उस समय या उससे पूर्व ही हुआ होगा। केरल के आदिवासियों के वंशों के बारे में अध्ययन करनेवाले आदिकालीन प्रवर्तकों में एल.के. अनन्त कृष्ण अय्यर, एल.ए. कृष्ण अय्यर आदि के अध्ययन विशेष उल्लेखनीय हैं। नृतत्व वैज्ञानिकों के अध्ययन के अनुसार भारत के आदिवासी लोग मुख्य रूप से 'निग्रटो', 'प्रोट्टो आस्ट्रलोयड', 'मंगलोय्ड' आदि वंशों के अंतर्गत आते हैं। उनके अनुसार केरल के काडर, इरुलर, कणियार आदि निग्रटो वंशज हैं। लेकिन ए. अय्यप्पन आदि लोग इससे सहमत नहीं हैं।

वर्तमान काल में जनितक अनुसंधानों में हुई प्रगति ने भारत के आदिवासी लोगों में निग्रय्ड अंश होने की संभावना पर प्रकाश डाला है। अमेरिकी जनितक वैज्ञानिक विन्सन्ट सारिक, अलनविल्सन आदि ने संसार के अनेक वंशों के मैटोकोंट्रियल, डी.एन.ए. आदि का सूक्ष्म अध्ययन किया और यह निष्कर्ष निकाला है कि आधुनिक युग के ये 520 करोड़ लोग, लगभग डेढ़ या दो लाख साल पूर्व अफ्रीका में जन्मी एक नीग्रो स्त्री की संतान परंपरा हैं। कुछ लोगों की राय में यह स्त्री अफ्रीका की न होकर चीनी स्त्री है। पहले तर्क को स्वीकार करें तो यह निस्संदेह

मानना पड़ेगा कि भारत के आदिम निवासियों में यह नीग्रो अंश मौजूद है। यह प्रवास अत्यन्त प्राचीन काल में होने के कारण ही यह अंश उसमें कम पाए जाते हैं। यहाँ के काडर और इरुलर आदि आदिवासी लोगों में पाए जानेवाला यह नीग्रो अंश, क्या डेढ़ या दो लाख वर्ष पूर्व ही वर्तमान था ?

कुछ विद्वानों ने यह सूचित किया है कि कपाल, नासिका, आदि की रूप रचना रक्त ग्रुप आदि को आधार बनाकर होनेवाले अध्ययन से भी वंश निर्णय के लिए पर्याप्त समाधान प्रस्तुत नहीं किया जा सकता।

द्रविडवाद

भारत में मानव शास्त्र के अध्ययन को भाषाध्ययन से भी काफी मदद मिली है। रिस्ली नामक एक पंडित ने कई सालों पूर्व भारत के आदि निवासियों को सर्वप्रथम 'द्रविडा' नाम से पुकारा था। लेकिन विद्वानों के बीच यह मतभेद है कि ये लोग मेडिटरेनियन प्रदेश से यहाँ आए हुए थे, या नहीं। वे तो भारत में प्राचीन काल से रहनेवाले आदिम निवासी थे। यह मतभेद जोरों से चलता आ रहा है। अन्य कुछ लोगों के अनुसार द्रविड लोगों के पहले ही मेडिटरेनियन वर्ग के 'अस्ट्रिक' लोग भारत और दक्षिण पूर्व एशिया के देशों में पहुँचे थे। और यह परंपरा आगे चलकर भारत में सन्याल, मुण्डा, खासी, कोरवे आदि वर्गों के रूप में परिणित हुई।

कुछ साल पूर्व हुए पुरातत्त्व अध्ययन और भाषाध्ययनों से यह व्यक्त होता है कि दक्षिण पूर्व एशिया से भारत देश में होकर आस्ट्रलोयूड वर्ग पश्चिम की ओर यात्रा करते थे। 1918 में जाइम्स होस्नल ने यह प्रस्ताव रखा है कि द्रविड लोगों से पहले ही पोलिनोशिया, मलेशिया आदि देशों से आए हुए प्राचीन लोग भारत के नदी तट पर निवास करते थे। उन्होंने यह भी सूचित किया है कि ये प्रवासी लोग मलेशिया से एक विशेष आकृति की पालवाली नाव लेकर मडगास्कर आए थे। इस मत को सिद्ध करने का कुछ भाषाध्ययन वर्तमान काल में हुआ है। हावाई विश्वविद्यालय के विद्वान् रोबर्ट क्लस्ट के अनुसार आस्ट्रनेशिया भाषाओं के प्रग्रूप लगभग 8000 साल पूर्व दक्षिण चीन से होकर दक्षिण पूर्व एशिया के देशों में प्रचलित होने लगे।

आस्ट्रनेशियन भाषाएँ धीरे-धीरे ई.पू. 4000 में फारमोसा, ई.पू. 300 के आसपास फिलिपींस, ई.पू. 2500 के आसपास तिमोर और ई.पू. 1200 के आसपास पश्चिम पोलिनेशिया तथा 300-400 ई. में अयर्लण्ट तक फैल गईं। ये भाषाएँ और लोग पश्चिम दिशा में मडगास्कर तक पहुँचे थे लेकिन इन प्रवासी जनों के पूर्व ही इस प्रकार के अन्य प्रव्रजनों के कारण अन्य कई नूतन वर्गों के यहाँ पहुँचने की संभावना है। क्योंकि लगभग 40,000-50,000 साल पूर्व ही सोलमन द्वीप, आस्त्रेलिया, न्यूगिनिया आदि प्रदेशों में नावों की यात्रा द्वारा वहाँ पहुँचकर प्रव्रजन

प्रारंभ करते थे। आस्त्रेलिया के वर्तमान आदिवासी लोग उसकी परंपरा में आते हैं। इन लोगों की पश्चिम दिशा की यात्रा निश्चय ही भारत और श्रीलंका के तटवर्ती प्रदेशों से होकर हुई होगी। ऐसा हुआ होगा तो निश्चय ही भारत के आदिकालीन प्रवाही आस्ट्रनेशिया के लोग होंगे। लेकिन होरणल और बोनडिक्ट दोनों द्वारा सूचित समय में काफी अंतर है। आस्ट्रनेशिया की प्रवासी जनता और तत्कालीन भारतीय जन वर्गों के बीच बाद में मिश्रण हुआ होगा। ऐसा लगता है कि आदिवासी लोग इस मिश्रित परंपरा के आगे की पीढ़ी होंगे और अन्य संस्कृत जनता इनके रिश्तेदार या बंधुजन।

अनुवाद : बालकृष्णन. टी.

'मलाबार' ग्रंथ से साभार।

3

कालिकट का उदय और विकास

एम.आर. राघव वारियर

कालिकट की उन्नति, सामूतिरियों के आधिपत्य के कारण हुई थी। केरल के इतिहास में सामूतिरियों का महत्त्वपूर्ण स्थान रहा है। एरनाड के अन्दर कुण्डोट्टी के निकट नेडियिरूप्पु में मूल परिवार होने से सामूतिरि ने भूवेष्टित प्रदेश से समुद्र की ओर एक निर्गम मार्ग आवश्यक समझा। इसलिए अपने अधीनस्थ समुद्र तट को बन्दरगाह के रूप में रूपांतरित किया। इस प्रदेश के विकास और व्यापार के परस्पर संबंध के कारण, कालिकट के समुद्र तटीय क्षेत्र का विकास हुआ होगा।

समुद्र तट के नमक का क्षेत्र

किसी भी तरह, शून्य से बाज़ार, शहर, बंदरगाह आदि कुछ भी पैदा नहीं होते। दूसरे ढंग से कहें तो, नगर केंद्र की व्यापार शृंखला की उन्नति और विकास का संबंध, आर्थिक विकास का सूचक है। पुराने काल के पोलनाड के नेता और सामूतिरी के बीच के युद्ध मुख्य रूप से, आर्थिक आधिपत्य और प्रदेशों में फैली व्यापार शृंखला के नियंत्रण, उस पथ से समुद्र की ओर और पश्चिमी घाट के बाहर के प्रदेशों की ओर निर्गम मार्गवाले प्रदेशों के लिए होगा, इसकी संभावना है। दलदला प्रदेश होने के कारण, निम्न प्रदेश कोषिक्कोड धान की खेती के लिए अधिक उपयुक्त नहीं है। कोषिक्कोड में मुख्य भोजन चावल के लिए हमेशा कमी होती थी। लेकिन कोषिक्कोड के चारों ओर के समतल में से निम्न स्थानों पर विशाल खेत हैं। भूगोल शास्त्र से संबंधित यह विशेषता नमक बनाने के लिए उपयुक्त है। ज्वार के समय समुद्र जल निम्न प्रदेशों में घुस जाता है और भाटे में वहीं रह जाता है। अनुयोज्य स्थानों पर बाँध की सहायता से जल रोकने की व्यवस्था कर जल सूर्य के ताप से सुखाया जाता है। दक्षिण भारत के लंबे तटीय क्षेत्र में बहुत पहले ही इस प्रकार से नमक बनाते थे। तमिल वीरगाथाएँ समुद्र तट के व्यापक नमक व्यवसाय के महत्त्व के बारे में गवाही प्रस्तुत करती हैं। नेय्ताल समुद्र तट में बनाया गया नमक भीतरी

प्रदेश के पर्वत तक पहुँचता था। नमक बड़ी थैलियों में भरकर कारवाँ में खेतों में से, ग्रामीण प्रदेशों में से और जंगलों में से ले जाने का चित्रण है। ऐसे चित्र पुराने तमिल साहित्य ग्रन्थों में और महा पाषाण काल के शिला चित्रों में दक्षिण भारत के सभी भागों में दिखाई पड़ते हैं। आज के संदर्भ में प्रश्न यह है कि क्या आज महापाषाण समुदाय कोषिक्कोड के पास-पड़ोस में है ? यानि, अनिवार्य नमक जैसी चीज़ों के लिए समुद्र तट का आसरा लेना पड़ता है। इससे संबंधित वैज्ञानिक या व्यवस्थापरक अध्ययन से पता चलता है कि सभी महापाषाण, दफन, चट्टानें, टूटी कोठरी और पुराकालीन स्मारक के रूप में हैं।

कालिकट के एक आंशिक सर्वेक्षण से यह सिद्ध होता है कि महापाषाण, दक्षिण-पूर्व कालिकट के 'कोण्डल' ग्राम से उत्तर-पूर्व के 'पावन्डर' तक व्याप्त है। कोषिक्कोड के पूर्व प्रदेशों में से, यानि नेल्लिकोड, कोवूर, चेवायूर आदि में से अनेक महा पाषाण अवशेष मिले थे। उस प्रकार की इमारतों की स्थापना करने में जिम्मेदार समाज को आवश्यक नमक-वितरण, उस प्रदेश के समुद्र-तट में हुआ होगा। यह उस प्रदेश के विनिमय के संगठित कामों का आरंभ है। पहले दिखाई पड़नेवाला यह विनिमय एक सामान्य प्रक्रिया होने से, ऐतिहासिक प्रलेखों में अंकित करने की आशा नहीं कर सकते। समुद्र तट के और पूर्व देश के महा पाषाण लोगों के संबंध तर्कसम्मत हैं। वह हमेशा उसी प्रकार ही रहता आया है।

स्थान नामों के प्रमाण

स्थान का नाम कोषिक्कोड है, और 'कालिक्कट' 'कालिकत' नामक अरब शब्द का अंग्रेज़ी अनुवाद है। 'कोषिक्कोड' नाम का कई तरह से उल्लेख हुआ है। कुछ लोगों के अनुसार यह कोयिल कोट्टा का विकृत रूप है। कोयिल का अर्थ है राजमहल और कोट्टा किले के अर्थ में है। दूसरे में ऐतिह्य जोड़ा है, 'कोषिक्कोड' नाम इस प्रकार आया है कि वह भू प्रदेश इतना छोटा था कि एक मुर्गे के बाँग देने से सभी जगह सुन सकते हैं। कालिकट के साम्राज्य संस्थापकों को, अंत के पेरुमाल से, कोषिक्कोड और चुल्लिकोड कैसे मिले इसके बारे में पुरावृत्त में उल्लेख है। स्थलों के नाम स्पष्ट रूप से इतिहास में नहीं, लेकिन वह प्रशासकीय अभिलेखों से जान सकते हैं।

उपरोक्त दोनों स्थल कस्ब अंश में हैं। कालिकट के चार अंशों में एक है कस्ब अंश। और बाकी तीन हैं नगर, करियाकुन्न, कलत्तिनकुन्न। ऊपर बताए गए स्थलों में पहला उच्चभूमि है और वहाँ से कल्लायी नदी को भी देख सकते हैं। इसमें सन्देह नहीं कि पुराने काल में यह एक सामाजिक महत्त्व का स्थान था। वहीं से देखें तो, कल्लायी नदी के यातायात सहित, पूरा क्षेत्र भी देख सकते हैं। प्रशासनिक अभिलेखों में चुल्लिक्काड को चुल्लिक्काड पट्टनं के रूप में बताया गया है और इसलिए वह लवण-पटल के रूप में हो गया। सर्वेक्षण के अनुसार पुतियपालं पुल

में से दक्षिण में 677 एकड़ है। इसके स्वामित्व का अधिकार वास्तव में सामूतिरी के राजकीय परिवार की वरिष्ठ स्त्री को है। प्रशासकीय अभिलेख की सूची की जाँच करने से पता चलता है कि वहाँ लगभग बावन लवण-पटल होते थे। ईस्वी सन् 1800 में बुखनन ने लिखा कि कालिकट के समुद्र तट में ही ज्यादा नमक बनाते थे।

स्थान नामों का सर्वेक्षण और भौगोलिक विशेषताएँ यह दिखाते हैं कि नमक व्यबसाय आर्थिक रूप से कालिकट के विकास में एक प्रधान हिस्सा बना। यदि उपरोक्त बातों पर विश्वास करें तो हम यह देख सकते हैं कि कोषिक्कोड एक सामरिक और आर्थिक रूप से महत्त्वपूर्ण जगह थी। इस स्थल के शासन के लिए हॉलन्ड और सामूतिरी के आपस के लंबे युद्ध उस प्रबल राज्य की बहुत बड़ी आमदनी का सूचक है।

धान के खेत और उद्यान

ईस्वी नवीं और दसवीं शताब्दी में लिखे गए प्रलेखों में कालिकट के तट के प्रांत प्रदेश के सामाजिक और आर्थिक विकास के बारे में बताया गया है। साथ ही पहाड़ी प्रदेशों तक के बागान और उद्यानों के बारे में उल्लेख है। धान के खेतों से और बागों से मंदिरों को वार्षिक आमदनी मिलती थी—शिलालेखों में इस प्रकार प्रतिपादित किया है। इसी कारण से, मजदूर, आसामी कृषक सहित अनेक किसानों के बारे में सूचना है। ऊपर कहे गए कृषक वर्ग के अलावा, ब्राह्मण, भूस्वामी, मन्दिरों के कर्मचारी, राजपरिवार, स्थानीय जनपद का सैन्य, हस्तकलावाले भी होते थे।

'वान दयान' जैसे मध्ययुगीन यात्रियों की यात्रा के वर्णन से यह समझ सकते हैं कि मलाबार का समुद्रतटीय प्रदेश उपजाऊ भूमि नहीं थी और मलाबार में उड़ीसा से चावल आयात करते थे। यहाँ की मिट्टी घटिया है और धान के खेत पहाड़ी प्रदेशों में छितरे हैं, लेकिन उच्च अहातों में और पहाड़ी ढलानों में काली मिर्च, सुपारी और नारियल के लिए उपयुक्त मिट्टी है। मध्ययुगीन अभिलेख यह दिखाते हैं कि मलाबार की धार्मिक संस्थाओं में, काली मिर्च, सुपारी और नारियल से दसवीं शताब्दी के आरंभ में आमदनी मिलती थी। अरब और चीन के हिसाब-किताब यह सूचित करते हैं कि मलाबार समुद्रतट से मसाला, नारियल और सुपारी निर्यात करते थे। इन विकासों का कारण वहाँ के व्यापार और वाणिज्य हैं।

यात्री और व्यापार

तेरहवीं शताब्दी के पहले, कालिकट शहर के बारे में, देशी लिखित और विदेशी यात्रियों के विवरण चुप हैं। ऐसा लगता है कि बाद में ही कालिकट समुद्र-बन्दरगाह के रूप में विकास की ओर बढ़ा। इसका कारण यह है कि भीतरी प्रदेशों में विदेशी

व्यापारियों को आवश्यक वस्तुओं के संग्रह में देरी होती थी। इसके अलावा, इससे भी सुविधाजनक, पंतलायनी कोल्लम जैसी बंदरगाह का विकास पड़ोस में होने से कालिकट का विकास बाद में हुआ। मलाबार के नदी तटों पर निरंतर होते समुद्री डाकुओं के बारे में मध्यकालीन समुद्री यात्रियों ने सूचित किया है। सामूतिरियों को, कालिकट प्रधान केन्द्र के रूप में, राजनैतिक अधिकार मिलने पर उन्होंने वैदेशिक व्यापार का प्राधान्य समझा और नाविकों को और उनके व्यापारी माल को संरक्षण भी दिया। चौदहवीं शताब्दी के प्रारंभ में कालिकट का सैर करनेवाले इब्नबतूता ने विदेशी व्यापारियों को दिए जानेवाले संरक्षण की प्रशंसा की है। इसलिए कालिकट यात्रियों को और भी आकर्षित करता था। चीनियों के कई आकारों के तेरह के करीब जहाज इब्नबतूता ने कोषिक्कोड बंदरगाह में देखे थे। वह यह सूचित करता है कि कालिकट मलाबार के प्रमुख बन्दरगाहों में एक है, वहाँ संसार के कई देशों के व्यापारी यानी चीन, सुमात्रा, सिलोन, मालदीव, यमन आदि सब देशों के लोग इकट्ठा होते हैं। यह विवरण यह दिखाता है कि उस ज़माने में कालिकट, विदेशी व्यापार का प्रमुख केंद्र था। बतूता की सूचना के अनुसार शहर के व्यापारियों के मुखिया, बेहरिन से आए इब्राहिम और षबुंदर हैं। उसमें कालिकट के जज फक्रुदीन उसमान और जहाज का मालिक मिसक्युल भी था। वहाँ भारत, चीन, यमन आदि देशों से व्यापार के लिए कई जहाज भी होते थे।

अरबियों से कोषिक्कोड का व्यापार बहुत पहले ही आरंभ हुआ होगा। अल इन्दिसी (1154 ए.डी.) के काल से मलाबार तट में मुसलमान होते थे। उन्होंने कई व्यापार गुटों को स्थापित किया और वह अरब व्यापारियों के आर्थिक कामों में सहायता भी देते थे। वह मलाबार में इस्लाम के प्रचार में सहायक बना। इब्नबतूता उस प्रकार की कुछ व्यापार संस्थाओं के बारे में सूचित करते हैं। उसके यात्रा विवरण से यह समझ सकते हैं कि ये संस्थाएँ स्थानीय मुलसमानों के लिए सराय और गरीब और निराश्रय लोगों के लिए एक यतीमखाना चलाते थे। शासकों से संरक्षण मिलनेवाली कोषिक्कोड की एक संस्था थी, जिसकी एक मस्जिद भी थी। कोषिक्कोड के कुट्टिचिरा की मुककुटी मस्जिद के अभिलेख से यह पता चलता है कि सामूतिरी कुछ जायदाद मस्जिद के खर्च के लिए देते थे। तेरहवीं शताब्दी का यह अभिलेख राजपरिवार और इस व्यापार केंद्र के आपसी संबंध का प्रमाण है।

चीन से संपर्क

चीन और कोषिक्कोड के व्यापार संबंध का आविर्भाव मध्य युग के आरंभ से ही हुआ होगा। तेरहवीं शताब्दी के अंत के आसपास, मलाबार तट की ओर आते कुछ चीनी-जहाजों को मार्को पोलो ने देखा था। रेशम, स्वर्ण, लौंग आदि इस प्रदेश की पैदावार के बदले में विनिमय से वे मलाबार से व्यापार चलाते थे। चीनी-जहाज में

200 या 300 मल्लाह थे। अच्छे कपड़े, औषधि, अन्य अपूर्व वस्तुएँ और इसके अलावा 5000 से 6000 तक कालीमिर्च की थैलियाँ मलाबार से वे चीनी ले जाते थे।

विदेशियों के विवरणों से कोषिक्कोड को एक बड़े व्यापार केंद्र के रूप में चित्रित करने में आज के इतिहासकारों को सहायता मिलती है। चौदहवीं शताब्दी के 'उन्नुनीलि संदेश' नामक संदेश काव्य में कोषिक्कोड को व्यस्त व्यापार केंद्र के रूप में प्रतिपादित किया गया है। 'उन्नियाटी चरितम' में सामूतिरियों के संपन्न केंद्र के रूप में उसका उल्लेख हुआ है। 1349 ईस्वी के चीन ग्रंथ 'डलोयी ज़िइ', ने कोषिक्कोड को सबसे प्रमुख बंदरगाह के रूप में चित्रित किया है।

पंद्रहवीं शताब्दी के आरंभ में मिंग बादशाह ने सात बार पश्चिम की समुद्र यात्रा के लिए 'चेन-हो' को नियुक्त किया। 1405 में यह यात्रा आरंभ कर 'चेन-हो' 1407 में कोषिक्कोड पहुँचा। 1409 में दूसरी यात्रा में भी वह कोल्लम, कोच्ची और कोषिक्कोड पहुँचा। तीसरी बार 1409-11 में उसने कोषिक्कोड में पर्यटन किया। दो दशक के बीच के समय के बाद, 1431-33 में चेन-हो फिर कोषिक्कोड आया। कालिकट उन दिनों चीनी जहाजों का प्रमुख बंदरगाह और विदेश व्यापार का बड़ा केंद्र भी था। जहाज समूह का प्रधान हिस्सा, इस स्थान के बाहर नहीं जाता था। चेन-हो के साथ यात्रा में हुआन और फेइ-हसिन भी गए थे। दोनों ने पर्यटन किए गए देशों के बारे में लिखा था।

मा हुआन (1433) ने कोषिक्कोड के व्यापार के बारे में विशुद्ध रूप से चित्रित किया है। उसके विवरण में से हम यह समझ सकते हैं कि कोषिक्कोड के व्यापार के लिए शासकों से निर्मित संभरण की सुविधा, सुनिश्चित दाम, जहाज एवं कार्य निर्वहण की सुविधा का उल्लेख है। चेन-हो ने व्यापार-विनिमय में सोना, चाँदी, नीले और सफेद रंग की चीन-मिट्टी, मोती, मृगमद, पारद, कर्पूर आदि माल प्रयुक्त किए। मलाबार में से निर्यात किए जानेवाले माल, काली मिर्च, नारियल, पान, मछली आदि हैं। मा ह्यान के बताने के अनुसार देश के लोग रेशम के कीड़े से रेशम लेकर, नरम बनाकर कई रंगों से रंगकर कपड़े बनाते हैं। सोलहवीं शताब्दी के राज-हस्तलेख सूचित करते हैं कि श्रेष्ठियों की कोषिक्कोड में एक अलग निवासस्थान से युक्त गलियाँ होती थीं। लोग प्रायः सभी तरह के कीमती रत्न और मोतियों का व्यापार करते थे और प्रवाल मोती के गहनों का निर्माण भी करते थे। काली मिर्च देश के पहाड़ी प्रदेशों से परिपक्व होने पर बड़े कालामिर्च संग्राहक, जमा करके कोषिक्कोड के बाज़ारों में ले आते थे।। एक अफसर को बेचने की अनुमति भी दी गई थी। उसका काम यह था कि खरीदने के दाम के अनुसार, संगठित करके अधिकारियों को भेजना। हर एक भार दो सौ सोने के सिक्के में बेचते थे।

राजा ने वर्तमान उपयोग के लिए सोने और चाँदी के सिक्के टकसाल में

बनवाए। सोने का सिक्का 'पणं' और चाँदी का सिक्का 'तारं' के नाम से जाना जाता था। चाँदी के सिक्के छोटे व्यापार के लिए प्रयुक्त करते थे। सामूतिरियों के काल के सिक्कों और सिक्कों के टकसाल का, राजहस्तलिखित और ऐतिहासिक दस्तावेज़ों में उल्लेख है।

चीन के संबंध से बने स्थल-नाम कोषि़क्कोड और उसके आसपास मिलते हैं। कोषिक्कोड के सर्वेक्षण से 'चीना किला', अर्थवाला 'चैनाकोट्टा' नाम मिला है। कोषि़क्कोड की एक प्रमुख 'रेशम की गली' इस स्थान के निकट है। वासको दा गामा के आगमन के कारण प्रसिद्ध स्थल काप्पाड है। कोषि़क्कोड से 25 मील दूर, पंतलायिनी कोल्लम और कोयिलान्डी में चीनी-देवालय थे।

राजकीय शहर और दुर्ग

सामूतिरियों की राजकीय बैठक होने से कोषिक्कोड पूर्व और पश्चिम में प्रसिद्ध हुआ। राजकीय दुर्ग के पश्चिम की दीवार से समुद्रतट तक एक बड़ा बाजार भी होता था। दुर्ग का परिवेष्ठन एक मील का था। दक्षिण में आज के 'पालयं रोड', उत्तर में मानानचिंरा, पश्चिम में 'ऊटि रोड', पूर्व में कन्नूर रोड के मध्य में है दुर्ग का स्थान। इसमें दुर्ग और कुछ धर्म निरपेक्ष संस्थाएँ भी थीं। जुलाहे, कुम्हार और फूल के व्यापारियों की अलग गलियाँ होती थीं। पूरा शहर, मध्यकालीन कारीगरी के परंपरागत तत्त्व से निर्मित था। विदेशियों और उच्च पदाधिकारियों आदि के लिए अलग निवास स्थान बने थे। सामूतिरियों के परिवार बढ़ने के साथ वे नए महल बनाते थे। ये नए राजमहल कोषि़क्कोड के दक्षिण में बने थे।

यूरोपीय व्यापारियों के आगमन के समय, कोषि़क्कोड परंपरागत रूप से संपन्न नगर था। 1498 में पुर्तगीज लोगों के आगमन से कालिकट में कुछ परिवर्तन आया।

अनुवाद : अनिला एम.के.

'मलाबार' ग्रंथ से साभार।

4

केरल का सर्वधर्म समन्वय

के. रविवर्मा

1995 का सरस्वती पुरस्कार पानेवाली मलयालम कवयित्री श्रीमती बालामणि अम्मा ने केरल को केले का आधा पत्ता जैसा बताया है।[1] ऐतिह्य के अनुसार परशुराम ने केरल को अरब सागर से उभारा था, अतः केरल परशुराम क्षेत्र कहलाता है। परशुराम का अवतार त्रेतायुग में हुआ था।[2] मगर केरल इस अवतार के पहले भी था। कथा प्रसिद्ध है कि विष्णु ने चक्रवर्ती बली को परास्त करने के लिए वामन का अवतार लिया था। वामन के बाद ही तो परशुराम का अवतार हुआ था। केरल के लोगों का विश्वास है कि बली केरल का शासक था।

भारत और अफ्रीका के बीच के अरब सागर के जलगर्भ में अनुसंधान करके वैज्ञानिकों ने ईजाद किया था कि दोनों भूखंडों के मध्य एक जमाने में सागर न था। दोनों भूखंड मिलाकर एक विशाल भूखंड था। वैज्ञानिकों ने इस महाभूखंड का गोंडवाना नाम रख लिया। उनका विचार है कि गोंडवाना 750 लाख साल पहले तक वर्तमान था। जब भारत अफ्रीका से मिला हुआ था दोनों भूखंडों में एक ही गोत्र के लोग रहते थे। किसी कारण से, हो सकता है कि भूकंप या जलप्रलय से दोनों भूखंडों के बीच खाई पड़ गई और जल भर गया। इसी तरह पूरब में ओडीसा से मद्रास तक की जमीन अंटार्टिका से मिली हुई थी। अंटार्टिका और बंगाल की खाड़ी से मिले पत्थर के टुकड़े एक जैसे थे। केरल के पश्चिमी घाट की गुहाओं के वाशिन्दे आदिवासियों में अफ्रीकी लोगों से समानता देख दोनों एक ही गोत्र के माने जाते हैं।[3] ऐसी हालत में वैज्ञानिकों के गोंडवाना महाभूखंड की कल्पना सही निकलती

---

1. सोपानं कविता संग्रह की पहली कविता
2. 12,96000 साल का त्रेतायुग कृतयुग के बाद आता है। अब 8640000 साल के द्वापर के बाद 432000 सालोंवाले कलियुग का जो ई. पू. 3102 से आरंभ हुआ, 5098 वाँ साल चालू है। (अमरकोश पारमेश्वरी व्याख्या)
3. दक्षिण इंडिया चरित्रम्--पृ. 28, के.के. पिल्लै

है। गोंडवाना में अफ्रीका, दक्षिण अमरीका, भारत, मेडगास्कर, आस्ट्रेलिया, न्यूजीलैंड और श्रीलंका शामिल थे।

दक्षिण से प्राप्त कुछ ठीकारियों में सिंधु सभ्यता की लिपियाँ पाई गई हैं। निरा खरोच कहकर उनकी उपेक्षा की गई थी।[1] यूनानियों के आक्रमण से डरकर भूमध्य सागर के द्वीपों के आदिवासी लोगों के तीन संघ एक-एक करके मध्य एशिया से होकर भारत में भाग आए थे। उनमें एक संघ दक्षिण की ओर बढ़ा तो दूसरा पश्चिम भारत में और तीसरा सिंधु नदी तट पर रह गया था। सिंधु नदी तट पर नीड बाँधनेवालों ने सिंधु सभ्यता को जन्म दिया था। और दक्षिण में जा के वास करनेवाले आदि द्राविड सभ्यता के जन्मदाता थे। सिंधु सभ्यता के युग में दक्षिण से सिंधु तक एक 'सिल्क रूट' वर्तमान था। इस स्थल मार्ग से विदेशों में भारतीय माल का निर्यात होता था।[2] इसी तरह उत्तर से सिंधु और मध्य पौरस्त्य देशों को जोड़नेवाले एक प्राचीन वाणिज्य मार्ग का जिक्र (चीन से निकलनेवाली प्राचीन सिल्क रूट का यही संधि-स्थल रहा होगा) इतिहासकारों ने किया है। लगभग ई. पू. 3400 तक यह मार्ग वर्तमान था। अतः सिंधु सभ्यता के अवशिष्ट दक्षिण भारत में पाया जाना स्वाभाविक है।

जहाँ दक्षिण में आए द्राविड़ों के पुरखे बस गए थे उसे 'तमिलकम' कहा जाता था। उसकी सीमा उत्तर के वेंकटगिरि से लेकर कन्याकुमारी तक थी।

केरल के इतिहासकारों में अग्रणी प्रो. इलंकुलम कुंजन पिल्लै की राय में द्रविड़ धर्मनिरपेक्ष थे। इसका मतलब यह नहीं कि वे नास्तिक या लोकायत थे। वे दिवंगत वीरों की, वृक्षों की पूजा करते थे। अपने प्रिय खाद्य मछली प्रदान करनेवाले सागर के देवता कटलोन (वरुण) जल वर्षा करनेवाले मेघों के देवता वेन्तन (इंद्र) आदि की पूजा करते थे। चेयोन या मुरूकन (कार्तिकेय) उनके इष्टदेवों में एक था, अब भी है।[3]

प्रो. इलंकुलम लिखते हैं—तमिल के शास्त्र ग्रंथ 'तोल कापियम्' (ई. पाँचवीं सदी) और उसके पहले और बाद के संघ साहित्य (संघ साहित्य काल ई. पू. तीसरी सदी से ई. तीसरी सदी तक है, पर इसके बाद की रचनाओं को भी संघ साहित्य में गिना जाता है) के आधार पर कहा जा सकता है कि ई. पाँचवीं सदी तक केरल के लोगों में अस्सी फीसदी लोग कोई धर्म नहीं मानते थे। इसीलिए वे न तो जैनों

---

1. मद्रास विश्वविद्यालय के पुरातत्त्व विभाग के प्रो. गुरुमूर्ति, 'हिंदू' दैनिक, 16 मई, 1994
2. 'इट वास बिगन विथ फाल ऑफ द सिटीस' पुस्तक की समीक्षा, सी.के. कृष्ण, हिंदू, 9 जुलाई, 1974
3. केरलं अंचु आरुं नूट्टांटुकलिल (केरल पाँचवीं छठी सदियों में) प्रो. इलंकुलम कुंजन पिल्लै, पृ. 23

की पत्तिनी (पद्मावती) की आराधना करते थे न किसी को निवृत्त करते थे और न वैदिकधर्मियों के देवताप्रसाद स्वीकार करने से रोकते थे।[1]

साफ है कि इसी कारण से ई.पू. पाँचवीं सदी में जैन जब दक्षिण भारत के श्रमणबेलगोला में (कर्णाटक राज्य) आकर धार्मिक प्रचार करने लगे तो जैन धर्म के सिद्धांत मानने में वहाँ के लोगों को कोई एतराज न था। फिर अशोक के राजत्व काल में (ई.पू. तीसरी सदी) बौद्धधर्म का संदेश आया तो उसका भी स्वागत किया गया था।

तमिलकम पांडिय, चेर, चोल राज्यों में विभक्त होनें पर भी तीनों राज्य सांस्कृतिक, भाषायी दृष्टि से एक थे। अतः इन राज्यों के एक हिस्से पर होनेवाले सांस्कृतिक धार्मिक हलचल की तरंगें दूसरे हिस्से में पहुँचे बिना कैसे रह सकती थीं? केरल के उत्तर में कर्णाटक राज्य से और दक्षिण में पांडिय राज्य से बौद्ध धर्म का प्रचार शुरू हो गया था। उत्तर केरल में जैन धर्म और दक्षिण केरल में बौद्ध धर्म के अवशिष्ट अधिक पाए जाते हैं। बाद को अवश्य ही सारे केरल में दोनों धर्म फैल गए थे। दोनों धर्मों को राजाश्रय मिल गया था। तीनों राज्यों के सांस्कृतिक समन्वय का चिलप्पतिकारम् नामक तमिल महाकाव्य सबसे बढ़िया उदाहरण है जो तमिलकम के तीनों राज्य चेर, चोल, पांडिय का समन्वय ध्यान में रखकर रचा गया था। इसका रचयिता चेर राजकुमार इलंको अटिकल था। वह जैन भिक्षु था। रहता था मध्य केरल के तृक्कणामतिलकम में जिसे तमिल में कणवायिल कोट्टम कहा गया है। इस नाम का अर्थ पूरबी किनारे का जैन मंदिर है। (कणा-पूरब, वायू-किनारा, कोट्टं-जैन मंदिर।)[2]

पाँचवीं-छठी सदियों में केरल में जैन-बौद्ध धर्मों का सुवर्ण युग था। कितनी ही बौद्ध जैन बस्तियाँ, विहार चैत्य, मठ, आराधनालय केरल के चारों ओर बन गए थे। जैन मुनियों भिक्षुओं के रहने के लिए बनाई गई गुफाएँ भी पाई गई हैं। इन गुफाओं में कुछ उत्तर केरल में हैं तो कुछ दक्षिण[3] केरल में। घर बनाना आदि कामों के लिए पत्थर तोड़ते समय या भूस्खलन होने पर आज भी गुफाएँ पाई जाती हैं। ये 'मुनियरा' (मुनियों का कमरा) कहलाते हैं। यहाँ से मिट्टी के बर्तन पत्थर के हथियार आदि मिले हैं। जो साक्ष्य देता है कि यहाँ कभी मनुष्य-आवास था। कितने ही आराधनालय हिंदू मंदिरों में बदल गए हैं, जहाँ आज भी जैन-बौद्ध भूमियाँ पाई जाती हैं। कहीं-कहीं मूर्तियाँ वहीं रची गई थीं, सिर्फ नाम बदल गया था।

मध्य केरल के इरिंजालकुटा गाँव के कूटलमाणिक्यम नामक मंदिर की मूर्ति

---

1. केरलं अंचुंआरूं नूट्टांटुकलिल–प्रो. इलंकुलम, पृ. 176
2. आदि चेरन्मारुटे आस्थानं (आदि चेरों की राजधानी), पालिश्शेरी नारायण मेनोन, पृ. 32
3. द. इंडिया चरित्रम्–के.के. पिल्लै, पृ. 51

भरत की है। लोग समझ रहे थे कि रामायण के भ्रातृस्नेह और त्याग मूर्ति भरत की यह मूर्ति है। असल में यह जैन मुनि भरतेश्वर की मूर्ति है।[1] पेरूंपाऊर शहर के पास 'कल्लिल' में एक गुहामंदिर है। आज हिंदू लोग देवी मंदिर कहकर वहाँ दर्शन करने जाते हैं। सच में तो वहाँ महावीर, पार्श्वनाथ और पद्मावती की मूर्तियाँ हैं। केरल के मंदिरों में पाई जानेवाली शास्ता या अय्यप्पन की मूर्तियाँ भी बुद्ध की ही हैं। केरल चरित्रकार ने इनको हैन्दवीकृत बुद्धमूर्ति कहा है।[2]

वैदिकधर्मी आर्यों के बौद्ध जैनधर्मियों पर हावी होने के साथ यह मूर्ति परिवर्तन शुरू हो गया था। तभी केरल में आर्यों का आगमन होने लगा था ? माना जाता है कि आर्य लोग ईस्वी पूर्व ही छोटे-छोटे संघों में केरल में आने लगे थे।[3] अगस्त्य के विंध्यपर्वत लाँघकर दक्षिण भारत में आते समय सबसे पहले उसके साथ कुछ आर्य भी आए होंगे। तभी उन्हें मालूम हो गया होगा कि विंध्य के इस पार भी अधिवासयोग्य धरती है। केरल के लोगों का विश्वास है कि अगस्त्य केरल के अगस्त्यकूट शिखर पर जो पश्चिमी घाट के दक्षिणांचल में है रहते थे, यहीं रहकर उन्होंने तमिल व्याकरण रचा होगा। उस व्याकरण का नाम, जो तमिल का प्रथम व्याकरण है, 'पेरकचियम्' था। यह व्याकरण अभी मिला नहीं। काव्य ग्रंथों की व्याख्याओं में इसकी सूचना है।[4]

प्रो. इलंकुलम् लिखते हैं—पाँचवें-छठे शतकों में दो तरह के ब्राह्मण केरल में थे। व्यापार के लिए आनेवाले और धर्म प्रचार करने के लिए आनेवाले। इनमें व्यापार के लिए आनेवालों में कई यहीं रह गए और यहाँ के जनजीवन में हिल-मिल गए थे, जिन्हें धार्मिक मामलों में कोई दिलचस्पी न थी। ये 'वेलापापान' कहलाए। पापान ब्राह्मण का तद्भव है। 'वेलापापान' माने वे ब्राह्मण जो याग नहीं करते थे। यज्ञों आदि करनेवाले दूसरे विभाग के लोग 'मरयोर' कहलाए जो बड़े पंडित वेदज्ञ होते थे। संत साहित्यों में इन दोनों विभागों का उल्लेख है।

साफ है कि वेला पापान ईस्वी सदी के पहले ही यहाँ आ गए तो पापान सदियों बाद आए। शायद छठी सदी में वैदिक धर्म के, जिसका मूलमंत्र है चातुर्वेण्य, प्रचारार्थ एक बड़े ब्राह्मण संघ के साथ केरल में आनेवाला परशुराम उस संघ का नेता था। उसने यहाँ के शासकों से धर्म प्रचार के लिए अनुमति माँगी तो बौद्ध जैन धर्मों की तरह उसे भी अनुमति दी। परशुराम ने केरल में ब्राह्मणों के 64 संघ स्थापित किए और जोर-शोर से चातुर्वण्य का प्रचार शुरू किया था। वे युद्ध की विजय, मोक्ष

---

1. आदि चेरन्मारुटे आस्थानं (आदि चेरों की राजधानी)—पालिश्शेरी नारायण मेनोन, पृ. 38
2. केरल चरित्रम्—श्रीधर मेनोन, पृ.127
3. द. इंडिया चरित्रम्—के.के. पिल्लै, पृ. 46
4. केरलं अंचुंआरूं नूट्टांटुकलिल (केरल पाँचवीं छठी सदी में), पृ. 164

में कर लिया था। फिर क्या था ? वे शासक वर्ग के उपदेष्टा, पुरोहित आदि बन गए थे।[1] उनके प्रभाव से धर्म निरपेक्ष राजा वैदिक धर्म पर विश्वास करने लगे। चातुर्वण्य की व्यवस्था चालू करने में फिर देरी न लगी।

उधर आठवीं सदी में आचार्य शंकर ने केरल के शैवों और वैष्णवों को सबसे पहले समझा-बुझाकर अच्छे पड़ोसियों की तरह बर्ताव करना सिखाया जो अब तक जैन-बौद्धधर्मियों को बुरी तरह फटकारने में एक-दूसरे से आगे रहने पर भी परस्पर लड़ते-झगड़ते थे।[2] शैव भस्म लगाते माथे पर, तिलक नहीं लगाते। वैष्णव सिर्फ तिलक लगाते, भस्म से परहेज रखते। वैष्णव शिवमंदिर में नहीं जाते, शैव विष्णु मंदिर में जाने से इंकार करते। एक शिव के नाम नहीं रखते तो दूसरे विष्णु के नाम। शंकर ने अपने ही उदाहरण से इस विद्वेष को मिटाया। उन्होंने विष्णु, शिव, दुर्गा—सब देवताओं की पूजा-उपासना कर कीर्तन-संकीर्तन रच शैव-वैष्णव समन्वयन किया, यद्यपि खुद वे अटल अद्वैतवादी थे। इसके बाद शंकर ने देखा कि केरल में बौद्ध जैन आन्दोलन कमजोर पड़ जाने के बावजूद समाज के जीवन में उन दोनों धर्मों का अच्छा प्रभाव पड़ा है, उनकी उपेक्षा नहीं की जा सकती। जैनों, बौद्धों के नेताओं को धार्मिक बहस करने और बातचीत करने के जरिए आपस में जानने और परस्पर धार्मिक आदान-प्रदान करने की उदारतम शर्तें रखीं और इसमें दोनों सहमत हो गए थे। इसी सहमति और समन्वय भावना के कारण—आज केरल के मंदिरों में बौद्ध-जैन मूर्तियाँ हम पाते हैं। कुछ मूर्तियों को वैसे ही रहने दिया, नामों में परिवर्तन किया। कई आचार-विचार बौद्ध धर्म के मंदिरों में तिथि-त्योहारों में चलने दिया गया। लगता है कि इस नीति से सभी धर्मवालों ने प्रसन्नतापूर्वक समझौता किया था। शासकों ने भी पूर्ण सहयोग दिया।

इस धार्मिक समन्वय का आगे चलकर सारे समाज पर सुदूरव्यापी प्रभाव पड़ा, या केरल में आज विद्यमान वैचारिक स्वतंत्रता, सौहार्द और सह-अस्तित्व उस समय बोए गए समन्वय के बीजों से उत्पन्न पुष्प है, फल है। यह हमारी पैतृक धरोहर है। शंकर के जमाने में ही महोदयपुरम के द्वितीय चेर सम्राटों ने खुद इस समन्वय नीति के अच्छे उदाहरण पेश किए थे। उनमें चेरमानपेरुमाल जैसे नायनार (शैव संत) भी थे तो दूसरी तरफ कुलशेखर जैसे आलवार (वैष्णव) भी थे। पल्लिवाण पेरुमाल बौद्ध धर्म से दीक्षित हो किलिरूर (कोट्टयम जिला) जाकर रहने लगे। अंतिम चेरमान मुसलमान बन मक्का चले गए थे। जैसा कि ऊपर कहा गया था एक चेर राजकुमार जैनी था, जो चिलप्पतिकारम तमिल महाकाव्य लिख अमर हो गया था।

इन शासकों की उदारता यहाँ भी समाप्त नहीं होती, बाहर से इन शासकों

---

1. द. इंडिया चरित्रम्—के.के. पिल्लै, पृ. 52
2. चालुक्य और राष्ट्रकूट ने केरल में आक्रमण किया था। कहते हैं शैव और वैष्णव धर्म उन्होंने ही केरल में फैलाया था।—के.के. पिल्लै, दक्षिण इंडिया चरित्रम्, पृ. 103

के जमाने में आ बसनेवाले धर्मवालों को भी उन लोगों ने इस उदारता का ही परिचय दिया था।

सुलैमान राजा के जमाने से (ई.पू. 1000 साल) यहूदी लोग व्यापार करने के लिए महोदयपुरम में आने लगे थे। इसी तरह भारतीय माल विदेशों में तिजारत करने के लिए नौकाओं को लेकर महोदयपुरम बन्दरगाह में अरब लोग भी आ उतरते थे। ईसाई धर्म स्थापित होने के बाद ईसवी 52 वें साल में महात्मा ईसा के प्रथम शिष्यों में से एक संत थामस ने यहीं आकर पर्दापण किया था। विभिन्न विदेशी धर्मावलंबियों के चेर नरेशों के जमाने में एक ही बंदरगाह में उतरने की, उसी जमाने में वहाँ रहने की और अपने-अपने आराधनालय बनाने की अनुमति माँगने का कारण, न केवल एक अच्छे बंदरगाह, जहाँ दक्षिण-पश्चिमी मानसून के वक्त चालीस दिनों में सागर पार कर पहुँचा जा सकता है, और न यहाँ तत्कालीन विराजमान सुख शांति-कांति, इन दोनों के अलावा यहाँ के शासकों की धार्मिक उदारता, समन्वय नीति भी इसका कारण था। बल्कि वही इसका सबसे बड़ा कारण था।

आज उन्हीं प्रातःस्मरणीय आचार्यों से हमें उत्तराधिकारित्व के रूप में वह अमूल्य निधि मिली है। इसकी सुरक्षा करना हमारा सबसे बड़ा कर्तव्य है।

5

जगदगुरु आद्य शंकराचार्य

वी. पानोली

आदि शंकराचार्य अद्वैत भाष्यकार के नाम से विख्यात युगाचार्य हैं। पिछले युग में व्यास महर्षि को जो उत्कृष्ट स्थान मिला था, आज वही स्थान शंकराचार्य को भी मिल रहा है। जो कुछ लिखना था वह सब सोलह वर्ष की उम्र के भीतर ही लिखकर तूलिका को विश्राम देनेवाले इस महान् आचार्य के समान कोई भी आज तक पैदा नहीं हुआ।

एकेश्वरवाद की मूल जड़ें वेद में हैं। 'एकं सद्विप्राः बहुधावदन्ति'—सत् एक ही है, विबुध लोग इसके लिए अनेक प्रकार से व्याख्या देते रहते हैं, प्रमाण के लिए यह ऋग्वेद सूक्त ही काफी है (1,22,104-46)। वेद के बाग में खिले हुए फूलों को ही आचार्य शंकर ने अपने मंदिर में पूजा के लिए चुना था। वेदोपदिष्ट से भिन्न सभी दृष्टियों को वेद बाह्य बताकर उन्होंने टाल दिया। अद्वैत सिद्धांत को समझने के लिए सभी अवैदिक तत्त्वों को बहुत दूर रखने के लिए उन्होंने विशेष बल देकर कहा है। आचार्य द्वारा रचे हुए प्रस्थानत्रय भाष्य में सागर की विक्षुब्ध गंभीरता है। प्रस्थानत्रय भगवद्गीता, दशोपनिषद् एवं ब्राह्मसूत्रों का संग्रह है। सालों तक चित्तेकाग्रता के साथ भाष्य पढ़ने से ही आचार्य के दर्शन की 'आत्मा' को प्राप्त कर सकेंगे।

पाइथागोरस को भी आकृष्ट करने योग्य कपिलमहर्षि के संख्यादर्शन को आंशिक रूप से स्वीकार करनेवाले आचार्य ने कणाद महर्षि के वैशेषिक दर्शन को कोई स्थान नहीं दिया। गौतम महर्षि का न्यायदर्शन वेद से थोड़ा-सा ऋणी होने पर भी इसके बृहत्तर भाग को आचार्य ने 'वेदबाह्य' या 'आधुनिक' बताकर तिरस्कृत कर दिया। इतना ही नहीं, ब्रह्मैकत्व विज्ञानवाला दुर्ग नैयायिकों के लिए अप्राप्य है, ऐसा बताने में भी आचार्य नहीं हिचकते। (बृहदारण्यक भाष्य, 11, 1-20)

गौतम महर्षि के न्यायदर्शन को 'आधुनिक' बताकर अस्वीकार्य मानने में भी और एक सत्य निहित है। ईसा के बाद पाँचवीं सदी में वात्स्यायन ने न्यायदर्शन

के लिए आधिकारिक भाष्य की रचना की है। पहला वार्तिक तो उद्योतकर ने छठी शताब्दी में ही रचा है। यह इस तथ्य को साबित करता है कि लगभग एक हज़ार पाँच सौ वर्ष पहले ही न्यायदर्शन रचा गया। वेदों का न्यायदर्शन आधुनिक होने के नाते, बाद में उपलब्ध दर्शन भी आधुनिक या अत्याधुनिक होना चाहिए। ऐसा हो तो जरूर वे सब आचार्य को स्वीकार्य नहीं होंगे। उन्होंने निस्संदेह रूप से बृहदारण्यक भाष्य में यों अंकित किया कि पतंजलि महर्षि के योगदर्शन से मोक्ष प्राप्ति के द्वार खुल नहीं सकते। उन्होंने पूर्वमीमांसा दर्शन के स्थापक जैमिनी महर्षि के 'विधिपूर्वक कर्म ही मोक्षप्राप्ति के लिए काफी है', ऐसे अधिकारवाद का भी निराकरण किया है।

संक्षेप में भारतीय दर्शन क्षेत्र को चैतन्यमय बनानेवाले तथा भारत में ही जन्म लेनेवाले ऋषि-मुनियों के चिंतन भी आचार्य को प्रभावित न कर सके। तब यह नहीं मान सकते कि आचार्य ने अपने एकेश्वर सिद्धांत को दोषमुक्त बनाने के लिए भारतेतर राष्ट्रों से कुछ अपना लिया है। 'भारतीय दर्शन' नामक रचना के आमुख में डॉ.एस. राधाकृष्णन द्वारा अंकित एक सत्य उनके ही वाक्यों में यहाँ प्रस्तुत करते हैं : "There is no material evidence to prove any direct borrowing from the west, at any rate, by India. Our account of Indian thought will show that it is an incidental venture of human mind." (किसी भी तरह भारत ने पश्चिम से कुछ अपना लिया था, ऐसा साबित करने के लिए कोई प्रमाण नहीं है। भारतीय दर्शन से संबंधित हमारी जो परंपरा है उससे साबित होता है कि यह मानव मन की स्वतन्त्र उपज ही है।)

यहाँ राधाकृष्णन ने जो 'पश्चिम से' ऐसा प्रयोग किया है, वह सिर्फ 'विदेशियों से' जैसा ही अर्थ प्रस्तुत करना होगा। यदि ऐसा प्रश्न पूछा जाए कि विदेशियों को भारतीयों से क्या कुछ देन प्राप्त हुई है, तो इसका उत्तर निष्पक्षवादी शोपन हॉवर के प्रस्तुत उद्बोधन से मिल सकेगा :

''आज ही नहीं, कभी भी हमारा धर्म भारत भूमि में जड़ें न जमा सकेगा। गलीली की घटनाएँ मानव राशि के आदि विज्ञान को हटा नहीं सकतीं। बल्कि भारतीय विज्ञान यूरोप की ओर बहेगा और हमारे ज्ञान एवं चिंतन में पर्याप्त परिवर्तन भी करेगा।''—पौरस्त्य विशुद्ध ग्रंथ, जिल्द 1 में मैक्समूलर द्वारा उद्धृत।

आध्यात्मिक जगत् से संबंधित उपर्युक्त बातें ही भारतीय परंपरा के लिए सत्य हैं। प्लेटो से प्रभावित प्लोटिनस और कांट से प्रचोदित शोपन हॉवर की जाँच से परे हैं श्रीशंकरजी, ऐसा प्रस्ताव पोल डेयसन ने खुल्लमखुल्ला किया है।—एस्पेक्ट्स ऑफ वेदांत, पृ. 113।

पाश्चात्य दार्शनिकों में से दिग्गजों को भी पीछे हटानेवाले आदिशंकर को गौड़पादाचार्य एवं बादरायण महर्षि आदि ने खूब प्रभावित किया। इसमें पहले

नामवाले (गौड़पादाचार्य) की परंपरा से चलकर ही शंकर ने इस क्षेत्र में प्रवेश किया है। यह सर्वविदित है कि अद्वैत वेदांत को बिना किसी अवगुंठन के प्रस्तुत करनेवाली माण्डूक्यकारिका के रचयिता गौड़पाद एक अवतार पुरुष ही हैं। ब्रह्मसूत्र के रचयिता बादरायण महर्षि ने निःसंदेह रूप से अद्वैतदर्शन को अनश्वर बना दिया। इन दोनों ने वैदिक सत्ता को अपने दर्शन के जीवश्वास रूपी परम तत्त्व के रूप में अपना लिया है। वेदोपदिष्ट अनश्वर तत्त्वों से ये दोनों किंचित् मात्र भी विचलित नहीं हुए।

उपर्युक्त तार्किक परंपरा को अपनाने के कारण ही अद्वैतभाष्यकार आदि शंकर ने भी इन लोगों का अनुसरण करते हुए वैदिक तत्त्वों को अपने दर्शन की आधारशिला के रूप में अपना लिया है। "द्विविधोहि वेदोक्तो धर्मः प्रवृत्ति लक्षणा निवृत्ति लक्षणः चः" (गीता भाष्य, पृ. 13) वेदोक्त धर्म दो प्रकार के हैं–प्रवृत्ति लक्षित धर्म एवं निवृत्ति लक्षित। यही सिद्धांत है आचार्य दर्शन की पहचान। कर्मयोग और ज्ञानयोग के अलावा और कुछ भी आचार्य दर्शन के अंतर्गत नहीं समझाते। श्रुतिमस्तक (उपनिषद) को आदि से अंत तक आश्रित करनेवाले श्रीशंकर को दुनिया का अन्य कोई भी दर्शन, युक्ति, श्रुति अनुभव आदि प्रभावित न कर सका।

आचार्य का तत्त्व विश्लेषण केशतन्तुओं को विच्छेदित करने के समान है। संशय की अणुशिला को भी उन्होंने उलटकर रखा है–(थियोस बर्नाल्ड, के. हिंदू फिलॉसफी, पृ. 7), यह कथन सार्थक ही है। शंकर दर्शन के समान युक्ति चिंतन की जड़ें इतनी गहराई को छूनेवाला और कोई तत्त्व शास्त्र अभी तक पैदा नहीं हुआ है।

भारत का सनातन दर्शन वैदिक काल से ही एकेश्वर विश्वास पर अधिष्ठित है। उपर्युक्त 'एकं सद्विप्राः बहुधावदन्ति' जैसे ऋग्वेद मंत्र एवं अन्य श्रुतिमंत्रों ने ही शंकरजी की 'बह्मैक परमार्थम् सच्चिदमलम्' (ब्रह्म एक और परमार्थ और सत् एवं चित् अमल भी है।) ऐसा घोषित करने के लिए शक्ति दे दी है। (श्री शंकर दिग्विजयं 7-61), 'ईश्वर एक ही है', ऐसी अनुभूति के परे यदि अद्वैत की यथार्थता है तो इन दोनों में क्या कोई अंतर हो सकता है ?

'आत्मा वा इयमेक एवाग्र आसीत्' (आदि में आत्मा ही है) वाला ऐतरेय मंत्र और 'ईशावास्यमिदं सर्वम्' (जगत् में होनेवाला सब, ईश्वर से आच्छादित होता है), वाला ईशावासमंत्र (1) ईश्वर के सर्वाधीशत्व एवं एकत्व को सामने रखते हैं। उपनिषद् में ब्रह्म, आत्मा, परमात्मा आदि नाम से भी ईश्वर को जाना जाता है। श्री शंकर ने ईश्वर को 'नित्यशुद्ध मुक्त स्वभाव' (नित्य, शुद्ध, बुद्ध, मुक्त स्वभाववाले) रूप से और मुनष्य को 'अविद्याकामकर्मवासानाश्रयलिंगम्' (अविद्या, काम, कर्म, वासना आदि पर आश्रित जीव) ऐसा भी परिभाषित कर दिया है। भाष्य में इन दोनों के अलावा ईश्वर एवं मनुष्य से संबंधित और कोई परिभाषा देख नहीं सकते। (यहाँ यह तथ्य न भूलना है कि ज्ञान, ऐश्वर्य, शक्ति, बल, वीर्य, तेज आदि को ईश्वरीय

लक्षणों के रूप में कहीं-कहीं अपना लिया है) ईश्वरीय स्थिति एवं जीवस्थिति, दो ही रूप हैं। ईश्वर एक होने पर भी दो है–ऐसी स्थिति होने तक अद्वैतानुभूति का पवित्र एवं सच्चिदानन्द मण्डल मनुष्य के लिए अप्राप्य रहेगा। दुनिया के सभी धर्म इस सीमा तक ही पहुँच पाते हैं। इसमें बौद्ध धर्म अपवाद मात्र है, क्योंकि ईश्वर है या नहीं, यह बुद्ध ने नहीं बताया। पर अद्वैतमोक्ष की यात्रा अभी भी जारी रखनी है।

मनुष्य की चिंतन धारा अपनी पराकाष्ठा पर पहुँचे तो उससे उत्पन्न अनुभूति क्या हो सकती है ? वास्तव में यह स्थिति वाग्वर्णन के परे है। वेदांत चिंतन की पराकाष्ठा पर पहुँचने की स्थिति विशेष के बारे में 'मांडूक्योपनिषद्' में यों कहा है :

(इसमें होनेवाले निषेध रूप जैसे पदप्रयोग पर विशेष ध्यान देना है। यह भी ध्यान रखना है कि मनुष्य मन के भी परे होनेवाले एक मंडल की ओर मंत्र हमें ले जाता है।)

"नान्तः प्रज्ञं न बहिष्प्रज्ञं
नोभयतः प्रज्ञं न प्रज्ञानधनं
न प्रज्ञं ना ऽ प्रज्ञम्।
अदृष्टं व्यवहार्य मग्राह्य–
मलक्षण–
मंचिन्यमव्यपदेश्य–
मेकात्मप्रत्यय सारं
प्रपंचोपशमम्
शान्तं शिवमद्वैतम्" (7)

(वह अंतःप्रज्ञ नहीं, बहिर्प्रज्ञ नहीं, उभयप्रज्ञ नहीं, प्रज्ञानधन नहीं, प्रज्ञ और अप्रज्ञ नहीं, दुष्ट एवं व्यवहार विधेय और ग्राह्य भी नहीं। यह तो लक्षण युक्त एवं चिंतित या व्यपदेशित करनेवाला नहीं, वह एकात्मा के उद्बोधन की पराकाष्ठा है। प्रपंच के उपशम् है, शांत, शिव व अद्वैत भी है।)

यहाँ एक स्पष्टीकरण की आवश्यकता है। इस मंत्र की व्याख्या करके कारिका की रचना करनेवाले गौड़पाद ने यों कहा है :

"विकल्पो विनिवर्तेता
कल्पितो यदि केनचित्
उपदेशादयं वादो
ज्ञाते द्वैतं न विद्यते।" **(आगम प्रकरण-18)**

(गुरु, शिष्य, अदिष्ठित आध्यात्म शास्त्र आदि विकल्पों–यदि कोई ऐसी कल्पना की जाए तो–का अस्त हो जाएगा। गुरु-शिष्य धारणा उपदेश के लिए है।

'तत्त्व' को समझ सकें तो दो की अवस्था नहीं होगी।)

इसके लिए भाष्यकार श्रीशंकराचार्य ने और एक बात भी जोड़ दी। बोधोदय के पूर्व ही इन तीनों की भेदबुद्धि हो जाती है। बाद में यह नहीं होगी।

श्रीनारायण गुरुदेव इस स्थिति के बारे में यों कहते हैं :

"तृभुवनसीमा कड़न्नु तिङ्गिविङ्ङुम
तृपुटिमुरिन्जु तेलिन्जिडुन्न दीपम
कपटयतिक्कु करस्थमाकुवीले–
न्नुपनिषदुक्ति रहस्यमोर्तिडेणम्।" **(आत्मोपदेशक शतकम्-14)**

(तृलोक की सीमा के बाहर सदा एक जैसा भरे रहकर, गुरु, शिष्य, उपदिष्ट ज्ञान–ऐसे भेद न होकर प्रज्वलित होनेवाले दीप कपट संन्यासी को स्वायत्त नहीं होगा–इस उपनिषद् उक्ति रहस्य पर सदा ध्यान रखना है।)

यहाँ विवक्षा का विषय ब्रह्मात्मेकत्व है। जीव ब्रह्म का अंश नहीं है, ब्रह्म ही है–यही है शंकर का मत।

"ब्रह्मैवाहं समः शान्तः
सच्चिदानन्द लक्षणाः
नाहं देहोह्य सद्रूपो।" **(अपरोक्षानुभूति-24)**

(मैं सम, शांत एवं सच्चिदानंद लक्षणों से युक्त ब्रह्म हूँ। मैं असद्रूप देह नहीं हूँ)–श्री शंकर की प्रस्तुत उक्ति का सार यही है। प्रस्तुत श्लोक में निस्संकोच श्री नारायण गुरुदेव ने भी इस सत्य का उद्‌घाटन किया है :

"नीयल्लो सृष्टियुम् स्रष्टा–
वायतुम् सृष्टि जालवुम
नीयल्लो दैवमे सृष्टि-
क्कुल्ल सामग्रियायतुम्" **(दैवदशक-5)**

लाखों साधकों में से यदि एक को ही इस परम पद की प्राप्ति संभव होती है–ऐसा सत्य होने पर भी, दो की अवस्था का अभाव या अद्वैतावस्था यही है। स्रष्टा और जीव एक ही है–ऐसी कल्पना भी कई लोग कर नहीं सकते। पर, उनकी धारणा वास्तव में अद्वैत सिद्धांत के विपरीत है, उसका मूल संबंध द्वैत से है, ऐसा बताना ही उचित है।

अनुवाद : उषाकुमारी

6

केरल में इस्लाम

वी.के. कुञ्ञली

भारत के अन्य भागों में रहनेवाले सह-धर्मावलंबियों से भिन्न प्रकार के लोग हैं केरल के मुसलमान। उनके आचार, भाषा, वस्त्र आदि सब केरल के हिंदुओं के समान ही हैं। यहाँ की 'मुस्लिम संस्कृति' का आज का रूप ग्रहण करने में ऐतिहासिक, आर्थिक और सामाजिक कारण सहायक हैं। केरलीय मुसलमानों का उद्भव और विकास, उनके विशेष स्वभाव आदि का पता लगाने का प्रयत्न है इस लेख में।

इस्लाम के आगमन के पहले ही मलाबार के समुद्र तट में अरबी लोग बसते थे। ईस्वी सातवीं शताब्दी से 10वीं शताब्दी तक के काल को ही भारत और अरब के व्यापार संबंध का 'स्वर्णयुग' कहते हैं। हम यह देख सकते हैं कि इस्लाम पूर्व के अरबी कवियों ने भारत की तलवार चलाने की कला के बारे में वर्णन किया था। अरब भूगोल शास्त्री बलादुरी और बड़े परंपरावादी बुकारी सूचित करते हैं कि पैगम्बर, उसकी पत्नी और सहचारी लोग भारत के व्यापारी माल जैसे कर्पूर, अदरक, सागौन आदि का उपयोग करते थे। इस्लाम की उन्नति के कुछ ही वर्षों में, पश्चिम अफ्रीका से चीन की सीमा तक और ककासस से अरेबिया के दक्षिण तट तक के विशाल प्रदेश में रहनेवाले अरबों की राजनैतिक शक्ति की उन्नति और फैलाव भारत और अरब के बीच के व्यापार के लिए सहायक बना। अबासिद कलिफा अबु जाफर के बगदाद नगर की स्थापना, भारत अरब व्यापार का बहुत बड़ा प्रेरक तत्त्व बना। अब यह पहली बार अरब साम्राज्य की राजधानी ईरान की खाड़ी की ओर बहती यूफ्रटीस और टैग्रीस नदियों के द्वारा और सीधे ही जल से संबंध स्थापित किए। पुराने बंदरगाह उबुली, दरायन और सोहार बाद में भी अपनी पदवी कायम रखते हैं और लिवरपूल के समान बसरा बदंरगाह का विकास भी किया गया। और वह पूर्व-पश्चिम आयात-निर्यात का केंद्र हो गया। भारत, चीन, ईजिप्त, पूर्व अफ्रीका और अन्य देशों से आयात किए माल यहाँ संगृहीत करके रखते थे और अरब साम्राज्य के विविध केंद्रों पर वितरण करते थे। उसी प्रकार निर्यात के सामान बगदाद से खाड़ी

के सिराफ में लाते थे और वहीं से भारत, चीन और अन्य पूर्व देशों की ओर नावों में भरकर भेज देते थे।

भारत के शासकों और अरब व्यापारियों को, लाभदायक होते इस तरह के व्यापार संबंध के बाद ही इस्लाम केरल में आया। इस्लाम ने केरल में कब प्रवेश किया, इसका ठीक रूप से पता लगाना कठिन कार्य है। परवर्ती ब्राह्मण ग्रंथ 'केरलोत्पत्ति' में बताते हैं कि चेरमान पेरुमाल ने इस्लाम धर्म ग्रहण करके अपना राज्य बंधु-मित्रों को देकर, मक्का में जाकर पैगम्बर से मुलाकात की, फिर वहाँ के साफर नाम के प्रदेश में मरे। पेरुमाल के अनुयायी मलिक इब्न दिनार और उसके परिवार ने पेरुमाल के मरने से पहले उसके उत्तराधिकारियों के लिए लिखे गए पत्रों को लेकर मलाबार की ओर यात्रा शुरू की। शेख जैनुद्दीन के अनुसार मलिक इब्न दिनार ने केरल में दस मस्जिद स्थापित कीं। 'अंतिम चेर राजा इस्लाम धर्म स्वीकार करके मक्का गए' जैसे परंपरागत विश्वास को झूठ मानने का कोई कारण नहीं, क्योंकि मुस्लिम ऐतिहासिक अभिलेखों में ही नहीं, बल्कि 'केरलोत्पत्ति' जैसे हिंदू-ब्राह्मण ऐतिहासिक अभिलेखों में उस प्रकार की एक कथा होने की वजह से इसको प्रामाणिक मान सकते हैं। इस परंपरागत विश्वास से संबंधित डा. एम.जी. एस. नारायण की खोज से पता चला कि अंत के चेर राजा ने 1122 तक शासन किया था। शेख जैनुद्दीन मलिक दिनार के अनुसार केरल में स्थापित दस मस्जिदों में एक हैली-मारवी नामक स्थान में थी। अभिलेखों के अनुसार ईस्वी 1124 के तुल्य हिजरा 118 में मस्जिद स्थापित की। अर्थात् राजनीतिक क्षेत्र में से अंत के चेरमान रामकुलशेखर के गायब होने के दो वर्ष के बाद। आज उपलब्ध विवरणों के आधार पर वैयक्तिक निरीक्षण में नीचे बताए गए निष्कर्ष सामने आते हैं।

इस प्रमाण के प्रकाश में पेरुमाल के धर्म परिवर्तन के पहले की तारीख छोड़ देनी है। यह स्वाभाविक रूप से, यह स्थापित करने में सहायक होता है कि परंपरागत विवरणों के अनुसार पहले धर्म परिवर्तन करनेवाला व्यक्ति पेरुमाल नहीं है। अरबों को दिए गए संरक्षकत्व के बारे में अरब भूगोल शास्त्रियों ने सूचित किया था। ई. 851 के ज़माने के सुलैमान की राय में लोगों का विश्वास है कि उसके राजाओं की दीर्घ आयु और साम्राज्य का ऐश्वर्य, अरबों से मैत्री करने में ही है। मासुदी (943-955) ने यह जोड़ दिया कि उसी कारण से मुसलमान राज्य में स्वास्थ्य सुख प्राप्त करने लगे। भले ही मासुदी ने यह बलहारा के प्रस्ताव से संबंधित कहे थे, लेकिन अरब भूगोल शास्त्रियों ने मलाबार के तट में बढ़ते मुसलमानों के बारे में ऐसा बताया है कि वहाँ केवल मुसलमान ही शासन करते थे। लगभग 1124 ईस्वी के आसपास और उसके बाद मलिक दिनार द्वारा दस मस्जिदें जहाँ स्थापित की गईं उन प्रदेशों पर, उसके पहले ही मुस्लिम लोग बसते थे। पहले सूचित किए पेरुमाल के पत्र के अनुसार मस्जिद राजाओं के संरक्षण में बनी थीं। केरल के इस्लाम प्रसार

में प्रधान निशान है पेरुमाल का धर्म परिवर्तन। केरल के मुस्लिम समुदाय की विशेषताओं के बारे में निम्न बातें महत्त्वपूर्ण हैं :

1. सिरियन ईसाई व्यापार धर्म प्रचारक, मार सापिर ऐसो को ई. 849 में सुविधा प्रदान करते हुए लिखे गए तरस्सापल्लि अभिलेख में, ताँबे में कूफी और अरबी में 11 हस्ताक्षर समाविष्ट किए थे। बारकिट के अनुसार वे अरबी नाम हैं। उसका लिखा गया युग 227 हिजरी के आस-पास होने से तथा भारत-अरब व्यापार संबंध का स्वर्ण युग होने से और सभी क्षेत्रों में अरबों के आगे बढ़ने के कारण से भी अरबों के नाम होने की संभावना है।

2. उत्तर मलाबार के परंपरागत लोक-नृत्य 'तेय्यम' में विभिन्न समुदायों के लोगों को आशीर्वाद प्रदान करने के लिए 'तेय्यम' बोलता है—जाति को सूचित करने के लिए प्रतीकात्मक पदों का प्रयोग है। एक मुस्लिम को 'महानगर' और ब्राह्मण को 'पेरिंचलूर ग्राम' से संबोधित करते हैं। ये दोनों पद उसके पुरातन उपनिवेश अधिवास केंद्र 'कोलत्तुनाड' का प्रतिनिधित्व करते हैं।

3. 11वीं शताब्दी में रचे गए 'मूषक वंश काव्य' में विदूर द्वीपों से व्यापार के लिए आए व्यापारियों के दो नगर—मराही और वलपट्टनम के स्थापन के बारे में प्रतिवादित किया है। इस प्रकार 'तेय्यम' और 'मूषक काव्य' के प्रमाण से अरब भूगोल शास्त्रियों के विवरण को मिलाकर देखें तो यह साबित होता है कि मराही और वलपट्टनम, केरल के पुराने मुस्लिम निवास स्थान हैं।

4. चेर साम्राज्य के विच्छिन्न होने के बाद ही कालिकट में सामूतिरियों का आधिपत्य होता है। वे लोग मूल रूप से चेर साम्राज्य के एरनाड जिले के शासक थे। बाद में वे कोष़िक्कोड की ओर आए और व्यापार और सैनिक संगठन के लिए लाभदायक होने से एक निर्गम मार्ग स्थापित किया। कोष़िक्कोड के सामूतिरियों के बारे में, इतिहासकार इस प्रकार बताते हैं कि सामूतिरियों ने अपने नए नगर देखने के लिए और वहाँ बसने के लिए मुसलमानों को प्रेरित किया। लोगों को अपने विश्वासों में परिवर्तन करने की स्वतंत्रता ही नहीं बल्कि व्यापार के आयात-निर्यात की इजाजत उसने दे दी। मुसलमानों की सहायता से इस 'व्यापारी राजकुमार' ने संसार का सभी धन अपने राज्य की ओर आकर्षित किया। यहाँ के मुसलमानों ने हिंदुओं के कई आचार स्वीकार किए। सद्भावपूर्ण सहअस्तित्व के कारण कुछ इस्लामिक प्रभाव हिंदू समूह पर पड़ने के लिए यह संबंध सहायक बना।

धर्म परिवर्तन के बाद भी परिवर्तकों ने मातृदायक्रम स्वीकार किया। यह शरीयत के विरुद्ध होने पर भी उसके प्रधान आर्थिक परिणतफल होने से उतनी जल्दी संप्रदाय छुड़ाने का निर्वाह नहीं था। आज भी उत्तर मलाबार, पोन्नानी और अन्य कुछ भागों में मुसलमान मातृतंत्र का अनुसरण करते हैं। केयी और नहा जैसे कुछ शक्तिशाली परिवार भी मातृतंत्र का अनुसरण करते हैं।

केरल का एकमात्र मुस्लिम राजवंश कन्नूर का अली राजा भी मातृदायक्रम का अनुगमन करता है। मुसलमानों ने भी मातृतंत्र की प्रणाली और संयुक्त परिवार स्वीकार किया। हिंदू आचार स्वीकार करने के अलावा उसके सहायक आर्थिक और सामाजिक घटक वहाँ होते थे। अरब मुस्लिम स्थानीय स्त्रियों से शादी करते थे और अपने देश लौट आने पर उससे तलाक भी करते थे। इस अल्पायु विवाह या 'मुट्टा' विवाह, विदेशियों को व्यस्त जीवन में एक आराम हिस्सेदार और सोने के लिए सुरक्षित स्थान भी देता था। ये अपनी बीवियों से दयालु होते थे और इस प्रकार के विवाह से कई परिवार धनी बन जाते थे। मुस्लिम परिवर्तक या तो जंगी जहाज़ में काम करते थे या समुद्र व्यापार में। इसलिए लंबे समय तक अलग होने की वजह से अपने परिवार के साथ ही रहना चाहते थे। कोषिक्कोड का एक मुसलमान अब भी अपनी बीवी के घर में, उस घर के एक सदस्य के समान रहता है।

5. कई मुस्लिम त्योहारों में सभी धर्म के लोग भाग लेते हैं। ढोल, बाँसुरी और पटाखों लोक नृत्य और अरवना आदि रूपों के नृत्य भी 'नेरचा' में साधारण हैं। यह हिन्दू आचारों का प्रभाव ही दिखाता है।

चिकित्सा के लिए और इच्छाओं की पूर्ति के लिए मुस्लिम संतों के मकबरों में सभी धर्म के लोग इकट्ठा होते हैं। एक निम्न जाति का हिंदू उसके अन्य किसी देव के समान 'मंपुरम वलिया तंगल' से भी सहायता आदि के लिए विनती करता है और उसके मकबरे में उपासना भी करता है। हिंदुओं के प्रेत-भूतों के विश्वास के समान मुसलमानों में भी कुछ मुस्लिम प्रेतों पर विश्वास है। उसके विरुद्ध ही मुसलमान संन्यासी और मलक से सहायता आदि के लिए विनती करते हैं।

केरल के सबसे प्रसिद्ध अय्यप्प देव मंदिर शबरीमला में परंपरा से अय्यप्प के एक घनिष्ठ मुस्लिम मित्र 'बाबर' की पूजा करने के बाद ही अय्यप्प का दर्शन करते हैं।

6. यहाँ की पुरानी मस्जिदों की शिल्पकला मंदिर के समान है। एक प्रधान मकान और उससे जुड़े अन्य भाग होते हैं। उसके बड़े भारी दरवाजे और दरवाजे के दोनों पार्श्व पर लकड़ी में नक्काशी है। यह नक्काशी कमल और लता रूप का प्रतिनिधित्व करती है। क्योंकि इसके निर्माण में स्थानीय राजगीरों, बढ़ई और अन्य हस्तकलावालों को नियुक्त किया जाता था। लगभग सभी मस्जिदों में, मंदिर के तालाब के समान बड़े तालाब उससे जोड़ दिए गए हैं।

केरल की सबसे प्रसिद्ध कला कथकली और कृष्णनाट्टं में स्त्री कथापात्र, एक मुस्लिम स्त्री की वेशभूषा पहनते हैं। 'तेय्यं', 'तिरा' जैसे लोक नृत्यों में पुरुष वेश और स्त्री पात्रों के लिए मुस्लिम स्त्री की वेशभूषा को स्वीकार किया गया।

उत्तर मलाबार के परंपरागत धार्मिक लोक नृत्य 'तेय्यं' में 'अलिचामुण्डी' नामक एक देव है। इसके पीछे का ऐतिह्य यह है कि चामुण्डी देवी को सुन्दरी के

रूप में वेश बदलकर तालाब में नहाते समय बाधा बने अली नामक उपद्रवी को मारना पड़ा। बाद में उसी अली की समाधि को भी, देव के समान सम्मान मिला और उपासना करने लगे। हिंदू देवों के समूह में एक मुस्लिम की उपासना करना एक अजीब बात है। 'अलि चामुण्डी' का अस्तित्व फिर केरल की सांस्कृतिक अखंडता और धर्म-सहिष्णुता का एक रसीला अध्याय है।

अरबी-मलयालम का विकास एक अन्य प्रधान विशेषता है। मलाबार के मुसलमानों ने अरबी में ही शिक्षा प्राप्त की। 1887 के आसपास भी मुसलमान प्रायः निरक्षर थे। एकमात्र प्राप्त शिक्षा, तोते के समान कुरान का पाठ ही है। बाद में अरबी लिपि में माप्पिला साहित्य रचा गया। अरबी-मलयालम साहित्य के अंतर्गत नबी के जन्म, विवाह, संतों के अद्भुत कार्य, मुजाहिद की विजय, शहीदों का मरण, आदि से संबंधित इंद्रिय गोचर संवेदना के गीत से युक्त लोक-साहित्य के अलावा धार्मिक साहित्य भी पूर्ण रूप से उपलब्ध है। यह सब लोग पढ़ सकते हैं। मलयालम और अरबी में परस्पर प्रभाव होने पर भी केरल में एक अलग भाषा का विकास नहीं हुआ। मुसलमानों की मलयालम बोली पर अरबी का प्रबल प्रभाव है।

इब्नबतूता इस बात का साक्ष्य है कि यहाँ के अधिकारियों ने मुलसमानों को उच्च स्थानों पर नियुक्त किया।

अली राजा के उद्भव से संबंधित सभी परंपराएँ और पारंपरिक विश्वास यह दर्शाते हैं कि वे कोलत्तिरी की शाखा थे और बाद में धर्म परिवर्तन किया। पुराने काल के एक निशान के रूप में वे अब भी मातृदायक्रम का अनुगमन करते हैं। पारंपरिक विश्वासों में अब भी प्रचलित है कि एक राजकुमारी की एक धनवान अरब यात्री से शादी कर दी गई थी।

सामाजिक उत्तराधिकार—जाति व्यवस्था से मुस्लिम समुदाय प्रभावित हुआ। अरब से प्रव्रजन किए लोगों और जिनका नबी के परिवार से संबंध है, ऐसे तंगल और सय्यिद को लोग साधारणतः आदर के साथ देखते हैं।

केरल के मुसलमान अपने विशिष्ट सामाजिक व्यक्तित्व को कायम रखने के कारण भारत के अन्य मुसलमानों से आज अलग दिखाई पड़ते हैं।

अनुवाद : अनिला एम.के.

'मलाबार' ग्रंथ से साभार।

7

मापिलाओं की उत्पत्ति

एस. एम. मुहम्मद कोया

मलाबार तट पर इस्लाम का आगमन यहाँ अरब मुस्लिम उपनिवेश की स्थापना के लिए हेतु बन गया। अरब और केरल के बीच संपन्न शांतिपूर्वक आपसी व्यवहार और आर्थिक संबंध के परिणामस्वरूप ही मापिला या मलाबार तट के तद्देशीय मुस्लिम लोगों की उत्पत्ति हुई। इन समुद्र तट के शहरों से अरबों द्वारा निर्बाधक ढंग से व्यवहार होता था। अरबों ने इस स्थान को अपने विकास के लिए उपयुक्त स्थान समझा। सुदूर देशों के साथ व्यापार वाणिज्य किए जाने के कारण उन लोगों को अपने व्यापार केंद्र में परिवार बनाकर बसने की प्रेरणा होना स्वाभाविक है। ऐसे अनेक उदाहरण इतिहास में प्राप्त हैं। इस विश्व के विभिन्न कोने में नौ-भंग से बचे यात्री लोग उसी जगह के निवासी होकर रहते थे। इस प्रकार अनेक निवास स्थान बनाए गए। इसी प्रकार व्यापारी लोग विश्व के जिन-जिन स्थानों से संबंध रखते थे वहाँ वे लोग वैवाहिक संबंध बनाए रखते थे। मुहम्मद नबी के समय में भी विवाह की यह प्रथा चलती रही थी। इन उपनिवेशों का इतिहास वास्तव में उस व्यापार संबंध का इतिहास ही है। इस देश में आकर निवास करनेवाले विदेशीय मुस्लिम लोगों ने और कुछ तद्देशीय प्रवासी लोगों ने इस्लाम धर्म को उत्साहपूर्वक स्वीकार किया।

अरब लोगों का वैवाहिक संबंध

कुछ लोग मानते हैं कि आदिकाल से ही अरब व्यापारियों की यात्रा का मूल कारण अन्य कुछ भी नहीं, केवल यहाँ की स्त्रियों के साथ वैवाहिक संबंध बनाए रखना ही था। उनको मलाबार में आने की एक और प्रेरणादायक बात उनकी शेखी बघारने की आदत थी। वे लोग अक्सर मलाबार और भारत के अन्य समुद्र तट पर जून और जुलाई महीने में आकर चार महीने के व्यापार के बाद दिसंबर या जनवरी में लौटते थे। उन दिनों में इस यात्रा के लिए तीस-चालीस दिन तक का समय लगता था।

जब वे लोग भारत में साल में चार महीने तक रहते थे, सामान्य रूप से सोचने

पर यह स्पष्ट होगा कि विवाह से संबंधित कुछ धारणाओं के आधार पर इस प्रकार के कुछ संघ बनाना स्वाभाविक बात है। भारतीय नारियों के साथ बननेवाला यह वैवाहिक संबंध कभी स्थायी या अस्थायी भी रहा होगा। लेकिन यहाँ ऐसा कोई प्रमाण नहीं है कि वे लोग अपनी औरतों को साथ लेकर आते थे। आदिकाल के अरब और मलाबार के लोगों के बीच के अजीब सामाजिक संबंध की इस विशेषता के कारण ग्रामीण नारियों के साथ ऐसा संबंध बनाए रखना अरब लोगों के लिए अत्यधिक आसान था।

यह देखा जा सकता है कि मलाबार तट की ग्रामीण नारियों के साथ वैवाहिक संबंध स्थापित करनेवाले अरब लोगों के विवाह में एक प्रकार से मुट्टा विवाह के मूल तत्त्व होते थे। मुट्टा विवाह की विशेषता यह है कि वह एक अस्थायी संबंध है। स्त्री गृह में संबंधित व्यक्ति को अपनी आवश्यकता की पूर्ति करने के समय तक रहने की अनुमति देते हैं। पारिवारिक जीवन के समझौते के आधार पर दुल्हन या पति पत्नी को एक निश्चित राशि देता है और यह वधू भेंट 'महर' कहलाती है। प्रादेशिक संदर्भ में 'मुट्टा' को भी समझ सकते हैं। हेफ्फनिड के अनुसार यह खुशी के लिए की जानेवाली शादी है। अरब देश में यह अस्थायी विवाह सामान्य प्रथा के रूप में चलता था, इस्लाम धर्म की स्थापना के पूर्व ही इसके लिए एक विशेष वर्ग की स्त्रियाँ होती थीं। इन स्त्रियों को पुरुष धन या किसी साधन की एक भेंट देते थे। इसी कारण से उन्हें 'मुट्टा' नाम प्राप्त हुआ, जिसका अर्थ होता है तुच्छ भत्ता। जब लगातार सैनिक अतिक्रमण हुआ तब मदीने की पूरी जीवन परिस्थितियाँ बदल गईं, पुरुष लोग अपनी स्त्रियों को छोड़कर चले गए। नबी के एक अनुयायी अब्दुल्ला इब्न मसूदा ने यह लिखा है। मुट्टा विवाह संबंध में स्त्री (वधू) अपना घर छोड़कर नहीं जाती है। उस पर घरवालों का जो अधिकार होता है वह जारी रहता है। शादी से उत्पन्न सन्तान भी उसकी होती है, पति की नहीं। यह नारी को काफी मात्रा में आजादी प्रदान करता था। पति के वंश में उत्पन्न संतान को गोद लेने पर भी कई सम्मान नहीं मिलते थे। रॉबर्टसन स्मिथ का कहना है कि यह इस्लामिक वैवाहिक दृष्टिकोण के विरुद्ध था।

इस प्रकार की अस्थायी शादी अब भी उत्तर अरब के सूनान नामक शहर में होती है। मुसलमान मलाबार समाज में इसे प्रयोग में लाए। विशेषकर, अपने व्यापार के कार्य के लिए सीमित या लंबे काल तक अरब व्यापारी और नाविक लोग ठहरते थे। तटवर्ती शहरों में उनके व्यापार और पेशे के लिए वह आवश्यक था, जो अब भी मलाबार तट में जारी है।

अनुकूल परिस्थितियाँ

वैवाहिक संबंध स्थापित करने के लिए उस समय इस प्रदेश में आए अरब लोगों ने यहाँ की सामाजिक व्यवस्थाओं को स्वीकार किया था। उस समय के केरलीय

समाज में स्त्री अपना पति चुनने के लिए स्वतंत्र थी। वह पुरुष को अपने घर में स्वीकृत करती थी और अपनी इच्छा के अनुसार उसे त्याग देती थी। संतानों का संबंध स्त्री के रिश्तेदारों से होता है और वे उसको संरक्षण देकर पालन-पोषण करते हैं। इस विवाह को वे बीना विवाह कहना पसंद करते थे। बाद में यह बाल विवाह के रूप में परिणित हो गया है। इस विवाह में नारी का अधिकार होता था, यहाँ नारी आकर पुरुष के गृह में रहती थी। मलाबार में नायर, तीयर, मुक्कुवा आदि अनेक जातियों में आदिकालीन अरब लोग मातृ अधिकार के स्वभाववाले सामाजिक संबंध बनाए रखते थे। वर्तमान में इसका लोप हुआ। मातृतंत्र का अत्यंत प्राचीन रूप दक्षिण भारत के नायरों ने विकसित किया, जिसने मातृतंत्र सभ्यता को असाधारण रूप से आगे बढ़ाया। प्राचीन काल में परंपरा से प्राप्त सम्पत्ति की अधिकारी स्त्री होती थी। और विवाह भी मातृ परंपरा में होता था। उसको अपने पति को अपनी रुचि और खुशी के अनुसार स्वेच्छा से त्यागने का अधिकार होता था। जातियों और उपजातियों के अंगों के बीच के मिश्र विवाह में कोई बाधा नहीं डाली जा सकती थी। इसलिए भिन्न धर्मवाले अरब लोगों में भी मुक्कुवा (मछुआरे) या अन्य किसी भी जाति के अंगों के समान विशेष भेद नहीं किया गया। इसमें अरब लोगों के लिए सबसे बड़ी सुविधा यह थी कि इन संबंधों से जो संतान पैदा होती, उसकी देख-रेख भी माँ और उसके परिवार के लोग करते थे।

इसी प्रकार एक स्थान पर एक स्त्री की शादी, फिर उसका त्यागना, अगले स्थान में दूसरी शादी और फिर त्याग, अगले स्थान में फिर किसी को अपना लेना—यह क्रम चलता था। अगर हम इब्नबतूता की प्रवृत्तियों को ध्यान में रखें तो, (जो एक अरब था) जब वह भारत के समुद्र तट मालद्वीप और सिलोन में था तब इस वैवाहिक प्रणाली को वहाँ भी आगे बढ़ानेवाले परिवार उसे देखने को मिले।

भारत के पश्चिम तट का मुस्लिम समाज, अरब यात्रियों और व्यापारियों के साथ तद्देशीय स्त्रियों के संयोग से विकसित हुआ था। अपने बच्चों की देख-रेख इन अधिकारी स्त्री या उनकी उप-पत्नियों द्वारा होती थी, जो इस्लाम धर्म के अंतर्गत तह करके रखने के लिए बनाया है। इस मिलन के द्वारा जो संतान हुई वे सब मिलकर इंडो-अरब समुदाय का रूप बना है। और कई शताब्दियों तक वे अरबों के रूप में ही स्वयं अपनी पहचान बताते थे। अरब यात्री एवं व्यापारी मलाबार तट की हिंदू स्त्रियों से स्थायी या अस्थायी वैवाहिक संबंध बनाए रखते थे। मलाबार के मुस्लिम समाज या माप्पिलाओं की उत्पत्ति इन वैवाहिक संबंधों का परिणाम है।

अनुवाद : बालकृष्णन टी.

'मलाबार' ग्रंथ से साभार।

8

केरल के ईसाई और उनका सांस्कृतिक प्रदेय

सी.डी. वर्की

1. केरल में ईसाई धर्म का प्रचार

यूरोप में ईसाई-धर्मारंभ के साथ ही केरल में भी ईसाई-धर्म-प्रचार की शुरुआत होने लगी थी। ईसा के बारह शिष्यों में एक संत थॉमस ईसवी पचास में केरल पहुँचे। जब वे धर्म प्रचारार्थ केरल पहुँचे तब यहाँ के लोग कुलदेव, प्रकृति-शक्ति, पूर्वज, वृक्ष आदि के आराधक थे।

प्रारंभिक धर्म प्रचार : संत थॉमस यहाँ ईसा के नाम पर कई चमत्कार कर दिखाने लगे तो यहाँ की आम जनता तथा राजा लोग उन पर अत्यंत प्रभावित हो गए और उन्होंने ईसाई धर्म को स्वीकार कर लिया। उन विदेशी व्यापारियों द्वारा भी ईसाई धर्म को आशातीत प्रचार मिला जो यहाँ पहले ही आ बसे थे। यहाँ के छोटे-बड़े द्रविड़ राजाओं ने ब्राह्मणों की अजेय शक्ति को पराजित करने के लिए ईसाई धर्म के प्रचार के लिए जी-जान से सहायता की।

संत थॉमस का आगमन : प्राचीन काल में ही पलस्तीनियों को केरल के संबंध में अच्छा ज्ञान था। वे यहाँ के सुगंधित द्रव्यों के अच्छे पारखी थे। अनुमानानुसार अलक्सांड्रिया से निकले एक जहाज पर संत थॉमस ईसवी पचास को कोडुंगल्लूर आ उतरे। जब संत थॉमस कोडुंगल्लूर आ उतरे तो वहाँ के राजा की पुत्री की शादी होनेवाली थी। राजा ने वहाँ के सब विदेशियों को उस शादी में भाग लेने का निमंत्रण दे दिया। संत थॉमस मात्र उपस्थित नहीं हुए तो राज-सेवक ने संत की यह अनुपस्थिति राजा की अवहेलना समझकर उसके गालों पर तमाचा लगाया। संत ने शांत-भाव से उससे कहा कि तुम्हारा वही हाथ जिससे तुमने मुझे मारा, चंद मिनटों के अंदर एक बाघ काट ले जाएगा। ऐसा हुआ भी तो राजा को मालूम हुआ कि संत थॉमस बड़े दिव्यात्मा ही हैं। परिणाम यह हुआ कि राजा ने अनेक प्रजाओं के साथ ईसाई धर्म स्वीकार किया।

समाज में श्रेष्ठ स्थान : केरल के धर्म परिवर्तित ईसाइयों को समाज में बड़ा आदर मिलता था। आज से 1300 वर्ष पहले मैलापुर के हिंदुओं का आर्थिक क्षय हुआ तो वहाँ के ईसाई और भी धनी होते गए पर युद्ध, दुर्भिक्ष हिंदुओं का संख्या-बाहुल्य, थल-प्रदेश पर समुद्राक्रमण आदि कारणों से वहाँ के ईसाइयों में अधिकांश केरल के विविध प्रदेशों में आ बसते थे।

कनाई तोम्मन : मेसोपोटोमिया, पेर्ष्या आदि राष्ट्रों से विभिन्न प्रतिकूल वातावरणों और पेर्ष्या के राजा साप्पोर द्वितीय की धार्मिक क्रूरता का शिकार बनकर कनाई तोम्मन नामक एक व्यापारी के नेतृत्व में विशॅप और पादरी समेत पाँच सौ ईसाई परिवार ईसवी 345 को कोडुंगल्लूर आ बसे। वहाँ का राजा उनका बड़ा आदर करता था।

पेर्ष्यन ईसाई : नवी सदी में पेर्ष्या से ईसाइयों का एक संघ मार सापोर नामक विशॅप के नेतृत्व में केरल आ पहुँचा। वे लोग आगे चलकर 'कंतीशंगल' नाम से जाने गए।

ईसाइयों के दो विभाग : (क) तेक्कुंभागर—वे आज 'कनानायक्कार' पुकारे जाते हैं। वे संत थॉमस के अनुयायी होने का दावा नहीं करते।

(ख) केरल के यहूदी, विदेशी व्यापारी और हिंदू धर्म परिवर्तन द्वारा ईसाई बने तो वे 'वटक्कुंभागर' कहलाए गए।

भिन्न नामों के ईसाई : ईसाई धर्म स्वीकृत सब ईसाई कहलाते हैं। लेकिन वही परंपरा मरतोम्मा ईसाई कहलाई गई जो संत थॉमस द्वारा ईसाई बनाए गए थे।

सुरियानिक्कार, चौंसठवाले, तरिसायकल, माप्पिला आदि भी ईसाइयों के अन्य विभाग हैं।

लैटिन : ईसवी 1500 को पेड्रो अलवारीस नामक एक नाविक कुछ पादरियों के साथ कोषिक्कोड आ उतरे। वे पादरी वहाँ गिरजाघर स्थापित कर धर्म प्रचार करने लगे। अलावा उसके वे कोच्चि, वैप्पिन, कन्नूर आदि स्थानों पर भी धर्म प्रचार करते थे। शूद्र जैसे अवर्ण, सवर्णों की गुलामी, बेगारी आदि से बचने के लिए झुंड बनकर ईसाई धर्म स्वीकार करते रहे। ईसवी 1542 में संत फ्रान्सीस सेबियर केरल पहुँचे और उन्होंने केरल के कोने-कोने में धर्म प्रचार किया। उन्होंने कोडुंगल्लूर में धार्मिक शिक्षालय स्थापित किया।

केरल में लैटिन के तीन विभाग थे : (1) पुर्तगाल से आए सैनिक, (2) उन सैनिकों से जन्मे देशी (वे 'चट्टक्कार' कहलाए गए), (3) धर्म परिवर्तित केरलीय गुलाम। पुर्तगालियों के बाद यहाँ डच आए। धर्म-प्रचार में उन्होंने भी अपना हाथ बँटाया।

पुत्तनकूट्ट : क्रमशः पुर्तगालियों की धार्मिक प्रभुता बढ़ी। पुर्तगाली देशियों को कोई भी धार्मिक जिम्मेदारी नहीं देते थे तो स्थिति बिगड़ गई। धर्म का पूरा नियंत्रण

रोम के पोप पर रूढ़मूल हो गया। यह देशी ईसाइयों को अच्छा न लगा। उन्होंने पोप का नियंत्रण न मानकर स्वयं देशीय धार्मिक नेतृत्व को अपनाया। वे आगे पुत्तनकूट्ट कहलाए गए।

और भी विदेशी धर्म प्रचारक : फ्रांसीसी, ईशोधर्म, डोमिनिकन्स, कर्मलीत्ता धर्म, प्रोटस्टेंट धर्म, आंग्लिकन धर्म, एल.एम.एस., सी.एम.एस., बासल मिशन इत्यादि विविध धार्मिक विभागों के संन्यासी केरल में धर्म-प्रचार करने लगे।

विकास की ओर : आध्यात्मिक, सामाजिक, सांस्कृतिक क्षेत्रों में भी यहाँ ईसाई धर्म की तेजी से प्रगति होने लगी, नए-नए संन्यास-समूह बने। अब संन्यासियों, पादरियों और संन्यासिनियों की संख्या शतगुणित होने लगी। अब केरल के हजारों संन्यासिनी-संन्यासी समाज के भिन्न-भिन्न क्षेत्रों में प्रशंसनीय कार्य कर रहे हैं।

2. केरल के ईसाई और शिक्षा का प्रचार

केरल की प्रारंभकालीन शिक्षा रीति : केरल में आधुनिक ढंग की शिक्षा की नींव ईसाइयों द्वारा ही पड़ी थी। यहाँ पहले सवर्ण और धनी मात्र शिक्षा पाने के अधिकारी थे। ईसाइयों के आगमन-काल में यहाँ अक्षरमाला और कुछ नाममात्र गणित पढ़ने के बाद अमरकोश, सिद्ध रूप आदि भाषाशास्त्र, श्रीरामोदंत, श्रीकृष्ण विलास, माघ जैसे संस्कृत काव्य की पढ़ाई के साथ ही शिक्षा समाप्त होती थी। और शास्त्रों की पढ़ाई शिक्षा के अंतर्गत नहीं आती थी। मलयालम-भाषाध्ययन उस काल में नीच कार्य माना जाता था।

विदेशी पादरियों द्वारा शिक्षा प्रणाली में परिवर्तन : उन्नीसवीं सदी के प्रारंभ से ही उपर्युक्त ढंग की शिक्षा-प्रणाली में ईसाई पादरियों द्वारा हठात् परिवर्तन किया गया। यहाँ लंदन मिशन सोसाइटी और बासल मिशन सोसाइटी के शिक्षादान संबंधी त्याग और सेवा अविस्मरणीय है। ईसवी 1813 के पहले डब्ल्यू. टी. रिंगल टोंबे नामक पादरी ने केरल में आधुनिक ढंग की शिक्षा के छह विद्यालयों की स्थापना की।

लड़कों और लड़कियों के लिए शिक्षा-केंद्र : ईसवी 1816 में सी.एम.एस. मिशनरी द्वारा कोट्टयम में एक कॉलेज सर्वप्रथम स्थापित किया गया, साथ ही 'पारीष-स्कूल' व्याकरण स्कूल भी खोले गए। उस जमाने में स्त्री शिक्षा का स्वप्न तक कोई देख नहीं सकता था। सन् 1825 के पहले आलप्पुषा और कोट्टयम में लड़कियों के लिए स्कूल खोले गए। उन स्कूलों में शुल्क नहीं अदा किया जाता था। लड़कियों के लिए छात्रावास बनवाए गए। वहाँ छात्राओं को भोजन, किताब, वस्त्र आदि के लिए एक पैसा भी खर्च नहीं करना पड़ा था। विद्यालयों से विजित युवकों को सरकारी नौकरी मिला करती थी तो अन्य धर्मों के लड़के भी इन विद्यालयों में पढ़ने लगे। क्रमशः सरकार की ओर से भी स्कूल खोले जाने लगे। लेकिन उन स्कूलों में अवर्ण हिंदुओं का प्रवेश निषेध था। इसलिए उन्हें एकमात्र आश्रय ईसाई स्कूल था।

और भी ईसाई शिक्षा केंद्र : उस काल में पादरी-श्रेष्ठ चावरा कुर्याकोस ने यह घोषणा कर दी थी कि सभी गिरजाघरों के नेतृत्व में विद्यालय खोले जाएँ। आज केरल के अधिकांश कॉलेज, हाईस्कूल, तकनीकी स्कूल, यू.पी. स्कूल, एल. पी. स्कूल, नर्सिंग स्कूल, नर्सरी स्कूल ईसाइयों द्वारा संचालित किए जा रहे हैं।

3. मलयालम भाषा और साहित्य के लिए ईसाइयों का योगदान

मलयालम की सेवा : शिक्षा-प्रचार की दृष्टि से चावरा पादरी ने मान्नानम में एक मुद्रणालय, जो केरल का प्रथम छापाखाना माना जाता है, स्थापित किया। उस काल में मलयालम में ईसाई द्वारा गद्य-पद्य की रचनाएँ प्रारंभ हुईं—आत्मानुताप (पद्य), नालागमं (आत्मकथा), ध्यान सल्लापंगल, एकांकी आदि। पादरी माणिकत्तनार शिक्षाचार्य तथा बहुभाषा पंडित थे। वे मंगलप्पुषा धार्मिक शिक्षालय में अंग्रेजी और मलयालम भाषाओं के प्राध्यापक थे। उनके प्रयत्न से केरल में कई संस्कृत-विद्यालय, अंग्रेजी और मलयालम स्कूल, अनाथशालाएँ, अगतिशालाएँ आदि खोले गए। बहुभाषा ज्ञानी मार लूईस पषेपरंपिल ने मलयालम भाषा के लिए बड़ी भारी सेवा की।

ईसाइयों द्वारा पद्य रचनाएँ : ईसाइयों ने मलयालम भाषा और साहित्य की बड़ी सेवा की। मलयालम भाषा के आधुनिक गद्य-साहित्य का श्रीगणेश ईसाई पादरियों द्वारा हुआ। यहाँ ईसाई पादरी तो अपने धर्म प्रचारार्थ आए थे। उसके लिए मलयालम भाषा का परिज्ञान उन्हें नितांत आवश्यक था। उन्होंने मलयालम अच्छी तरह पढ़कर उसे साहित्यिक रूप प्रदान किया। पहले तो भाषा में पद्यमात्र में रचनाएँ हुआ करती थीं। प्राचीन ईसाई-गान-कृतियाँ उसी का परिणाम थीं। कलिप्पाट्ट, रंपानपाट्ट, विवाहोत्सव संबंधी कई गान, देवालयों से संबंधित पल्लिप्पाट्ट, वीरों के वीरता संबंधी गीत, बाइबिल-कथा के प्रमुख पात्रों की स्तुति करके गीत आदि उन पद्य कृतियों में प्रमुख थीं।

मिशनरियों की देन : पंद्रहवीं से अठारहवीं सदियों में मलयालम को सबसे श्रेष्ठ प्रदेय उन ईसाइयों द्वारा हुआ था जो विदेश से मिशनरी की हैसियत से धर्म-प्रचारार्थ यहाँ आए थे। मलयालम लिपि का इस्तेमाल करते हुए सबसे पहले मलयालम ग्रंथों का मुद्रण रोम में हुआ था। वहाँ के मुद्रणालय में क्लेमेंट पादरी का संक्षेप वेदार्थ नामक ग्रंथ प्रकाशित हुआ और उसके कतिपय वर्षों के पहले 1660 में माथ्यस पादरी ने केरलाशम नामक एक ग्रंथ प्रकाशित किया था। मलयालम की प्रथम छपी कृति 1599 में उदयंपेरूर सूनहदोस के लिए छपवाया हुआ 'कानोनुकल' है।

पादरियों द्वारा ग्रंथ-रचनाएँ : केरल में पादरी लोग धर्म-प्रचारार्थ आए तो उन्हें अपने धर्म के प्रचार के लिए मलयालम में गद्य ग्रंथों का प्रकाशन नितांत अनिवार्य

हो गया। उन्होंने मलयालम में व्याकरण और शब्दकोश रच डाले। सन् 1700 में डा. आंचलूस फ्रांसीस ने एक मलयालम व्याकरण, अर्णोस पादरी ने एक व्याकरण और शब्दकोश की रचना करके मलयालम की बड़ी भारी सेवा की। उन पादरियों ने यहाँ से मलयालम पढ़कर चतुरन्गंगल, पुत्तनपाना, मलयालम-पुर्तगाली शब्दकोश आदि की रचना कर उन्हें प्रकाशित किया। कटविल चांडी कत्तनार द्वारा 'बाईस सुरियानी गीत', पादरी कारियाटी का 'वेदांत तर्क', तोमया कत्तनार का 'वर्तमान पुस्तक', क्रिस्तानुकरणं आदि ग्रंथ मलयालम में उस काल में निकले। चांडिमाप्पिला और पादरी कुरुविला द्वारा भी कई ग्रंथ निकाले गए।

नाटक रचनाएँ : कथकली की बराबरी करने लायक 'चविट्टुनाटकम' के रचयिता भी ईसाई हैं। उसी काल में कई नाटक-कृतियाँ भी उन्हीं के द्वारा प्रकाशित की गई—ब्रणी नाटक, औसेप्पु नाटक, कत्रीना नाटक, सन्निकोस नाटक, ज्ञानसुंदरी नाटक, कार्लमैन नाटक आदि।

अनुवाद : मलयालम में प्रथम अनुवाद बाइबिल का था। डॉ. गुंडेर्ट के नेतृत्व में एक और अनुवाद भी इंजील का हुआ। फिर प्रोटस्टेंट पादरी ने मलयालम में वेदपुस्तक नाम से बाइबिल का अनुवाद किया। तीन दशकों के पहले डॉ. थॉमस मूत्तेटन नामक पादरी द्वारा किया गया बाइबिल का अनुवाद सर्वश्रेष्ठ माना जाता है। तोम्मा कत्तनार, मैकिल पादरी, मध्यनाट जोण, विलियम पादरी, प्रोफेसर एम.पी. पॉल, प्रोफेसर जोसफ मुन्डशशेरी प्रभृति ईसाइयों द्वारा मलयालम साहित्य की अनुवाद-शाखा खूब संपन्न हो गई। मलयालम की प्रथम जीवनी अम्मेत्रेस्या भी एक अनुवाद है।

व्याकरण : कहा जा चुका है कि ईसाई पुरोहितों द्वारा पहले मलयालम में दो व्याकरण ग्रंथ प्रकाशित किए गए थे, फिर भी आधिकारिक मलयालम व्याकरण डॉ. गुंडेर्ट द्वारा लिखा गया था। उनके बाद जार्ज मात्तन नामक पुरोहित द्वारा मलयान्मयुटे व्याकरण नामक एक आधिकारिक व्याकरण निकाला।

शब्दकोश : मलयालम में शब्दकोश भी सबसे पहले ईसाइयों के प्रयत्न से प्राप्त हुआ। बंचमिन बयली-कृत मलयालम-अंग्रेजी शब्दकोश, रिचार्ड कॉलिन्स नामक पुरोहित द्वारा रचित अंग्रेजी-मलयालम शब्दकोश, फिर मलयाण्मा-लैटिन शब्द कोश—जैसे शब्दकोश निकले। लेकिन शास्त्रीय ढंग का प्रथम शब्दकोश गुंडेर्ट का है। उसकी बराबरी करने लायक कोई भी शब्दकोश आज तक मलयालम भाषा में नहीं निकला है।

भाषा-विकास का प्रथम उपकरण : भाषा-विकास का प्रथम उपकरण मुद्रणालय है। मलयालम भाषा के प्रारंभकालीन सभी 'प्रेस' ईसाइयों की देन हैं। सबसे पहले पादरी चावरा ने मान्नानम में एक प्रेस स्थापित किया, फिर कोट्टयम में रवरेंट बेंचमिन. कोच्चि में गुंडेर्ट द्वारा, कुन्नमकुलम में इट्टूप के जरिए संत थॉमस

प्रेस, कूनंमाव प्रेस आदि स्थापित किए गए।

पत्र-पत्रिकाएँ : उन्नीसवीं सदी के उत्तर-काल में ईसाइयों द्वारा अनेक पत्र-पत्रिकाएँ मलयालम में निकाली गईं—पश्चिमोदयम, समाचारम, ज्ञान-निक्षेप, पश्चिम तारका, सत्यनाद काहलम, नस्राणि दीपिका, मलयालम मनोरमा आदि उनमें प्रधान हैं।

महाकाव्य : मलयालम भाषा के प्रारंभिक काल में ईसाइयों द्वारा कई महाकाव्य रचे गए—'श्रीयेशुविजयं' (कट्टक्कयम चेरियान माप्पिला), 'श्रीमेरि विजयं', 'कन्याकुमारियम', 'इक्षायेल वंशं', 'महाप्रस्थानं, 'चारित्र्य विजयं', 'मारतोम्मा विजयं' (मेरी बनीज्ञा), विश्वदीप (पुत्तनकावु मात्तन तरकन) आदि।

4. कृषि और सामाजिक क्षेत्र में योगदान

कृषि : केरल के ईसाई कृषि और व्यापार में अत्यंत तत्पर थे। वे प्रमुख रूप से कृषक थे। काली-मिर्च की खेती में वे संसार-भर में प्रसिद्ध थे। नारियल की खेती, अनाज, रबड़, इलायची, सुपारी, कॉफी आदि की खेती में केरलीय ईसाई अन्य धर्मों और जातिवालों की अपेक्षा कोसों आगे हैं। वे जंगल काटकर, झील, कगार जैसे निम्न प्रदेशों को पाटकर अच्छी उपज उपजाने में सिद्धहस्त हैं। वे खेती के अच्छे जानकार हैं। केरल से प्रमुख निर्यात की चीजें काली मिर्च, रबड़, चाय, इलायची आदि हैं।

बीमारों की सेवा : ईसाई-धर्म के सार-मूल तत्त्व में लूले, लंगड़े, कोढ़ी, बधिर, गरीब, अशरण, अनाथ, आलंबहीन जैसों की सेवा में तल्लीन होनेवाला यथार्थ ईसाई कहलाया जाता है। केरल में पादरी और संन्यासिनियों की संख्या प्रतिवर्ष बढ़ती जा रही है। उस सबका लक्ष्य आलंबहीनों की सेवा था। इसी लक्ष्य-प्राप्ति के लिए अनाथालयों, वृद्धालयों, शिशुआलयों, अस्पतालों के द्वारा केरल के ईसाई पुरुष और महिलाएँ सेवारत हैं।

9

कालिकट में वास्को द गामा का आगमन

के.वी. कृष्णय्यर

1498 ई. 20 मई रविवार को अरब सागर में मछली पकड़ने गए कुछ मछुआरों ने उत्तर से आए हुए एक अपरिचित जहाज को कोषि़क्कोड में लंगर डालते देखा। जलमार्ग के बारे में अज्ञानी होकर यहाँ आनेवाले ये लोग कौन हैं, यह जानने के लिए उन्होंने तुरंत ही जाँच-पड़ताल की। जहाजों के आकार एवं रूप के समान ही उनमें आए हुए लोगों की वेशभूषा, रंग तथा भाषा भी उन्हें अजीब लगी। तुरंत ही संघ के कप्तान ने उन्हें जहाज में आने के लिए आमंत्रित किया। उसने उन लोगों का स्वागत-सत्कार अच्छे ढंग से किया और उनके हृदय को रिझाया। वे जो कुछ लाए, कप्तान ने सब खरीद लिया।

ये अपरिचित समुद्री यात्री वास्को द गामा और उनके सहनाविक थे। कई वर्षों से पुर्तगाल के नाविक भारत आने के लिए एक समुद्रांतर मार्ग की खोज में थे जिससे कि एशिया और यूरोप के बीच सुगंधित व्यंजनों के व्यापार से वे लाभ उठा सकें। 1497 जुलाई 8 को वास्को द गामा ने लिस्बन से अपनी यात्रा शुरू की। अनेक बाधाओं को पार कर विपत्तियाँ झेलकर वे मेलिण्डी पहुँच गए। एक कोंकिणी नाविक की सहायता से, वहाँ के सुलतान का आशीर्वाद पाकर कोषि़क्कोड आ गए। इस प्रकार गामा और उनकी मण्डली ने अप्रतिम कीर्ति पाई।

मछुआरों का समुचित ढंग से उपचार-सत्कार करके गामा ने उनका आदर सम्मान पाया। वे जिन अपराधियों को साथ लाए थे, उनमें से एक को चुपके से भेजकर यहाँ की पृथ्वी के आकार एवं स्वरूप और निवासियों के बारे में जानकारी हासिल की। जब से वे किनारे आ गए थे तब से लेकर लोग अद्‌भुत दृष्टि से उन्हें देख रहे थे। और भीड़ क्षण-क्षण बढ़ती रही। किंतु किसी को भी उनकी भाषा समझ नहीं आई। लोगों ने उन्हें आगे करके गली में जुलूस निकाला। वहाँ बोंटायबो नाम से जानेवाले 'टूलिस का मूर' (अरब यात्री) यह समझा पाया कि वे पुर्तगाल से आनेवाले हैं। इस प्रकार वे बच गए। कृपालु मूर उन्हें अपने घर में लाए और गेहूँ

का आटा एवं मधु मिलाकर 'आपूसस' खाने को दिया। इस प्रकार वहाँ उनका स्वागत-सत्कार हुआ।

बोंटायबो ने सामूतिरि के प्रतिनिधि के रूप में खड़े होकर गौरव के साथ राजा की सहायता की। राजा व्यापार में अपने देश का आधिपत्य बनाए रखने में सदापि जागरूक थे और प्रजाओं के ऐश्वर्य की कामना करते थे। यदि गामा का उद्देश्य व्यापार संबंध स्थापित करना था तो सामूतिरि उनका हार्दिक स्वागत करने के लिए तैयार थे। इसलिए सामूतिरि ने गामा से उनके तात्पर्यों को सुरक्षित रखने के लिए दो स्थानपतियों को भेजने को कहा।

तदनुसार गामा ने बोंटायबो के साथ अपने दो प्रतिनिधियों को सामूतिरि के दरबार में भेजा। उन दिनों सामूतिरि पोन्नानी में रहते थे। दरबार में पहुँचते ही सामूतिरि ने उन्हें राजवस्त्र के समान एक ऊनी चोली और दो रेशमी चोली सम्मान में देने की आज्ञा दी। उन्होंने गामा का कोषि़क्कोड में स्वागत-सत्कार होने की इच्छा प्रकट की। मानसून तेज़ होने के भय से और कोषि़क्कोड के जलमार्ग सुरक्षित नहीं होने से सामूतिरि ने अपने नाविक को गामा की सहायता के लिए भेजा और जहाजों को पंतलायिनी लाने को कहा। कोषि़क्कोड के 'तलच्चेन्नवर' या कोतवाल को आज्ञा दी गई कि गामा का स्वागत करके कोषि़क्कोड के दरबार लाएँ।

मई 28 रविवार को गामा और उनके बारह सहायक राजोचित ढंग से सजाए हुए कोषि़क्कोड के किनारे पहुँच गए। कोतवाल तथा उनके 200 सहायक नायरों तथा सड़क के दोनों ओर एकत्रित भीड़ से देहातों और शहरों में राजकीय सम्मान के साथ कप्तान का स्वागत हुआ। उपचार पूरा होने पर, एक पालकी पर उन्हें बैठाया जिसे राजा ने उनके लिए भेजा था।

कोषि़क्कोड की ओर

एक पालकी में संघ के प्रधानी और दूसरी में कोतवाल को बिठाकर उन्होंने कापाकाट नामक नगर की ओर यात्रा शुरू की। बाकी सारे लोग पैदल चल रहे थे। कोतवाल ने अतिथियों की 'यात्रा के सामान' लाने के लिए कुछ लोगों को नियुक्त किया। काप्पाकाटु (काप्पाडु) आकर वे आराम के लिए रुक गए। गामा और उनके संघ ने एक घर में और कोतवाल और उनके संघ ने अन्य दूसरे घर में रहकर आराम किया। आराम विश्राम के बाद कप्तान तथा उनका संघ एक छोटी नाव में घुस गए जो दो 'अलमारियों' को उल्टे रखकर बनाई गई थी। कोतवाल और उनके संघ के लोग अन्य नावों में घुस गए। दोनों संघ ऐसे एक स्थान पर पहुँच गए जहाँ एक नदी समुद्र से मिल जाती है। नवागतों को देखने के लिए आए हुए लोगों की संख्या अनगिनत थी। इस नदी किनारे घूमकर आनन्द मनाने के बाद वे लोग और एक जगह गए जहाँ कई बड़े जहाज लंगर देते थे। दोनों संघ यहाँ उतर गए। संघ के

कप्तान तथा कोतवाल ने अपनी-अपनी पालकी में आगे यात्रा शुरू की। चारों ओर नवागतों को देखने के लिए लोग लालायित होकर आ रहे थे। कई स्त्रियाँ भी बच्चों को लेकर उनके पीछे आईं।

गामा मंदिर में

यहाँ से कोतवाल कप्तान को मंदिर लाए। उन्होंने मंदिर में प्रवेश किया। कोतवाल ने समझाया कि वह बड़ा पुण्यवान मंदिर है। इससे गामा ने गलत समझा कि वह ईसाई गिरजाघर है। क्योंकि मंदिर के किवाड़ में उन्होंने छोटी घंटियाँ देखी थीं। कप्तान के मंदिर घुसते ही कोतवाल, कप्तान तथा उनके साथियों पर उन्होंने तीर्थ जल छिड़क दिया। उसके बाद जैसा कि हम चन्दन लेप करते हैं वैसे उन्हें भी माथे पर लगाने के लिए चन्दन लेप दिया गया। और उनके हथियारों में भी चन्दन लगाने का निर्देश हुआ।

इस पैगोडे की दीवारों में वे अनेक छायाचित्र देख सके। उनमें कुछ के डराने बाल, दंष्ट्र थे और कुछ के चार हाथ। वे सब विकृत रूपी थे और शैतान जैसे लगते थे। इसे देखकर उनके मन में शंका उत्पन्न हुई कि यह ईसाई मंदिर ही है या नहीं। पैगोडा के मध्य में एक 'चापल' था जिसके एक टवर के समान संगमरमर में बनाई गई सीढ़ियाँ थीं। उस टवर के अंदर उन्होंने देखा कि दीवार के छिद्र में एक मूर्ति रखी गई है। इसे यहाँ के लोगों ने देखा नहीं था। क्योंकि मंदिर का वह भाग अन्धकार भरा था। और पुजारी के बिना किसी को मंदिर के उस भाग में जाने का अधिकार नहीं था। मूर्ति पर लिखे गए कुछ शब्दों और प्रतीकों से कप्तान और उनके साथी समझ पाए कि वह मूर्ति किसी देवता की है। इसलिए कप्तान और उनके साथियों ने उसके सामने घुटने टेक दिए। जॉन डि साल को किसी प्रकार शंका हुई कि यह ईसाई मंदिर नहीं है। इसलिए उन भयानक मूर्तियों के सामने नतमस्तक होते हुए उन्होंने कहा "यदि यह शैतान है, तो मैं ईश्वर की उपासना करता हूँ।" सुनकर कप्तान उन्हें देखकर हँस दिया। कोतवाल और उनके लोगों ने मंदिर में आकर नतमस्तक होते हुए हाथों को विनय भाव में आगे बढ़ाया। उसके बाद उठ खड़े होकर प्रार्थना की।

यहाँ से वे कोषिक्कोड नगर की ओर बढ़े। वहाँ और एक मंदिर, जो पहले वाले के समान ही था, में प्रवेश किया। नगर में भीड़ इस प्रकार बढ़ रही थी कि वे बहुत मुश्किल से आगे बढ़ पाए। कप्तान को इतने लोगों को इकट्ठे हुए देखकर आश्चर्य हुआ। उन्होंने उस ईश्वर को धन्यवाद दिया जिसने अनेकों विपत्तियों से बचाकर उन्हें इस नगर तक पहुँचाया। उस करुणामय भगवान से उन्होंने विनय के साथ प्रार्थना की कि वे उसका पथप्रदर्शन करके उसकी यात्रा सफल बनाकर सुरक्षित होकर पुर्तगाल वापस भेजें। रास्ते में भीड़ का दबाव इतना बढ़ गया कि पालकी

वाहक आगे चल न सके। इसलिए संघ को वहाँ एक घर में ठहरना पड़ा। सामूतिरि का एक स्थानीय--कोतवाल का भाई--जिसे राजा ने कप्तान का स्वागत करके लाने में कोतवाल की सहायता करने के लिए भेजा था--अनेक 'नायरों' के साथ वहाँ संघ में शामिल हुआ। उन्होंने बिगुल तथा ढोलक बजाकर स्वागत समारोह की शोभा बढ़ाई। बीच-बीच में पटाखे भी छोड़ते थे। कोतवाल के भाई के प्रयास से जुलूस के लिए रास्ता खोल दिया गया और भीड़ ने राजा के समान मानकर कप्तान का आदर-सम्मान किया। कम-से-कम 3000 हथियार बंद सिपाही जुलूस में थे। गलियों में, किवाड़ों तथा खिड़कियों से, छापर के ऊपर खड़े होकर जुलूस देखनेवालों की संख्या अनगिनत थी। कप्तान स्वागत-सत्कार और आदर-सम्मान से प्रसन्न हुए। उन्होंने खुश होकर साथियों से कहा--'पुर्तगाली लोग संकुचित विचार के हैं, यहाँ हमारा आदर-सम्मान कितने अच्छे ढंग से हुआ है।'

सामूतिरि का दरबार

सूर्यास्त होने के एक घंटे पहले वे दरबार पहुँच गए। केवल मिट्टी की ईंट से बनाया हुआ होने पर भी दरबार बड़ा विपुल एवं आकार में सुंदर था। मकानों के बीच का स्थान पेड़-पौधों से अच्छे ढंग से सजाया गया था। बीच-बीच में सुंदर बगीचे थे। कई सुगंधित पौधे तथा फव्वारे भी थे। कोषिक्कोड के दरबार में आराम करते सामूतिरि अक्सर बाहर नहीं जाते। दरबार पहुँचते ही कई 'कईमल' और 'स्थानीय' उनका स्वागत करने के लिए बाहर आए। वे कप्तान को दीवारों के सामनेवाले चतुर्भुज की ओर लाए। कई आँगन पार करके वे आगे बढ़ रहे थे। तो हर एक आँगन के किवाड़ में रहकर दस-दस प्रहरी दर्शकों का नियंत्रण कर रहे थे। और रास्ता खोल रहे थे। राजमंदिर के किवाड़ में आकर दरबार के मुख्य ब्राह्मण से उनकी भेंट हुई। मुख्य पुरोहित ने कप्तान को गले लगाकर उनका स्वागत किया। और उनको दरबार के अंदर लाया। इस समय राजा का दर्शन मिलने की इच्छा से आगे की ओर बढ़ रहे थे। राजा अक्सर बाहर नहीं जाते थे। इसलिए लोगों को उन्हें देखने की इच्छा कम नहीं थी। उनकी संख्या इतनी अधिक थी कि जमघट में कुछ लोगों को दम घुटने का अनुभव होने लगा। अतिथियों में कुछ लोगों को भी दम घुटने का अनुभव होने लगा। यदि पहरेदार उनकी सहायता के लिए नहीं आते तो उनकी अवस्था दयनीय होती। ठीक समय पर ही पहरेदारों ने आकर उनकी सहायता की जिन्होंने भीड़ को हटाकर उनके लिए सुविधाएँ बनाईं। इससे कई लोगों को चोट भी लगी।

अंत में किवाड़ पार कर कप्तान और उनके साथी ने एक बड़े हॉल में प्रवेश किया। उसमें नाट्यशाला के समान चारों ओर सीटों को सजाया था। ज़मीन में मखमल का हरा कालीन बिछाया गया था और दीवार रंगबिरंगे रेशम से सजाई गई

थी। राजा देखने में भूरे रंगवाले, लंबे और उम्र में प्रौढ़ थे। वे एक गोरे और स्वर्णिम रेशम से सजाए गए सोफे पर लेटे हुए अच्छे वितान पर सिर टिकाए हुए थे। उनके सिर पर एक टोपी थी जिसे तिरुमुडिप्पट्टम् कहते हैं जो अनमोल हीरों तथा मुक्ताओं से अलंकृत था। उनके कानों में कुंडल भी थे। वे एक ऊन का जाकेट पहने हुए थे जिसके बड़े मुक्ताओं के बटन थे और स्वर्णिम पैबन्दों के बटन होल थे। वे मध्य भाग में एक 'कालिको' कपड़ा पहने हुए थे जो उनके घुटनों के नीचे तक आता था। उनकी अँगुलियों और पदांगुलियों में कंकण थे जो सुंदर पत्थरों को जड़ाकर बनाए गए थे। उनके हाथ-पाँव स्वर्ण के आभूषणों से सजाए गए थे। सोफा के समीप सोने के स्टैंट पर उथली स्वर्ण की थाली थी जिसमें तांबूल था जिसे राजा नमक और सुपारी के साथ चबाते थे। तांबूल चबाने के बाद थूक देने के लिए राजा के पास ही एक स्वर्ण का थूकदान रखा था जो एक स्वर्ण के स्टैंड पर रहता है। मुँह धोने के लिए एक 'स्वर्ण लोटे' में पानी भी था। एक बूढ़ा भृत्य राजा को तांबूल तैयार करके देता था जो सोफे के पास ही खड़ा था। राजा के सामने आनेवाले अन्य सारे लोग अपने बाएँ हाथ को मुँह पर दबाए रखते थे जिससे कि उनका निःश्वास राजा तक न पहुँचे। किसी को भी राजा के सामने छींकते हुए या थूकते हुए नहीं देख सकते थे।

जब कप्तान राजा के सन्निधान में आए तो उन्होंने देश के रीति-रिवाजों के अनुकूल नतमस्तक होकर प्रणाम किया और हाथ उठाते हुए ईश्वर की स्तुति की। राजा ने तुरन्त ही कप्तान को अपने समीप बैठने का इशारा किया और उसके बाद कप्तान् के साथी भी उनके सामने आए। कप्तान के समान उन्होंने भी राजा को प्रणाम किया। राजा ने उनको भी अपने समीप बैठने की आज्ञा दी।

सामूतिरि से साक्षात्कार

आचार मर्यादा निभाने के पश्चात् सामूतिरि और द गामा और एक कमरे में गए ताकि गामा के आगमनोद्देश्य के बारे में चर्चा हो जाए। राजा एक सोफे पर विराजित हुए। उनकी सहायता के लिए उनका दुभाषिया, तांबूल तैयार करनेवाला भृत्य, मुख्यपुरोहित और परिवार का प्रबंधक केवल इतने ही थे। राजा ने कप्तान से पूछा कि विश्व के किस कोने से वे आ रहे हैं और उनका उद्देश्य क्या है ? उन्होंने उत्तर दिया कि वे पुर्तगाल के राजा के स्थानपति हैं जो पश्चिम के ईसाई राजाओं में सबसे शक्तिमान हैं। और कहा कि पुर्तगाल राजा भूविस्तृति, प्रजाओं की संख्या और परंपरागत संपत्ति के कारण बहुत प्रसिद्ध हैं। उन्हें सूचना मिली कि भारत में कई ईसाई राजा एवं राजकुमार हैं जिनमें कोषिक्कोड सामूतिरि ही प्रमुख हैं। यह बात सुनकर वे अत्यंत आकांक्षी हो गए इसलिए यहाँ आने के लिए एक जलमार्ग की खोज में कुछ कप्तानों को भेजने के लिए तैयार हुए। जिससे वे दोनों देश सहोदर

देशों के समान संबंध स्थापित कर सकें। इस उद्देश्य से वह भेजा गया है। इसलिए नहीं कि यहाँ की संपत्ति लुटाएँ। क्योंकि उस सम्राट के पास बहुत अधिक संपत्ति है, और सोने तथा चाँदी और वैसी अनमोल वस्तुओं का खजाना ही है। उनके पहले जितने लोग इस उद्देश्य से भेजे गए उन सब को बहुत धन इनाम दिया गया था। किंतु वे सब एक साल या और कुछ दिन भी बेकार काम करके खाद्य सामग्री खत्म होने पर निष्फल होकर पुर्तगाल वापस आए। वर्तमान पुर्तगाल के राजा 'डोम मानुवल' इस साहसिक उद्यम की सफल समाप्ति करने के लिए इच्छुक हैं। इसलिए राजा ने तीन जहाज़ों को देकर और सारी सुविधाएँ देकर गामा को आदेश दिया है कि कोषिक्कोड के ईसाई राजा से भेंट किए बिना और उसके लिए एक जलमार्ग दिखाए बिना वापस आए तो उनका सिर काटा जाएगा। उक्त राजा ने कालिकट के ईसाई राजा को देने के लिए तीन पत्र भी सौंपे हैं जिसे अगले दिन दिखाऊँगा।

पुर्तगाल सम्राट सामूतिरि के अच्छे दोस्त बनने पर सामूतिरि अपने दो स्थानपतियों को पुर्तगाल भेज सकते हैं। ईसाई राजाओं की यही आदत है। इस दूत-संदेश से सामूतिरि प्रसन्न हुए। उन्होंने कप्तान से कहा कि वे उनका अपनी राजधानी पोन्नानी में स्वागत-सत्कार करेंगे। पुर्तगाल राजा को भी सामूतिरि के समान दो स्थानपतियों को भेजना होगा। इसके बाद सामूतिरि ने पुर्तगाल के बारे में अनेक बातें पूछीं। पुर्तगाल कालिकट से कितनी दूरी पर स्थित है। कप्तान को कितने दिन यात्रा करनी पड़ी आदि। रात्रि बढ़ जाने पर उन्होंने विदा ली। रात में कहाँ ठहरना चाहते हैं ? पूछने पर कप्तान ने अपने लिए अलग घर माँगा। सामूतिरि ने मूर को आदेश दिया कि इन लोगों को आराम केंद्र में ठहराएँ।

अरबी मूर के साथ मत संघर्ष

दरबार से वापस जाने पर दस बज गए थे। कोतवाल तथा अन्य लोग जो कप्तान को यहाँ लाए थे उन्होंने आराम केंद्र तक उनका अनुमगन किया। रास्ते में मूसलाधार वर्षा होने के कारण गलियाँ पानी से भर गईं। इसलिए मूर ने कुछ लोगों को कप्तान को अपनी पीठ पर लेकर जाने का आदेश दिया। इससे कप्तान असंतुष्ट हुए। नाराज़ होकर उन्होंने पूछा कि 'क्यों उनको लेकर पूरी रात गली-गली नहीं जाते ?' मूर ने उत्तर दिया कि 'गली इतनी विस्तृत एवं फैली हुई नहीं। नहीं तो वे खुद ले जाते।' उसके बाद मूर ने उन्हें अपने घर में कुछ समय आराम करने दिया। उनके लिए एक घोड़ा लाया गया किंतु उसकी जीनी नहीं थी। इसलिए कप्तान ने पैदल चलना पसन्द किया। कुछ समय के बाद वे एक अच्छे आराम केंद्र में पहुँचाए गए। उनके साथी पहले ही उनका बिस्तर लेकर वहाँ आ चुके थे।

अगले दिन गामा ने सामूतिरि को अपना पुरस्कार भेज दिया। जिसमें चार चमकीले लाल अंगरखा, छह टोपियाँ, प्रवाल की चार शाखाएँ, बारह अलमारी, पात्र,

पीतल का एक बक्स, एक चीनी भण्डार, दो पीपे तेल और एक पीपा मधु भी था। कोतवाल, कोया और बोंटायबो तक ने उन्हें अपर्याप्त कहा और सोना या चाँदी देने की सलाह दी। जो भी हो कप्तान उसके लिए तैयार नहीं थे।

गामा का यह कंजूस आचरण मूर को लाभदायी हो गया। उनके लिए गामा का आचरण अपशकुन के अलावा और कुछ नहीं था। पुर्तगालियों के कोषिक्कोड आने और अधिकार जमाने पर पश्चिम के व्यापार क्षेत्र में अरबों का एकाधिकार नष्ट हो जाएगा। इस मार्ग में उन्होंने पहले ही व्यापार क्षेत्र के अनेक सहकारियों को आहत किया था। मूर ने सामूतिरि से बताया कि गामा एक समुद्री डाकू है और वे जो पुरस्कार लाए हैं वे उनके पद के लिए उचित नहीं है। इसलिए उनका कहना झूठ है। उक्त राजा जिन्होंने, कहा जाता है कि, इनको भेजा है, उनके लिए यह पुरस्कार नगण्य है। मूर ने यह भी कहा कि नया संबंध पुराने संबंध को तोड़ेगा। यदि पुर्तगाली लोग यहाँ ठहराए जाएँ तो वे इस नगर के टुकड़े-टुकड़े करेंगे और देश का नाश होगा।

सामूतिरि इन वादों से विचलित हुए। अगले दिन उन्होंने गामा को दरबार में बुलाया। उनके आते ही सामूतिरि ने जाँच-पड़ताल की कि वे क्यों यहाँ आए और क्यों ऐसा नगण्य पुरस्कार उन्होंने भेज दिया। 'क्या आप पत्थरों या मानवों को ढूँढ़ने आए हैं ? यदि आप के राजा और प्रजा बड़े धनी हैं तो क्यों उन्होंने ऐसा नगण्य पुरस्कार भेज दिया ?' गामा ने पूरी शक्ति के साथ मूर द्वारा प्रचलित आरोपों को ठुकरा दिया। उन्होंने पुर्तगाल सम्राट का पत्र दिखाया जिसकी सूचना पहले साक्षात्कार में दी थी। यह पत्र उनके वादों का प्रमाण था। उक्त पत्र का संदर्भ इस प्रकार था :

'ज्यों ही पुर्तगाल के राजा यह समझ पाए कि कोषिक्कोड के राजा हिंदुस्तान के सबसे श्रेष्ठ राजा हैं और एक ईसाई हैं त्यों ही वे प्रस्तुत राज्य से दोस्ती एवं व्यापार संबंध बनाने के लिए इच्छुक हुए। इस प्रकार वे सुगंधित सामग्रियाँ प्राप्त कर सकते हैं जो यहाँ बहुत अधिक हैं। परिणामतः दुनिया के अन्य देशों से व्यापार संबंध स्थापित कर सकते है। और यदि यहाँ के सम्राट की अनुमति मिले तो वे अपने देश से अनेक सामान लाएँगे जो इस देश में नहीं हैं। सामूतिरि यदि कप्तान जो चीजें लाए हैं उनसे प्रसन्न नहीं हैं तो पुर्तगाल सम्राट सोने तथा चाँदी की संपत्ति भेजने के लिए इच्छुक हैं। अंत में सम्राट ने आगे आवश्यक कार्यों के लिए कप्तान को भेजा है।' इस पत्र ने सामूतिरि की शंकाओं को दूर कर दिया और उन्होंने गामा को जहाज में से अपना माल लाकर उचित लाभ में बेचने की अनुमति भी दी।

वापसी

मई 31 को कोतवाल के साथ कप्तान पंतलायनी गए। वे उस दिन शाम को वहाँ पहुँचे। किंतु समुद्र में ज्वार आने के कारण कोई भी मल्लाह साहस कर कप्तान का

जहाज न ला सके जो किनारे से बहुत दूर तक बह गया था। उनकी वापसी केवल जून 3 को ही शुरू हो सकी। इस विवशता से उत्पन्न देरी से उनकी साहसिकता पर आघात हुआ। वे कोतवाल को शंका की दृष्टि से देखने लगे। अरबी लोगों से कप्तान की सुरक्षा के लिए कोतवाल ने हथियार देकर पहरेदारों को रखा था। इसे कप्तान ने गलती से समझा कि यह उनके खिलाफ हैं।

जहाज में घुसते ही कप्तान का भय मिट गया। नियमित रूप से व्यापार संबंध की स्थापना हुई। कोतवाल ने कप्तान के माल को सुरक्षित रखने के लिए एक घर का भी प्रबंध किया। सामूतिरि ने माल खरीदने के लिए कुछ कोंकण व्यापारियों को भेजा और मालघर की सुरक्षा के लिए कुछ 'नायरों' को भी। पंतलायनी जैसी छोटी जगह पर बिक्री कम थी। इसलिए उसका कोषिक्कोड की ओर स्थानांतरित करने का निश्चय हुआ। उस स्थान परिवर्तन का सारा खर्च स्वयं सामूतिरि ने ही लिया। वे नवागतों के प्रति उदार-मनस्क थे।

यद्यपि मूर के लोगों ने गामा को पसंद नहीं किया फिर भी शिकायत करने लायक कोई बात नहीं थी। गामा के साथ प्रत्यक्ष रूप से कोई दुराचरण नहीं हुआ। इसलिए वे अपना माल बेचकर सुगंधित सामग्रियाँ खरीद सके। कस्टानेडा कहते हैं—हमारे लोगों का स्वीकार उन्होंने शिष्टता के साथ किया और उनके साथ विश्राम भी किया जाता था। अवसर पाकर उनमें कुछ नागरिकों के साथ वे ठहरे भी थे। उन्होंने सागर के किनारे रखकर अपने मालों का परस्पर आदान-प्रदान किया। पीतल, ताँबे आदि के कंकण और गहने जैसी अन्य चीजें भारत में उत्पन्न वस्तुओं के बदले में दीं। इतनी आसानी से जैसे कि वे लिस्बन में कर सकते थे। उनके आराधकों में कुछ लोग हजाज़े में आकर मछली, नारियल तथा पालतू मुर्गियों को बेचने लगे। कुछ लोग अपने बच्चों को जहाजों को दिखाने के लिए ले आए। कप्तान ने इन लोगों के आने पर अच्छे ढंग से व्यवहार करने का आदेश अपने लोगों को दिया था। उनका उद्देश्य सामूतिरि के लोगों की प्रीति पाकर सामूतिरि के साथ संबंध को बनाए रखना था। इस प्रकार अगस्त 10 तक लोग आते रहे। उस दिन तक जहाज की छत पर दिनभर दर्शक होते थे।

विदाई पुरस्कार

उस दिन कप्तान ने सामूतिरि के यहाँ विदाई की सूचना देने के लिए एक दूत को भेजा। उसके साथ कुछ पुरस्कार भी थे, जिसमें रंग-बिरंगे कपड़े, रेशम, प्रवाल तथा अन्य कई चीजें थीं। उन्होंने सामूतिरि से एक दारुगंध, लौंग और अन्य सुगंधित वस्तुएँ माँगीं। जिसके बदले उनके पास बचा माल देने का इरादा था। चार दिन इंतजार करने के बाद ही संदेशवाहक राजा से मिल सका। सामूतिरि ने कहा कि गामा जब कभी चाहें, जा सकते हैं। किंतु उन्होंने गामा का अंतिम व्यापार निर्देश

स्वीकार नहीं किया। उक्त चीजों के लिए सामूतिरि ने साधारण सीमा शुल्क 600 सेरासिन के साथ सोना या चाँदी भी माँगा। सामूतिरि की इस माँग पर गामा एकदम निराश हुए। और सामूतिरि के उत्तर में उन्होंने उपहास महसूस किया। जब सामूतिरि ने कर वसूल करने के लिए उनके पास अधिकारी और लिपिक को भेजा तो कप्तान क्रुद्ध हो गए। तुरंत ही उन्होंने जहाज़ की छत पर खड़े हुए छह 'नायरों' और सोलह मछुआरों को बंदी बनाया।

जब सामूतिरि को इसकी सूचना मिली तो तुरंत ही उन्होंने पुर्तगाली स्थानपति तथा उसके लिपिक को एक पत्र देकर वापस भेजा। पत्र इस प्रकार था : 'आपकी सभा के महोदय वास्को द गामा हमारे देश आए। उनके आगमन से मैं प्रसन्न था। हमारे देश में बहुत अधिक दारुगंध, लौंग, कालीमिर्च और अनमोल पत्थर हैं। उनके बदले आपके देश से हम सोना, चाँदी और स्कारलेट चाहते हैं।'

उनके आने पर गामा ने छह 'नायरों' को मुक्त कर दिया। किंतु मछुआरों को मुक्त नहीं किया। सामूतिरि के सीमाशुल्क लेने के इरादे से हट जाने पर भी कप्तान उन्हें मुक्त करने को तैयार नहीं था। जो भी हो पुर्तगाल से भविष्य में आनेवालों की सुख-सुविधा एवं सुरक्षा के बारे में सोचकर उन्होंने एक बन्दी को क्षमापत्र के साथ सम्राट के पास वापस भेज दिया। 1499 सितम्बर 8 को वे पुर्तगाल वापस आ गए। उन्होंने पुर्तगाल की राजधानी में अपनी विजय भेरी गुंजाते हुए प्रवेश किया।

वाईटवे का कहना है कि गामा की साहसिक यात्रा की अपेक्षाकृत सरल घटनाओं को लेकर अनेक गल्प प्रचलित हैं। किंतु उनकी साहसिकता को छोड़ने पर वे रुचिकर नहीं रहेंगे। यह घटना विश्व इतिहास की असाधारण घटनाओं में एक उल्लेखनीय घटना है। इसके परिणामस्वरूप 1800 वर्षों के पूर्व अलक्षेन्द्र के प्रथम आगमन तक पश्चिम और पूर्व की नागरिकता बड़ी ध्यान से बनाई रखी गई होगी। पुर्तगालियों के भारत वास के काल में कभी भी सामूतिरि ने कोई अत्याचार या छल नहीं किया था। इसके विरुद्ध विदाई लेते वक्त गामा पाँच आदमियों को जहाज की छत पर फँसाकर बंदी बनाकर ले गए जिसे सामूतिरि रोक न सके।

अनुवाद : सिजी जेकब

'मलाबार' ग्रंथ से साभार।

10

केरल की संस्कृत परंपरा

सी. राजेंद्रन

केरल के बाहर जानेवाला कोई भी मलयालयी यह सुखद आश्चर्य के साथ समझ पाता है कि भारत के किसी भी भाग में पहुँचने पर कोई भी भाषा बिना किसी पूर्वाभ्यास से, बिना किसी कठिनाई से समझ सकता है। संस्कृत भाषा और साहित्य से इतना दृढ़ संबंध रखनेवाला और कोई क्षेत्र भारत में नहीं है। यह तनिक भी अतिशयोक्ति के बिना कह सकते हैं। यहाँ यह भी स्मरणीय है कि द्रविड़ भाषा होने पर भी कुछ लोगों की मान्यता है, मलयालम की उत्पत्ति संस्कृत से ही हुई है। यह भी विशेष उल्लेखनीय है कि यह संस्कृत संबंध जाति-पाँति की उच्च श्रेणियों में ही सीमित नहीं है। सवर्ण एवं अवर्ण और हिंदू तथा अन्य धर्मानुयायी भी एक साथ संस्कृत साहित्य और उसके वैद्य, ज्योतिष, गणित आदि शाखाओं में भी निपुण थे। यह भी मानना पड़ता है कि मातृभाषा के कवियों से भी अधिक कभी-कभी केरलीयों ने संस्कृत कवियों का आदर किया है। यह भी एक तथ्य है कि एषुत्तच्छन, कुंजन नंब्यार जैसे प्रमुख मलयालम कवि संस्कृत भाषा में भी अनायास कविता करने में निपुण थे। संक्षेप में यह निस्संकोच कह सकते हैं कि केरल के सांस्कृतिक इतिहास में एक मुख्य धारा है संस्कृत परंपरा की धारा। प्राचीन काल से लेकर संस्कृत साहित्य में केरल देश और केरलीयों का उल्लेख मिलता है। भरत के सौ पुत्रों में एक का नाम केरलन है। दक्षिण देश के संगीतादि कला पैतृक का स्मरण नाट्यशास्त्रकार आदर के साथ करता है। यह आकस्मिक्र नहीं कि आज भी जीवित रहनेवाली एकमात्र प्राचीन भारतीय नाट्यविधि कूडियाट्टम अकेले केरल में मिलनेवाली एक क्षेत्र कला है। सातवीं सदी के आचार्य दण्डी की 'अवन्ती सुन्दरी' कहानी में केरल के मातृगुप्त जैसे पण्डितों का उल्लेख है। कहा जाता है कि प्रमुख मीमांसक एवं दर्शन की एक प्रमुख शाखा के उपज्ञाता प्रभाकर केरलीय था। इस मत से अधिकांश विद्वान् एकमत हैं कि अपने ह्रस्व जीवन में स्वयं इतिहास बन गए महादार्शनिक शंकराचार्य केरलीय थे। डॉ. के. कुंजुन्नि राजा का कहना है कि केरल में संस्कृत

साहित्य का विकास कम-से-कम सातवीं सदी से आरंभ हुआ था। उत्तर में कोलत्तिरि से लेकर दक्षिण में वेणाडु तक के अनेक राज्यों के प्रशासक एवं सामंत राजा संस्कृत के पण्डितों एवं कवियों का बड़ा सम्मान करते थे।

केरल की संस्कृत प्रतिभाओं के बारे में सोचते समय सबसे पहले शंकराचार्य का नाम आता है। उन्होंने अपने अतिशय पाण्डित्य एवं वाग्वैभव से भारतवर्ष के सारे विरोधियों पर जीत हासिल करके परमोन्नत सर्वज्ञ पीठ पर अधिरोहण किया। उन्होंने अपनी अनुपम भाष्य रचनाओं द्वारा ब्रह्मसूत्र, दशोपनिषद् और भगवद्गीता को समेटनेवाले प्रस्थानत्रय की नींव डाली। वे साठ से अधिक प्रसिद्ध स्तोत्र कृतियों के रचनाकार के रूप में भी जाने जाते हैं। तर्क का तीखापन, माधुर्य पूर्ण नर्म बोध, प्रखर धिषणाशक्ति आदि से धन्य शंकराचार्य की रचना शैली उसकी स्वच्छता के कारण किसी को भी रिझानेवाली है। शंकराचार्य की रचना मानी जानेवाली 'सौंदर्य लहरी' जैसी स्तोत्रकृतियों को अपने काव्य सौंदर्य एवं गहनता के कारण संस्कृत साहित्य में उच्च स्थान प्राप्त है।

पाण्डित्य एवं कवित्व के समन्वित व्यक्तित्व के अनुपम रचनाकार मेलपत्तूर नारायण भट्टतिरि की देन समस्त भारत में विख्यात है। उनका नारायणीयम् संस्कृत के स्तोत्र साहित्य में महत्त्वपूर्ण स्थान रखता है। असामान्य पदव्युत्पत्ति, कल्पना वैभव, संगीत माधुर्य एवं रसस्फूर्ति के कारण नारायणीयम् एक उज्ज्वल रचना बन गया है। यह भागवत् पुराण पर आधारित एवं श्रीकृष्ण को संबोधित करते हुए लिखा एक सुंदर काव्य है। मेलपत्तूर के प्रक्रिया सर्वस्व, धातुकाव्य, मानमेयोदयम् आदि शास्त्र ग्रंथ उनके व्याकरण एवं मीमांसा पाण्डित्य का प्रमाण है। राजसूय जैसे चंबु प्रबंध आपके पाण्डित्य, वाक्शक्ति और सारस्य के उदाहरण हैं।

संस्कृत साहित्य के लिए केरलीयों द्वारा दिए गए नाटकों में शक्तिभद्र का 'आश्चर्यचूड़ामणि' श्रेष्ठ स्थान रखता है। शंकराचार्य के समकालिक शक्तिभद्र की इस रचना ने प्राचीन काल से ही संस्कृत नाटकविधि, कूडियाट्टम में स्थान प्राप्त किया था। रामायण के आधार पर लिखा गया 'आश्चर्यचूड़ामणि' जैसा कि नाम से ध्वनित है, अद्भुत रस प्रधान नाटक है। आज भी इसके कुछ अंक केरल के मंदिरों में खेले जाते हैं। इससे इस नाटक का महत्त्व स्पष्ट है।

महोदयपुरम को राजधानी बनाकर शासन किए चेर राजाओं में अग्रणी कुलशेखर राजा संस्कृत नाट्य मंच को संपन्न बनानेवाला एक प्रसिद्ध कवि था। कुलशेखर राजा के 'तप्तीसंवरण' 'सुभद्राधनंजय' आदि नाटक कूडियाट्टम में खेले जानेवाले हैं। ऐतिह्य है कि कुलशेखर राजा और उनके नर्मसचिव तोल दोनों मिलकर ही संस्कृत नाट्यमंच में कालानुसार परिष्कार लाए हैं।

अन्य शाखाओं की उल्लेखनीय रचनाओं में एक है अतुल का 'मूषकवंश-महाकाव्य'। इस ऐतिहासिक महाकाव्य में उत्तर केरल के कोलत्तुराज्य के

प्रमुख राजवंश मूषकवंश के इतिहास का वर्णन है। कल्हण की राजतरंगिणी जैसे महाकाव्यों से समतुल्यता रखनेवाली यह रचना केरल के इतिहास पर प्रकाश डालनेवाला एक अमूल्य दस्तावेज है। वासुदेव कवि का 'युधिष्ठिर विजय' एक यमक काव्य है। कठोर यमक को बनाए रखते हुए रचना में आद्यंत दिखनेवाली स्वच्छंद शैली आकर्षक है। श्रीकृष्ण की कहानी सुंदर ढंग से कहनेवाले शंकर कवि का 'श्रीकृष्णविजयम्' 'रामायण कथा' बतानेवाले रामपाणिवाद का 'राघवीयम्' आदि भी उल्लेखनीय महाकाव्य हैं। ब्रह्मदत्त नारायण के 'सुभद्राहरण', भट्टिकाव्य के समान व्याकरण तत्त्वों को सुरक्षित रखते हुए लिखी गई एक रचना है।

सारे भारत में विख्यात भक्तिकाव्य 'श्रीकृष्ण कर्णामृत' का रचनाकार विल्वमंगलम एक केरलीय कवि था, ऐसा माना जाता है।

संदेश काव्यधारा को केरल की देन महत्त्वपूर्ण है। लक्ष्मीदास का 'शुकदूत' उदय का 'मयूरद्रुत', नारायण का 'सुभगद्रुत', मातृदत्त का 'कामद्रुत' आदि इस शाखा की प्रमुख रचनाएँ हैं। मेघदूत के बाद रचे गए अधिकांश द्रुतकाव्यों के समान ये रचनाएँ भी उनकी साहित्यिक महत्ता से भी बढ़कर इतिहास पर छोड़नेवाली उनकी छाप की दृष्टि से उल्लेखनीय होती है।

सृजनात्मक साहित्य क्षेत्र के समान जैसे व्याख्या और विविध विज्ञान शाखाओं के क्षेत्र में भी रची गई अनगिनत रचनाओं का नामोल्लेख भी इस छोटे निबंध में करने में असमर्थ हूँ। ये शाखाएँ उतनी व्यापक हैं। पूर्ण सरस्वती जैसे प्रतिभावान व्याख्याताओं ने कालिदास आदि की प्रसिद्ध रचनाओं की अपनी प्रौढ़ व्याख्याओं द्वारा समीक्षा की है। वैद्य, ज्योतिष, वस्तुविद्या, गणित आदि क्षेत्रों में केरलीय रचनाकारों की देन महत्त्वपूर्ण है। यह परंपरा आज भी निर्बाध जारी है। मीमांसा, व्याकरण तर्कशास्त्र आदि दार्शनिक शाखाओं में भी यहाँ अनेक रचनाएँ हुई हैं। वैदिक वाङ्मय एवं यज्ञ पैतृक भी केरल में अभंगुर सुरक्षित रखा गया है। दर्शन शाखा को चट्टम्बि स्वामी एवं श्रीनारायण गुरुदेव की देन भी महत्त्वपूर्ण है।

संस्कृत साहित्य का यह महान् पैतृक बीसवीं सदी में भी यहाँ सुरक्षित है। आज भी प्रकाशित होनेवाली रचनाएँ इसका प्रमाण हैं। आसन्नकाल में केरल से निकली संस्कृत रचनाओं में डॉ.के.एन. एषुत्तच्छन का 'केरलोदयम्', डॉ.पी.के. नारायण पिल्लै का 'विश्वभानू', प्रो.पी.डी. देवस्या का 'क्रिस्तु भागवत्' आदि प्रमुख हैं। इनमें अभिव्यक्ति की नवीनता एवं दृष्टिकोण की मौलिकता के कारण विशिष्ट रचना केरलोदयम् केरल के समग्र इतिहास का आख्यान करनेवाली एक आधुनिक रचना के रूप में सविशेष स्थान पा चुकी है।

अनुवाद : सिजी जेकब

11

केरल की नागपूजा एवं तांत्रिक कला

विजयकुमारन सी.पी.वी.

भारत में प्रागैतिहासिक काल से नागपूजा एवं तांत्रिक कलाओं का प्रचार हुआ होगा। ई.पू. 2000 वर्ष पहले ही नागपूजा यज्ञादि में शुरू हुई होगी। प्रायः सभी हिंदू विषधर साँपों की पूजा करते हैं। हिंदू, बौद्ध और जैन मूर्तियों के मस्तक पर छत्राकार में सर्पफल देखने को मिलता है। नागपूजा और पेड़ पूजा में घनिष्ठ संबंध है। नागों को अपने प्राकृतिक परिवेश बनाए रखने के लिए खास उपवनों की सृष्टि करनी पड़ती है। केरल में ऐसे उपवनों को 'काव्' संज्ञा दी गई है। प्राचीन काल से, केरल में नागपूजा का प्रचलन रहा है।

दंत कथाओं में ब्राह्मण घराने (इल्लम) और 'पुल्लुव' (जनजाति) से जुड़ी कथाएँ नागपूजा में इनका स्थान निर्धारित करती हैं। मेक्काट इल्लम के परमेश्वरन नंपूतिरि ने अपने दुःखदारिद्रय मिटाने के लिए बारह साल का कठोर तप किया। अंत में नागराज वासुकी उसके सामने प्रकट हुआ। छद्मवेश में होने से वासुकी को वह पहचान न सका। वासुकी (ब्राह्मण वेश में) के शरीर के चमकीले माणिक्य को दर्शनार्थ उस नंपूतिरि को दिया गया। परमेश्वरन ने वचन का पालन किया। वासुकी ने उसे वरदान दिया। तदनंतर मेक्काट इल्लम में परमेश्वरन नागराज वासुकी और नागयक्षी (नागरानी) की प्रतिमूर्तियाँ बनाकर उनकी पूजा करने लगा। फिर से वह इल्लम 'पांपुमेक्काट' नाम से अभिहित हुआ। वहाँ किसी भी नंपूतिरि को साँपों का विष नहीं लगता था। साँप का काटा व्यक्ति नहीं मरता उल्टे साँप मरता था। साँप को मरने से बचाने के लिए नंपूतिरि को उसके शरीर से विष उतारना पड़ता था। यह इल्लम नागपूजा एवं नागों के परिरक्षण तथा नागमंदिरों का मुख्य कार्मिक बन गया। दूसरी कथा के अनुसार मण्णारशाला इल्लम की एक इल्लत्तम्मा (महिला) के गर्भ से पंचफनी नाग ने जन्म लिया। जन्म के बाद वह इल्लम के अंदर घुस गया। फिर से उस घराने को नागदेवता का कृपा कटाक्ष मिला। वहाँ परंपरा से प्रचलित विश्वास के अनुसार इल्लत्तम्मा (वलियम्मा) ही नागपूजा विधियाँ निभाती रहती हैं।

छोटी इल्लत्तम्मा (चेरियम्मा) कभी-कभी उसका साथ देती हैं। मण्णारशाला और नागों का संबंध महाभारत के 'खाण्डववन' उपाख्यान से भी जुड़ा है। खाण्डववन में दावाग्नि में अनेक साँप मर गए। वन में कहीं गीली मिट्टी में घुस जाने से एकाध साँप बचे रहे। यही जगह 'मण्णारशाला' नाम से प्रसिद्ध हुई।

आलत्तूर नंपि (एक और नंपूतिरि घराना) से जुड़ी कथाएँ भी हैं। नागश्रेष्ठ तक्षक को बीमारी से बचाने के बदले, उस इल्लम के निवासियों को नागराज का कृपा कटाक्ष मिला और वे नाग-विष-चिकित्सा में सिद्धहस्त हुए। मण्णारशाला इल्लम के समान एक पुल्लुव (जनजाति) स्त्री से जुड़ी साँप को जन्मानेवाली कथा भी है। उस स्त्री और बाद में पूरी जाति के लोगों को साँप की कृपा मिली। केरल में साँपों से जुड़े आचार और अनुष्ठानों में 'पुल्लुवों' का हाथ इसीलिए लग गया।

केरल में नागबली करने, नागों का आवास-परिवर्तन करने तथा पूजा-अनुष्ठानों आदि के लिए पांपुमेक्काव अद्वितीय है। नागर कोविल (तिरुवनंतपुरम के पास तमिलनाडु का एक शहर) की उत्पत्ति की कथा, मेक्काट इल्लम और 'चेरुमी' (चारा काटनेवाली एक जनजाति की स्त्री) से जुड़ी है, जिसका विस्तार से उल्लेख 'ऐतिह्यमाला' में है (कोट्टारत्तिल शंकुण्णी, 1982, 799)।

'सर्पतुंल्लल' (नाग-नृत्य) नागपूजा का एक अनुष्ठान है। 'कन्नी' (सितंबर-अक्तूबर) 'तुलाम' (अक्तूबर-नवंबर), 'कुभंम' (फरवरी-मार्च) और 'मेटम' (अप्रैल-मई) आदि मलयालम महीनों में यह संपन्न होता है। प्रत्येक महीने की 'आयिल्यम तिथि' (अस्लेशा नक्षत्र) साँपों का जन्मदिन माना जाता है। बताया जाता है कि 41 सालों की अवधि में ऐसा अनुष्ठान हुआ करता है। सन् 1976 में आखिरी नाग-नृत्य हुआ था। नागमंदिर के पास तत्काल एक झोंपड़-पट्टी बनाई जाती है गोबर से वहाँ जमीन पोतकर फूलों से सजाया जाता है। नागदेवता का 'कलम' (रंगोली) रंगीले फूलों (चावल, हल्दी, चूना, कोयला आदि) से जमीन पर बनाया जाता है। 'कलम' में काँसे का चिराग जलाते हैं। चिराग के पास नारियल और चावल चढ़ावे के रूप में रखे जाते हैं। 'नागराज', 'नागयक्षी' (नागरानी), 'कारिनागम', (कालानाग), 'परनागम' (उड़ता नाग), 'अंचिल मणिनागम' (मणियुक्त पंचफनी नाग) आदि पाँच प्रसिद्ध नाग देवी-देवताओं की प्रीति के लिए यह पर्व होता है। कभी-कभी देवताओं की संख्या आठ भी होती है। पाँच दिनों के इस पर्व में प्रत्येक दिन एक-एक नस्ल के नाग की पूजा होती है। सारे गाँव इकट्ठे हो जाते हैं। प्रत्येक का अपना-अपना भाग, इस पर्व में है। 'मण्णान' (पिछड़ी जाति) सुपारी के फूलों का गुच्छा तोड़ लाता है। 'वेलुत्तेड़न' (धोबी) 'माट्टु' (धुली धोती) लेकर आता है। 'पुल्लुवर' सपरिवार अपना बीन बजाने में लगा रहता है। विनायक की पूजा से सुबह पर्व का श्रीगणेश होता है। साँपों का रूप रंगने में दुपहर तक का समय लगता है। 'पिणियाल' (वह व्यक्ति जिसके लिए यह अनुष्ठान रखा है) 'कलम' के सामने बैठता है तो पुल्लुवर

का बीन बजने लगता है। 'कप्पुम कन्यवुम' (लड़का और लड़की) अतिरिक्त पिणियालों का नाम है। उनके हाथों में सुपारी के फूल के गुच्छे होते हैं। पूजा की चरमसीमा पर, वे पिणियाल आविष्ट होकर नाचने लगेंगे। तदनंतर 'कलम' में घुसकर साँप को मिटा देते हैं। अगर वे आविष्ट न हुए तो सारा क्रिया कर्म फिर से दुहराना पड़ेगा। पूजा की सिद्धि इसी में मानी है। इसी प्रकार उत्तर केरल में 'वणणान' जाति के लोग नागप्रीति के लिए 'कुरुंतिनिप्पाट्टु' नामक एक और अनुष्ठान किया करते हैं। कावालम नारायण पणिक्कर जैसे विद्वान् मानते हैं कि यद्यपि हिंदू धर्म के उच्चादर्श में अंधविश्वासों और जादुई गुणों को ठुकराया गया है, फिर भी केरलीय अपने विश्वासों और रूढ़ियों को एक दार्शनिक गौरव प्रदान करना चाहते हैं (कावालम नारायण पणिक्कर 1991, 56)।

केरल में वर्णाश्रम धर्म के समान ही नागों का भी विभाजन किया गया है। सात्विक प्रकृति के नागों (तेय्यम पांपु—देवता साँप) से किसी को कोई डर नहीं है। 'कलरी' (युद्ध का) में अन्य देवता के समान नागदेवता की प्रतिमूर्ति भी बनाई गई है। यहाँ प्रत्येक जिले में नाग मंदिर है। मण्णूर जिला के पेरलश्शेरी में आस्तिक मुनि द्वारा सुब्रह्मण्य मंदिर के निर्माण कराने की बात 'पुराणमंजरी' में है। भगवान सुब्रह्मण्य ओंकार का मर्म न जाननेवाले ब्रह्मा को बंदी बनाने से, उस पर लगे ब्रह्मशाप को मिटाने के लिए साँप वेश धरकर वन में घुस गया था। बाद में उसके माता-पिता ने उसे पूर्ववत बनाया था इसी विश्वास से सुब्रह्मण्य मंदिर में नागों को स्थान मिला। कर्नाटक में आदिसुब्रह्मण्य की प्रतिमूर्ति माटी से बने साँपों के बिल के रूप में है।

कासरगोड जिले में 'मंजेश्वर', 'चेरुवत्तूर', 'श्रीकुरुंबा', कण्णूर जिले में 'पेरलश्शेरी', 'करिप्पालनागम', पषयंगाडी का 'श्रीदुर्गाबिका', एरणाकुलम जिले का 'अंडश्शेरी', 'मूत्तकुन्नम', 'कोट्टुल्लिक्काट', पत्तनमतिट्टा का 'शिवमंदिर', पालघाट का 'पातिरक्कुन्नत्तु मना', कायंकुलम का 'मेप्पल्ली इल्लम' आदि स्थान विशेष और मंदिर नागों के लिए प्रसिद्ध हैं। 'पांपुमेक्काव', 'मण्णारशाला' और 'आलत्तूर नंपि' का उल्लेख पहले ही कर चुके हैं। आशीर्वाद रूप में केरल की रमणियाँ गहनों में 'नागत्ताली', 'नागमोतिरम' (अँगूठी) आदि पहना करती हैं।

योगविद्या, मंत्र-तंत्र आदि में 'कुण्डलिनी' सर्पाकार मानी गई है। 'तंत्रराज' में इसी की व्याख्या यों की गई है :

"मूलाधारस्थ ब्रह्मयात्मतेजोमध्ये
व्यवस्थिता जीवशक्तिः कुण्डलाख्या
प्राणाकाराय तैजसी प्रसुप्त
भुजगाकार त्रिरावृत्ता महाद्युतिः।"

केरल के प्रसिद्ध सुधारक एवं योगी श्रीनारायण गुरु ने इसे ही 'कुण्डलिनीपाट्टु' (गीत) में व्यक्त किया है :

"नाचो हे नाग
बिल खोजो
नाचो हर्षोन्माद से
ऊँ से बनते करोड़ों मंत्र
तुम्हारी पहचान और
वह हमारे अस्तित्व का रहस्य
और नाचो नाचो
नमश्शिवाय मंत्र का रहस्य
वह जो नाद से उद्‌भूत
नाचो, वही आदिम है...
काल के संहारक का नाम पियो,
वह जो शोभित उसनयन से
जिसने कामदेव का दाह किया
और नाचो, नाचो हे नाग।"

'तंत्रशास्त्र' का प्रमुख 'कौलतंत्र' इसी कुण्डलिनियोग से जुड़ा है। तांत्रिक कलाओं की उत्पत्ति के बारे में ठीक निर्णय नहीं हुआ है। प्राचीन 'स्मृति-संहिता' एवं 'महापुराणों' में इसका उल्लेख नहीं है। अथर्ववेदीय 'नृसिंहतापनोयोपनिषद्' में सबसे पहले तंत्र का लक्षण पाया गया है। हिंदी विश्वकोशकार ने माना दाक्षिणात्य में बहुतों का विश्वास है कि अद्वैतवादी शंकराचार्य ने ही तांत्रिक मत का प्रचार किया था और इसी कारण वे मायावादी नाम से प्रसिद्ध हैं। किंतु शंकराचार्य को हम तंत्रमत का प्रचारक किसी हालत में भी नहीं मान सकते। (नगेन्द्रनाथ बसु, 1986, 217)।

64 तंत्रों की गणना की गई है जिनके रचयिता दत्तात्रेय ऋषि माने गए हैं। तांत्रिकों में शैव, वैष्णव और शाक्त, ये तीन संप्रदाय भेद हैं। बौद्ध तांत्रिक भी फिर आ गए। दक्षिणाचार तंत्रराज में लिखा है कि गौड, केरल और कश्मीर इन तीनों देश के लोग ही विशुद्ध शाक्त हैं। तंत्रों में प्रातःस्मरण, स्नानविधि, भूशुद्धि, भूतसिद्धि, प्राणायाम, संध्याजप, तर्पण, दीक्षा, प्रायश्चित्त, नवयोनि, अवधूतादि निर्णय आदि नाना विषयों का वर्णन किया गया है। 'उच्चाटन', वशीकरण सम्मोहन, भूतशुद्धि आदि क्रियाओं से युक्त होने के कारण आम आदमी तांत्रिकों को हीनदृष्टि से देखता है। स्थल रक्षा, देहरक्षा, अभीष्टसिद्धि आदि के लिए खास मंत्रयुक्त 'यंत्र' मिट्टी में गाढ़ा जाना, धारण करना आदि तांत्रिक विधियों में है। वेदाचार, वैष्णवाचार, शैवाचार, दक्षिणाचार, वामाचार, सिद्धांताचार, कौलाचार आदि आचार भेद तांत्रिकों

में हैं। पंचमकार (मत्स्य, मांस, मैथुन, मुद्रा, मद्य आदि) उन्हें साध्य हैं और समस्त कार्यों में पंचतत्त्व की आवश्यकता है।

तांत्रिक कलाओं में स्त्रियों की प्रतिष्ठा है। जातिभेद नहीं के बराबर है। तंत्र-मंत्र-यंत्र के योग से असीमित शक्ति मिल जाती है। केरल में 'कलमेष़त्तु' (ज़मीन पर दुर्गा आदि शक्ति देवी का चित्र चूर्णों से रंगना) आदि तांत्रिक अनुष्ठान का रूप है। कल्लूर, काट्टुमाडम और चेन्नास इल्लम के नम्पूतिरि महान् मांत्रिक एवं तांत्रिक माने गए हैं। दंतकथा के अनुसार कल्लूर इल्लम के बुजुर्ग कृष्णस्वामी को भगवान शिव ने वटक्कुन्नाथन के मंदिर में तंत्र-मंत्र का ग्रंथ सौंपा था। 'केरलोत्पत्ति' में परशुराम द्वारा केरल की सुरक्षाहेतु छः मांत्रिक घरानों को निर्धारित करने का विवरण है। इनमें तीन यद् मंत्र-तंत्र में लगे रहे, जैसे कल्लूर, काट्टुमाडम, चेन्नास। कालकट जैसे इल्लम में दुर्मंत्र-तंत्र कायम रहे। 'कास्रम' (कोट्टियूर मंदिर), 'चेन्नास' (गुरुवायूर मंदिर), ताषे़मना (शबरिमला मंदिर), तरणल्लूर (इरिंगालक्कुडा मंदिर), आदि यहाँ के प्रसिद्ध तांत्रिकों में हैं। मंदिरों में पर्वों से जुड़े 'मुडियेट्टु' 'भूतबली' 'आराट्टु' आदि का निर्वाह एवं नित्य पूजा का 'नवकम' भी तंत्री ही किया करता है।

सामूतिरि महाराजा के साढ़े अठारह कवियों में प्रसिद्ध चेन्नास नारायण नंपूतिरि ने 'तंत्रसमुच्चय' नामक एक तांत्रिक-वास्तुकला संबंधी ग्रंथ सन् 1427 में रचा। विष्णु, शिव, शंकरनारायण, गणपति, सुब्रह्मण्य, शास्ताव, दुर्गा आदि सात देवी-देवताओं की तांत्रिक गतिविधियाँ इसमें समाई हैं। प्रो. विन्टरनिट्स नामक जर्मन विद्वान् ने भारतीय साहित्य के संदर्भ में इसका उल्लेख करते हुए इसे अनन्यतम ठहराया है। तांत्रिक कुषि़क्काट महेश्वरन नंपूतिरि ने 'कुषि़क्काट्टपच्चा' नामक टीका इसी के लिए लिखी है। भगवती बगलमुखी साधना, तार साधना, श्री साधना, सम्मोहन, शक्ति साधना, अनंग साधना, दत्तात्रेय साधना आदि तांत्रिक अनुष्ठानों का विस्तार से उल्लेख 'तांत्रिक सिद्धि' नामक ग्रंथ में है। (एन.डी. श्रीमाली, 1993, 19)।

इस प्रकार केरल की नागपूजा एवं तांत्रिक कलाओं का अन्योन्याश्रित संबंध है। इन आचार और अनुष्ठानों में यद्यपि समाज के स्वामी वर्ग का अधिकार बिठाया गया है फिर भी केरल के विशेष संदर्भ में ये पिछड़ी जाति, जनजाति एवं गोत्र-संस्कृति से जुड़े हुए हैं। 'नाग-नृत्य' में नंपूतिरि के साथ-साथ मण्णान, धोबी, पुल्लुवन का हस्तक्षेप तथा वण्णानों का 'कुरुंतिनिप्पाट्टु' आदि इनकी सामाजिक स्वीकृति का प्रमाण है। नृतत्ववेत्ता एवं समाजशास्त्रियों तथा मनोवैज्ञानिकों का ये खास अनुसंधान का विषय बन सकते हैं। तांत्रिक सिद्धियों से मानव-जगत् का जो कल्याण होगा, इस ओर पर्याप्त ध्यान अभी तक नहीं गया है। तांत्रिकों को बुरे नज़रिए से देखने की, समाज की दृष्टि में परिवर्तन होना है। केरल के कल्लूर, काट्टुमाडम, चेन्नास, मण्णारशाल, पांपुमेक्काव आदि इल्लम के सिद्ध पुरुष एवं

सुरक्षित रखते हुए नाग-पूजा की विधियों और नागों का आवास 'कावों' को सुरक्षित रखने का श्रम एवं तंत्र-मंत्र की अनन्य सिद्धियों को साधारण जनता तक पहुँचाने का प्रयास केरल को संसार में अद्वितीय स्थान प्रदान करेंगे। आज भी हमारी गूढ़तम सिद्धियों से, लोकाचार-अनुष्ठानों के रहस्य से दुनिया को दिग्दर्शन कराने के कितने अनुसंधान होते रहते हैं। पर्यावरण को सुरक्षित रखने के लिए भी कावों और जीव-जंतुओं को सुरक्षित रखने का आग्रह किया जा रहा है। जहाँ अंग्रेजी दवा एवं इलाज पराजित होते हैं वहाँ मंत्र-तंत्र एवं पूजा-विधियाँ सफल बन जाती हैं, मण्णारशाला का 'उरुळिकमषूत्तल' (कटाही औंधाना) कितनी भक्तिन को संतान लाभ प्रदान कर चुका है, कोढ़ की बीमारी को मिटाने के लिए वहाँ की नागपूजा का प्रसाद हल्दी चूर्ण लेपन सहायक होता है। यहाँ तक कि मनोवैज्ञानिक दृष्टि से भी ये आचार और अनुष्ठान जनजीवन के अंतरतम को पवित्र बनाने में सहायक बन जाते हैं। मनोविकारों के उत्तेजन के बाद उद्वेग का शमन और तज्जन्य मानसिक विशदता प्रदान करने में अरस्तू के 'विरेचन सिद्धांत' के समान यहाँ की नागपूजा एवं तांत्रिक कलाओं की सिद्धियाँ अनेक हैं। समाज-वैज्ञानिक, नृतत्वशास्त्री और मनोवैज्ञानिकों से आशा की जा सकती है कि इस ओर अनुसंधान जारी रखें और केरल की मिट्टी में, परशुराम द्वारा उत्पादित पुण्य भूमि में, छिपे रहस्यों को संसार के सामने, मानव कल्याण हेतु दर्शाएँ।

संदर्भ ग्रंथ

मलयालम :

1. चेलनाट अच्युतमेनन : 1954, 'केरलत्तिले कालीसेवा', मद्रास, मद्रास विश्वविद्यालय।
2. जे.जे. पल्लत्त-संपा 1994, 'मलयालियता गवेषणंगल' कण्णूर, परियारम, संस्कृति पब्लिकेशंस।
3. एम.वी. विष्णु नंपूतिरि, 1977, 'पुल्लुवप्पाट्टुम नागाराधनयुम' कोट्टयम एन.बी.एस.
4. कोट्टारत्तिल शंकुण्णी, 1982, 'ऐतिह्यमाला', 'कोट्टयम, कोट्टारत्तिल शंकुण्णी स्मारक कमेटी।
5. उण्णिकृष्णन, 1995, 'उत्तर केरलत्तिले विशुद्ध वनंगल' त्रिशूर, जीवरेखा पब्लिकेशन्स
6. विश्वविज्ञानकोशम्, 1989, कोट्टयम, साहित्य प्रवर्तक सहकरण संघम।

अंग्रेजी :

7. M.S. Bhat, 1987, 'Vedic Tantrism', Delhi, Motilal Banarsidas.

8. Narayan Dutta Srimali, 1993, 'The Power of Tantra', Delhi, Hind Pocket Books (P) Ltd.
9. Kavalam Narayana Panicker, 1991, 'Folklor of Kerala', New Delhi, N.B.T.
10. Encyclopeadia Britanica, Vol. 11, 1981, Chicago, University of Chicago.

हिंदी :

11. नगेन्द्रनाथ बसु, संपा : 1986, 'हिंदी विश्वकोश', दिल्ली, बी.आर. पब्लिशिंग कार्पोरेशन
12. विजयकुमार सी.पी.वी. अनु. 1978, 'केरल की कालीसेवा' कालिकट विश्वविद्यालय (अप्रकाशित)

12

गुरुवायूर मंदिर : भक्ति साहित्य का स्रोत

के.वी.कृष्णय्यर

'गुरुवायूर' नाम का संबंध वैदिक देवता 'गुरु' और 'वायु' से है। इसी मंदिर में मेल्पत्तूर नारायण भट्टतिरि ने भगवत्कृपा से 'नारायणीयम्' की रचना समाप्त की। और उन्होंने अपने को एक नया 'आयुरारोग्य सौख्यम्' दे दिया। 'आयुरारोग्य सौख्यम्' स्वास्थ्य एवं खुशी की जिंदगी है जो बीमारियों से मुक्त भी है। बीमारी ने नारायण भट्टतिरि को मृत्यु के बहुत निकट तक पहुँचाया। उसी दिन उन्होंने गुरुवायूर की तीर्थ यात्रा शुरू की। उन्हें यह भी ज्ञात था कि एक के बाद एक उनके दिन झड़ रहे हैं।

मेल्पत्तूर का सौख्य अद्‌भुत था। निश्चय ही एक महाद्‌भुत। वे पूर्ण रूप से बीमारी से तंदुरुस्ती और नास्तिकता से आस्तिकता में बदल गए। भट्टतिरि ने बचपन में ही वेदों, मीमांसाओं, तर्कविद्या तथा व्याकरण को कंठस्थ कर लिया। तर्कविद्या ने उन्हें एक युक्तिवादी बनाया। ईश्वर के संबंध में तथा धार्मिक आचारों की क्षमता के संबंध में उनकी अपनी शंकाओं के साथ तर्कशास्त्र के संबंध ने उन्हें निरीश्वरवादी बनाया। साहित्याभिरुचि रखनेवाले परिवार में बढ़ने के कारण अन्य ब्राह्मण सदस्यों के समान उन्होंने भी एक बेपरवाह अनुत्तरदायित्व जीवन बिताया। इस जीवन ने दुर्जेय नियति के रूप में एक या दो नहीं बल्कि बीमारियों का एक ढेर उन्हें पुरस्कारस्वरूप दिया। गठिया ने उनकी जिंदगी को जहन्नुम बना दिया। सारी दवाओं के निष्फल प्रामाणित होने पर मृत्यु आसन्न दिखाई पड़ती थी।

हम नहीं जानते कि गुरुवायूर जाने की प्रेरणा उन्हें कहाँ से मिली। शायद भगवान ने ही उसकी योजना बनाई होगी। उनमें रहनेवाला युक्तिवादी पूंतानम को देखने के लिए लालायित हुआ होगा जो निःस्वार्थ भाव से अपने स्वर्गप्राप्त पुत्र की पुनःप्राप्ति के लिए प्रयास कर रहा था। कैसे भी हो गुरुवायूर पहुँचते ही अचानक उनमें एक बदलाव अनुभव होने लगा। पूंतानम की ईमानदारी एवं अंधभक्ति से आकर्षित होकर उन्होंने भी भजन शुरू किया। उन्होंने संस्कृत में भागवत श्लोक

रटकर उस पर आस्था प्रकट की। यद्यपि पूंतानम स्वर्गीय पुत्र की पुनःप्राप्ति के उपलक्ष्य में प्रसिद्ध भागवत कथा 'कुमारहरणम्' का मलयालम में अनुवाद कर रहा था, नारायण भट्टतिरि पर उसका कोई प्रभाव नहीं पड़ा। एक दिन में दस श्लोकों की दर से उन्होंने 1036 श्लोकों का अनुवाद सौ दिनों में समाप्त कर दिया। वह इन सबको मिलाकर आकार एवं प्रकार में एक नई रचना को जन्म दे रहे थे।

केंद्रीय पात्र 'नारायण' के नाम पर सार्थक रचना 'नारायणीयम्' की रचना हिंदू धर्म के सिद्धांत एवं प्रयोग के इतिहास में एक युगीन घटना है। यहाँ उसकी महत्ता का समग्र वर्णन नहीं कर सकते। इतना पर्याप्त होगा कि युग के दबावों से विवश दुनिया मुक्ति से लेकर सारी बातों के लिए सरल मार्ग की खोज में है तो भागवत के संक्षिप्त रूप में एक वरदान ही हमें मिला। नारायणीयम् से उतना ही लाभ हुआ जितना कि मूल भागवत से मिलता। एकदम 'नारायणीयम्' अपने आप में गुरुवायूर का माहात्म्य है और गुरुवायूर माहात्म्यों में सबसे श्रेष्ठ भी। वह पाठकों के मन में एक गुरुवायूर की सृष्टि करता है। यद्यपि मूल भागवत के समान नारायणीयम् का भी लक्ष्य मानव जीवन को आवागमन की चक्रगति से मुक्ति देना है फिर भी इस जन्म के अनिवार्य मार्गों के प्रति वह जागरूक है। नारायणीयम् 'यहाँ—गुरु और वायू द्वारा स्थापित छोटा पुण्यस्थान हमारी नग्न आँखों के सामने उसकी अप्रतिभ स्थान शोभा के कारण प्रशोभित रहता है', से प्रारंभ होता है और 'यह नारायणीयम् हमें आयुरारोग्य सौख्यम और खुशी प्रदान करे', में समाप्त होता है। आगे के 46 वर्षों के जीवन काल में मेल्पत्तूर विभिन्न विषयों पर साहित्य रचना करते रहे। और उच्चवंशीय लोग जो उनको आदर करने के लिए आपस में लड़ रहे थे उनके बीच गुरुवायूर माहात्म्य फैलाते रहे।

उनका समकालिक पूंतानम प्रायः सभी बातों में उनका विपक्षी था। मेल्पत्तूर, शिक्षित लोगों के देवदूत थे तो पूंतानम सामान्य जनों के साथ थे। मेल्पत्तूर की सर्वश्रेष्ठ रचना 'नारायणीयम्' में चार पंक्तियोंवाले 1036 श्लोक हैं। पूंतानम के 'ज्ञानप्पाना' में केवल 349 पंक्तियाँ हैं। मेल्पत्तूर संस्कृत पंडित थे और पूंतानम मलयालम के आचार्य। मेल्पत्तूर एक प्रसिद्ध परिवार का था। किंतु पूंतानम का वास्तविक नाम तक अज्ञात है। और उनके परिवार के संबंध में कोई स्पष्ट प्रमाण नहीं है। मेल्पत्तूर का ज्ञान विश्वविज्ञान कोश सदृश था। पूंतानम का ज्ञान व्यावहारिक एवं भागवत केंद्रित था। मेल्पत्तूर का संबंध तत्कालीन तथा वर्तमानकालीन समाज से था तो पूंतानम इसके ठीक विपरीत था। मेल्पत्तूर की उपासना अभिरुस्ति और अनुभव सिद्ध थी। किंतु पूंतानम का विश्वास सरल और अंधा था जो असंभाव्यों की माँग करता था। और अंत में स्वाभाविक मृत्यु की शक्ति के प्रभाव से मुक्ति पाते हैं। अपने स्वर्ग प्राप्त पुत्र को वापस लाने के लिए भजन करते-करते अंत में उन्हें ज्ञान प्राप्त हो गया :

"खेल रहे जब बालकृष्ण मन में
क्यों चाहिए और नन्हे बच्चे संतान रूप में ?"

मेल्पत्तूर का मार्ग कठिन था। उन्होंने पाठकों को 'नवांगों' (पौराणिक कथाओं के श्रवण से लेकर) की सीढ़ियाँ चढ़ाईं जिसके लिए आजीवन सत्संग और सद्चिंतन की आवश्यकता थी। पूंतानम की साधना सरल–केवल नामजप–था। उससे तात्पर्य समय, स्थान और परिवेश पर ध्यान न देकर केवल नामजप करना ही था। भरे हृदय से वे हमसे कहते हैं :

"जन्म निष्फल है, जीवन निष्फल है,
यदि भगवान का पवित्र नाम हमारी जीभ में सदापि न रहे तो"

जैसा कि मैंने पहले ही कहा केरलीय धार्मिक इतिहास में पूंतानम की महत्ता को समझाना आसान नहीं है। शंकराचार्य का संबंध हृदय पक्ष से ज्यादा बौद्धिक पक्ष से था और उन्होंने ऐसी भाषा को अपनाया जो केवल शिक्षित लोग ही समझ सकते थे। चेरमान पेरुमाल तथा कुलशेखर आलवार ने जनसामान्य की भाषा में उनका पक्ष लिया। किंतु वे सब विस्मृत भूतकाल में विलीन हो गए, जहाँ मलयालम का जन्म ही नहीं हुआ था।

पूंतानम एक कदम और आगे गए। रामानुज का 'श्रवणम्' केवल निष्क्रिय रहा। किंतु पूंतानम का नामजप पूजा वास्तव में भक्त को भगवत्-भक्ति में विलीन कर देती है और तुरंत फल प्रदान करती है। गुरुवायूर से कुरूर अम्मा जैसी भक्तिन का नाम भी जुड़ा है।

जिस मोक्ष की प्राप्ति जैनियों तक के अनुसार पुरुष जन्म मिलने से ही होती है, कुरूर इल्लम की पुत्रहीन विधवा ने नामजप पूजा द्वारा उसे नारी को भी प्रत्यक्ष साध्य करा दिया। चौबीसों घंटों के नामजप-पूजा द्वारा उन्हें केवल बालकृष्ण का निकट अनुभव ही नहीं हुआ बल्कि अपनी आँखों के सामने वह उस बालकृष्ण को देख भी सकी। उसको अपना बच्चा मानकर वह उसके संग खेला करती थी। नटखटपन में डाँटती रही और दौड़कर अप्रत्यक्ष होने पर स्वयं रोती।

1351 के बाद कभी सामूतिरि ने कोडुंगल्लूर और कोच्चि के बीच में एक आराम केंद्र के रूप में गुरुवायूर में एक दरबार बनवाया। 16 वीं सदी के पूर्वार्ध के 'चक्रवाक संदेश' में बताया गया सुवर्ण झंडा उनकी देन रही होगी। यहाँ मामा के साथ पर्यटन के लिए आते-आते मानवेद राजा भी गुरुवायूर के भक्त बन गए। उनकी भक्ति सहज ढंग से बढ़ गई। गुरु के प्रभाव में आकर उन्होंने नाटकों की एक परंपरा ही लिखी जो 'कृष्णगीत' नाम से जाना जाता है। यह कृष्णनाट्टम से जुड़ा हुआ एक प्रयोगविशेष है।

जब 1655 में मानवेद सामूतिरि बन गए तब उन्होंने गुरुवायूर भगवान को

परिवार के रक्षक के रूप में स्वीकार किया। किंतु मानवेद या उनके बादवालों के मंदिर ने प्रशासनिक कार्यों में हस्तक्षेप नहीं किया।

हम नहीं जानते कि गुरुवायूर का आविर्भाव कब हुआ। केरल के अधिकतर ब्राह्मण उपनिवेश स्वतंत्र ग्रामीण गणराज्यों में और उसके बाद मंदिरों के समीप हुए हैं। यहाँ वे अधिक धार्मिक या ईश्वरोन्मुख होते थे। सारे कार्यकलाप और प्रलेख ईश्वर के नाम पर होते थे। इस प्रकार के सारे काम गाँवों के अधिकारी द्वारा नियुक्त एक संघ निभाता है जिसे सालों साल चुन लेते थे। और यह नियुक्ति 'योगम' अर्थात् गाँव के सभी परिवारों के नायकों की सभा के विचार योग्य है। सारे भक्तों के अनुगामी या प्रतिनिधि के रूप में वे दो वार्षिक उत्सवों–एक चेंपकश्शेरी की स्मृति में और दूसरा देशवर्मा की स्मृति में–को समुचित ढंग से मनाने का प्रबंध कराते।

उपासना संबंधी बातों में चेन्ना परंपरागत 'तंत्री' है और सर्वोच्च अधिकारी भी। 'मेलशांति' या मुख्य पुरोहित की नियुक्ति द्विमाही ढंग से होती थी। विवाहित होने पर भी वे मंदिर के साथ संलग्न घर में ठहरते थे। उनकी सहायता के लिए दो 'कीष़शांति' भी होते थे। इसकी नियुक्ति कुछ निश्चित परिवारों से द्विमाही ढंग से एक क्रम में होती है। उन्हें भी 'मेलशांति' के समान ब्रह्मचर्य का पालन करना था और मंदिर समुच्चय में ही रहना पड़ता था। तृतीय उपासना 'पंतीरडी' को वह नाम इसलिए मिला कि पूजा के वक्त सूरज की छाया बारह पग होती थी। यह उपासना निभाना चार स्वदेशी पुरोहितों 'ओतिक्कन' का काम है। वे वेद पढ़ाते हैं और विभिन्न परिवारों की धार्मिक आवश्यकताओं की सहायता करते हैं। ये संख्या में 48 थे किंतु आज तक केवल एक ही रह गया।

ग्यारहवीं सदी के चोलवंशीय घुसपैठियों के समय में या छठी सदी के बौद्ध प्रतिमा भंजक अक्कट विक्कंत के समय में गुरुवायूर शक्तिशाली त्रिक्कुन्नवायिल वंशों के संरक्षण में आ गया। (तमिल महाकाव्य चिलपतिकारम और त्रिक्कणामतिलकम् का त्रिक्कुन्नवायिल वंश) प्रारंभिक दिन की हाथी-दौड़, नवम और दशम दिन छोटा विग्रह लेकर होनेवाली प्रदक्षिणा और मंदिर की परिक्रमा आदि उत्सवों के अनुष्ठान हैं। संकीर्ण अनुष्ठानों के साथ होनेवाली प्रसिद्ध विश्वबलि आदि इन सारे अनुष्ठानों को त्रिक्कुन्नवाय के देवस्यम् ही यहाँ लाए होंगे। त्रिक्कुन्नवाय पर डच्चों का अधिनिवेश हुआ तो उसका उत्तराधिकार 1757 में सामूतिरियों को मिला। जो भी हो सामूतिरि विभिन्न पूजा विधियों को श्रद्धा के साथ निभाते रहे और वार्षिक उत्सव तथा पंचवर्षीय विश्वबलि क्रमानुसार चलाते रहे।

दुर्भाग्यवश मलाबार के अन्य प्रदेशों के समान गुरुवायूर भी मैसूर अधिनिवेश का शिकार हो गया। टीपू सुल्तान से हुई एक असामान्य गलती थी कि उन्होंने मंदिरों को लूटने का आदेश मलाबार के राज्यपाल को भेजा। मलाबार के कमांडेंट के आने की अवधि पाकर मंदिर के अधिकारी शिलाविग्रह को एक कुएँ में डालकर उत्सव

विग्रह के साथ तिरुवितांकोट के अम्बलप्पुषा की ओर भाग गए।

प्रवासी 1792 मार्च 18 को तिरुवतांकूर से वापस आए। मूलविग्रह सितंबर 17 को कुएँ से लेकर पुनःप्रतिष्ठित किया गया। मैसूरियन अधिनिवेश से पूर्व नाश एवं विध्वंस होने पर देश की आय घट जाने पर भी सामूतिरि ने उसे जल्दी ही पुनःस्थापित करने का प्रयास किया। 1852 में एक अष्ट मण्डपशाला के साथ मूल विग्रह को एक पादपीठ में दृढ़ रूप में स्थापित किया गया। धीरे-धीरे यद्यपि एक सदी से भी अधिक लगा परंतु इन विभिन्न रूपों को इकट्ठा कर दिया और ताँबे के छप्पर से ढक दिया गया। 1952 में सोलहवीं सदी के 'चक्रवाक संदेश' के पोन्नुकोटी की मरम्मत कराई गई और स्वर्ण से आच्छादित किया गया। केवल माघ मास के तिरुवातिरा दिन के आराट्टु, फलगुन के पूरम के पंचभगवती और विश्वबलि आज सुरक्षित रखे गए हैं।

अनुवाद : सिजी जेकब

'मलाबार' ग्रंथ से साभार।

13

केरल की आयुर्वेद परंपरा

पी.के. वारियर

केरल की आयुर्वेद परंपरा को संस्कृत आगमन का पूर्वयुग, संस्कृत युग, आधुनिक युग आदि तीन कालों में बाँटा जा सकता है। चरक सुश्रुत आदि के ग्रंथों तथा आयुर्वेद शब्द की व्युत्पत्ति संस्कृत युग में है। इसके पूर्ववर्ती युग में ही केरल के सांस्कृतिक पैतृक ने अन्य लोगों, संस्कारों और धर्मों को स्वीकार करने और उन्हें उदार मन से समाविष्ट करने के लिए हमें सिखाया। इस कारण से द्रविड़ संस्कृति के समय में ही यहाँ आई हुई आर्य संस्कृति के प्रचार को इनकार किए बिना उसे हम समाविष्ट कर सके। इसे केरल की अपनी निजता बता सकते हैं। संस्कृत के आयुर्वेद ग्रंथों के प्रचार के पहले ही केरल में, एक हद तक विकसित एक वैद्य संप्रदाय था। और यह भी कहना पड़ता है कि केरलीयों के विशाल दृष्टिकोण के कारण बाद में आए हुए आयुर्वेद संप्रदाय और संस्कृत साहित्य रचनाओं ने इस वैद्य संप्रदाय को विकसित करने में सहायता प्रदान की।

केरल की सविशेषताएँ

केरल में आयुर्वेद ग्रंथों के प्रचार में आने के पहले ही वनौषधियाँ, चिकित्साविधियाँ, योग आदि और विषचिकित्सा, चेचक चिकित्सा, मर्मचिकित्सा आदि भी यहाँ प्रचलित थीं। चरक सुश्रुतादि के ग्रंथों में न मिलनेवाली अनेक औषधियों के संबंध में केरलीयों की जानकारी यह सूचित करती है। केरलीय ग्रंथ 'सहस्रयोग' इसका एक अच्छा उदाहरण है। केरल में पहले से ही प्रचलित विविध औषध विधियों को समाविष्ट करते हुए बाद में इसकी रचना की गई। इसकी कुछ योगविधियाँ जैसे कस्तूर्यादि गोली, धान्वंतरम् गोली, कोम्बन्चादि गोली, 'इलनीर तैलं' आदि और करलय, मुक्कुटि, चेरुला, तेच्ची आदि अनेक औषधियाँ संस्कृत ग्रंथों में देख नहीं सकते। नारियल का पेड़, सब के लिए सुपरिचित होने पर भी कच्चे नारियल के रस का इलाज केरलीयों की निजी विशेषता कह सकते हैं। जैसे—'इलनीरक्कुषंपु' कच्चे

नारियल के पानी से बनाते हैं। नारियल का क्षार यहाँ की एक विशेषता है। इसके पेड़ की तीली, रेशा, जड़ आदि भी केरलीयों के लिए औषधियाँ हैं। बालचिकित्सा की अनेक विधियाँ और कला गोली, मर्म गोली आदि मर्मचिकित्सा योग विधियाँ भी पूर्णतः केरलीय ही हैं।

केरल की और एक निजी विशेषता स्वेदविधि की स्वेदन प्रक्रिया है। इस धारा, नवरक्किषि, पिषिच्चिल, तलम्, तलपोतिच्चिल आदि को क्रम में रखकर एक चिकित्साविधि बनाने में केरलीय वैद्य सफल हुए। यह आयुर्वेद को केरल की महान् देन है। उसी प्रकार धाराप्पात्ती का निर्माण एवं उपयोग केरल की निजी विशेषता है।

केरल के आयुर्वेद पैतृक के बारे में कहते समय सबसे प्रथम स्थान में आनेवाले अष्टवैद्य हैं। 'अष्टांग रूपी आयुर्वेद में पूर्णज्ञान प्राप्त' वैद्य के अर्थ में उन्हें अष्टवैद्य कहते थे। इतिहास के अनुसार केरल में वेदनिपुण नंबूतिरियों के अनेक गाँव थे और इनके अठारह मठ भी थे। इन सभा मठों से संबद्ध होकर जीवन बितानेवालों का इलाज इन्हीं अष्टवैद्य परिवारों में ही होता था। आज के जाने-माने अष्ट वैद्य परिवार पुलामन्तोल, आलत्तियूर, कुट्टंचेरी, त्रिश्शूर तैयकाटु, इलयिटत्तु तैयकाटु, चिरट्टमण, वयस्करा, वेल्लाड आदि हैं। आलत्तियूर परिवारवालों को 'नम्बी' और अन्य लोगों को 'मूस्सु' पुकारते हैं। ये लोग आयुर्वेद के परंपरागत बोधाचरण-प्रचारों को शिष्य प्रशिष्य परंपरा द्वारा निभाते रहे।

केरल का आयुर्वेद नम्बूतिरि जाति के एकाधिकार में नहीं था। संस्कृत भाषा अध्ययन एवं वैज्ञानिक वैद्य पाठ में आगे रहनेवाले अन्य जातियों के लोगों ने भी आवश्यकतानुसार, आयुर्वेद को अपनी देन दी है। मलयालम में प्रचलित वैद्य शास्त्र ग्रन्थों का अनुशीलन करने पर यह तथ्य स्पष्ट हो जाएगा। वैसे ही आयुर्वेद के विकास में मर्मचिकित्सा को प्रामुख्य देनेवाले कलरिप्पयट्टु के आचार्यों—कुरूप्पन्मार—का भी महत्त्वपूर्ण स्थान है। इतिहास यह स्पष्ट करता है कि प्रसवसंबंधी परिचरण, उषिच्चिल, बालचिकित्सा, नेत्रचिकित्सा, विषचिकित्सा, घाव, ओडिवु, चतव् आदि की विशिष्ट चिकित्साविधियाँ आदि नम्बूतिरि जाति से इतर जाति के परिवारों में ही होती थीं। इस प्रकार की प्रचुर चिकित्साविधियों को देखकर हम यह समझ सकते हैं कि यहाँ संस्कृत के आगमन के पहले ही वैद्यकी का एक व्यापक सामाजिक आधार था।

ग्रंथ एवं व्याख्याएँ

संस्कृत को वैज्ञानिक भाषा मानने पर उसका अध्ययन बौद्धिक कार्यकलाप के लिए अनिवार्य हो गया। वैद्यशास्त्र पढ़ने के लिए व्याकरण, अलंकार, तर्क, ज्योतिष आदि में भी पाण्डित्य प्राप्त करना था। सारे संस्कृत पंडित आयुर्वेद के भी ज्ञानी होते थे। इसलिए उनमें से कई लोग आयुर्वेद ग्रंथों की व्याख्या या भाष्य लिखते थे। इनमें

सबसे अधिक व्याख्याएँ केरलीयों के प्रिय अष्टांगहृदय की ही आई हैं। अष्टांग संग्रह के लिए संस्कृत में 'शशिलेखा' का व्याख्याकार--इंद्र केरलीय था। अष्टांग हृदय की व्याख्याओं में सबसे प्रमुख 'पाठ्य' है। इसके रचनाकार के संबंध में कोई स्पष्ट प्रमाण न होने पर भी बाद की सारी व्याख्याओं में इसकी शैली स्वीकार की गई है। एक दूसरी व्याख्या 'बृहत्पाठ्य' है। 'केरली' और एक प्रचलित एवं माननीय व्याख्या है। इसका रचनाकार एक पुलामन्तोल मूस है। 'हृद्या' और एक व्याख्या है। 'ललिता' नामक व्याख्या उपर्युक्त सारी व्याख्याओं के आधार पर लिखी गई है। इसका रचनाकार और एक पुलामन्तोल मूस है।

'वाक्यप्रदीपिका' नामक अष्टांग हृदय की व्याख्या में आलत्तियूर के परमेश्वरन नंबूतिरि को ही उसका रचनाकार बताया है। यह भी एक नामी व्याख्या है। पी. एम. गोविंद की 'अरुणोदय' नामक व्याख्या आज केरल में खूब प्रचलित एक व्याख्या है। कल्पस्थान एवं उत्तरस्थान को छोड़कर बाकी सारे 'स्थानों' की व्याख्या इसमें है। इसलिए इस रचना को आयुर्वेद छात्रों के लिए एक अत्यंत उपयोगी रचना कह सकते हैं। चेप्पाट्टु के अच्चुतवारियर की व्याख्या भी प्रसिद्ध है।

कैक्कुलन्गरा रामवारियर की भाषा व्याख्याएँ हैं सारार्थ दर्पण, भाव प्रकाश आदि। पी.एम. गोविंद वैद्य का 'अष्टांग हृदय भाषा' नामक ग्रंथ भी एक नामी भाषा व्याख्या है। आयुर्वेद रचनाओं के आधार पर लिखी गई वैक्कम पाच्चुमूतत की हृदयप्रिया और उसी के संक्षिप्त रूप सुखसाधक उल्लेखनीय रचनाएँ हैं। योगामृतकार की एक अन्य रचना 'अष्टांगसार' ऐसी ही एक है।

माध्वनिदान की सारसचंद्रिका नामक व्याख्या का रचनाकार परवूर केशवन आशान ने शार्ङरम्, भाव प्रकाशम्, भैषज्ञरत्नावली आदि के लिए अपूर्ण व्याख्याएँ भी लिखी हैं। इन्होंने पण्डारत्तु नारायणपिल्ला आशान के वैद्य संग्रह की एक लघु टिप्पणी भी लिखी है।

कुछ स्वतंत्र रचनाएँ

भदंतनागार्जुन की रचना का भाष्य नरसिंह ने लिखा है। इसका प्रतिपाद्य स्वास्थ्य विज्ञान और रस निरूपण है।

वैद्यमनोरमा : संस्कृत में लिखा गया एक केरलीय ग्रंथ केरलीयों की ओट्टमूलि विधियाँ (जड़ी की परंपरागत चिकित्सा) अन्य ग्रंथों में न मिलनेवाली औषध विधियाँ आदि इसकी विशेषताएँ हैं।

चिकित्सामंजरी : यह 'केरलीय' व्याख्याकार पुलामन्तोल की एक स्वतंत्र रचना है। केरल में खूब प्रचलित कुछ रचनाओं में एक है यह। मलयालम और संस्कृत की अनेक योगचिकित्सा विधियाँ आदि इसमें देख सकते हैं।

धाराकल्पम् : राजमार्ताण्ड के साथ प्रकाशित एक अन्य रचना है यह।

आट्टुपुरत्तु इम्बिच्चन गुरुक्कल (आचार्य) ने व्याख्या के साथ इसका प्रकाशन कराया था।

सिंदूर मंजरी : यह त्रिश्शूर तैक्काटु नारायणन मूस्स की एक स्वतंत्र रचना है। ताँबा, लोहा, गंधक, मेरकुरी, अभ्र आदि की संस्करण विधियाँ आदि का वर्णन इसमें है।

आलत्तूर मणिप्रवालम : कहा जाता है कि इसका रचनाकार आलत्तूर नंबियों में एक है।

आरोग्य कल्पदुमम् : कहा जा सकता है कि केरलीयों ने बालचिकित्सा में सबसे अधिक प्रसिद्धि पाई है। इसका स्पष्ट प्रमाण है यह ग्रंथ। कैक्कुलंगरा रामवारियर का सबसे प्रसिद्ध बालचिकित्सा ग्रंथ है यह। उसमें तत्कालीन समाज और उसके पूर्व केरल में प्रचलित अनेक प्रयुक्तियाँ, विशेषकर बालचिकित्सा के क्षेत्र में देख सकते हैं। ऐसा मान सकते हैं कि केवल संस्कृत श्लोकों में ही लिखी गई इस रचना ने केरल में प्रचलित तेच्ची, पूवरश, चेरुला आदि अनेक औषधियों के संस्कृत शब्दों का प्रचार किया। इतना ही नहीं नारियल के तेल में तैयार करनेवाले अधिकतर 'योग' भी इसकी देन हैं।

इनके अलावा सप्रयोगम्, चिकित्साक्रमम्, सर्वरोगचिकित्सामूल, आरोग्यरक्षा-कल्पद्रुम, सर्वरोग चिकित्सारत्न, योगरत्नप्रकाशिका, वैद्यमंजरी, सन्निपातचिकित्सा, नेत्ररोग चिकित्सा, विषवैद्य प्रधान प्रयोगसमुच्चय, मर्मचिकित्सा में प्रसिद्ध मर्मदर्पण, योगचिकित्सा का आधिकारिक ग्रंथ, वसूरीमाला, गजचिकित्सा का आधिकारिक ग्रंथ मातंगलीला आदि अनगिनत ग्रंथ आयुर्वेद को केरल की अपनी देन हैं।

औषधियों के बारे में आयुर्वेद विधि से आधुनिकों को पढ़ाने में भी केरलीयों का महान् योगदान है। 17 वीं सदी में प्रकाशित प्रसिद्ध ग्रंथ 'होर्तूस मलबारिकस' के रचनाकार हेनरी वान रीड को इट्टियचयुतन ने ही जानकारी प्रदान की थी। इस दर्जे में आनेवाली मलयालम की प्रामाणिक देन 1906 में प्रकाशित तय्यिल कुमारन कृष्ण का औषधि कोश ही है। इसका अनुबंध 'गुणदीपिका' में अधिकांश औषधियों की सूचना देख सकते हैं। आज भी प्रचलित यह ग्रंथ आयुर्वेद शास्त्र के जिज्ञासुओं के लिए बड़ी संपत्ति है। वाप्पाटु के.एम. वैद्यर के 'अष्टांगहृदय कोश' नामक संस्कृत ग्रंथ और काणिप्पय्यूर शंकरन नंबूतिरिप्पाटु के वैद्य रत्न औषधिकोश इस दिशा में उल्लेखनीय हैं।

कुछ भिषग्वर लोग

वैद्य शास्त्र में प्रकांड ज्ञान एवं कार्यकौशल रखनेवाले अनेक वैद्य केरल में हमेशा रहे हैं। इनमें अग्रणी अष्टवैद्य ही हैं। अन्य श्रेणी के वैद्य भी कम नहीं हैं। पुरानी गुरुकुल प्रथा के अनुसार प्रवीणता प्राप्त लोगों की तालिका बड़ी लंबी है। वयस्करा

आर्यन नारायण मूस्स, आट्टुपुरतु इम्बिच्चन आचार्य, नरिक्कुनि उण्णीरिक्कुट्टि वैद्य, उत्पोट्ठु कण्णन, त्रिश्शूर तैयक्काट्ट नारायणन मूस्स, वैक्कम पाच्चुमूत्ततु, अनन्तपुरम मूत्तकोयित्तंबुरान, कैक्कुलंगरा रामवारियर, पेरुनेल्लि कृष्णन वैद्य, वेलुन्तेरी केशव वैद्य, कोच्चि कोच्चुण्णि तम्बुरान, कोडुंगल्लूर कोच्चुण्णित्तमूपुरान, कुटंचेरी मूस्स, तिरुनावाय मूस्स, तृकोविल अच्युतवारियर, वैलूर शंकर वारियर आदि अनेक भिषग्वर केरल के अंदर और बाहर प्रसिद्ध हुए हैं।

गुरुकुल संप्रदाय की अंतिम कड़ियाँ मानने योग्य वैक्कम पाच्चुमूत्ततु के शिष्य और कुटन्चेरी मूस्स की शिष्य परंपरा में आनेवाले पी.एस. वारियर दोनों मिलकर आयुर्वेद शिक्षा को वर्तमान रूप में कालेजों में लाए। पाच्चुमूत्ततु के शिष्य कवियूर परमेश्वरन मूस्स ने 1886 के आसपास तिरुवनंतपुरम में एक गैर सरकारी पाठशाला खोली। 1890 में श्रीमूलम् तिरुनाल महाराजा ने उक्त पाठशाला को सार्वजनिक बनाया। आधुनिक आयुर्वेद शिक्षा प्रणाली की नींव आयुर्वेद एवं अलोप्पति में एक समान प्रावीण्य प्राप्त केरल वाग्भट अपरनाम से विख्यात अनन्तपूरत्तु राज राज वर्मा ने डाली। इन्होंने ही निम्न श्रेणी, उच्च श्रेणी आदि दो परीक्षाओं का प्रबंध कराया और अध्ययन काल को पाँच वर्ष निश्चित कर दिया। 1918 में वैद्यशास्त्री, वैद्य कलानिधि आदि परीक्षाओं का आयोजन हुआ। 1957 में आयुर्वेद में डिप्लोमा पाठ्यक्रम शुरू किया और बाद में उसे उपाधि के रूप में बदला गया।

इधर उत्तर केरल में इन सारे परिष्कारों की नींव आयुर्वेद के ही नवोत्थान के अग्रणीय एवं प्रातःस्मरणीय वैद्य रत्न पी.एस. पारियर ने ही डाली। 1902 में उन्होंने कोट्टक्कल में जिस आर्य वैद्यशाला की स्थापना की आज निस्सन्देह वह एक विश्वप्रसिद्ध वैद्य संस्था है। आयुर्वेद अलोप्पति वैद्य शाखाओं के श्रेष्ठ आचार्य होने के साथ ही कला एवं साहित्य में भी एक समान सुशोभित थे श्री पी.एस. वारियर।

आयुर्वेद के अस्तित्व एवं अभिवृद्धि के लिए चेरुतुरुत्ति में स्थापित एक संघ है केरलीय आयुर्वेद समाज। इसके जन्मदाता अष्टवैद्यों में से और कुछ अन्य प्रसिद्ध वैद्य थे। इस सभा ने एक पाठशाला और एक वैद्यशाला भी खोली। तृप्पुनित्तुरा संस्कृत पाठशाला और पुन्नश्शेरी नीलकंठ शर्मा द्वारा स्थापित पट्टाम्बि संस्कृत पाठशाला ने भी एक जमाने में अनेक प्रतिभाशालियों को जन्म दिया।

आधुनिक काल के आयुर्वेद ग्रंथों में उल्लेखनीय ग्रंथ वैद्यरत्नम पी.एस. वारियर के 'अष्टांगशरीर' और 'बृहच्छरीर' है। केरल में प्रथम बार एक वैद्य पत्रिका 'धन्वंतरी' का प्रकाशन लगातार 23 वर्षों तक कोट्टक्कल से वैद्यरत्न के संपादन में ही हुआ था। इसके समस्त प्रतिपाद्य आज के वैद्य लोक के लिए भी अनमोल संपत्ति है। इस प्रकार का एक प्रथम उल्लेखनीय ग्रंथ है 'पंचकर्म' अथवा शोधन चिकित्सा। कई वर्षों के वैद्य अनुभव एवं शास्त्र ज्ञान के कर्मकुशलता प्राप्त मानक्कोडम केशवन

वैद्य का यह ग्रंथ पंचकर्म चिकित्सा में सबका पथ प्रदर्शक ही है। पाणावली कर्तावु का 'वस्ति प्रदीप' भी इस विभाग में आनेवाला एक ग्रंथ है।

आशा करता हूँ कि आयुर्वेद का इतना महान् पैतृक रखनेवाले केरलीय उसका संरक्षण करके उसे बनाए रखने में आगे भी उत्सुक रहेंगे।

अनुवाद : सिजी जेकब

14

संस्कृत रंगमंच और कूटियाट्टम्

पी.के. वेणु

संस्कृत नाटक तथा रंगमंच के इतिहास में केरल का अपना अलग स्थान है। भारतीय नाट्य-विद्या तथा रंगमंच की परंपरा को अक्षुण्ण रूप से बनाए रखने में केरल का महत्त्वपूर्ण योगदान रहा है। संस्कृत नाट्य संपदा और रंगमंच की शास्त्रीय परंपरा को सँभालकर और जीवित रखने में केरल की जो भूमिका रही है, वह निश्चित रूप से ऐतिहासिक महत्त्व की है। स्मरण रहे कि भास नाटक एवं 'नाट्यशास्त्र' की अभिनवगुप्ताचार्य द्वारा विरचित 'अभिनव भारती' नामक विवृति केरल से ही प्राप्त हुए थे। इसी तरह यहाँ अति प्राचीन काल से ही संस्कृत नाटकों के मंचन की एक शास्त्रीय परंपरा भी प्रचलित रही है जिसका संबंध भारत की प्राचीनतम नाट्य-विद्या तथा रंग-दर्शन से रहा है। ईसा पूर्व द्वितीय शताब्दी में या उससे भी पूर्व विरचित माना जानेवाला भरतमुनि का 'नाट्यशास्त्र' जैसा प्रौढ़ ग्रंथ इस बात का साक्षी है कि अति प्राचीन काल से ही भारत में नाट्य-विद्या तथा शास्त्रीय रंगमंच की परंपरा पूर्ण रूप से विकसित थी। विश्व के इतर भागों की रंगमंचीय परंपराओं की अपेक्षा हमारे यहाँ की इस प्राचीन नाट्यसंपदा का यह वैशिष्ट्य रहा है कि वह अपने आप में समृद्ध और संपूर्ण ही नहीं, जैसा कि प्रायः सभी प्राच्यनाट्य-विशारदों ने एक स्वर में स्वीकार किया है। अपनी विशिष्टता और मौलिकता तथा एक विशेष प्रकार की सूक्ष्मता में संसार-भर की प्राचीन रंग-परंपराओं में अनन्य है।

परंतु हमारे लिए यह दुर्भाग्य की बात रही कि देश का वह उर्वर नाट्य-अतीत, जिसने महाकवि भास, शूद्रक, भवभूति, कालिदास, शक्तिभद्र, हर्ष, राजशेखरप्रभृति अनेक यशस्वी नाट्य-शिल्पियों एवं स्वप्नवासवदत्तम्, प्रतिज्ञा यौगंधरायणम्, मृच्छकटिकम्, उत्तररामचरितम्, अभिज्ञान-शाकुंतलम्, आश्चर्य चूड़ामणि, नागानन्दम् जैसे बीसियों अनवद्य नाट्य-तल्लजों को जन्म दिया और जो सदियों तक हमारे देश को भावात्मक एकता के सूत्र में बाँधे रखने में सहायक निकला, दीर्घकाल तक चलने के बाद टूट गया, नष्ट-भ्रष्ट हो गया। वर्षों तक इस देश के जन-मन को ही नहीं, तरुतृण तक

को मुखरित करनेवाली 'पंचमवेद' की वह समृद्ध परंपरा अकाल में ही काल-यवनिका के पीछे विलुप्त हो गई। उसके वास्तविक व्यवहार की यानी कि शास्त्रीय नाटकाभिनय की उस प्राचीनतम परंपरा की निरंतरता और अविच्छिन्नता नहीं बनी रह सकी। देश के उस प्रभूत गौरवमयी नाट्यातीत के बारे में आज हम प्रायः कल्पना ही कर सकते हैं। उसके वास्तविक स्वरूप तथा रंगमंचीय स्वभाव या व्यवहार के बारे में कुछ 'इदमित्थं' कह सकना हमारे लिए आज बहुधा संभव ही नहीं है। निस्संदेह, भरतमुनि का 'नाट्यशास्त्र' एवं उसकी 'अभिनवभारती' जैसी अनुपम विवृति तथा इस कोटि की कतिपय अन्य रचनाएँ, 'उत्तर रामचरितम्' का अंतर्नाटक-प्रसंग, दामोदर गुप्त के 'कुट्टनीमतम्' नामक काव्य में उपलब्ध होनेवाला रत्नावली नाटकाभिनय वर्णन आदि एक हद तक ही सही, देश की उस प्राचीनतम शास्त्रीय नाटकाभिनय शैली के वास्तविक व्यावहारिक स्वरूप को समझने में सहायक निकलते हैं और प्रायः इन्हीं के आधार पर लोग इस दिशा में आगे बढ़ते रहे हैं। किंतु खेद का विषय है कि बहुतों के लिए अब भी यह प्रायः अज्ञात है कि इन सबसे बढ़कर इस दिशा में अधिक व्यक्त और उदात्त जानकारी वर्षों से एक पुनीत 'चाक्षुष यज्ञ' के रूप में केरलीय मंदिरों की चहार-दीवारी में पनपती आ रही 'कूटियाट्टम्' नामक परंपरागत शास्त्रीय संस्कृत रंगवेदी हमें प्रदान करती है। आज मात्र केरल में बची हुई यह प्राचीन संस्कृत नाटकाभिनय शैली वास्तव में एक ज़माने में भारतवर्ष के कोने-कोने में परिव्याप्त उस प्राचीनतम संस्कृत रंगमंच का एक मात्र जीवित प्रतिनिधि है। अतएव इस कला का अपना ऐतिहासिक, सांस्कृतिक एवं राष्ट्रीय महत्त्व है जो सदा-सर्वदा अक्षुण्ण रहेगा। यह भी स्मरणीय है कि 'कूटियाट्टम्' को छोड़कर उस प्राचीन परंपरा का कोई भी इतर रूप अन्यत्र कहीं भी अब शेष नहीं है।

केरल का 'कूटियाट्टम्' नामक यह शास्त्रीय रंगमंच जैसा कि ऊपर सूचित किया गया है, संस्कृत नाटकाभिनय का एक प्राचीनतम केरलीय शैली-विशेष है। वास्तव में यह कला देश की प्राचीनतम शास्त्रीय संस्कृत नाट्य-परंपरा का एक प्रादेशिक अवशेष मानी जानी चाहिए। ऐतिहासिक सामग्रियों के आधार पर प्राच्य-नाट्य-मर्मज्ञों ने यह सिद्ध कर दिया है कि प्राचीन काल में भारत के कोने-कोने में संस्कृत नाटकाभिनय की एक न एक शैली प्रचलित थी। केरल का कूटियाट्टम् भी संभवतः उसी परंपरा में आनेवाली एक केरलीय प्रतिनिधि हो। इसकी प्राचीनता, शास्त्रीयता, रूढ़ियाँ, अभिनय-शैली, अभिनय वेदी आदि अनेक तत्त्व इस बात के स्पष्ट प्रमाण हैं। किंतु खेद की बात है कि इस कला के ही आरंभ, विकास आदि के बारे में कोई ऐसी प्रामाणिक सामग्री उपलब्ध नहीं होती जिन्हें आधार बनाकर आज हम इस निष्कर्ष पर पहुँच सकें कि इसकी वास्तविक उत्पत्ति कहाँ, कैसे और कब हुई थी तथा आरंभिक अवस्था में इसका क्या स्वरूप रहा था। परंपरागत

मान्यताओं और लोक-प्रचलित दंत-कथाओं को आधार बनाएँ तो हमें इस कला की उत्पत्ति का मूल भारतीय नाट्योत्पत्ति विषयक मान्यताओं में ढूँढ़ना पड़ेगा। 'नाट्य' की उत्पत्ति के विषय में भारतीय मत यह रहा है कि इंद्र आदि देवों की अभ्यर्थना के अनुसार ब्रह्मा ने ऋग्वेद आदि वेद-चतुष्टयों से पाठ्य, गीत, अभिनय और रसों का संग्रह करके 'नाट्य' नामक एक 'पंचम वेद' की सृष्टि की और भरत मुनि को इसका प्रयोगाधिकारी बनाया। भरतमुनि ने अपने शत-पुत्रों के सहयोग से नाट्य का चतुर्दिक् प्रचार-प्रसार किया। इस तरह भरत-परंपरा नाट्य का पारंपरिक अधिकारी बन गई। कहा जाता है कि कालांतर में भरत-शिष्यों की यह परंपरा क्षीण हो गई तो केरल में ब्राह्मण गोत्र के अठारह परिवारों को नाट्य का प्रयोगाधिकार सौंपा गया था। यह लोग स्वयं भरत-शिष्य-परंपरा में दीक्षित होकर, नट-वृत्ति को अपना कुल-धर्म मानते हुए, पूरी निष्ठा और लगन के साथ, भरत मुनि द्वारा निर्दिष्ट पद्धति का ही अनुसरण करते हुए संस्कृत नाटकों का यथाविधि अभिनय करने लगे। इस तरह भरत-परंपरा में दीक्षित ब्राह्मण नटों का एक अलग गोत्र ही केरल में उत्पन्न हो गया जिसके कारण भरत-नाट्य-परंपरा केरल में जीवित रह सकी। कहते हैं कि कालांतर में शाक्य मुनि नामक एक नाट्य मर्मज्ञ ने कालोचित ढंग से इस नाट्य-पद्धति का परिष्कार किया और यही परिष्कृत पद्धति केरल में प्रचलित होने लगी। इस तरह शाक्य मुनि द्वारा निर्दिष्ट परिष्कृत पद्धति का अनुसरण करने के कारण केरल के इन भरत-परंपरानुगामी ब्राह्मण नटों का नाम 'शाक्यर' पड़ गया। कहते हैं, यही 'शाक्यर' कूटियाट्टम् के पारंपरिक प्रयोगाधिकारी 'चाक्यार' हैं। एक दूसरे मत के अनुसार 'चाक्यार' शब्द की व्युत्पत्ति 'श्लाध्यगीर' से है, जिसका अर्थ होता है वाक्-पटु। नट-वृत्ति के साथ-साथ केरल के इन ब्राह्मण-नटों पर, सूताभाव में सूत-वृत्ति अर्थात् पुराण-कथा-कथन का भार भी आ गया था। पुराण-कथाओं को अत्यन्त सरल और सरस ढंग से प्रस्तुत करने और पंडितों और पामरों को एक समान रमाने और उन्हें तत्त्व-बोध प्रदान करने की इनकी अद्भुत क्षमता व दक्षता के कारण ये लोग 'श्लाध्यगोर' कहलाने लगे और इसी श्लाध्यगोर से 'चाक्यार' शब्द निष्पन्न है। जो भी हो, केरल के ये चाक्यार-नट परंपरा या अपने को भरत-शिष्य परंपरा में दीक्षित मानते आ रहे हैं और अपने नाम के साथ अक्सर 'भरत' शब्द का इस्तेमाल भी करते आ रहे हैं (जैसे माणि माधव भरतः, दमोदर भरतः आदि)। इस तरह परंपरागत मान्यताओं के अनुसार कूटियाट्टम् भरत-नाट्य परंपरा से संबद्ध तथा उसी से उद्भूत है।

कूटियाट्टम् की उत्पत्ति से संबंधित उपरोक्त मान्यताओं को कहाँ तक प्रामाणिक माना जाए, इस विषय में अंतिम रूप से कुछ कह पाना मुश्किल है क्योंकि इनकी प्रामाणिकता सिद्ध करनेवाली कोई ऐतिहासिक सामग्री आज तक उपलब्ध नहीं। तथापि, प्राचीन तमिल एवं मलयालम साहित्यों और पुरा-लेखों से प्राप्त

होनेवाले उल्लेखों के आधार पर 'चाक्यार-कला' की प्राचीनता तथा इसके व्यापक प्रचलन की बात सिद्ध होती ही है। प्राचीन तमिल महाकवि इलंकोवटिगल द्वारा विरचित 'चिलप्पतिकारम्' नामक महाकाव्य में 'परैयूर' (केरल का परवूर नामक गाँव) के एक 'कूत्तच्चाकैयन' (अभिनय करनेवाला चाक्यार) द्वारा प्रस्तुत एक नृत्त-नाट्य का उल्लेख प्राप्त होता है। इसी तरह 'लीलातिलकम्' जैसे प्राचीन मलयालम काव्यों में भी कूटियाट्टम् से संबंधित काफी उल्लेख प्राप्त हैं। इनके अतिरिक्त प्राचीन राज-शासनों और पुरा-लेखों में भी चाक्यारों तथा उनकी कला से संबंधित बहुविध उल्लेख उपलब्ध होते हैं। इन सब को देखते हुए अक्सर इस कला को दो हज़ार वर्षों से भी अधिक पुराना माना जाता है। जो भी हो, इतना तो निर्विवाद है कि केरल का यह परंपरागत संस्कृत रंगमंच अति प्राचीन है और भारत की प्राचीनतम संस्कृत-नाट्य-परंपरा से संबद्ध है।

कूटियाट्टम् को भारत की प्राचीनतम संस्कृत रंगवेदी का एक प्रादेशिक अवशेष मानने के और भी अनेक कारण हैं। एक तो यह है कि यह कला मूलतः और शुद्धतः एक संस्कृत नाटकाभिनय है। संस्कृत के कतिपय चुने हुए रूपकों का शास्त्रीय ढंग से अभिनय ही इसमें होता है। कूटियाट्टम् में प्रयुक्त होनेवाले बहुप्रचलित रूपकों में महाकवि भासकृत स्वप्नवासवदत्तम्, प्रतिज्ञायौगंधारायणम्, प्रतिभानाटकम्, अभिषेकनाटकम्, दूतवाक्यम् और बालचरितम्, राजा हर्षवर्धन का नागानन्दम्, शक्तिभद्र का आश्चर्यचूड़ामणि, केरल के राजा कुलशेखर वर्मा कृत सुभद्राधनंजयम् और तपती संवरणम्, पल्लव राजा महेंद्रविक्रम का मत्तविलास-प्रहसनम्, श्री बोधायन का भगवदूज्जुकीय प्रहसनम्, श्री नीलकण्ठ का कल्याणसौगंधिकम् आदि प्रमुख हैं। बताया जाता है कि पहले 'अभिज्ञान शाकुंतल' भी इस शैली में प्रयुक्त होता था। जो भी हो, इतना तो निश्चित है कि संस्कृतेतर कोई भी भाषा-रूपक अभी तक इस शैली में प्रयुक्त नहीं हुआ है। यही एक बात इसका पर्याप्त प्रमाण है कि यह कला शुद्धतः एक संस्कृत नाटकाभिनय है।

विषय वस्तु की दृष्टि से ही नहीं, इसमें प्रयुक्त नाट्य-रूढ़ियों, अभिनय-शैली, अभिनय-वेदी आदि की दृष्टि से भी कूटियाट्टम् भारत की प्राचीनतम संस्कृत नाट्य-वेदी का एक प्रादेशिक अवशेष सिद्ध होता है। 'नाट्यशास्त्र' तथा इस तरह के इतर शास्त्र-ग्रंथों को आधार बनाकर, उनमें निरूपित नाट्य-विधियों का यथोचित पालन करनेवाली यह रंग-कला, कुछ अपवादों को छोड़कर, तुच्छ से तुच्छतर बातों तक में शास्त्र-विधियों को प्रमाण मानती है। उदाहरण के लिए, इसमें नाट्यशास्त्र विधि के अनुसार ही स्त्री पात्रों की भूमिकाएँ मात्र स्त्रियाँ ही निभाती हैं (शूर्पणखा अपवाद है) तथा रंगमंच पर आने के पहले नट लोग शरीर के अन्यथा अनावृत सारे भागों पर चावल के आटे से बने घोल से अथवा अन्य रंग लगाते हैं, जिसके बिना नटों का रगमंच पर आना निषिद्ध माना गया है। अभिनय में प्रायः सर्वत्र नाट्य

शास्त्रोक्त 'नाट्यधर्मी' का आश्रय लिया जाता है। असल में देखा जाए तो नाट्यधर्मी की अनंत संभावनाओं का इतना अधिक लाभ उठानेवाली कोई भी इतर दृश्य-कला हमारे देश में अब दूसरी नहीं है। इसी तरह 'कूटियाट्टम्' में 'पूर्वरंग' का भी विस्तृत विधान है जो कि नाट्यशास्त्र निरूपित 'पूर्वरंग' के काफी सदृश है। कूटियाट्टम् में पूर्वरंग का जो विस्तार पाया जाता है, उसे देखते हुए निश्चित रूप से कह सकते हैं कि इसका संबंध नाट्यशास्त्र से रहा है। 'साहित्यदर्पण' जैसे परवर्ती ग्रंथों से पता चलता है कि परवर्ती काल में पूर्वरंग का विस्तार से व्यवहार नहीं होता था–'इदानीं तु पूर्वरंगस्य सम्यक् प्रयोगाभावात् एक एव सूत्रधारः सर्वं प्रयोजयतीति व्यवहारः।' किंतु कूटियाट्टम् के संदर्भ में यह बात सही नहीं निकलती। कूटियाट्टम् में स्थापना सूत्रधार और नांदी सूत्रधार अलग-अलग हैं तथा पूर्वरंग विधियों का सम्यक् पालन भी होता है। इस तरह यह स्पष्ट है कि कूटियाट्टम् का पूर्वरंग नाट्यशास्त्रीय परंपरा को ही प्रमाण मानता है, न कि परवर्ती ग्रंथों को।

कूटियाट्टम् की अभिनय-शैली भी जैसा कि पहले ही कहा जा चुका है, बिलकुल शास्त्रीय है और नाट्य शास्त्र पर आधारित है। नाट्यशास्त्रोक्त 'नाट्यधर्मी' पद्धति का अक्षरशः अनुसरण करनेवाली इस कला में अभिनय के चारों प्रकारों–सात्विक, आंगिक, वाचिक तथा आहार्य–का समंजस सम्मेलन पाया जाता है। इन चतुर्विध अभिनयों में सब से प्रमुख है सात्विकाभिनय, जिसे कूटियाट्टम् में भी उत्तम स्थान दिया गया है। रोमांच, वेपथु आदि सात्विक भावों के सहारे मूल काव्य-बंध की अन्तरात्मा का रस रूप में प्रस्तुतीकरण, जो सात्विकाभिनय कहलाता है, कूटियाट्टम् के संदर्भ में विशेष रूप से महत्त्वपूर्ण है। नट लोग अपने मुख राग एवं आँखें-चालन के सहारे विविध भावों व रसों को बड़ी तन्मयता के साथ प्रस्तुत करते हैं। कभी-कभी मात्र नेत्र-चालन के सहारे एक पूरे काव्य खंड का विस्तृत अभिनय प्रस्तुत किया जाता है। अभिनय में नेत्रों या दृष्टि का जैसा उपयोग कूटियाट्टम् में पाया जाता है, वैसा अन्यत्र नहीं है। 'नाट्यशास्त्र' में भी बताया गया है :

इह भाषा रसाश्चैव दृष्ट्यामेव प्रतिष्ठिताः।
दृष्ट्या हि सूचितो भावः पश्चादंगैर्विभाष्यते।।

(नाट्यशास्त्र–14, श्लोक 31)

'कूटियाट्टम्' में यद्यपि सर्वोत्तम स्थान सात्विकाभिनय को दिया गया है, तथापि वाचिक, आंगिक अभिनय भी कम महत्त्वपूर्ण नहीं है। अपेक्षतया आहार्य ही अधम स्थान पर है। 'कूटियाट्टम्' के वाचिकाभिनय के संदर्भ में यह उल्लेखनीय है कि इसमें मूल संस्कृत-नाटक के संस्कृत-प्राकृतमय गद्य-पद्यमयी संवादों को नट-नटी लोग स्वयं उच्चरित करते हैं। इनके उच्चारण में परंपरागत नाना प्रकार की व्यवस्थाओं का पालन किया जाता है। प्राकृत वाक्यों के ठीक अनन्तर उनकी छाया (संस्कृत में)

सुनाई जाती है। पद्यों का उच्चारण पात्र-प्रसंगानुसार अन्यान्य रागों में किया जाता है। कूटियाट्टम् में साधारणतया बीस राग प्रयुक्त होते हैं। जिनके नाम इस प्रकार हैं—मुड्ड, श्रीकण्ठि, तोण्ट, आर्त, इन्दल, मुरलिन्दल, वेलाधूलि दाणं, तर्क, वीरतर्क, कोरक्कुरन्जि, पौराली, पुरनीर, दुःखगांधार, चेटीपंचम, भिन्नपंचम, श्रीकामर, कैशिकी, घट्टन्तरि तथा अन्तरी। अभिज्ञों का कथन है कि इन रागों अथवा स्वरों का संबंध शास्त्रीय संगीत से कम और वैदिक रागों से अधिक है।

कूटियाट्टम् के इन स्वरों या रागों के उपयोग की भी व्यवस्थाएँ निश्चित हैं। पात्र, रस व प्रसंग के अनुसार इनमें से विविध राग प्रयुक्त होते हैं। उदाहरण के लिए शृंगार रस एवं रतिभाव के अभिनय में 'आर्त' नामक राग का उपयोग होना चाहिए :

शृंगारे रतिभावे च
प्रायेणार्तो निगद्यते।

इसी तरह अन्य रागों के उपयोग की भी व्यवस्थाएँ हैं :

श्रीरामस्य तु संभोगशृंगारे मुरलिन्दल
राक्षसानां तु शृंगारे रसो मुड्डो निगद्यते
श्रीकामराख्यस्तेषां तु विप्रलंभस्य मूर्च्छने
श्रीरामस्य तु पौराली विप्रलंभस्य मूर्च्छने
रसयोः कैशिकां प्राहुः हास्य बीभत्सयोरपि
दुःखगांधाररागस्तु शोके च करुणे मतः
क्रोधे रौद्ररसे चापि तर्क राग उदाहृतः
वीरनाम्नि रसे रागो वीरतर्को बुधैस्मृतः
दाणरागोद्भुत रसे भयानक रसे क्वचित्
तोण्टाख्यरागश्शांते च भक्तिभावे च कथ्यते।

इस तरह अन्यान्य रसों में अन्यान्य राग प्रयुक्त होते हैं। इसी प्रकार अन्य प्रसंगों व पात्रों के संदर्भ में प्रयुक्त होनेवाले रागों की भी व्यवस्थाएँ हैं।

वीराणां नायकादीनामुत्तमानां स्वभावतः
गीत सिद्धांततत्त्वज्ञैरिन्दिलो राग इष्यते
कोरक्कुरुन्जि रागस्यात् कपीनां तु स्वभावतः
पुरनीराख्यरागस्तु वर्षाकालस्य वर्णने
प्रभातवर्णनायां च गीतसेरूपगीयते
अंकावसाने श्रीकण्ठी दुष्टानामपि हिंसने
सन्ध्यावर्णनवेलायाम् मध्याह्नस्य तु वर्णने
भक्ति भावे च विद्वद्भिः कथ्यते गीतिपारगैः इत्यादि।

कूटियाट्टम् के वाचिकाभिनय के संदर्भ में उल्लेखनीय एक और बात यह है कि इस संस्कृत नाटकाभिनय कला के वर्तमान रूप में संस्कृत-प्राकृत के अतिरिक्त देशी भाषा मलयालम का भी कहीं-कहीं उपयोग होता है। बताया जाता है कि पहले कूटियाट्टम् में देशी भाषा का उपयोग नहीं होता था। ईसवीं सन् दसवीं शती के करीब कूटियाट्टम् को अधिक लोकप्रिय बताने की नीयत से तत्कालीन केरल के कुलशेखर वर्मा नामक एक महाराजा अपने मित्र और अमात्य तोलन् नामक एक ब्राह्मण महाकवि की सहायता से कूटियाट्टम् में अनेक सुधार लाए, जिनमें सबसे प्रमुख है, विदूषक के लिए देशी भाषा का उपयोग। कूटियाट्टम् में देशी भाषा का इस्तेमाल करनेवाला एकमात्र पात्र विदूषक है। कूटियाट्टम् का विदूषक वास्तव में एक वाचिक प्रधान पात्र है। नायक के नर्म-सचिव के रूप में संस्कृत-नाटकों में आनेवाला यह पात्र स्वभावतः ही हास्यप्रिय होता है। कूटियाट्टम् में भी विदूषक एक हास्य-पात्र के रूप में आता है। यह हास्य-पात्र जन-साधारण को लक्ष्य करके नायक-नायिका आदि द्वारा उच्चरित संस्कृत-प्राकृत संवादों का सटिप्पण छायानुवाद देशी-भाषा मलयालम में करता जाता है। इस दृष्टि से कह सकते हैं कि कूटियाट्टम् का विदूषक वास्तव में, पाण्डित्य-वेद्य संस्कृत मूल एवं साधारण प्रेक्षकों के बीच संबंध स्थापित करनेवाला सेतु है। अपनी उपस्थिति में मंच पर बोले जानेवाले सभी संवाद-खण्डों की, एक तरह से व्याख्या ही प्रायः वह कर देता है। और ऐसा करते समय कई बार वह मूल की छाया में रचित भाषा-श्लोकों का व्यवहार भी करता है। ये छाया-श्लोक हास्य-व्यंग्यमयी शैली के होते हैं तथा या तो देशी भाषा मलयालम में, अथवा 'मणिप्रवालम्' (मिश्र संस्कृत) में रचित होते हैं। नाट्य-प्रयोग में तब तक प्रचलित 'प्रभुसम्मितता' एवं 'सुहृद-सम्मितता' के स्थान पर 'कांतासम्मितता' को अपनाना ही इसके पीछे महाराजा कुलशेखर वर्मा का मूल उद्देश्य हो सकता है। जो भी हो, उनका यह सुधार शास्त्र-सम्मत ही माना जाना चाहिए। भाव प्रकाशकार ने बहुत ही स्पष्ट शब्दों में यह निर्देश दिया है कि 'परिहासा प्रयोक्तव्याः देशभाषाभिरन्विताः।' साधारण प्रेक्षकों को आकृष्ट करने के लिए तथा उनकी सुबोधना के लिए देशी भाषा एवं हास-परिहासों का उपयोग अत्यन्त ही आवश्यक है। देशी भाषाओं के उपयोग की बात भरत मुनि के लिए भी मान्य थी। 'नाट्यशास्त्र' में उन्होंने इस विषय में अपना विचार व्यक्त भी किया है। इस प्रसंग में उन्होंने 'मिश्र-संस्कृत' के बारे में भी कहा है, जिसकी व्याख्या करते हुए अभिनव गुप्ताचार्य ने यह स्पष्ट भी किया है कि दक्षिण भारत में इसका नाम 'मणिप्रवालम्' है :

पदमध्ये संस्कृतं मध्ये देशभाषादियुक्तं तदेव कार्यम्
दक्षिणापथे मणिप्रवालमिति प्रसिद्धं, काश्मीरे षाटकुलमिति।

(अभिनव भारती)

वाचिकाभिनय के समान ही कूटियाट्टम् में आंगिकाभिनय भी विशेष महत्त्वपूर्ण है। अंगों और उपांगों की विविध चेष्टाओं एवं भाव-मुद्राओं के सहारे अर्थ की अभिव्यक्ति की जो पद्धति है, वही आंगिकाभिनय कहलाती है। कूटियाट्टम् के आंगिकाभिनय में हस्त-मुद्राओं के अतिरिक्त आकाशचारी, भौमचारी जैसी विविध चारियाँ तथा विविध प्रकार से ताल-लयों से युक्त नृत्त-नृत्य आदि का भी प्रयोग किया जाता है। कूटियाट्टम् में प्रत्येक शब्द और शब्दांश के लिए ही नहीं, विभक्ति, उपसर्ग, प्रत्यय आदि के लिए भी अलग-अलग मुद्राएँ होती हैं। इनके सहारे सूक्ष्म से सूक्ष्म अर्थ का भी यथाविधि विस्तृत अभिनय किया जाता है।

कूटियाट्टम् में कहीं-कहीं आंगिकाभिनय का विस्तार भी पाया जाता है। यहाँ विस्तार से तात्पर्य विस्तृत अभिनय से है। कतिपय श्लोकों का अभिनय कूटियाट्टम् नट बड़े विस्तार से करते हैं। ऐसा करते समय कभी-कभी उपश्लोकों और प्रतिश्लोकों का प्रयोग भी किया जाता है। ये उपश्लोक व प्रतिश्लोक मूल-नाटक के नहीं होते। मंच पर इनका उच्चारण भी नहीं होता। केवल आंगिक-सात्विक रूप से इनका अभिनय किया जाता है। इस तरह विस्तार से अभिनय करते हुए कभी-कभी एक ही श्लोक में डेढ़-दो घंटे व्यतीत होते हैं। उदाहरण के लिए 'नागानन्दम्' नाटक के द्वितीय अंक में आनेवाले 'नीताः किन्न निशाः शशाङ्करुचयो...' वाले श्लोक के अभिनय को ले सकते हैं। इसमें 'शशाङ्करुचयः' यह जो शब्द आता है, इसके विस्तार के लिए एक उपश्लोक का प्रयोग किया जाता है, जो इस प्रकार है :

उदयाद्रिनावमधिरुह्य शनैः–
शशिदाशकेन जगती सरसि।
करजाल जालमवतत्य युव–
त्यभिमान मीनकुलमाचकृषे।।

कूटियाट्टम् में प्राप्त अभिनय-विस्तार की यह पद्धति भी हमारे प्राचीन संस्कृत-रंगमंच के साथ इस कला के संबंध को प्रमाणित करनेवाली है। काश्मीर के श्री दामोदरगुप्त द्वारा ईसवी सन् नवीं शती में विरचित 'कुट्टनीमतम्' नामक संस्कृत-काव्य में उपलब्ध 'रत्नावली' नाटिकाभिनय वर्णन में भी अभिनय-विस्तार की इसी तरह की पद्धति का वर्णन मिलता है। वहाँ 'चेटी नृत्त' प्रसंग में आनेवाली, 'व्यक्तः कम्पानुबन्धादनवरतमुरोहन्ति हारोऽयमस्याः' वाली पंक्ति के अभिनय के लिए,

'करपीड़नोपमर्दव्यतिकरसमये कदर्थ्यमानोऽपि
स्तनमण्डले स्थितोऽहं त्वं पुनराकृष्य कुत्रचित् क्षिप्तः।
अधुनान्तरयसि मामिति कोपादिव वारवाणमभिरामम्
बहुचित्रपदन्यासैर्वल्गन्त्या हन्ति हार उच्चलितः।।'

वाले श्लोक का तथा 'स्रग्धः स्रगधामशोभां त्यजति विरचितामाकुलः केशपाशः' वाले श्लोकार्ध के लिए,

'चूतलता धम्मिल्लस्थानच्युतशेखरं दधौ श्लाघ्यम्।
अधृत पतन् निर्व्यूहां नत्वेषा मदनिका वेणीम्।।'

वाले श्लोक का प्रयोग हुआ था। इस तरह यह स्पष्ट है कि कूटियाट्टम् का अभिनय-विस्तार और 'कुट्टनीमतम्' में प्राप्त प्राचीन संस्कृत नाटकाभिनय शैली के अभिनय में काफी सादृश्य है। इसी प्रकार और भी अनेक बातों में 'कुट्टनीमतम्' का साक्ष्य प्राचीन भारतीय संस्कृत रंगमंच और कूटियाट्टम् के संबंध को स्पष्ट प्रमाणित करता है।

उपरोक्त तीनों अभिनयों के समान ही कूटियाट्टम् का आहार्याभिनय भी विशेष उल्लेखनीय है। वेशभूषा, रंग-प्रसाधन आदि आहार्य-संविधान के अंतर्गत आते हैं। प्राचीन व पौराणिक इतिवृत्तों के अभिनय में आहार्य का अपना अलग महत्त्व होता है क्योंकि बिना इसके नटों को देवता, असुर, राजा, मंत्री, राक्षस, वानर आदि के रूप और भाव प्रदान करना मुश्किल है। कूटियाट्टम् में प्रत्येक प्रकार के पात्रों के लिए अलग-अलग वेशभूषाओं का विधान है। प्रत्येक की वेशभूषा के लिए अलग-अलग नाम भी हैं जैसे, पच्चा, कत्ति, पषुक्का, करि, ताटि इत्यादि। धीरोदात्त नायक अक्सर 'पच्चा' होता है। धीरोद्धत 'कत्ति', राक्षसियाँ 'करि' आदि। इन वेशभूषाओं की यह विशेषता है कि मात्र इन्हें देखकर ही लोग समझ जाते हैं कि अमुक पात्र राजा, राजकुमार, मंत्री, विदूषक, राक्षस या वानर है। पात्रों की वेशभूषाओं का यही क्रम 'कथकली' जैसी अन्य केरलीय कलाओं में भी देखने को मिलता है।

कूटियाट्टम् की रूढ़ियों और अभिनय शैली के समान ही, इसका प्रस्तुतीकरण होनेवाला 'कूत्तम्पलम्' नामक रंगभवन भी नाट्यशास्त्र के प्रति इस कला के ऋण का प्रमाण है। परंपरया कूटियाट्टम् का प्रस्तुतीकरण मंदिरों में ही होता है और वहाँ मात्र इसके प्रदर्शनार्थ एक अलग प्रासाद का विधान है जो 'कूत्तम्पलम्' (नाट्य मंदिर) कहा जाता है। इन्हीं कूत्तम्पलों में कूटियाट्टम् का प्रदर्शन एक पुनीत चाक्षुष-यज्ञ के रूप में होता आ रहा है। केरल के कई प्राचीन व प्रसिद्ध मंदिरों में कूत्तम्पलम् विद्यमान हैं। जहाँ कूत्तम्पलम् नहीं होता, ऐसे मंदिरों में भी, कूटियाट्टम् के प्रदर्शन-हेतु अलग स्थान निर्धारित होता है और वहीं पर इसका अभिनय होता है। अस्तु, प्राचीन परंपरा के अनुसार मंदिरेतर, किसी भी मंच पर इस कला का अभिनीत होना मना है। (फिलहाल स्थिति बदल गई है अब तो मंदिरेतर मंचों पर ही नहीं, विदेशों में भी यह कला अभिनीत होती है।)

जैसा कि ऊपर कहा गया है, नाट्यशास्त्र के प्रति कूटियाट्टम् के आभारीपन

का एक निदान भी है कूत्तम्पलम्। अभिज्ञों का विचार है कि कूत्तम्पलम् की गणना नाट्यशास्त्रोक्त विकृष्ट मध्यम कोटि के नाट्य-मंडप में की जा सकती है। इसमें नेपथ्य, कुतपस्थान, रंगशीर्ष, रंगपीठ आदि ठीक उसी प्रकार अवस्थित है, जिस प्रकार नाट्यशास्त्र में व्यवस्थित किया गया है। अस्तु, कूत्तम्पलम् जैसी एक भी इतर नाट्यशाला हमारे देश में ही नहीं संसार-भर में, अन्यत्र कहीं भी उपलब्ध नहीं है।

इस प्रकार मंदिरों की पवित्र भूमि पर एक पुनीत 'चाक्षुष-यज्ञ' के रूप में प्रस्तुत होनेवाली यह विशिष्ट नाट्य-कला वर्षों से चाक्यार और नंब्यार (पाणिवादक) नामक दो वंशजों के अधीन रही है ये लोग परंपरा या अपनी कुलवृत्ति के रूप में इस कला को अपनाते आ रहे हैं। कूटियाट्टम् के पुरुष-पात्रों एवं शूर्पणखा जैसी दुष्ट नारियों की भूमिका चाक्यार लोग निभाते हैं। नायिका, सखी आदि स्त्री-पात्रों की भूमिका में नंब्यार-स्त्रियाँ, जो नंड्यारम्मा कही जाती हैं, उतरती हैं। इसके अतिरिक्त नाटक के आरंभ एवं बीच-बीच में ध्रुवागीतियों आदि का पाठ करना एवं 'मिषाव' (जो इस कला का प्रमुख पाणिवाद्य है) वादन के साथ-साथ करताल से ताल देना आदि भी पाणिवादक स्त्रियों का काम है। मिषाव बजाना, नांदीश्लोक का पाठ करना, आहार्य-संविधान में नटों की सहायता करना, सूत्रधारत्व का निर्वाह करना आदि पाणिवादक नंब्यार लोग संपन्न करते हैं।

बताया जाता है कि केरल में पहले अठारह चाक्यार परिवार और उनके सहयोगी अठारह नंब्यार परिवार थे। किंतु अब उनमें से केवल तीन-चार परिवार ही ऐसे हैं जो नियमित रूप से इस कला में लगे हुए हैं। नई पीढ़ी में बहुत कम ही चाक्यार-नंब्यार ऐसे हैं जो अपनी इस पैतृक सम्पत्ति के प्रति न्याय करने में तत्पर हैं। बेहतर जीविका की तलाश में वे इस नाशोन्मुख कला से मुख मोड़ रहे हैं। ऐसी हालत में देश-भर के सहृदयों और कला-अकादमियों को चाहिए कि वे इस कला के पुनरुज्जीवन में, इसके प्रचार-प्रसार में तन-मन-धन से प्रवृत्त हो जाएँ और कूटियाट्टम् के पारंपरिक नटों को अपनी कला की ओर वापस आने की प्रेरणा प्रदान करें। एक कारण यह भी है कि बगैर स्थायी रंगभवन के नियमित नाट्य-प्रदर्शन की संभावना नहीं है। इस दिशा में भी कूटियाट्टम् और उसका कूत्तम्पलम् नामक रंग भवन महत्त्वपूर्ण भूमिका अदा कर सकता है। संक्षेप में, भारतीय नाट्य-अस्मिता एवं मौलिक रंग दृष्टि की खोज में लगे हुए नव-नाट्य-कर्मियों, कला-कुतुकियों और शोधार्थियों का सत्वर एवं सनिष्कर्ष ध्यान इस प्राचीन रंगमंच की ओर आकृष्ट होना अब अनिवार्य-सा हो गया है। इसमें कोई संदेह नहीं कि इस दिशा में होनेवाला कोई भी प्रयास तनिक भी व्यर्थ नहीं हो सकता, क्योंकि यह कला स्वयं में ऐसी अनंत संभावनाओं का एक अक्षय कोष है, जिसका पूरा-पूरा लाभ उठाना हम सब भारतीयों का कर्तव्य है।

सहायक ग्रंथ सूची :

1. नाट्यशास्त्रम्
2. नाट्यकल्पद्रुमम्—माणि माधव चाक्यार
3. कूत्त कटियाट्टवुम—अम्मामन तपुरान्
4. कलालोकम्—के.पी. नारायण पिषारोटी
5. कूटियाट्टम्—ऑन इंट्रोडक्शन—डॉ.के. कुंजुण्णि राजा
6. रंगदर्शन—नेमिचंद्र जैन
7. मंत्राङ्कम—पी.के. नारायणन् नंब्यार

15

कथकली में अभिनय

वाषंकेटा कुंचु नायर

नाटक और कथकली : कथकली एक दृश्य कला है, लेकिन यह नाटक से कई बातों में भिन्न है। नाटक चार प्रकार के अभिनय से युक्त है। लेकिन नाटक के लक्षण या नियम कथकली में बिल्कुल नहीं मिलते। पहली बात है कथकली वाचिकाभिनय से युक्त नहीं है। लेकिन चुम्बनालिंगनादि अर्थात् परिवार और बन्धुमित्रादि के साथ बैठकर देखने में लज्जा और अश्लीलता उत्पन्न करनेवाले दृश्य रंगमंच पर प्रयोग नहीं करने चाहिए जैसे नियम कथकली में उतना स्वीकृत नहीं हैं। इस प्रकार कथकली में अस्वीकृत अनेक नाटकीय नियम हैं।

और एक अंतर यह है कि नाटक में वाच्यार्थ अभिनय होता है और कथकली में पदार्थ अभिनय होता है। तब नाटक में आंगिक अभिनय की प्रधानता है। इस प्रकार कथकली नाटक से कई प्रकार से भिन्न कला है।

उपर्युक्त भिन्नताओं पर नज़र डालने पर, कथकली को एक अभिनय प्रधान कला होते हुए भी नाटक नहीं कह सकते। इसलिए कथकली को एक विशेष प्रकार के भावरस से युक्त नृत्त कला के रूप में माना जाता है।

अभिनय की हस्त मुद्राएँ : लोग ऐसा बताते हैं कि कथकली अभिनय में प्रयुक्त चौबीस मुद्राएँ भरत शास्त्र में प्रतिपादित हैं। 'हस्तलक्षणदीपिका' नामक छोटा-सा ग्रंथ है जिसके रचयिता के बारे में पता नहीं। उसमें प्रतिपादित पताका, मुद्राख्यम् आदि चौबीस मुद्राओं से ही आज के कथकली नट अभिनय करते हैं।

'प्रस्तुत हस्त लक्षण दीपिका' में प्रतिपादित चौबीस मूल मुद्राओं को चार भागों में विभाजित किया है जैसे—संयुतं, असंयुतं, समानं, मिश्रं। इस प्रकार कुल मिलाकर चार सौ सत्तर (470) मुद्राओं का इसमें जिक्र किया गया है। इनमें से कतिपय मुद्राओं का प्रयोग कैसा होना चाहिए उसका पता नहीं। इसलिए उनका प्रयोग नहीं होता। बाकी लगभग तीन सौ मुद्राओं का ही प्रयोग अब होता है।

कथकली का भावबोध : अभिनय से संबंधित शास्त्र की दृष्टि से कथकली

को नाटक का जैसा स्थान न होने पर भी यह निर्विवाद है कि सहृदय की दृष्टि में या अनुभव में कथकली की ही विजय होगी। कारण यह है कि वाचिकाभिनय से युक्त आंगिकाभिनय से भी अधिक भाव से युक्त है कथकली का आंगिकाभिनय। जो भी हो, बोलने से भी अधिक कठिन होता है न, कार्य करके दिखाना। कुम्मी, चारी, केकी जैसे नृत्यों की सरसता आदि प्रेक्षकों को कितना रसात्मक होगा। लेकिन कला प्रेमियों की ऐसी एक धारणा है कि कथकली में 'कलाश-मेडुक्कल' अर्थात् द्रुत नृत्य की ही अधिक प्रधानता है। यह कथकली का उचित मूल्यांकन नहीं है।

वेश-विधान : लेकिन, नृत्त-विधान से भी प्रधान है कथकली का वेश-विधान। उत्तम, मध्यम, अधम प्रकृतिवाले सत्, रज, तमो गुणों के मूर्तिमान रूप के समान ही पच्चा, कत्ती, ताडी आदि वेशों को कथकली में प्रयुक्त किया गया है। कथकली-वेशों के अमानुषिकत्व और भावपूर्णता, अन्य किसी भी अभिनय कला में नहीं होगा। फिर भी ऐसा लगता है कि थोड़ा और भेद भी होना चाहिए। जो भी हो, यह निस्संदेह है, कथकली के आंगिक अभिनय और आहार्य अभिनय मिलें तो ऐसा लगता है कि उनमें वाचिकाभिनय न होने की कमी का स्थान नहीं। उतना भावानुसृत है कथकली का वेश-विधान।

कथकली में वाचिकाभिनय होता है, लेकिन उच्चारण कार्य गायक ही करते हैं। कथकली के पद वाचिक ही हैं।

प्रयोग व्यवस्था : कथकली में कथापात्र का संवाद प्रायः गीत के रूप में है। संवाद ही नहीं, आत्मगत भावाभिनय भी उसी तरह है। पद के बिना केवल मुद्रा से ही अभिनय करने के अवसर भी अनेक हैं। लेकिन अधिक भाग पदाभिनय का है। कथकली में उसकी व्यवस्था भी है। कथापात्र के द्वारा मुद्रा के भावों का आवलम्ब करके, पदों का नाचने के लिए सामान्य रूप से आधारभूत तान, मंद्रं, मध्यं, तारं जैसे तीन स्वर-स्थान देते हैं। उसे त्रिस्थन कहते हैं। उसी प्रकार द्रुतं, मध्यं विलंब, तीन प्रकार की लय भी होती है। किसी भी ताल के मात्राकाल परिमाण को ही लय कहते हैं।

इस तरह मंद्रं, मध्यं, तारं जैसे तीन स्वर स्थानों और द्रुतं, मध्यं, विलंबं जैसे तीन काल निर्णय पर निर्भर है कथकली की गीत प्रयोगविधि। उसमें दूरस्थ संभाषण, आक्षेप, क्रोधपूर्ण संभाषण, अधिक्षेप, आर्तरोधन आदि भावों में तारस्वर और विस्मृति, क्षीणता, चिन्ता, दीनता, इच्छा स्वाभाविक संभाषण (वार्तालाप) आदि भाषणों में मंद्र स्वर और समीपवाले व्यक्तियों से साधारण से संभाषण के लिए मध्यस्थान का प्रयोग ही सामान्य रूप से करना चाहिए।

उसी तरह, हास्य, शृंगार में मध्य लय, करुण रस में विलंबित और वीर, अद्‌भुत, रौद्र, बीभत्स, भयानक आदि रसों में द्रुतलय का प्रयोग करना ही अभिनय का नियम है।

फिर भी, आज के अनुभव में कथकली के श्रृंगार पदों में भी, प्रायः विलंब काल का प्रयोग ही करते आ रहे हैं। जो भी हो, शर्त यह है कि प्रत्येक प्रसंग और भाव के अनुयोज्य स्वर और लय में गाना चाहिए। इसके बदले गाने की सुविधा या अन्य किसी कार्य के लिए काल, राग और ताल को बदलना या नीचा करना और ऊँचा करना नहीं चाहिए।

अभिनय की रीति : यह पहले बता चुके हैं कि कथकली में शास्त्र के आधार पर वाचिकाभिनय नहीं और वह आंगिकाभिनय से युक्त एक नृत्य विशेष है। लेकिन वाचिकाभिनय, पदार्थाभिनय होता है। इस पदार्थाभिनय में शब्दों के अनुरूप-सा पद ही प्रयोग करते हैं। तब 'अति चण्डरिपूषण्ड गलसण्डन पंडितभुजदण्ड' जैसे पदशकल वाक्यार्थाभिनय के रूप में अतिक्रूर होते शत्रुओं के समूह के गला घोंटने में निपुण हाथोंवाला होता है। लेकिन पदार्थाभिनय के अनुसार इतना दिखाने की जरूरत है कि अतिचण्डं, रिपुषण्डं, गल खण्डनं, पंडितं, भुजं, दण्डं आदि मुद्राओं के अलावा एक संबोधन भी है। उसी प्रकार 'पनिमतिवदने' आदि को भी।

कथकली के अभिनय की सफलता का रहस्य यह होता है कि मुद्रा, ताल और पदार्थाभिनय में मेल करने का कठिन कार्य इसमें होता है। एक तालबंद को कई बार दुहराना होगा। वास्तव में उसी प्रकार संयोजित प्रयोग का ही अधिक सौंदर्य है।

लेकिन पद न होने के स्थान पर यदि प्रेक्षक वाक्यार्थ रूप में आस्वादन करें तो, विभक्ति प्रत्यय की ज़रूरत होती है। इसलिए यह अनुमान करना चाहिए कि पद के अभाव में जो नृत्त है, वह पहले के समान आज प्रकट नहीं करते हैं।

अभिनय की व्यवस्था : कथकली में अभिनय के लिए पद प्रत्येक ताल काल में, भावानुसृत दो या तीन वाक्यों में प्रत्येक ताल बंद में प्रधान गायक और सहायक एक साथ गाते हैं। साधारणतः प्रधान गायक और सहगायक के गीत समाप्त होते ही—उस 'तालबंद' के पदों के अर्थ अभिनय करने का नियम है। लेकिन अंकित किया पद है तो पहले से गाते ही उस वाक्यार्थ को मुख से और सहगायक के साथ, मुद्राओं से ही अभिनय करके पूरा करते हैं। विवरण देने के प्रसंग पर कुछ और ही दुहराना होगा। उस प्रकार के अवसर पर मुखाभिनय और मुद्राभिनय एक साथ ही कर सकते हैं।

यदि किसी कारणवश एक तालबंद कई बार दुहराना पड़े तो भी यह अनिवार्य है कि वाचक या ताल को अलग कर नहीं गाना चाहिए। तालबंद अलग कराकर नहीं गाना चाहिए। ऐसा करना निषिद्ध है।

कुट्टित्तरं, आध्यावसानं : 'कुट्टित्तर' वेश और 'आध्यावसान' वेश की अभिनय व्यवस्था में एक अंतर है—यानी, कथकली संप्रदाय में कुट्टित्तरं का प्राधान्य नृत्त विषय में और आध्यावसान का प्राधान्य अभिनय विषय में है। कुट्टित्तरं वेशों को प्रत्येक मुद्राओं के नियम के अनुसृत आठ प्रकार की प्रकटन प्रणाली में भी, प्रत्येक प्रसंग

के 'कलांश', 'इरट्टी इडक्कलाशं' आदि नृत्त प्रयोग में ही मन लगाना चाहिए। उससे संबंधित मुखाभिनय की त्रुटि में उतना ध्यान नहीं देते, कारण यह है कि पहले शारीरिक लाघव सिद्ध करना चाहिए। मनुष्य जीवन की विविध परिस्थितियों से संबंधित बोध होते ही, वासनालीन वह कलाबीज या रसज्ञान किसी के भी हृदय में अंकुरित होता है, यही एक सूक्ष्म तत्त्व है। तब यही बताते हैं कि कुट्टित्तर वेशों के रसभावाभिनय से संबंधित उतना ध्यान देने की आवश्यकता नहीं।

नट के कर्तव्य : नाटकाभिनय में नट और नटी को परिपूर्ण स्वतंत्रता होने पर भी एक हद तक ही है। शायद अभिनय करने की कथा चाहे एक पूज्य पौराणिक कथा न होकर कवि की स्वयं सृष्टि हो, तो भी कवि कल्पित कथा गति के अनुसार अभिनय करना है एक नट का काम। अर्थात् उस प्रसंग और पात्र के लिए अनुचित अपने आशय उसमें ठूँस नहीं देना चाहिए। उसमें आवश्यक अंश जोड़ देना भी चाहिए।

इसलिए एक और उदाहरण भी यहाँ उद्धृत है। महाभारत के विराटपर्व में 'उत्तरा स्वयंवर' कथकली में पाण्डवों के अज्ञातवास में उससे मिलने के लिए दुर्योधन का गुप्तचर, पांडवों की खोज करके हस्तिनापुर में वापस आया, सभा में आकर खबर दुर्योधन को सुनाने के साथ कीचक की मृत्यु के बारे में भी बता दिया। वह बात सुनने पर, 'कीचक को भीम ने ही मारा होगा' जैसी भीष्म की शंका सुनकर दुर्योधन यह निर्णय कर लेते हैं कि पाण्डव विराटनगर में होंगे, इसलिए विराट की गायों को छीन लेना चाहिए। तब पाण्डव भी गायों की रक्षा के लिए आते होंगे, तब उन्हें फिर वन में भेज देंगे आदि। उस सभा में त्रिगर्तन उपस्थित रहता है, यह सारी बात उसे पता है।

लेकिन कथकली में गो-हरण के लिए जाते दुर्योधन और त्रिगर्तन के वार्तालाप देखें तो ऐसा नहीं लगता कि उस सभा में चर्चित-विचार त्रिगर्तन इसके पहले जानता ही है। उस प्रसंग में कवि की पात्र योजना के अनुसार त्रिगर्तन के वहाँ आ पहुँचने के कारण आदि को कथा पात्र के साथ जोड़ने का कार्य नट का कर्तव्य है।

संक्षेप में कहें तो, कवि कल्पित कर्तव्य जो भी हो, उसे अभिनय करना ही है नट का कर्तव्य, बल्कि कवि के आशय को सुधारने का अधिकार उसे नहीं है।

पात्र की उपेक्षा से होती त्रुटियाँ : पात्र बोध न होने या अवहेलना से अभिनय में कई तरह के अन्याय भी होते हैं। औचित्य-अनौचित्य को याद न करके कल्पना वैभवं के भाव में कथा पात्र को अशिष्ट बनाने में ध्यातव्य एक कार्य है—उसकी अवज्ञा। उसके भी कुछ उदाहरण देखिए—

रुक्मिणी स्वयंवर में ब्राह्मण, तीसरे दिन के नलचरित में सुदेवन आदि श्रेष्ठ ब्राह्मण, उसके आश्रित राजाओं की पत्नियाँ हैं रुक्मिणी और दमयन्ती। इस ओर ध्यान नहीं देने से रसिकता या अश्लीलता कुछ 'ब्राह्मण' व्यंजित करते हैं। कौन ? किससे ? क्या बताता है ? यह अक्सर वह भूल गए जैसा लगता है।

इसलिए प्रत्येक नट को कथापात्र और अभिनय के कर्तव्य से संबंधित थोड़ा-सा ज्ञान ही होना अनिवार्य है।

अभिनेता के कर्तव्य : अभिनेता के कर्तव्य माने क्या है ? उसके परिपोषण और फलसिद्धि के लिए संयोजित कुछ तंत्र हैं। उस प्रकार के कुछ सूक्ष्म उपाय को ही अभिनय के धर्म कहते हैं। अर्थात् पंचेन्द्रिय विषय के किसी पदार्थ का अभिनय एक नट आरंभ करता है तो उस पदार्थ गुण को पहले स्वमन से आस्वाद करके उसके साथ जाग्रत सात्विक भाव को अंग प्रत्यंग के द्वारा बाहर व्यंजित करना और उसके बाद मुद्राओं से अभिनय करना भी है। इस प्रायोगिक नियम को ही अभिनेता के कर्तव्य कह सकते हैं। अर्थात् कीचक अभिनय करने के 'कण्डी वार कुष़ली' जैसे पद हैं तो, उसमें 'पल्लव कोमल तनु तल्लजमेन्तहो कल्लिनोडु तुल्यं' (पत्थर के समान) के अर्थाभिनय में पहले गाने के कुछ देर पहले—यानी 'पल्लव कोमल तनु' गाने के पहले—कीचक उस शरीर को छूता है। और साथ ही 'पल्लव कोमल तनु' जैसे गाना भी चाहिए। वहीं पदार्थाभिनय आस्वादन उसके अनुरूप भी संयोजित करना है। और बाद में मुद्राओं से अभिनय करना चाहिए। उस प्रकार न होकर 'पल्लव कोमल तनु तल्लजमेन्तहो' तक अभिनय करने के बाद 'कल्लिनोडुतुल्यं' (पत्थर के समान) जैसे गाने के साथ ही छूना, अभिनय करें तो, वह निरर्थक और अभिनय की दृष्टि में अनुप्रयुक्त भी होता है।

उसी प्रकार, रौद्र स्थायी रस का एक प्रसंग है तो, वहाँ आँखें, भौंहें सिकोड़कर ऊँचा करना, दाँत औजारों और हाथ अहंकार से दिखाना आदि अनुभाव और स्वेद, रोमांच स्वरभंग आदि सात्विक भाव से युक्त अभिनय करना है। उस प्रकार के आंदोलन आक्षेप में शत्रु की करतूतों में उज्ज्वल से बदला देने के अवसर पर शत्रु के सामने, जो भी कार्य सोचते टहलना, औजार से खेलना आदि स्वच्छन्द चेष्टा या अनुभावों का अभिनय करना और उसमें से आस्वाद्य रस क्या होता है यह अनुमान करना ही होगा।

इस प्रकार हम हर एक पक्ष का सूक्ष्म-अवलोकन करें तो अभिनय के कई रहस्य होंगे। इसलिए प्रस्तुत अभिनय-कर्तव्य से संबंधित एक सामान्य बोध, एक नट के लिए अत्यंतापेक्षित है।

ऊपर के विवरण के अनुसार उतने यथार्थ पथ को स्वीकार नहीं करने पर भी, कथकली का आदर करनेवाले लोग आज बहुत अधिक हैं। लेकिन उसका कारण यही बताना होगा कि वह उस कला का महत्त्व ही है।

अनुवाद : अनिला एम.के.

'मलाबार' ग्रंथ से साभार।

16

कृष्णनाट्टम

कावालम नारायण पणिक्कर

केरल के शास्त्रीय नाट्य के विकास पथ पर अक्सर कथकली के साथ बहुचर्चित एक नृत्यनाटक है कृष्णनाट्टम। यह 'कृष्णगीति' का एक मंचीय आविष्कार है। 'कृष्णगीति' एक सरस एवं काव्य पटुता से युक्त संस्कृत रचना है जो कोषिक्कोड के शासक सामूतिरि के लिए मानवेद द्वारा लिखी गई थी। भरत मुनि ने अपने ग्रंथ 'नाट्य शास्त्र' में नाटक की पूर्णता के लिए आवश्यक तीन बातें बताई थीं, तौर्यत्रिक–गीतम्, नृत्तम् और वाद्यम्। इन तीनों के सामंजस्य से बनी कला 'कृष्णनाट्कम्' नाम से विख्यात हुई। कृष्णगीति में आठ कहानियाँ हैं–कृष्णावतार, कालियदमन, रास क्रीड़ा, कंसवध, स्वयंवर, बाणयुद्ध, विविध वध और स्वर्गारोहण। यह भगवान कृष्ण की संपूर्ण जीवन गाथा है। मानवेद ने इसका चयन जयदेव के गीतगोविन्द की शैली के आधार पर किया, जो केरल में 'अष्टपदी' नाम से ख्यातिप्राप्त है। अष्टपदी में 'हर एक सर्ग, आठ मात्रिक छंदों का एक अंग होता है।' जयदेव ने अपनी महान् कृति का सृजन 12 ई. सदी में किया था। ऐसा कहा जाता है कि कवि उसमें भगवान को अपने आप समर्पित थे। इस रचना के प्रचार-प्रसार के लिए जयदेव ने अपनी पत्नी पद्मावती के साथ बंगाल के गाँवों में गाकर नृत्य करके भगवान कृष्ण के प्रति अपनी आस्था प्रकट की। इससे इसको एक व्यापक प्रभाव प्राप्त हुआ। तेज गति में शक्ति प्राप्त होते समय इस्लाम का आक्रमण हुआ और इस आंदोलन में बाधा पड़ी। सोलहवीं शताब्दी के आसपास बंगाल में चैतन्य ने भक्ति आंदोलन के द्वारा उसे पुनः चेतना प्रदान की।

केरल में यह प्रबल सृजन का समय था। रामनाट्टम और कृष्णनाट्टम इन दोनों धाराओं की खोज तथा उसके संरक्षण के लिए हमारे यहाँ दो राजा थे। पुत्रकामेष्टी से लेकर, युद्ध काण्ड तक राम के जीवन के संपूर्ण भाग लेकर कोट्टारक्करा राजा ने एक नवीन मंच प्रयोग के द्वारा 'रामनाट्टम' को विकसित किया, जिसका बाद में कथकली के रूप में रूपान्तरण हुआ।

मानवेद के कृष्णनाट्टम का अष्टपदी से अनिवार्य रूप से संबंध है। उस समय प्रचलित अष्टपदी की मूल प्रवृत्ति भक्ति थी और परिणामस्वरूप शृंगार उसके सभी भावों के पीछे अनुगामी था। लास्य और ताण्डव इन दोनों नृत्यों में से मानवेद ने लास्य को अधिक महत्त्व दिया। और इसकी साहित्यिक और नाटकीय आत्मा को गृहण करके उसे नई प्रवृत्तियों से मिलाया। यह सब उनके उद्देश्य की पूर्ति के लिए परम आवश्यक था। इस साहसपूर्ण कार्य में उन्होंने अष्टपदी की मंचीय परिसीमाओं के बारे में गहरा सोच विचार किया।

नृत्य का दूसरा रूप ताण्डव भी स्वाभाविक रूप से अपने नवीन कला रूप के लिए उन्होंने अपनाया। यह कैसे संभव हुआ ? यह समझने के लिए हमें केरल में परंपरा से प्रचलित कलाओं की पैतृक समृद्धि का निरीक्षण करना चाहिए। दक्षिण मलाबार का तेय्यम एक ऐसा कलारूप है जो पूजा विधि के साथ संपन्न नृत्त कला है। एक सुंदर एवं ओज, स्फूर्ति से युक्त यह शारीरिक कलाप्रदर्शिनी, अत्यंत प्राचीन काल से ही यहाँ के ग्रामीण क्षेत्रों में विकसित कला रूप है। केरल की लोक कलाओं में पाया जानेवाला व्यापक अभ्यासयुक्त कूद, चक्कर, तथा घुमाव आदिकृष्णनाट्टम में ताण्डव के लिए सामग्री प्रदान करते हैं। इसी प्रकार कथकली भी 'पडयणि' 'मुटियाट्टम' और 'तेय्याट्टम' आदि लोक कलाओं का ऋणी है। अपने विकास के दौरान इन कलाओं को रूपायित करने में इन लोक कलाओं में अंतर्निहित अक्षय भक्ति एवं सौंदर्य का अपना विशेष महत्त्व है। इन लोक कलाओं की कुछ मंजिलें पार करने के बाद ही उनको अपना शानदार एवं संस्कृत रूप मिला है, इसलिए उसके मूल स्रोत की पहचान मुश्किल है।

हम यह देख सकते हैं कि कथकली के विकास पथ में यह प्रक्रिया कई सालों तक जारी रही। विकास के समुचित संरक्षक जैसे वेट्टमतम्पुरान, कल्लडिक्कोडन नम्पूतिरि, कप्लिंगाट्टु नंपूतिरि, नळनुण्णि, महाकवि वल्लत्तोल आदि ने इसको प्रभावित किया। इसकी मुद्राएँ आंगिकाभिनय का शास्त्रीय ग्रंथ 'हस्तलक्षण दीपिका' पर आधारित हैं। ये मुद्राएँ सामान्य जीवन के प्राकृतिक अंग विक्षेपों से ली गई हैं। ये मुद्राएँ अभिव्यक्ति के लिए अपर्याप्त लगीं, तो कला की आत्मा को क्षति पहुँचाए बिना असंख्य नई एवं सुव्यक्त अंग चेष्टाओं का निर्माण किया गया। इस प्रकार की प्रगति ने शारीरिक अभिनय तथा अभिनय के अन्य पहलुओं को भी प्रभावित किया। यह कथकली के विकास पथ की अपनी एकमात्र प्रगति है। रामनाट्टम की कथा केवल राम कथा पर सीमित नहीं रही, बल्कि उपन्यास आदि साहित्यिक विधाओं की ओर भी इसका विकास हुआ। नलचरितम और महाभारत की अन्य कथाओं को लेकर यह आगे बढ़ा

कृष्णनाट्टम की स्थिति इससे भिन्न थी। यद्यपि विभिन्न परिस्थितियों के दबाव ने उसमें परिवर्तन के लिए विवश किया फिर भी वह अपनी मौलिकता को बनाए

रखकर आगे बढ़ा। यहाँ कथकली के परिवर्तन की दृष्टि से यह परिवर्तन की सीमा अत्यन्त तुच्छ है। कथकली में यह परिवर्तन उसके संरक्षकों के अभाव से हुआ। यहाँ कृष्णनाट्टम की बात इससे भिन्न थी। वह अपनी प्राचीन संशुद्धि को अब भी बनाए रखता है। गुरुवायूर मंदिर में उसकी प्रचलित पूजा विधियाँ अब भी प्राचीन ढंग से चल रही हैं। भक्तों की माँग के अनुसार वहाँ अक्सर अवतारम् और स्वयंवरम् की कथाएँ मंच पर प्रस्तुत करते थे। अवतार, पुत्रलब्धि और स्वयंवरम् इच्छित वर प्राप्ति के लिए है। उत्सव के दिनों में अन्य छः कथाओं को भी मंच पर प्रस्तुत करते थे। आश्चर्य की बात यह है कि कृष्णनाट्टम का केवल एक ही संघ होता है, वह आधिकारिक संघ गुरुवायूर मंदिर के अधिकारियों द्वारा संचालित है।

भगवत् दर्शन : ईश्वर को एक साक्षी के रूप में क्रियाकलापों में रखकर अत्यधिक भक्ति, निष्ठा एवं पूजाविधि तथा अगाध आस्था के साथ, कृष्णनाट्टम को प्रस्तुत करते हैं। कृष्णनाट्टम की उत्पत्ति के संबंध में एक कहानी प्रचलित है। कहानी इस प्रकार है कि कृष्णगीति के रचनाकार को गुरुवायूर मंदिर के सामनेवाले बकुल के पेड़ के नीचे बालक कृष्ण के खेलने का अलौकिक दर्शन मिला था। यह आत्मीयानुभूति विल्वमंगलम् ने मानवेद को प्रदान की। इस अलौकिक सान्निध्य से प्रभावित मानवेद ने, व्यग्रता से कृष्ण भगवान का आलिंगन किया और उन्होंने शोर मचाया–'अरे नहीं। विल्वमंगल ने यह नहीं बताया।' और वह अप्रत्यक्ष हुआ। वास्तव में राजा को उस समय चित्तभ्रम हुआ था। तब उनको एक सुंदर मयूर पिच्छ मिला जो भगवान के मुकुट से गिरा था। इस अमूल्य भेंट को उन्होंने पहले कृष्णनाट्टम के मुकुट पर रखा। यह कहानी मलयालम साहित्य के सभी प्रामाणिक इतिहास ग्रंथों में उल्लिखित है। यह कहानी तार्किक लोगों को अविश्वसनीय लगेगी लेकिन अपने इष्ट देवता पर तीव्र आस्था से कवि को जो रहस्य अनुभव हुआ है जो एक जागृति प्रदान करनेवाले दर्शन के रूप में अनुभूत हुआ और अपने कर्मक्षेत्र में स्तुत्य कार्य करने की प्रेरणा भी दी थी।

अधिकांश विद्वानों ने एक मन से यह निश्चित किया है कि कृष्णनाट्टम का समय मलयालम की आठवीं और नौवीं शताब्दी रहा होगा। इसके रचयिता की मृत्यु का कालक्रम निर्णय 15 सितंबर 1658 में किया गया है। उसके वरिष्ठ समकालीनों में मेलपत्तूरनारायण भट्टतिरि सबसे प्रमुख थे। उनकी प्रसिद्ध रचना है नारायणीयम्। वह आत्मीय अर्थवत्ता से युक्त एवं प्रेरणादायक संस्कृत काव्य है। जब मानवेद ने साहित्य जगत् में प्रवेश किया तो अवश्य ही नारायणीयम् की रमणीयता ने उन्हें हठात् आकर्षित किया होगा। यह निस्सन्देह बता सकते हैं कि महाभागवत और गीतगोविंद आदि ने कृष्णनाट्टम को जितना प्रभावित किया उतना ही उस पर नारायणीयम् का प्रभाव भी पड़ा है। पूरी विषय वस्तु के चयन में महाभारत की देन सबसे ज्यादा है। भागवत् के दशम और एकादश स्कन्ध को कृष्णगीति में पूरी

सतर्कता के साथ अनुगामित किया है जो इसका मुख्य प्रतिपाद्य है। लेकिन नारायणीयम् भागवत् का एक सर्वांगीण संक्षिप्त रूप है। यद्यपि कृष्णगीति प्रशंसनीय साहित्यिक उपलब्धि है, लेकिन यह एक दृश्यकाव्य है तथा उसका अस्तित्व मंच तक सीमित है। प्राथमिक बल मंच पर है। फिर भी इसका काव्य आस्वाद्य है। लेकिन उसके गीति काव्य के अंश संस्कृत भाषा के होने के कारण सामान्य लोगों के लिए इसे समझना एवं आस्वादन करना असंभव है। साहित्यिक संदर्भ बताए बिना ही श्रोताओं को उसके पात्रों को समझने एवं नृत्यास्वादन करके कथा को समझने में कोई दिक्कत नहीं पड़ेगी।

कृष्णनाट्टम और कथकली : केरल की सभी परंपरागत दृश्य कलाओं में सबसे प्राचीन कला है कूटियाट्टम। परंपरा से प्रचलित इस नाट्य कला को पर्याप्त संरक्षण भी मिला था। असल में कूटियाट्टम ही केरल की इन दोनों क्लासिकल दृश्य-कलाओं की आधारशिला थी। कूटियाट्टम से इनको अनेक युक्तियाँ प्राप्त हुई हैं। कथ्य और रूपों में इन दोनों के बीच काफी समानताएँ मिलती हैं। कृष्णनाट्टम और कथकली की मुद्राएँ कुछ पात्र और विशेषकर, कुछ विशेष साधन सामग्री और पूजा विधियाँ काफी समानता रखती हैं। कूटियाट्टम का एक कथ्य बोलने के लिए चाक्यार को इकतालीस दिन की आवश्यकता है। क्योंकि उसकी चाल अत्यंत धीमी है। इसके चलन सर्वग्राही एवं विषय में व्यापकता है। लेकिन कृष्णनाट्टम की कथा मूल सूत्र से बिना बदले आगे बढ़ती है। अभिनय का क्रिया भाग कथकली के समान ही कृष्णनाट्टम में भी संगीतज्ञ की बाईं ओर होता है।

कृष्णनाट्टम के गीत सुनते वक्त हमें चाक्यार के कूटियाट्टम में गानेवाले सामवेद के स्तोत्र और स्वरों के प्रस्तुतीकरण की याद आती है। और संगीत की यह असाधारण प्रकृति और इसके दो भिन्न प्रकार के संगीत उपकरणों के स्वरमेल जैसे शुद्ध मद्दलम्, तोप्पि मद्दलम्, गणवाद्य, इलत्तालम् और चेंगिला आदि हमें रोमांचकारी अनुभव प्रदान करते हैं। केरल का शुद्ध संगीत, शास्त्रीय रूप से 'सोपान संगीत' नाम से विख्यात है। मंदिर के मौखिक संगीत सोपानम् या सौकटम् को कृष्णनाट्टम में बड़े व्यापक रूप से सुरक्षित रखा है। रागों का प्रभावशाली ढंग से प्रयोग करके उसके सबसे सुंदर एवं हृदय को छू लेनेवाले तत्त्व को बाहर लाकर सुधार करके संक्षिप्त विवरण के द्वारा उसके घुमाव आदि को त्याग करके उसको स्वतंत्र रूप में विकसित किया है। संगीत और क्रिया दोनों के सामंजस्य का यही पहलू है जो अष्टवादी संगीत पद्धति का केंद्रीय गुण और वैशिष्टता माना जाता है। मनोभावों का औचित्यपूर्ण वैविध्य बनाने के लिए एवं अनेक नवीन रागों का प्रस्तुतीकरण करने के लिए कृष्णनाट्टम ने अपने पूर्वगामी अष्टपतियाट्टम के संगीत को सुधारा है। इसी प्रकार परयन तुल्लल से भी लोक छंदों को अपनाया है, लेकिन इसकी शैली को अक्षुण्ण रखा है। यद्यपि कथकली ने इस संगीत पद्धति को त्यागकर

धीरे-धीरे कर्नाटक संगीत की नवीनतम शैली को गोद लिया है और 'निरबल' जैसे संगीत को सुधारा और गमक आदि को संकीर्ण एवं दुर्ग्रह बनाया फिर भी कथकली का संगीत पद्धतियों के अधिकार का दावा बहुत कुछ सही है।

निम्नलिखित बातों को छोड़कर कृष्णनाट्टम अपने मेकअप और अनुष्ठान की दृष्टि से पूर्ण रूप से कथकली से सदृश्य रखती है।

कृष्णनाट्टम के प्रमुख स्त्री पात्र जैसे देवकी, रुक्मिणी, राधा आदि अपने मुख पर छितरे रखती हैं। लेकिन कथकली में सभी नारी पात्र 'मिनुकु' के रूप में प्रकट होते हैं। कृष्णनाट्टम में क्रूर चरित्रवाले, राक्षस तथा विलक्षण लोग मुखौटे पहनकर मंच पर प्रकट होते हैं। उदाहरणार्थ पूतना, मुरासुर, नरकासुर, जाम्बवान, ब्रह्मा, यमराज, खाण्डाकर्ण आदि। लेकिन कथकली में ये भिन्न प्रकार के होते हैं। इसमें जंगली लोगों को 'करी' (काला), दुःशासन आदि को लाल दाढ़ी, हनुमान आदि के लिए सफेद दाढ़ी होती है। उचित मुखौटे कृष्णनाट्टम की अपनी विशिष्टता को बनाए रखते हैं। ये मुखौटे उसके मौलिक तत्त्व की याद दिलाते हैं जो इसके लोक पात्रों के लिए अपेक्षित है। विशेष मुख सज्जा के द्वारा कथकली में भी, आधे मुखौटे का निर्माण करके, इसके विभिन्न दृश्यांतर को बनाए रखते हैं जिससे मुखौटे की प्रतीति उत्पन्न होती है। यह पात्रों के भिन्न भाव रस आदि के अभिनय में सहायक होता है। लेकिन कृष्णनाट्टम का स्थायी मुखौटा आद्यन्त केवल एक ही भाव को वहन करता है। ये विलक्षण मुखौटे कृष्णनाट्टम को अन्य कलाओं से भिन्न अपनी एक दिशा प्रदान करते हैं।

मंच कौशल और नृत्य निर्देशन : भारतीय कला बुनियादी तौर पर अपने प्रस्तुतीकरण में मूक है, इसलिए अभिनेता को सूक्ष्म आंगिक अभिनय के द्वारा जैसे पर्वत और सागर आदि की प्रतीति उत्पन्न करने की निपुणता अनिवार्य है। पाश्चात्य और भारतीय रंग सज्जा के लिए आवश्यक सामग्रियों की दृष्टि से भी काफी अंतर है। भारतीय रंगमंच अत्यंत सरल, कम सजावटवाला है। लेकिन इसकी अपनी निश्चित विशेषताएँ होती हैं। उचित अवसर पर आश्चर्यपूर्ण नाटकीय प्रभाव पैदा करने में वह समर्थ है। उदाहरण के लिए कृष्णनाट्टम में कालिय मर्दन के संदर्भ में पर्दे को आधा उठाकर वहाँ एक लकड़ी के साँप को नाचते हुए दिखाते हैं। यद्यपि मूल कथा में यह साँप अत्यंत शक्तिशाली एवं जहरीला है, फिर भी कृष्ण के सामने इसके अत्यंत तुच्छ, अप्रधान, निस्सहाय एवं निर्बल रूप को प्रस्तुत करते हैं। उसी प्रकार पर्दा भी अत्यंत शक्तिशाली माध्यम है, जो न केवल दृश्य परिवर्तन, पात्रों के प्रवेश निष्क्रमण के लिए उपयोगी है बल्कि कुछ निश्चित नाटकीय क्षणों को विशेष रूप से केंद्रीकृत करने के लिए भी सहायक है।

रंगमंच प्रेक्षागृह के समान समतल है। जहाँ श्रोता लोग उकड़ू बैठकर अभिनय का दर्शन करते हैं जो रात में नौ बजे से शुरू होकर सवेरे दो बजे तक समाप्त होता

है। इसमें जो पूजाविधियाँ दिखाते हैं, वह ध्यान देने योग्य हैं। कथकली के समान कृष्णनाट्टम के अभिनय के दिन शाम को 'चेंटा' बजाकर 'केली' के द्वारा उसके शुरू होने की घोषणा करते हैं जो 'केलिकोट्टु' कहलाता है। पर्दों का प्रयोग भी कथकली के समान है। परंपरागत पूजा विधियाँ इसकी आड़ में करते हैं। केरल की सभी परंपरा-प्रचलित कलाओं के समान कृष्णनाट्टम के मंच के सामने भी तेल का दीप जलाते हैं। तोडयम और पुरप्पाडु दोनों इसके प्रार्थना गीत हैं। इसमें तोडयम एक नृत्य है जो नारी पात्र द्वारा संपन्न होता है। कथकली से भिन्न कृष्णनाट्टम में पुरप्पाडु से लेकर कथा का समारंभ होता है।

कथकली और कृष्णनाट्टम दोनों का अभिनय स्थान छह से आठ पग तक के समचतुर्भुज के अंतर्गत सीमित होता है। जैसे कथकली में कुछ पात्र श्रोताओं के बीच से होकर मंच पर प्रवेश करते हैं। कथकली का नट कभी मंच की निर्धारित सीमा के बाहर और दीप के पीछे नहीं जाएगा। लेकिन कृष्णनाट्टम में कुछ पात्र मंचीय सीमा का उल्लंघन करके अपने आचार उपक्रम आदि करते हैं। कभी-कभी पात्र मंच के बाहर अँधेरे में विलीन होते हैं। इसी प्रकार रंगमंच और नृत्यनिर्देशन की दृष्टि से कृष्ण और दो मल्लों के बीच के युद्ध, रासक्रीड़ा, कालिय दमन और अन्य संभाव्य परिस्थितियों के लिए उपयुक्त मंचीय आविष्कार किया गया है। यह कृष्णनाट्टम को कथकली या अन्य सभी प्रकार के कला रूपों से निश्चय ही भिन्न बनाता है।

कृष्णनाट्टम कथकली से भिन्न अपना विशेष व्यक्तित्व रखनेवाला एक दृश्यकला रूप है। इसलिए कथकली के पथ पर चलकर इसके व्यक्तित्व को क्षति नहीं पहुँचती है। अब हमें इस कला मण्डली को सहज रूप से बनाए रखने के लिए अपनी ओर से जो कुछ संभव हो वे सब सुविधाएँ प्रदान करनी हैं। और उसके कलाकारों को प्राप्य सभी मान्यताएँ और प्रोत्साहन भी देना है।

अनुवाद : बालकृष्णन टी.

'मलाबार' ग्रंथ से साभार।

17

मोहिनिआट्टम : केरल का लास्य नृत्य

पी.एम. शांता

प्राचीन काल से ही सभी कलाओं के पीछे आध्यात्मिकता की खोज करनेवाले और कलाओं को दैवी शक्ति की अभिव्यक्ति माननेवाले भारतवासियों ने कलाओं का संबंध धर्म से जोड़ दिया। वेदों से इस बात की जानकारी मिलती है कि यज्ञों तथा विभिन्न धार्मिक त्योहारों के साथ नृत्य, गीत तथा बाजों का अटूट संबंध था। धीरे-धीरे नृत्य, मंदिरों में की जानेवाली पूजा का एक अभिन्न अंग बन गया। प्राचीन काल में मानव, प्रकृति के विभिन्न तत्त्वों को ईश्वर मानकर उनकी आराधना करता था। इन देवी-देवताओं को संतुष्ट करने के लिए वह नृत्य का सहारा लेता था। ये नृत्य ही बाद में विकसित होकर मंदिरों तक पहुँचकर विभिन्न नृत्यकलाएँ बन गए हैं।

केरल में भी नाट्यकला का उदय अनुष्ठान कलाओं के रूप में हुआ था। देवी-देवताओं, मंदिरों और त्योहारों को पसंद करनेवाले हमारे पूर्वजों के लिए यह ईश्वर को प्रसन्न करने का एक तरीका था। बाद में इसी कला को देवी-देवताओं तक सीमित न रखकर पंडितों और आम जनता तक पहुँचाने के प्रयास के फलस्वरूप यहाँ कई क्लासिकी नृत्य-रूपों का उदय हुआ। केरल के नृत्य-नाट्य का सबसे पहला उल्लेख दूसरी सदी में रचे 'चिलप्पतिकारम' में मिलता है जिसके अनुसार त्रावनकोर से आए एक 'चाक्यार' ने 'चेर राजा' 'चेंकुट्टुवन' के दरबार में एक नृत्य-नाट्य पेश किया था।

इतिहास से हमें पता चलता है कि आठवीं सदी तक पहुँचते-पहुँचते समूचे दक्षिण भारत में आर्यों का प्रभाव जम गया था। यहाँ बड़े-बड़े मंदिर बनवाए गए और नृत्य तथा नृत्यांगनाएँ मंदिरों की पूजाविधि के अभिन्न अंग बन गईं। मंदिरों में लड़कियाँ समर्पित की जाने लगीं और धीरे-धीरे अपने परिवारों से इनका नाता टूटने लगा। ये 'देवदासी' नाम से जानी जाती थीं और इनका नृत्य 'दासियाट्टम' या 'तेविटिच्चियाट्टम' नाम से जाना जाता था। 'तेविटिच्ची' शब्द का मतलब था

'देव-पद-दासी'। इन देवदासियों को समाज में सभी प्रकार का मान-सम्मान प्राप्त था। लेकिन ग्यारहवीं सदी तक आते-आते मंदिरों का शासन समाज के उच्च वर्ग के हाथों में आ गया और देवदासियाँ उनके सुख-भोग की वस्तुएँ मात्र बनने लगीं। 'दासी' शब्द वेश्या का पर्यायवाची बन गया और 'दासियाट्टम' भी पतित माना जाने लगा।

'दासियाट्टम' संपूर्ण दक्षिण भारत में प्रचलित था। तमिलनाडु में आधुनिक युग में अडयार रुक्मणी देवी, श्री कृष्णय्यर आदि के हाथों पड़कर यह कला 'भरतनाट्यम्' के नाम से विकसित हो गई और नई शैली तथा नया रूप लेकर सारे देश में फैल गई। केरल में इसका प्रचार बाद में हुआ। महाराजा मार्ताडवर्मा द्वारा तिरुवनंतपुरम में बनाए गए पद्मनाभस्वामी के मंदिर में 'दासियाट्टम' चलता था। जब सब कहीं इसकी महिमा घटने लगी तब केरल में भी 'दासी' शब्द का निषेध होने लगा। इसलिए 'दासी' शब्द के बदले 'मोहिनी' शब्द का प्रयोग होने लगा और इस प्रकार 'दासियाट्टम' 'मोहिनिआट्टम' बन गया। नाचनेवाली स्त्रियाँ देवदासियाँ ही थीं, केवल नाम में परिवर्तन लाया गया था। महाराजा 'कार्तिकतिरुनाल' ने इसका प्रचार और प्रसार केरल में करने का प्रयास किया लेकिन बाद में महाराजा स्वाति तिरुनाल के समय में ही यह नृत्यकला नए रूप में विकसित हुई थी। उन्होंने देश के विभिन्न भागों की नृत्यांगनाओं को अपने महल में रहने की अनुमति दी थी। ये यहाँ की लड़कियों को मोहिनिआट्टम का अभ्यास कराती थीं। स्वाति तिरुनाल ने मोहिनि आट्टम के लिए कई पदों की रचना भी की और इसमें 'चोलूकेट्टु', 'जतिस्वरम्', 'शब्दम्', 'वर्णम्', 'पदम्', 'तिल्लाना' आदि शामिल किए गए। हस्तमुद्राएँ और पैरों का चाल-ढाल 'बालराम भागवतम्' के आधार पर निर्धारित किए गए। तमिल या तेलगू गीतों के स्थान पर मलयालम तथा संस्कृत के गीतों का उपयोग होने लगा। इस प्रकार यह पूर्ण रूप से केरल का नृत्य रूप बन गया।

स्वाति तिरुनाल के अलावा श्री इरयिम्मन तंपी ने भी मोहिनिआट्टम के लिए 'वर्णों' और 'पदों' की रचना की है। इनमें से अधिकतर विरह के भावों से भरे हैं। आपने संस्कृत और मलयालम में इनकी रचना की है। इनमें से कई पात्रों में घोर श्रृंगार का चित्रण अश्लील की सीमा तक किया गया है। विरह के पदों में श्रृंगार की अति के कारण स्वाति तिरुनाल के बाद यह नृत्यविशेष धीरे-धीरे समाज से लुप्त होने लगा। फिर भी त्रावनकोर और कोचीन के कुछ मंदिरों में यह नृत्य चलता था। 1920 तक आते-आते इस पर भी रोक लगा दी गई।

सन् 1930 के आसपास महाकवि वल्लत्तोल ने कथकली के उद्धार के लिए 'केरल कलामंडलम' की स्थापना की। उनकी कृपादृष्टि मोहिनिआट्टम पर भी पड़ी और उन्होंने इसके अध्ययन अध्यापन का प्रबंध भी किया। श्रीमती ओ. कल्याणी अम्मा वहाँ मोहिनिआट्टम की पहली अध्यापिका बनीं। नृत्य के श्रृंगार रस से संबद्ध

पदों में अश्लीलता की अधिकता देखकर वल्लत्तोल ने उन प्रसंगों को निकाल दिया और नई दृष्टि से इसके अध्यापन का प्रबंध किया। उनके द्वारा कई परिवर्तन भी इसमें लाए गए। पुरानी रीति के अनुसार गुरु या 'नट्टुवन' नृत्यांगना के पीछे-पीछे मंच पर चलकर ही ताल बजाता और नृत्य के बोल निकालता था। महाकवि वल्लत्तोल ने गुरु और बाजे बजानेवालों को मंच पर दाईं ओर एक उचित स्थान पर बिठाने की व्यवस्था की। अभिनय में भी कई परिवर्तन लाए गए। 'तांत्रिक' और 'ग्राममुद्राओं' के साथ ही 'हस्तलक्षणदीपिका' के आधार पर हस्तमुद्राओं को नए रूप दिए। उन्होंने लास्य प्रधान अभिनय शैली पर बल दिया। उनका विचार था कि मोहिनिआट्टम के नियमों में सीमित रहकर ही आंगिक, वाचिक, सात्विक और आहार्य का अभिनय होना चाहिए।

गुरु चंद्रशेखरन ने 'केरलत्तिले नटनकता' शीर्षक ग्रंथ में कहा है कि मोहिनिआट्टम, कथकली और कूटियाट्टम की उत्पत्ति भारत में एक ही समय में हुई थी। भरतमुनि ने अपने नाट्यशास्त्र में जिस 'नृत्त-नृत्य-नाट्य' का वर्णन किया है, उसके अलग-अलग रूप हैं भरतनाट्यम्, मोहिनिआट्टम, ओडीसी और कुच्चिप्पुडि। मोहिनिआट्टम में नाट्यशास्त्र में बताए गए नियमों के अनुसार लास्य का प्रयोग होता है। 'कैकोट्टिक्कलि', 'कुम्भी' आदि का मिश्रण इसमें हम देख सकते हैं। हाथ की मुद्राएँ तथा आँखों का परिचालन कथकली से लिया गया है। भरतनाट्य में वीर और शांत रस की प्रमुखता है तो मोहिनिआट्टम में शृंगार रस प्रमुख है। भरतनाट्यम् तथा कुच्चिप्पुडि में पैरों की तेज़ गति है तो मोहिनिआट्टम में मंथर गति चलती है।

नाट्य शास्त्र में गीत-काव्य की प्रस्तुति के आठ भेद माने गए हैं जिनके आधार पर कथक से लेकर मोहिनिआट्टम तक के नृत्य रूपायित किए गए हैं। कूटियाट्टम और कथकली में अभिनय का मुख्य स्थान है। इनमें नाटकीयता भरी रहती है। नृत्य-काव्य परंपरा में व्यक्ति अकेले एक कविता में भावों का आविष्कार करता है। इस परंपरा में उत्तर भारत के कथक में केवल नाच और ताल प्रमुख हैं तो मोहिनिआट्टम में अभिनय का महत्त्वपूर्ण स्थान है। 'अभिनयदर्पण' के आधार पर मोहिनिआट्टम तथा कथकली के अभिनय रूपायित किए गए हैं। मोहिनिआट्टम में कथकली के समान अभिनय का विस्तार नहीं होता है। नवरसों का उपयोग केवल इस लास्य नृत्य के सीमित दायरे में किया जाता है। हाथ-पैर तथा शरीर के सभी अंग मृदु-मंद गति से चलते हैं। इसकी वेशभूषा में भी सादगी है, वह केरल की अपनी शैली है। भाव के अनुकूल शारीरिक अंगों की मृदुल गति, अंग विक्षेप, उसी के अनुरूप पैरों की गति तथा गीत के भाव के अनुसार अभिनय में कोमलता का होना आवश्यक है। इसके पद शृंगार रस से भरे होते हैं। शृंगार के दोनों पक्षों—संयोग और वियोग का वर्णन इसमें होता है। अष्टपति के पद भी इसमें गाए जाते है। बंशी, वायलिन, पखावज आदि बाजों का इस्तेमाल किया जाता है।

केरल में मोहिनिआट्टम का इतिहास करीब 800 साल पुराना है। पतन की अंतिम दशा में ही वल्लत्तोल ने इसका उद्धार किया था। बाद में श्रीमती कलामंडलम् कल्याणिक्कुट्टि अम्मा ने इस नृत्य रूप पर विशेष ध्यान देकर इसका प्रचार करने का स्तुत्य प्रयास किया है। उनकी बेटियाँ तथा छात्राएँ इसी काम में लगी हुई हैं। श्रीमती कल्याणिक्कुट्टि अम्मा ने इस पर शोधकार्य करके तथा ग्रंथों की रचना करके इसके प्रचार में अपना महत्त्वपूर्ण योगदान दिया है। स्वयं उन्होंने इसके लिए पदों की रचना की है तथा नृत्य शैली में भी वे कुछ नवीनता लाई हैं। आज कई अन्य भी, इस नृत्य रूप में सुनाम हासिल किए हुए हैं। उनमें कनक रेले, भारती शिवजी, पल्लवी कृष्णन, कलामंडलम् क्षेमावती, कलामंडलम् हैमवती, कलामंडलम् सुगंधी आदि का नाम विशेष उल्लेखनीय है। केरल के स्कूलों तथा कालेजों की नाच प्रतियोगिताओं में दूसरे नृत्य रूपों के साथ यह भी शामिल है, जिसमें विद्यार्थी दिलचस्पी से भाग लेते हैं। इससे आम जनता के बीच इसका व्यापक प्रचार और प्रसार हो रहा है। केरल के इस नृत्य रूप के बारे में जानने और इसका अभ्यास करने के लिए अन्य प्रांतों से ही नहीं, विदेशों से भी लोग यहाँ आ जाते हैं।

भागवत की एक कथा के अनुसार असुरों को भ्रम में डालकर उनसे अमृत चुराने के उद्देश्य से स्वयं भगवान विष्णु ने मोहिनी का रूप धारण किया था। उस मोहिनी के सौंदर्य पर, उसके नृत्य पर स्वयं भगवान शंकर मुग्ध हो गए थे। माना जाता है कि मोहिनिआट्टम की मोहिनी उसी का प्रतिरूप है। महाराजा रूग्मांद के एकादशी व्रत को भंग करने के लिए स्वयं ब्रह्मा ने मोहिनी की सृष्टि कर धरती पर भेजा था। उसी प्रकार नरनारायणों और राजर्षि विश्वामित्र का तपोभंग करने के लिए अप्सराएँ भी भेजी गई थीं। मोहिनिआट्टम इनमें से किसी के भी नृत्य का अनुकरण हो सकता है। जरीदार किनारेवाली सूती साड़ी और चोली पहने, गहनों में सजी, धजी, जूड़ा ऊपर बाँध फूलमाला से सजाए, काजल लगाई आँखों और मुस्कराते होठों के साथ, पैरों में घुँघरू-बाँधे, नृत्यांगना जब मंद गति से नाचने लगती है तो उसका मोहिनी रूप सचमुच सब को मोह लेता है।

मोहिनिआट्टम के उद्धार को लक्ष्य करके कई प्रयास किए जा रहे हैं। इस दौरान भरतनाट्यम् के कुछ तत्त्वों को भी इसमें मिलाने की कोशिश करते दिखाई पड़ते हैं। लेकिन इससे इसके मूल रूप को सुरक्षित रखना मुश्किल हो जाता है। परिवर्तन तो हर क्षेत्र में वांछनीय है लेकिन अगर वह कला की मौलिकता को नष्ट करनेवाला होता है तो इससे उस कला का उद्धार नहीं होगा। इसलिए केरल के इस नृत्य रूप को भी उसकी अपनी मूल शैली में सुरक्षित रखना ही उचित है

संदर्भ ग्रंथ सूची :

1. Dance dialects of India - Ragini Devi, Vikas Publication 5, D'arya Gang, Ansari Road, Delhi-6, 1972
2. मोहिनिआट्टम चरित्रवुम आट्टप्रकारवुम–कलामंडलम् कल्याणिकुट्टि अम्मा, डी.सी. बुक्स, कोट्टयम, प्र.सं. 1992
3. सर्वविज्ञानकोशम– Vol.8, State Institute of Encyclopeadia Publication, Trivandrum
4. कलालोकम–के.पी. नारायणप्पिषारोटी, केरल साहित्य अकादमी, तृश्शर, पृ. 1989

18

पूरक्कलि

मूर्कोत्तु कुमारन

उत्तर मलाबार में प्रचलित एवं मुख्य रूप से 'तिय्य' लोगों में खेले जानेवाला 'पूरक्कलि' एक सांस्कृतिक महत्त्व की जनकला है। किसी महाविद्यालय के आभिमुख्य में खेले जानेवाले संघक्कली के बारे में अप्पन तंपुरान ने एक भाषण में इस प्रकार आपत्ति उठाई थी। 'केरल के मनोरंजन सब छिप जाने लगे, मंदहास नष्ट होने लगा। मलनाडु के शौर्य वीर पराक्रमों को स्वीकार करते हुए केरल का हृदय बंद हो गया। उदित होकर विश्वोत्तर महिमा के साथ चमत्कृत केरलीय कलाएँ अस्तोन्मुख हो गईं। इस प्रकार केरल की आँखें भी बंद हो गईं।'

यह विलाप अन्य अनेक आयातित वस्तुओं के समान देश में जलमार्ग से आयात किए गए परिष्कारों की हानि के बारे में है। इस परिष्कार ने साहित्य विषय में कुछ बातों में लाभ ही पहुँचाया है। इस 'आयात परिष्कार' का परिणाम है भाषा में उपन्यास धारा का आविर्भाव। कुछ अच्छे पद्य काव्यों में भी यह विदेशी प्रभाव देखने को मिलता है। किंतु यदि काल के अनुरूप परिवर्तित करना ही परिष्कार से तात्पर्य है तो अधिकांश बातों में हमारा जो अनुभव है वह क्या परिष्कार है ? जो भी हो कम से कम नाम को बदलना अनिवार्य लगता है। क्रिकेट, फुटबॉल, टेनिस, वॉलीबॉल आदि आज हमारे युवा लोगों के खेलों में से कोई भी खेल धीरे-धीरे विकसित नहीं है, अपितु यूरोप या अमेरिका से सीधे आयात किए गए हैं। आज हमारे देहातों में जाकर देखें तो फसल काटने के बाद धूप में सूखे हुए खेतों में बाँस के दो स्तंभों को एक जाल से जोड़कर वॉलीबॉल खेलनेवाले युवा लोगों को देख सकते हैं। यदि ऐसे खेल शरीर शास्त्र एवं स्वास्थ्य विज्ञान द्वारा निर्देशित व्यायाम तथा कायपुष्टि देने के लिए समर्थ हैं तो उन पर नकारा डालने की कोई आवश्यकता नहीं है। लेकिन दो बातें विशेष उल्लेखनीय हैं। पहले हमारे पूर्वजों के खेल तथा शरीराभ्यास काल और देश के अनुरूप थे। एक अत्युष्णशील हमारे देश में शीतदेशों के समान दिन-भर धूप में होनेवाले खेल नहीं थे। अधिकतर खेल सूर्यास्त के बाद

ही खेले जाते थे। अधिक आयास और मेहनत की माँग रखनेवाले 'कलरिप्पयट्टु' जैसे खेल खेलते वक्त शरीर में तेल मलने की आदत थी। इस प्रकार सारे शीतोष्ण वातावरण के अनुरूप कोई पूर्वावधान अनिवार्य है या नहीं, यह बताना शरीर वैज्ञानिकों का काम है। हमारे विद्यालयों में आज छात्रों को किसी खेल में मग्न रहना अनिवार्य हो गया है। कालेजों में इस प्रकार के खेल सिखाने और व्यायाम की देखरेख के लिए अध्यापकों को भी रखा गया है। किंतु अनुभव से यह समझते हैं कि वे बी.ए. जैसी उन्नत परीक्षाओं में कुछ गणितशास्त्र के अध्येता होने और देखने में अच्छी कायपुष्टि होने के अतिरिक्त कोई वैदग्ध्य रखनेवाले नहीं हैं। हमारे पूर्वजों के जो खेल हैं, उनके सारे संप्रदाय और विधियाँ आज खत्म हो गईं। उस समय कायपुष्टि के लिए प्रचलित वाय्तारी (बोल) आदि सुनने पर आज सारे लोग हँसी उड़ाएँगे।

गीत और खेल : कहने लायक दूसरी बात हमारे पुराने खेलों में कला और कमला के समन्वय के लिए पूर्वजों के प्रयास की है। कोलक्कली, वरारक्कलि, पूरक्कलि आदि खेल गीत गाकर ही खेलते थे। इन खेलों में विशेष ताल एवं कदम हर एक पड़ाव में एक के बाद दूसरा बन जाएगा। और कोलक्कली जैसे खेलों में एक छोटी असावधानी के कारण भी हार टूटने के समान एकता टूट जाएगी। और गाते और नाचते वक्त आपस में टकराकर हाथ में या नाक में मार खाकर घाव लगने की संभावना भी है। इन सारी बातों को ध्यान में रखें तो खेलनेवालों के मन और आँखों को उनमें एकाग्रता के साथ मग्न होना अनिवार्य जान पड़ता है। यह 64 कलाओं में नहीं है तो इसे भी पैंसठवीं कला के रूप में जुड़ाने का सामर्थ्य और अधिकार यहाँ के विद्धानों को है। सारे गीतों को कंठस्थ करना पड़ेगा। वे सब किसी पौराणिक कथा के आधार पर रचित होंगे। 'पूरक्कलि' के गीत में वेदान्ततत्त्व और व्याकरण, अलंकार आदि के कुछ तत्त्वों को भी निहित किया गया महसूस होता है। ऐसे गीत साहित्य को भी सहारा देंगे। पूरक्कलिप्पनिक्कन्मारों (आचार्यों) में कई लोग गीतों को कंठस्थ करके गाते-गाते स्वयं कवि बन गए हैं। इसके कई उदाहरण मिलते हैं। यह भी देख सकते हैं कि उनमें अनेक लोग प्रतिभावान थे और उनके कुछ काव्यों में अच्छे काव्य गुण भी होते थे। उनमें कई रचनाएँ यदि प्रकाशित हुईं तो आज महाकवि के आसन के लिए आवेदन देकर सिफारिश के लिए घूमनेवालों में अनेक लोग साहित्य सिंहासन के सामने खड़े होने के लिए एक बार हिचके बिना नहीं रहेंगे। आज क्रिकेट जैसे खेलों में जुड़नेवाले खेलते वक्त किस प्रकार के साहित्य का प्रचार मौखिक रूप से कर रहे हैं यह 'अम्बयर' नामक मध्यवर्ती द्वारा गलती करने पर महसूस किया जा सकता है। 'आयात परिष्कार' से उत्पन्न खेलों के गुण होने पर भी उनके कारण कुछ-कुछ अंग्रेजी पारिभाषिक शब्दों–जिसका अनुवाद भाषा पंडितों से भी असंभव है–का प्रचार होने के अतिरिक्त भाषा साहित्य की दृष्टि से उनसे

कुछ भी लाभ नहीं हुआ है।

पूरक्कलि : पूरक्कलि आदि की दशा ऐसी नहीं है। उत्तर केरल में बहुत प्राचीन काल से लेकर प्रचलित एक खेल है 'पूरक्कली'। मुख्य रूप से यह चिरक्कल तहसील में होता है। यह खेल खेलनेवाले मुख्यतः 'तिय्यर' लोग हैं। धीरे-धीरे 'मणियाणि नायर', 'चालियन', 'करमालर' आदि जातियों को भी इसमें भाग लेते देखा जाता है। जो भी हो, सवर्ण लोग इस खेल को भी अशुद्ध मानते हैं। इसलिए जैसे अप्पन तम्पुरान ने श्री एल.के. अनन्तकृष्ण को उद्धृत करते हुए संघकली के बारे में कहा कि पूरक्कलि खेलनेवाले 'ब्राह्मण संघ है, ब्राह्म क्षेत्र संघ है या ब्रह्म क्षेत्र कुटुम्ब संघ' इस प्रकार की शंकाओं से तड़पने की ज़रूरत नहीं है। मुख्यतः यह तिय्यर संघ है, चाहे तो अवर्ण संघ कह सकते हैं।

फाल्गुन महीने में कार्तिक दिवस से लेकर पूरम दिवस तक भगवती मंदिरों में यह खेला जाता है। इसके लिए विभिन्न प्रदेशों में हर एक दल मिल-जुलकर कलरी (व्यायामशाला) बनाकर एक पनिक्कर के अधीन कलरी का अभ्यास करते हैं। खेल में अत्यंत समर्थ आदमी को 'पनिक्कर' पदनाम देते हैं। पनिक्कर बनने से वला-कंकण मिलता है। 'राजहस्तेन कंकणम्' ऐसा है न ? इसलिए कंकण देनेवाला कोई राजा होगा। पणिक्कर के मित्र लोग खर्च करके कंकण बनवाकर दरबार पहुँचा देते हैं। और राजा उसे पनिक्कर को देते हैं। कलरियों में खेल का अभ्यास साँझ के बाद होगा।

प्रचलित गीत के अनुसार कामदेव के जल जाने के बाद हुई घटना है इस खेल का आधार।

रति ने शिव से अपने पति को वापस मिलने की प्रार्थना की। तब शिवजी :

"अवनी के असुरपति शम्बर के
घर जाकर सदा बसना
मम निडिल लोचन से जवलित
मनमथ आए द्वारका पुरी में
पृथ्वी में उतरें, रमा रुक्मिणी होकर
उसमें जनार्दन का बेटा होकर।"

बैठते वक्त उस बालक को लेकर समुद्र में फेंकने और मछली के खा जाने की बात कही। अंत में मछली का पेट काटकर बाहर लाए गए बालक को :

"आस्था से पाकर रति प्रसन्न हुई
झट से पाला रति देवी ने उसे
सदापि काम की आशा रखकर।"

शम्बर की मृत्यु के बाद :

''रति कामदेव के साथ अठखेलियाँ करके
वह कुसुम शर हुआ शोभित
सँवारकर सुगंधी कलियों को
मंदमारुत चले मंद होकर आगे
मति में उज्ज्वलता से निशी में
अंबरमार्ग चमके चंद्र भी
सतीरति के साथ मदन
जल्दी द्वारका पहुँचे कोमल
दीपमाला लेकर शीघ्र ही
पूजा की दरवाजे पर 'पूरम' के दिन में।''

उस दिन का स्मरण करने के लिए 'पूरम' मनाया जाता है।

''जनक की महिमा गाकर
जपनाम स्तुति के साथ दीप–
प्रदक्षिण से मलने पर करुणावारिधि
माधव को मानकर खेले बालक भी।''

वही खेल हम भी खेल रहे हैं, इसी विश्वास एवं भक्ति के साथ 'पूरम' दिन में पूरक्कलि खेलते हैं। एक 'निलविलकु' (पूजा में प्रयुक्त विशिष्ट दीप) जलाकर उसके चारों ओर खड़े होकर खेलने लगते हैं। कुल मिलाकर इसके अठारह अंक हैं, इन्हें 'रंग' कहते हैं। गीतविधियाँ कदम एवं ताल आदि इनमें हर एक के लिए अलग होते हैं। हर कदम की अपनी व्यवस्था होने के कारण और मुँह से जोर से गानेवाले ताल का अनुकरण भी करने पर उनकी अपनी एक रोचकता है।

''तत्ता तरिकिडा तित्ता तै तै
तेय्तिल्ला तेय्तिल्ला, तेय्तिल्ला तै तै।''

आदि तालोच्चारण, कदम रखने के साथ गाना कर्ण कठोर समझनेवाले आजकल के कुछ लोग होंगे। लेकिन ताल का उच्चारण इसको रोचक बनाता है।

अठारह रंगों के अलावा, रामायण, भारत, अंकम, चाचल, पांपाटम, नाटकम, गणपति आदि अंक भी हैं। खेल का आरंभ श्रीकृष्ण, सरस्वती, गणपति आदि की वंदना से होता है। इसे नववंदना कहते हैं। ये नौ बातें इस प्रकार बताई गई हैं :

''श्रीगणपति देवी सरस्वती कृष्ण स्तुति
श्री से हाथ जोड़कर के
उस स्थान से मंच-दिशा
विश्व छवि शोभावान छाया

कल्पित हैं सारी नवविधाएँ
वंदना करके कीर्तन गाकर
खेल अतिमोहक खेलने
मम दोष दूर कर दें देव !
शरण तेरी पादांबुजों में खोजता।"

भाषा शैली : ऊपर उद्धृत पंक्तियों से गीत की भाषा एवं रीति के बारे में सचमुच समझ सकते हैं। पुराने गीतों में तमिल के शब्द बहुत अधिक थे। धीरे-धीरे तमिल शब्द कम होने लगे। आज उपलब्ध गीत नवीन भाषा में लिखे गए हैं। पुराने गीतों के तमिल शब्दों में कुछ का अर्थ समझ नहीं सकते। ग्रंथों में अनेक अक्षरों की गलती भी देखने को मिलती है। इसलिए उनके उदाहरण लिखने में कुछ हिचक है। जो भी हो भाषा संप्रदाय को दिखाने के लिए कुछ पंक्तियाँ सुनाऊँगा।

यह मंच की वंदना की शुरुआत है। यह मंच मानव शरीर से सादृश्य बताकर कुछ वेदांत तत्त्वों का प्रतिपादन किया गया है :

"पन्तलागमक्करुत्तिल पतित्तोरु
नेरियच्चोल्लाम, मुंतिनामूलाधारम्
मुक्कोणाल तरयोरुक्की
अंतमाम् करणमनालूम
अषकिन तूणाय
पंतलिन वडिवेक्काट्टी
भंगिचेर नालूपाडुम
पाडत्तेरिन्ज पूवल
पंतलकु कोशमंचु
मेविन तूणुतंमेल।"

यही है पुराने गीतों की रीति। श्रीकृष्ण स्तुति इससे ज़रा परिष्कृत रूप में है :

"कृष्णनुण्णी कडाक्षिक्का कलियरंगकम वन्नु
कालमेघम निरन्तोने कडलवर्णरे
पीलिमाला पिच्चकप्पूवु मेलपिञ्ञतंबुराने
नालुवेदमायतिन्टे नडुवायोने
कञ्पनाकिय मातुलंनोरु कलनाय वलरंतदेवा
कुंचिरत्ते कोलचेय्तोरंजन वर्ण।"

इस रीति के और भी परिष्कार से बने हुए गीत के अनेक उदाहरण मिलते हैं.

इस प्रकार के गीतों में अंत्यानुप्रास सर्वसाधारण है। द्वितीयाक्षर प्रास तथा अन्य प्रकार के प्रासों की भी कमी नहीं थी। अंत्यानुप्रास को वे वेच्चेड्डुप्पु (रुककर फिर से लेना) कहते हैं। जैसा कि पहले ही मैंने बताया पूरक्कलि के गीत कंठस्थ करके रटकर जो लोग स्वयं कवि बन गए, उनमें कुछ निरक्षरों को भी मैंने अपनी आँखों से देखा है। इन पर हँसी मजाक करते हुए कुछ रसिक लोगों ने कुछ हास्य काव्य की भी रचना की थी। इधर पचास साल की अवधि में इस प्रकार किसी के भी द्वारा पूरक्कलि गीत लिखने की खबर नहीं है। पौराणिक कथाओं को छोड़कर कुछ प्रतापी सामंतों की स्तुति करनेवाले गीतों का भी जिक्र मिलता है।

पूरक्कलि में मत्सरक्कलि (दंगलबाजी) नामक एक रूप भी है। किसी मंदिर में या संभ्रांत व्यक्ति के घर में अपनी योग्यताओं को स्थापित रखने के लिए खेले जानेवाले खेल हैं ये। इसे लोक भाषा में 'मरत्तुकली' कहते हैं। मरत्तुकली देखने के लिए अनेक स्त्री-पुरुष आएँगे। दो दीप अलग-अलग स्थान में रखकर हर एक दल अलग-अलग मिलकर खेलते हैं। प्रतियोगिता मुख्य रूप से गीत गाने में ही दिखाते हैं। एक पनिक्कर एक प्रश्न पूछेगा। यह अनिवार्य नहीं है कि दूसरा पनिक्कर उसका उत्तर दे। उसके बदले साधारणतया वह और एक प्रश्न पूछेगा। इस प्रकार प्रश्न का उत्तर न देकर अन्य प्रश्न से सामना करने की आदत को 'पूरक्कलि पनिक्कर का प्रश्न जैसा' कहते हैं। किसी भी बात में विपक्षियों में दोनों दलों का प्यार पाने की कोशिश करनेवालों के बारे में 'वह दोनों दीपों के लिए खेलनेवाला है' कहना भी साधारण है।

विविध विषय : प्रश्नोत्तर, व्याकरण, छंदशास्त्र, वेदांत, पुराण जैसे पूरक्कलि के विभिन्न विषय होते हैं। इन उदाहरणों से कुछ यहाँ उद्धृत करूँगा। 'हरि' लिखना शुरू करने के पहले खींचनेवाली छोटी रेखा के बारे में है यह प्रश्न।

मुन्पिल हरियेन्नुल्लक्षरत्तिन्टे
मुन्पेषुत्तेतु चोल्लू
आर्तनाकोल्लतिन कर्ताविन पेरुम
तीर्तु परकवेणम।

('हरि' लिखने के पहले क्या लिखते हैं ? उसका कर्ता कौन है)

इस प्रकार शुरू होकर हरिश्री गणपताये नमः के हर एक अक्षर का अर्थ, इतिहास, उद्भव आदि के बारे में पूछेगा।

कुछ प्रश्नों के उत्तर से तो राज्य के इतिहास एवं समुदाय के इतिहास दोनों के कुछ अंश जान सकते हैं :

"केरलम पंटु पडच्चनालिड्डु
केरम्मोन्टायिरुन्नो

केरलमुंटायतिन मूंनिपराज्यत्तिन
पेरेन्तु चोल्क वेगम।"

(जब केरल की उत्पत्ति हुई तब क्या यहाँ नारियल के पेड़ थे ? उसके पूर्व इस राज्य का नाम क्या था)।

इसी प्रकार 'तिय्यों' का उद्भव कब हुआ, क्या वे द्वीपवासी थे ? पूरक्कलि उन्हें किससे मिली ? आदि प्रश्नों का जितना हमने समझा है, उत्तर नहीं मिला है। किसी ग्रंथ में उनका उत्तर है या नहीं इसकी जाँच होनी है।

यह खेल देखने से समझ सकते हैं कि इसके लिए कितना शरीराभ्यास और कायास्वाधीनता अनिवार्य है।

ईस्ट इंडिया कंपनी और पषशी राजा के बीच हुई लड़ाई और पषशी की मृत्यु के बारे में एक तच्चोलि गीत है। उसमें कंपनी के एक 'तिय्यर' संघ का उल्लेख मिलता है सैनिक संगठन के लिए विभिन्न लोगों को निमंत्रण भेजने के बीच में।

पूरक्कलि में 'अंकम' नामक एक 'अंक' होने से हम यह समझ सकते हैं कि यह केवल शरीर पुष्टि और व्यायाम के लिए प्रयुक्त नहीं था बल्कि युद्ध क्षेत्र जाने का पूर्वाभ्यास भी था। ऐसा सोचने में कोई असंगति नहीं लगती।

एक कला की दृष्टि से पूरक्कलि का मूल्यांकन असंभव है। किंतु मेरे ख्याल से साहित्यिक दृष्टि से सहृदयों की दृष्टि और विचार को आकर्षित करने लायक मूल्य उसका है ही। उत्तरी मलयालम के पद्य काव्यों में तमिल शब्दों का खूब प्रयोग धीरे-धीरे घट जाने का और अंत में नवीन मलयालम में पद्य रचना करने का उदाहरण इतने स्पष्ट रूप से और कहीं नहीं मिलेगा। यह सच्चाई केरल के संपूर्ण पद्य काव्यों एवं मलयालम भाषा के विकास एवं उत्पत्ति का समय निर्धारित करने में सहायक है। इसलिए निस्संदेह वह साहित्य के लिए एक योगदान है।

अनुवाद : सिजी जेकब

'मलाबार' ग्रंथ से साभार।

19

केरल की लोकनाट्य परंपरा एवं तय्यम

ए.अच्युतन

अन्य प्रांतों की तरह भारत के सुदूर दक्षिण में स्थित केरल की लोकनाट्य परंपरा भी अत्यंत प्राचीन है। प्राचीन काल से केरल के विभिन्न प्रदेशों में लोकगीतों के साथ-साथ लोक नृत्त, नृत्य एवं नाट्य प्रचलित थे। यह सर्वमान्य तथ्य है कि कोई भी लोकनाट्य प्रदेश विशेष की कला कुलशता पर आधारित रहता है। और यह स्वतःस्फूर्त है। हमारी संस्कृति के मूल स्वरूप को पहचानने में प्रदेश विशेष में प्रचलित विभिन्न लोकनाट्य रूपों के अध्ययन एवं अनुसंधान का महत्त्वपूर्ण स्थान है। डॉ. कीथ रूपक के भेद का उद्भव लोकनाट्य से मानते हैं तो भरतमुनि नाट्य प्रयोग की शास्त्रसम्मत रीतियों व व्यवहारों के विस्तृत विवेचन के बाद यदि कुछ कहना शेष रह गया हो तो उसे लोकानुकरण से ग्रहण करने की ओर संकेत देते हैं। संदेह नहीं कि लोक रंगमंच ने सदियों से देश के लोक जीवन की नाट्य चेतना एवं अभिव्यक्ति क्षमता को अपने भीतर समाविष्ट रखा है। अतः आज भी यह एक सशक्त माध्यम के रूप में, प्रेरणा स्रोत के रूप में हमारे सामने विद्यमान है।

केरल के लोकनाट्य रूपों में से अनेकों का संबंध वीर आराधना, धर्माचरण तथा समाज के रीति-रिवाजों से जुड़े हुए अनुष्ठान से होता है। और उसमें मनुष्य के कुल एवं जाति के अनुसार विविधता भी है। वस्तुतः यह विषय विश्लेषणात्मक अध्ययन की अपेक्षा रखता है। केरल में प्रचलित लोकनाट्य रूपों की विशेषता यह है कि इनमें दोनों लोकधर्मी और शास्त्रधर्मी रूपों का प्रचलन है। दूसरे शब्दों में इनमें से कुछ द्रविड़ शैली के हैं–जो सबसे प्राचीन हैं और कुछ क्लासिकी शैली के हैं या शास्त्रधर्मी हैं। कलियाट्टम, मुडियाट्टम, कुरत्तियाट्टम, करडियाट्टम, कुट्टिच्चात्तनाट्टम, कोतामूरियाट्टम आदि द्रविड़ शैली के हैं तो रामनाट्टम, कृष्णनाट्टम, कूडियाट्टम, मोहिनिआट्टम आदि शास्त्रधर्मी या क्लासिकी शैली के हैं। उल्लेखनीय बात यह है कि इन दो शैलियों का परस्पर आदान-प्रदान केरल की नाट्य परंपरा के उत्कर्ष का मूल कारण है।

केरल के विभिन्न लोकनाट्य रूपों के साथ आट्टम, कळि, तुल्लन, कूत्तु, आदि समानार्थी शब्दों का प्रयोग अक्सर करते आए हैं। आट्टम का अर्थ है अभिनय। उसी प्रकार कळि का भी अर्थ खेल या अभिनय है। ऐवर कळि, कोलकळि, कुतिरक्कळि, चविट्टुकळि, चात्तनकळि, तालमूकळि, परिचकळि, पूतमूकळि, परक्कळि, पोराट्टुकळि, मार्गमूकळि, संघक्कळि, पणियर कळि, नायाडिक्कळि, वेलक्कळि, वट्टक्कळि आदि केरल के लोक नृत्य या नाट्य रूपों में से हैं। मलयालम में आट्टम, और कळि के अलावा अभिनय के लिए तुल्लल अथवा कूत्तु का भी प्रयोग करते हैं। अतः भद्रकाली तुल्लल, वेडन तुल्लल, पाक्कनार तुल्लल, सर्पम तुल्लल, मण्णन कूत्तु, तोल्पावकूत्तु जैसे लोक नृत्य रूपों का भी प्रचलन है। अब इनमें से लोकधर्मी शैली के सबसे प्रसिद्ध 'तय्यम' रूप का विश्लेषणात्मक अध्ययन प्रस्तुत करना इस अवसर पर संगत रहेगा। वस्तुतः तय्यम प्राचीन केरल के कळियाट्टम या कालियाट्टम का ही एक स्वरूप माना जाता है। उत्तर केरल का प्रसिद्ध एवं विशिष्ट प्राचीन लोकनाट्य रूप है तय्यम। केरल प्रदेश की प्राचीन संस्कृति एवं इतिहास के साथ जुड़े हुए प्रस्तुत कलारूप का विशद एवं गौरवपूर्ण अध्ययन अभी तक नहीं हुआ है। केरलीयों की प्राचीन 'परदेवता' काली के आट्टम या खेल को ही कालियाट्टम कहते हैं। प्राचीन काल में काळि या अन्य देवी-देवों की प्रत्यक्ष एवं विशिष्ट प्रस्तुति के लिए आट्टम कहते थे। यही कालियाट्टम ही बाद में, व्यंग्य से कळियाट्टम् कहलाने लगा।

केरल प्रदेश की यह विशेषता है कि आज भी विभिन्न स्थानों पर महाशिलायुग के खण्डहर मिलते हैं। उनसे इतना तो समझ सकते हैं कि हज़ारों वर्षों से यह भूभाग आबाद था। अनेक विदेशी राज्यों से केरल का व्यापारिक संबंध प्रसिद्ध है। और वर्तमान कोडुंगल्लूर (जहाँ पर कोडुंगल्लूरम्मा देवी का मंदिर है) विदेशी जहाजों के आगमन का केंद्र रहा। इतिहासकारों का निष्कर्ष है कि कोडुंगल्लूर चेर राज्य की प्राचीन राजधानी है। इतना ही नहीं केरल प्राचीन तमिषकम् का अभिन्न अंग रहा था। मतलब यह है कि केरल प्रदेश एवं यहाँ की लोक संस्कृति अत्यंत प्राचीन है और केरलीय संस्कृति में काली का संकल्प तब से चला आ रहा है।

काली केरलियों के लिए देवी है, माँ है। करिंकाळि, भद्रकाळि, कोडुंगल्लूरम्मा, तिरुमंथांकुन्निलम्मा आदि शब्दों का प्रचुर प्रयोग एवं वहाँ के मंदिर इसका प्रमाण हैं। विद्वानों का मत है कि 'काळी' नाम काले रंग से संबंधित है और वह काला रंग शिव के गले में स्थित काळकूड से संबंधित है। काली की अधिकतर मूर्तियाँ काले रंग की हैं। जो भी हो, उसी काली के नृत्य से ही कळियाट्टम का संबंध है। 'चात्तनाट्टम्' (लोकनृत्त) का प्रयोग प्राचीन रूप में काली के लिए, कुछ जगहों पर आज भी करते हैं।

कळियाट्टम के विविध रूप : कळियाट्टम आज अनेक रूपों एवं नामों से केरल

राज्य में प्रसिद्ध है। दूसरे शब्दों में कळियाट्टम ने अपनी विकास यात्रा में अनेक नाम ग्रहण कर लिये हैं। जैसे तैयाट्टम, तिरयाट्टम, तरयाट्टम, कोलमूकेट्टु आदि। कहा जाता है कि तुलुनाडु (कर्नाटक) से अळ्ळडनाडु (उत्तर केरल) में आए हुए लोग ही कळियाट्टम नामक इस लोकनाट्य के प्रणेता हैं। मूलरूप में यह अळ्ळडनाडु के आदिवासियों का ही कलारूप है। बाद में उन्होंने अपने कुल देवता या मूल पराशक्ति की मूर्ति भेद की संकल्पना की और अनेक चामुण्डियों (देव) के आट्टम का भी प्रणयन किया। तब से कळियाट्टम, तैयाट्टम के नाम से प्रसिद्ध हो गया। नए-नए तय्यम (देव) को रहने के लिए 'मुण्ड्या' 'अळिळयरा' आदि स्थानों को भी निश्चित किया गया। कुल देवताओं के मूल स्थान के लिए प्रयुक्त 'पळिळयरा' शब्द का मूल स्वरूप यही 'अळिळयरा' है।[1] मलप्पुरम जिले के 'कळियाट्टमुक्कु' नामक जगह में 'कळियाट्टकावु' (देवी स्थान) है जहाँ पर हर साल पर्व मनाते हैं। यह पुलय जाति (अनुसूचित) के लोगों का उत्सव है। मलयालम भाषा में 'कळियाट्टी' का अर्थ पुलच्च (पुलय जाति की स्त्री) भी है। लेकिन आजकल तय्यम का ही प्रचुर प्रचार है। कोलत्तुनाड या अळडनाडु के कोलमूकेट्टु या तय्यम को ही कुरुम्बनाडु (कोयिलांडी) बड़करा, कोषिक्कोड में 'तिरयाट्टम' कहते हैं। यह भूप्रदेश वीर आराधना के लिए प्रसिद्ध रहा है और कळरी नामक आयोधन कला के लिए आज भी प्रसिद्ध है। 'तिरायाट्टम' की प्रस्तुति एक विशेष जगह पर (मंच जैसा, जिसे मलयालम भाषा में 'तरा' कहते हैं) होती थी। इसलिए यह तरयाट्टम ही बाद में तिरयाट्टम बन गया। इस तरह मूल 'कालियाट्टम' का अनेक रूप विभिन्न जगहों पर विभिन्न जातियों में, विभिन्न नामों में आज प्रचलित है। कळियाट्टम इन सब के लिए एक आम नाम के रूप में स्वीकार कर लिया गया है। उल्लेखनीय बात यह है कि केरल राज्य की राजसत्ता, इतिहास, जाति-संप्रदाय, आचार-विचार अनुष्ठान आदि संस्कृति के विभिन्न आयामों का विशुद्ध अध्ययन उसी नाट्य रूप के गौरवपूर्ण अध्ययन से सम्भव है।

विद्वान् लोगों का मानना है कि तय्यम का आधार स्वरूप शिव, शक्ति एवं वैष्णव संबंधी है। काळी, चामुण्डी, कुरत्ति आदि शक्ति के मूर्ति-भेद हैं तो, भैरवन, गुळिकन, पोट्टन करिंकुट्टी आदि शिव से संबंधित हैं और विष्णुमूर्ति, वेम्मुरुकन (बलभद्र), पोम्मुरुकन (श्रीकृष्ण) दैवत्तार आदि विष्णु से संबंधित तय्यम हैं। लेकिन बाद में देव से संबंधित, पशु से संबंधित, एवं मनुष्य से संबंधित जैसे बहुत से तय्यम का एक तरह से आविष्कार या विकास ही हो गया। नाग कन्या, बालित्तय्यम, हनुमान तय्यम आदि पशु तय्यम हैं तो कतिरन्नूर वीरन, चेम्मरुत्ति आदि को प्रेतकोलड़गळ् कहते हैं। तोड्डच्चन, मुत्तप्पन, पडवीरन्, तच्चोलि ओतेनन् आदि मनुष्य तय्यम हैं।

1. इसके अलावा कावु, अरा, तानम्, तरवाडु, मठप्पुरा आदि नाम भी देव स्थान के लिए आज प्रचलित हैं।

आकृति एवं प्रकृति के आधार पर तय्यम का वर्गीकरण कुछ लोग मानते हैं जैसे मंत्रमूर्ति, तंत्रमूर्ति और उभयमूर्ति। एक दूसरे ढंग से वनमूर्ति, लोकमूर्ति, श्वेतमूर्ति, समुद्रमूर्ति (काटुमूर्ति, नाटुमूर्ति वयलूमूर्ति और कडलमूर्ति) जैसा वर्गीकरण भी संभव है। प्रतिष्ठान (मूर्ति) के रूप के आधार पर नाग प्रतिष्ठा, शिव प्रतिष्ठा, विष्णु प्रतिष्ठा, शक्ति प्रतिष्ठा, ऐसा भी वर्गीकरण संभव है। इन सभी वर्गीकरणों का आधार उनके प्रस्तुतीकरण से जुड़ा है। अपने आचार-विचार एवं अनुष्ठानों के आधार पर या कुलदेव के आधार पर अलग-अलग ढंग की विशिष्ट प्रस्तुतीकरण शैलियाँ स्वीकार करते हैं। उल्लेखनीय है कि प्रकृति के साथ मनुष्य का अटूट संबंध ही इन प्रस्तुतियों का मूल आधार है और इन्हीं प्रस्तुतियों के आधार पर वर्गीकरण एवं अध्ययन संगत रहेगा।

तय्यम की प्रस्तुति : देव-देवी या काली की मूर्ति का स्वरूप धारण कर नृत्य प्रस्तुत करनेवाले कलाकार ('कोलम्' धारण करनेवाले कलाकार) कुछ विशेष कुल एवं जाति के हैं। प्रमुख रूप से 'वण्णान्', 'वेलन' और 'मलयर' (अनुसूचित) ही कळियाट्टम या तय्यम की प्रस्तुति करते हैं। लेकिन अब 'तीय्यर' जाति के लोग भी तय्यम प्रस्तुत करने लगे हैं। वर्ण से खेलनेवाले वण्णान हैं। तय्यम की वेशभूषा अति सुंदर, कलात्मक एवं वर्णालंकृत है। वण्णान जाति के लोग ही यह तैयार करते हैं। मान्यता है कि वण्णान तमिलनाडु से केरल आए। इसी तरह 'मलयर' भी तमिलनाडु से केरल आए हुए लोग हैं। कुरुंबनाडु में इन्हें 'पाणन्' भी कहते हैं। कहा जाता है कि 'वेलन' कन्नड़ से आए हुए लोग हैं। जो भी हो बहुत ही अनुष्ठानपरक तय्यम की प्रस्तुति उपर्युक्त जाति एवं कुल के लोग ही करते हैं। अपने-अपने कुल एवं जाति के आचार-विचार के आधार पर अनुष्ठान है। उल्लेखनीय है कि इन प्रस्तुतियों में तत्कालीन सामाजिक गठबंधनों का स्पष्ट रूप देख सकते हैं।

हर एक तय्यम की प्रस्तुति एवं अनुष्ठान अपने में विशिष्ट है। लेकिन इन सब में कुछ सामान्य विशेषताएँ हैं। सबसे पहले 'तुडंगल' है (आरंभ) यह एक तरह से आट्टम (खेल) या तय्यम की प्रस्तुति के पहले की घोषणा है। यह अक्सर संध्या में ही होती है। यह कथकली के 'केळिकोटु' के समान दीखता है। इसके बाद 'तोट्टम' की प्रस्तुति है। जिस तय्यम की प्रस्तुति होनेवाली है उसको और भी जोरदार बनाकर प्रस्तुत करना ही इसका उद्देश्य है। एक तरह से 'जागरण गीत' कहना ही उचित रहेगा। 'तोट्टम' ही तय्यम का या इन कलारूपों का साहित्य है। उल्लेखनीय है कि शास्त्रधर्मी नाट्य परंपरा के 'कथकली' में प्रस्तुत 'केळिकोट्टु' और 'तोडयम्' पर तय्यम का तुडंगल एवं 'तोट्टम' का पर्याप्त प्रभाव पड़ा है। यह स्वाभाविक भी है, क्योंकि लोकधर्मों के बाद ही शास्त्र धर्मों का जन्म संभव है।

तय्यम प्रस्तुत करनेवाला कलाकार साथियों के संग वाद्यों के साथ बाजा बजाते 'तोट्टम' गाकर प्रस्तुत करते हैं। जब वेशभूषा के साथ तय्यम अपने विशिष्ट किरीट

(मुडी) धारण करते हैं तब भी 'तोट्टम' प्रस्तुत करते हैं उसे 'वरविळि' कहते हैं। इसी के साथ विशिष्ट तरह के अनुष्ठान कर्म भी हैं। हर एक तय्यम के तोट्टम में या तो दैविक, पौराणिक या सामाजिक सुदृढ़ इतिवृत्त रहता है। इसी इतिवृत्त से प्राचीन केरल के जन-जीवन एवं अंचल विशेष की संस्कृति की सही पहचान पाठक समझ सकते हैं। ये इतिवृत्त अत्यंत रोचक एवं पठनीय हैं। उदाहरणस्वरूप एक तय्यम की इतिवृत्त संबंधी भूमिका देना समीचीन रहेगा।

मुच्चिलोट्टु भगवती तय्यम : उत्तर केरल का प्रसिद्ध तय्यम है मुच्चिलोट्टु भगवती (देवी) तय्यम। यह एक मानवी तय्यम है। तोट्टम के आधार पर इतिवृत्त संबंधी कहानी इस प्रकार है। पेरिंचल्लूर (उत्तर केरल) गाँव की एक ब्राह्मण कन्या को किसी ने अपमानित कर दिया। (शायद यह झूठ है) इसी कारण से उस कन्या को घर से निकाल दिया गया। वह उत्तर की ओर निकल पड़ी। पय्यन्नूर से वह करिवेल्लूर नामक गाँव में पहुँच गई। करिवेल्लूर देव (मंदिर) को प्रणाम कर अपनी कहानी बताई और समीप के एक 'नायर' 'मुच्चिलोडन' के घर पहुँच गई। यह नायर जाति की उपजाति 'चक्काल नायर' था, और तेल बनाना उनका काम था।

बाद में कन्या ने करिवेल्लूर देव की पत्नी रायरंमगलत्तु भगवती (देवी) का भी दर्शन कर लिया। शायद दोनों देवी-देवताओं ने कन्या को निरपराधी घोषित कर दिया होगा। लेकिन लोग मानते कहाँ ? इसलिए लोगों के सामने कन्या ने अपने को निरपराधी घोषित करने की दृढ़ प्रतिज्ञा की। वह अपने को एक अग्निकुण्ड में जलाकर जीवन त्याग कर रही थी। तब उसी रास्ते से करिवेल्लूर के मुच्चिलोडन चक्कालनायर तेल लेकर जा रहे थे। कन्या ने कहा थोड़ा-सा तेल इसी अग्निकुण्ड में डाल दो। मुच्चिलोडन यह दृश्य देखकर स्तब्ध रह गया और तेल उसी कुण्ड में डाल दिया और कन्या राख हो गई। वही स्थान आज भी 'तीक्कुळिच्चाल' नाम से जाना जाता है। (उसी घटना के आधार पर)

मृत्यु के बाद समाज ने कन्या को निष्कलंक एवं विशुद्ध घोषित कर दिया। विश्वास है कि कन्या को सबसे पहले मुच्चिलोडन नायर ने ही देखा था और उस पर विश्वास भी कर लिया। इसलिए करिवेल्लूर के उस नायर को ही देवी प्राप्त हो गई। बाद में उस चक्काल नायर का कुलदेवता बन गई। कन्या को शिवपुत्री कहने लगे और मुच्चिलोडन के घर में 'देवी स्थान' बन गया। इसलिए मुच्चिलोट्टु भगवती कहने लगे। तय्यम के कलाकार अपने साथियों के साथ वाद्य गीत के संग इसी कहानी के आधार पर आट्टम (खेल) प्रस्तुत करते हैं।

इसी तरह हर एक तय्यम के लिए अपना 'तोट्टम' है जिसमें प्रस्तुत 'तय्यम' की उत्पत्ति संबंधी विशद विवरण मिलता है। अतः 'तोट्टम' का अध्ययन एवं विश्लेषण अत्यंत आवश्यक है। क्योंकि हजारों वर्षों के बाद, आज भी इसी तरह के नाट्य रूप आधुनिक मनुष्य को एवं हमारी संस्कृति को प्रेरणा देते हैं।

अतः निष्कर्ष रूप में हम कह सकते हैं कि कलियाट्टम में आदिम मनुष्य के प्राकृतिक भावों तथा प्रकृति से संबंधित जीवन के कार्यकलापों का एक तरह से अनुकरण है और समय-समय पर उन भावों को गीत, संगीत, नृत्य, नाट्य द्वारा सहज अभिव्यक्ति होती है। आज, जब हम 'निजी रंगमंच' की तलाश में लगे हुए हैं या भारतीय अस्मिता की बात करते हैं तब इस तरह के जन नाटक को सही ढंग से पहचानने की जरूरत है।

20

केरल का संगीत

के.नारायणन

'हिंदुस्तानी संगीत' और 'कर्नाटक संगीत'

वर्तमान समय के भारतीय संगीत की दो भिन्न शाखाएँ प्रसिद्ध हैं : हिन्दुस्तानी संगीत (उत्तरी संगीत) और कर्नाटक संगीत (दक्षिणी संगीत)। समूचे प्राचीन भारत में एक ही प्रकार का संगीत प्रचलित था। चौदहवीं शताब्दी ईसवी के लगभग राजनीतिक परिस्थितियों में बड़े परिवर्तन हुए। इनका हमारी कला, भाषा और संस्कृति पर बहुत प्रभाव पड़ा। तेरहवीं शताब्दी में जब भारत में मुगल राज करते थे, उस समय उनके दरबार में अरबी और फारसी के गवैयों को बड़ा प्रोत्साहन मिला। फलस्वरूप उत्तर के संगीत पर अरब और फारस का प्रभाव पड़ा और वह कुछ परिवर्तित हो गया। दक्षिणी संगीत में कोई परिवर्तन नहीं हुआ और उसका पुराना ढंग ही चलता रहा। अब इन दोनों संगीत-पद्धतियों का अंतर स्पष्ट करने के लिए विद्वान् लोग उत्तरी संगीत को 'हिंदुस्तानी संगीत' और दक्षिणी संगीत को 'कर्नाटक संगीत' कहने लगे। कनार्टक शब्द 'विंध्य पर्वत के दक्षिण का प्रदेश' या 'दक्षिण भारत' के अर्थ में कई शताब्दियों पहले से ही प्रयुक्त होने लगा था। इसलिए इस प्रदेश में—यानी तमिल, तेलगू, मलयालम, कन्नड़ आदि भाषाओं के प्रदेश में—व्यवहृत होनेवाले संगीत को 'कर्नाटक संगीत' नाम से पुकारा जाने लगा।

इसके अलावा 'कर्नाटकम्' शब्द के साथ 'पुराना' अर्थ भी अर्से से जुड़ गया है। इसलिए कुछ लोगों का मत है कि दक्षिणी संगीत के, अपनी पुरानी रीति पर ही, स्थिर और सुरक्षित रहने के कारण उसे 'कर्नाटक संगीत' नाम दिया गया है।

'कर्नाटक संगीत' और 'केरल संगीत'

केरल में प्रचलित संगीत को 'सोपान संगीत' कहते हैं। कुछ लोगों का मत है कि 'सोपान संगीत' केरल का अपना है, उसका 'कर्नाटक संगीत' या किसी अन्य पद्धति से कोई संबंध नहीं है। मगर 'सोपान संगीत' का प्रादुर्भाव कब हुआ, उसका विकास

कब हुआ—आदि के बारे में प्रामाणिक जानकारी उपलब्ध नहीं है। सोपान संगीत—कथकली नामक केरल के नृत्य-नाटक में जीवित है। किंतु कथकली में आज भी प्रयुक्त राग, ताल आदि को देखकर यह अनुमान लगाना पड़ता है कि केरल संगीत का 'कर्नाटक संगीत' से घनिष्ठ संबंध अवश्य है। स्वयं 'कर्नाटक संगीत' का प्राचीन तमिल संगीत से संबंध अब भी अक्षुण्ण है।

दूसरी शताब्दी ईसवी में केरल के 'चेरन् चेंकुट्टुवन' महाराज के अनुज 'इलंगोवडिकल' ने 'शिलप्पदिकारम्' नामक महान् ग्रंथ की रचना की थी। प्राचीन काल में प्रचलित तमिल-संगीत का रूप जानने के लिए इसी ग्रंथ का आश्रय लेना पड़ता है। इस ग्रंथ में संगीतशास्त्र का सविस्तर प्रतिपादन किया गया है। आधुनिक 'कर्नाटक संगीत' की तत्कालीन संगीत के साथ तुलना करके देखने पर स्पष्ट लगता है कि 'शिलप्पदिकारम्' के 'पण्' आज भी आधुनिक रागों के स्वर-विन्यास में जीवित हैं—यद्यपि रागों के नाम तथा गायन के ढंग में कुछ परिवर्तन आ गया है। इसी प्रकार 'सोपान संगीत' का गहराई से अध्ययन करें तो ज्ञात होता है कि प्राचीन तमिल संगीत के कई राग 'घंटारम्' तथा 'इंदलम्' दो उदाहरण हैं और कई ताल 'सोपान संगीत' में ज्यों के त्यों विद्यमान हैं—भले ही उन रागों और तालों को व्यक्त करने की रीति कुछ बदल गई हो। अतः यह अनुमान लगाना गलत न होगा कि 'सोपान संगीत' भी 'कर्नाटक संगीत' की तरह प्राचीन संगीत की एक धारा ही है—एक अलग संगीत-पद्धति नहीं है।

'कनार्टक संगीत' दक्षिण में बहुप्रचलित है। दक्षिण की चार प्रमुख भाषाएँ—तमिल, तेलगू, कन्नड़ तथा मलयालम—जहाँ-जहाँ बोली जाती हैं उन सब स्थानों में 'कर्नाटक संगीत' बड़े चाव और उत्साह से सुना जाता है। किंतु कुछ समय पहले तक यह देखने में आता था कि 'कर्नाटक संगीत' के कार्यक्रमों में त्यागराज, दीक्षितर, श्यामा शास्त्री आदि वाग्गेयकारों की तेलगू एवं संस्कृत की कृतियाँ, गोपालकृष्ण भारती, मुत्तुत्तांडवर आदि की तमिल कृतियाँ तथा पुरंदरदास की कन्नड़ कृतियाँ ही प्रचुरता से गाई जाती थीं—मलयालम के गीत नहीं के बराबर थे। बात यह नहीं है कि मलयालम में कर्नाटक शास्त्रीय संगीत के उपयुक्त गीत नहीं रचे गए थे, ऐसे गीत पर्याप्त मात्रा में थे, किंतु उन्हें व्यवहार में लाने की ओर अपेक्षित ध्यान नहीं दिया गया था और इसी कारण वे प्रकाश में नहीं आ सके। त्यागराज आदि वाग्गेयकारों की कृतियाँ गुरु-शिष्य-परंपरा के कारण बहुप्रचलित एवं बहुप्रचारित रहीं और एक विरासत के रूप में पीढ़ी दर पीढ़ी हस्तांतरित होती गईं। मलयालम के संगीत में इस प्रकार की गुरु-शिष्य-परंपरा न होने के कारण बहुत-सी अमूल्य कृतियाँ अप्रचलित होकर फीकी पड़ गई थीं। संभवतः इसका कारण यह भी रहा हो कि कुछ विद्वानों के मन में भी यह भ्रमपूर्ण धारणा थी कि मलयालम भाषा संगीत के लिए उपयुक्त नहीं है। अभी हाल में इस भ्रमपूर्ण धारणा का निराकरण

हुआ है और पुरानी मलयालम कृतियों को पुनः प्रकाश में लाने का स्तुत्य तथा सफल प्रयत्न हुआ है।

संगीत-कृतियाँ रचने मात्र में नहीं अपितु संगीतशास्त्र संबंधी महत्त्वपूर्ण ग्रंथों की सुरक्षा भी केरल में आदिकाल से होती रही है। विश्वास किया जाता है कि 'मतंगविरचित' 'बृहद्देशी' दत्तिलविरचित 'दत्तिलम्', पार्श्वदेव का 'संगीतसमयसारम्' आदि संगीतशास्त्र ग्रंथों की प्रतियाँ पहले-पहल केरल में ही मिली थीं और उनका प्रकाशन 'त्रिवेंद्रम-संस्कृत ग्रंथावली' द्वारा हुआ था। संगीतशास्त्र के ग्रंथों की रचना प्रायः संस्कृत में होने के कारण केवल मलयालम जाननेवाले उन्हें समझ न सकते थे। इस कठिनाई को ध्यान में रखते हुए कुछ मनीषियों ने--जिनके नाम भी आज अज्ञात हैं—मलयालम में संगीतशास्त्र संबंधी कुछ अमूल्य ग्रंथ रचे जो त्रिवेंद्रम के 'ओरियंटल मैनुस्क्रिप्ट्स लाइब्रेरी' में हस्तलिखित प्रतियों के रूप में आज भी सुरक्षित हैं। इनमें 'संगीतचूड़ामणि' नामक ग्रंथ सबसे अधिक उपयोगी माना जाता है।

संगीत-कृतियों का प्रणयन करनेवाले भी केरल में बहुत समय पहले ही हुए हैं। बारहवीं शताब्दी में जब जयदेव ने 'गीतगोविंदम्' की रचना की तब उसकी सारे भारत में धूम मच गई थी। भारत के कई भागों में उसका अनुकरण कर काव्य-रचना की गई। उसकी बानगी में 'कृष्णनाट्टम्' नामक एक कृति कोषिक्कोड के मानवेद राजा ने रची थी। रामपाणिवादन नामक एक महाकवि ने 'गीतगोविंदम्' के अनुकरण में 'गीतरामम्' शीर्षक से एक नृत्य-प्रबंध लिखा। श्री रामपुरत्तु वारियर नामक एक बड़े कवि ने—जिनका 'कुचेलवृत्तं वंचिप्पाट्टु' मलयालम साहित्य का अनमोल रत्न माना जाता है--मार्तंड वर्मा महाराज के अनुरोध पर 'गीतगोविन्दम्' का मलयालम में 'भाषाष्टपदी' नाम से एक सुंदर अनुवाद किया।

शीघ्र ही आट्टकथ (कथकली) का आविर्भाव हुआ और केरल के संगीत की श्रीवृद्धि हुई। 'धर्मराज' के नाम से सुविख्यात कार्तिक तिरुनाल बालराम वर्मा महाराज ने कई सुंदर आट्ट कथाओं का प्रणयन किया। इसके अलावा उन्होंने अन्य कई गान-कृतियाँ भी रची थीं जिनके पद त्रिवेंद्रम के पद्मनाभस्वामी के मंदिर में गाए जाते थे। इनकी रचना--'बालराम भरतम्' मलयालम का एक अनूठा ग्रंथ है। भरतकृत 'नाट्यशास्त्र' के आधार पर विरचित इस ग्रंथ में हस्तमुद्राओं के विषय में विस्तार से वर्णन किया गया है।

तुल्लल गीत के प्रणेताओं में सबसे प्रमुख थे कुंचन नंपियार। ये अपने सुमधुर कंठ से जो कार्यक्रम प्रस्तुत करते थे उनसे लोग मंत्रमुग्ध रह जाते थे। इनके कार्यक्रमों में हास्य का पुट भी पर्याप्त मात्रा में रहता था।

चूँकि कथकली केरल-संगीत का एक प्रधान अंग रहा है, अतः यहाँ उसके बारे में कुछ प्रकाश डालना उपयुक्त होगा।

कथकली

'कथकली' केरल का अपना नृत्य-नाटक है। वर्तमान समय में भारत में प्रचलित चार प्रमुख नृत्य-शैलियों में यह एक है। शेष तीन शैलियाँ हैं–'भरतनाट्यम', 'कत्थक' और 'मणिपुरी'। 'कथकली' का ही दूसरा नाम है 'आट्टक्कथा'। यह भी भारत की अन्य नृत्य शैलियों की तरह नाट्यशास्त्र पर आधारित है। इसमें तांडव तथा लास्य दोनों के लिए स्थान है। कथकली प्रमुखतः पुरुषों द्वारा अभिनीत होता है और स्त्रियों का अभिनय भी पुरुष ही करते हैं। कथा का हर दृश्य इशारों द्वारा अभिनीत होता है। कथकली में नृत्त, नृत्य एवं अभिनय–तीनों होते हैं। बीच-बीच में प्रदर्शित कलश-नृत्त केवल-नृत्त के श्रेष्ठ उदाहरण हैं।

कथकली में नए राग (वे राग जो विलंब काल के आलाप और मध्यकाल के तान संचारों से शोभित होते हैं) प्रमुख रूप से आते हैं। कुछ गीतों में माहुरी, गोपिकावसंतम् आदि अनूठे तथा अप्रचलित राग भी पाए जाते हैं। कथकली में प्रयुक्त होनेवाले ताल प्रमुख रूप से ये हैं–अटंत (अटताल), चेंपट (आदिताल), मुरि अटंत (त्रिपुटताल), पांचारी (रूपक ताल), तथा झंप।

मलयालम भाषा का साहित्य अनमोल हीरों से भरा पड़ा है जिसमें कथकली-साहित्य सबसे अधिक जाज्वल्यमान है। मलयालम में कथकली-शैली में लिखे गए काव्य सौ से भी अधिक हैं। कथकली की कृतियों में संस्कृत के श्लोक और पद प्रायः पाए जाते हैं, गीत मलयालम एवं संस्कृत में हैं।

प्राचीन केरल में नृत्य तथा नाटक के जो श्रेष्ठ तत्त्व विद्यमान थे उन्हीं को मिलाकर नए साँचे में ढालकर निर्मित किया गया रूप है कथकली। कथकली नाटकों के रचयिताओं में प्रमुख हैं–कोट्टारक्करा के राजा, कोट्टयम के राजा, इरयिम्मन तंपि, अश्वति तिरुनाल महाराजा (केरल राजवंश का संप्रदाय यह है कि हर महाराज का नाम उनके जन्म-नक्षत्र के आधार पर होता है), उण्णायि वारियर आदि।

कथकली के अभिनेताओं को दस-पंद्रह साल तक कठोर और नियमबद्ध अभ्यास करना पड़ता है। बाल्यावस्था–दस और पंद्रह साल के बीच की उम्र–ही कथकली की शिक्षा आरंभ करने के लिए अत्यंत उपयुक्त है। अंग-संचालन, पद-संचालन, मुख-भावों तथा इशारों द्वारा विभिन्न भावों को प्रस्तुत करना–सब कुछ बड़े अध्यवसाय से सीखना पड़ता है। कथकली नवरसपूरित है। कई मुद्राओं का उपयोग होता है जिनमें चतुर्विंशति मुद्राएँ प्रधान हैं।

कथकली का कार्यक्रम साधारणतया रात को नौ बजे आरंभ होता है और सुबह तक चलता रहता है। कार्यक्रम आरंभ होने के पहले शाम को एक प्रकार का ढोल बजाकर उसकी सूचना दी जाती है जो 'केलिक्कोट्टु' कहलाता है। पहले कथकली सामान्यतया खुले मैदान में खेला जाता था, किंतु आजकल थियेटरों में भी

खेला जाता है। रंगमंच के दोनों तरफ काँसे का एक-एक दीप रखा जाता है जो रात-भर जलता रहता है। रंगमंच की प्रकाश व्यवस्था इन्हीं दो दीपों से होती है। पर्दा लाल रंग का होता है और उस पर विभिन्न बानगियोंवाली सुंदर कढ़ाई रहती है। रंगमंच के दोनों ओर पर्दे को सँभालनेवाले दो आदमी खड़े रहते हैं। असली कार्यक्रम आरंभ होने के पहले मंगलाचरण के रूप में कुछ गीत गाए जाते हैं जो 'तोडयम्' कहलाते हैं। इसके बाद सब अभिनेता एक-एक करके प्रवेश करते हैं, इसे 'पुरप्पाडु' (निकलना) कहते हैं। उसके बाद चेंडा तथा मद्दल बाजे होड़ लगाकर बजाए जाते हैं। इससे प्रेक्षकों का उत्साह बढ़ता है और उनका ध्यान खेल की ओर केंद्रित हो जाता है।

अभिनय के लिए पार्श्व-संगीत चेंडा, चेंगल (एक वृत्ताकार बाजा), शुद्ध मद्दलम, इलत्तालम् (बड़ी-बड़ी झाँझ जैसे वाद्य) आदि से प्राप्त होता है। कंठ गायन के लिए अलग गायक भी होते हैं। अभिनेता स्वयं न तो गाते हैं और न बोलते हैं। वे केवल अभिनय तथा नृत्य करते हैं। अतः कथकली एक मूक कला-प्रदर्शन है। पुरुष पात्रों के अभिनय के समय प्रायः चेंडा बजाया जाता है और स्त्री पात्रों के लिए मद्दलम्। अभिनेता भिन्न-भिन्न प्रकार की पोशाकें तथा मुखौटे धारण करते हैं। कथकली में बाजों की निराली ध्वनियाँ, दीपों के प्रकाश में अभिनेताओं की रंग-बिरंगी पोशाकें आदि एक प्रकार का अलौकिक, अनूठा वातावरण उत्पन्न कर देती हैं और प्रेक्षकगण मंत्रमुग्ध रह जाते हैं।

पात्रों का वेश-विन्यास उनके गुणों के अनुरूप होता है। उदात्त गुणोंवाले पात्र, नायक, खलनायक—सभी की वेश-रचना उनके गुण विशेष के अनुसार होती है। पोशाकें, आभूषण, किरीट आदि बहुत ही भड़कीले होते हैं।

एक कथकली-दल में साधारणतया तीस व्यक्ति होते हैं। यह दल जगह-जगह भ्रमण करता है और मौसम अनुकूल होने पर खुली हवा में अपना कार्यक्रम प्रस्तुत करता है। केरल के महाराजा और रईस प्राचीन काल से ही कथकली-दलों को प्रश्रय देते रहे हैं और उन्हें प्रोत्साहित करते आए हैं।

कथकली संगीत

कथकली संगीत में प्रयुक्त राग कनार्टक शास्त्रीय संगीत पर ही आधारित हैं। कांबोजी, केदारगौलम् आदि रागों का प्रयोग बहुतायत से होता है। मगर कथकली की अपनी आवश्यकताओं के अनुसार गायन की शैली में कुछ परिवर्तन किए गए हैं। उदाहरणार्थ, कथकली-संगीत को अत्यधिक तारता (पिच) और तीव्रता (वाल्यूम) के साथ गाना पड़ता है, क्योंकि उसे चेंडा, चेंगल और मद्दल की ध्वनियों की अपेक्षा अधिक तेज और बुलंद होना चाहिए। और क्योंकि कार्यक्रम रात के नौ बजे से लेकर प्रातःकाल तक चलता है, इसलिए गीतों को अत्यंत विलंब गति में घसीटकर गाना

पड़ता है। इस तरह के परिवर्तनों के कारण ऐसा लग सकता है कि कथकली-संगीत एक भिन्न प्रकार का संगीत है और इस मत को माननेवाले भी मिलते हैं, वस्तुतः वह 'कर्नाटक संगीत' की ही एक धारा है। क्योंकि कथकली-संगीत को अत्यधिक तारता और तीव्रता के साथ विलंबकाल में गाना पड़ता है, कर्नाटक शास्त्रीय संगीत के अनेक बारीक गमक उसमें शोभा नहीं पा पाते। इसी कारण विशुद्ध 'कर्नाटक संगीत' के मँजे हुए रसास्वादकों को कथकली-संगीत कुछ-कुछ कोरा और कर्णकटु लग सकता है, यही कथकली-संगीत की एक बड़ी त्रुटि है। किंतु यदि कुशल गायक कथकली के संगीतात्मक पक्ष पर अधिक ध्यान दें तो यह त्रुटि अवश्य दूर की जा सकती है। आजकल कथकली-संगीत को सुमधुर और आकर्षक ढंग से प्रस्तुत करने के कुछ प्रयत्न हो रहे हैं।

केरल के संगीत-वाद्य

भारत के अन्य भागों में प्रचलित वीणा, वायलिन, बाँसुरी आदि प्रमुख संगीतोपकरण के अतिरिक्त केरल में कई अन्य संगीतोपकरण भी प्रचलित हैं—विशेषकर अवनद्ध वाद्य। इस अवनद्ध वाद्यों में चेंडा तथा एडक्का केरल के अपने माने जा सकते हैं, क्योंकि ये भारत के अन्य भागों में नहीं पाए जाते। एडक्का एक ऐसा संगीतोपकरण है जो केरल की प्रादेशिक तथा निजी विशेषता के साथ विकसित हुआ है। यह देखा जा सकता है कि उसकी व्यवस्था प्राचीन तमिल संगीत के वाद्य 'उडुक्कु' (डमरू) के ही सिद्धांतों पर हुई है और उसी से विकसित हुई है। मगर इसमें कई नवीनताएँ आ गई हैं। केरल के मंदिरों में कुछ विशेष प्रकार के भजनों का गायन एडक्का की संगत के साथ होता है।

महाराजा श्री स्वाति तिरुनाल की देन

लगभग डेढ़ सौ वर्ष पहले केरल में संगीत की किस सीमा तक वृद्धि हुई थी, यह बताया जा चुका है। कथकली-संगीत पूर्ण रूपेण विकसित हो चुका था, मगर राग तथा तालबद्ध शास्त्रीय संगीत की सुंदर कृतियाँ नहीं के बराबर थीं। इसी समय दक्षिण भारत के अन्य प्रदेशों में कर्नाटक शास्त्रीय संगीत का एक आश्चर्यजनक नवोत्थान हो रहा था। 'कर्नाटक संगीत' के त्रिमूर्ति त्यागराज, मुत्तुस्वामी दीक्षितर तथा श्यामा शास्त्री ने अपनी अमूल्य कृतियों से 'कर्नाटक संगीत' को सुसंपन्न बना दिया था। महान् वाग्गेयकार पुरंदरदास की कृतियाँ तो बहुत पहले से ही विद्यमान थीं। इस कारण दक्षिण के अन्य भागों की तुलना में संगीत-क्षेत्र में केरल पिछड़ा रह गया था।

ऐसे समय केरल के संगीताकाश में एक जाज्वल्यमान सितारे का उदय हुआ

जिसकी ज्योति से केवल केरल ही नहीं अपितु सारा दक्षिण भारत जगमगा उठा। स्वाति नक्षत्र में पैदा होनेवाले स्वाति तिरुनाल महाराज अपने नाम को सार्थक करनेवाले नक्षत्र सिद्ध हुए।

स्वाति तिरुनाल का जन्म 16-4-1813 ईसवी, चैत्र मास स्वाति नक्षत्र, कृष्ण पक्ष प्रथमा को हुआ। सारी प्रजा को यह समाचार सुनकर बड़ी प्रसन्नता हुई। केरल के राजकुल की रीति यह है कि राजकुमारों का नामकरण जन्म-नक्षत्र के अनुसार होता है। इसी रीति के अनुसार इनका नाम स्वाति तिरुनाल पड़ा। गर्भ में ही इन्हें राज्याधिकार प्राप्त हो गया था, इसलिए इनका 'गर्भश्रीमान्' उपनाम भी पड़ा। दो वर्ष की अवस्था में इनकी माँ गौरी लक्ष्मीबाई स्वर्ग सिधारीं। गौरी लक्ष्मीबाई की गौरी पार्वतीबाई नामक एक बहन थीं जिन्होंने स्वाति तिरुनाल को बड़े प्यार से पाल-पोसकर बड़ा किया। जिस प्रकार नवोदित चंद्रमा कलाओं के बढ़ते-बढ़ते पूर्ण विकास को प्राप्त होता है, उसी प्रकार ये कुमार भी राजोचित कलाओं में दक्षता प्राप्त करके सुशोभित हुए। संगीत और साहित्य में इनकी सहज विशेष रुचि ने थोड़े ही समय में इन्हें एक महान् वाग्गेयकार और कवि बना दिया। इन्होंने संस्कृत, मलयालम, अंग्रेजी, तमिल, मराठी, हिंदुस्तानी आदि तेरह भाषाओं में प्रवीणता प्राप्त की। यह बड़े आश्चर्य की बात है कि थोड़े समय में ही स्वाति तिरुनाल ने राजनीति के गहरे ज्ञान के साथ-साथ इतनी भाषाओं और कलाओं में निपुणता प्राप्त की। तेरह वर्ष की अवस्था में इनकी कर्नल वेल्स से मुलाकात हुई। वेल्स ने राजकुमार की बहुमुखी प्रतिभा, बहुभाषा ज्ञान आदि की भूरि-भूरि प्रशंसा की। सोलह वर्ष की अवस्था में इनका राज्याभिषेक हुआ। केरल के महाराजाओं का एक उपनाम है—'पद्मनाभदास'। श्री स्वाति तिरुनाल सचमुच पद्मनाभदास ही थे। पद्मनाभ के सेवक के रूप में आप सारा राजकाज एक राजयोगी की तरह निर्लिप्त तथा निष्काम भाव से निभाते थे। कला और साहित्य में गहरी रुचि होने के कारण ये निरे शुष्क शासक ही नहीं रहे, अपितु इनके कर्तव्य-निर्वाह में गंभीरता, शालीनता, सहानुभूति, सुसंस्कृतता, सहिष्णुता, तटस्थता आदि गुण पाए जाते थे। वे धर्म संबंधी मामलों का स्वयं निर्वाह करते थे। उनके शासन काल में जनता अत्यंत सुखी थी तथा उनके समय में कई उपयोगी सुधार भी हुए। कलाओं की उन्नति हुई, निःशुल्क चिकित्सालय खोले गए, अंग्रेजी कॉलिज, मुंसिफ कोर्ट, छापाखाना, मरम्मत-विभाग, वेधशाला आदि का स्थापन हुआ। प्रजा को सभी तरह की सुविधाएँ प्राप्त थीं।

कला और साहित्य का रसास्वादन स्वाति तिरुनाल के लिए एक व्यक्तिगत मनोरंजन का विषय नहीं था, अपितु उसे आस्वादनीय मानकर दूसरे रसिकों तक प्रेषणीय भी बना देते थे। उन्होंने जगह-जगह से कई विद्वानों, कवियों तथा संगीतज्ञों को आमंत्रित कर उन्हें अपना आस्थान-विद्वान् बनाया और अपने दरबार को

सुशोभित किया। इनके दरबार को अलंकृत करनेवाले विद्वानों में प्रमुख थे—किलिमानूर कोयि तंपुरान, पंजाब सुलेमान, अलाउद्दीन, पोन्नैया, मेरुस्वामी (या अनंतपद्मनाभ स्वामी), तंजाऊर वडिवेलु, चिन्नैया, शिवानंदम्, पालघाट वेंकटाद्रि अय्यर, परमेश्वर, भगवतर, गणपति भागवतर, कन्हैया भागवतर, क्षीराब्धि शास्त्रिगल्।

स्वाति तिरुनाल की कृतियों का सौरभ केरल में ही नहीं, अपितु समूचे भारत में फैला हुआ है। यदि उसके साथ उपयुक्त श्रेष्ठ संगीत भी मिल जाए तो सोने में सुहागा हो जाता है। कलात्मक भावों के निचोड़ से भरी तथा देश-काल की सीमाओं का अतिक्रमण करनेवाली इन कृतियों के जादुई प्रभाव से रचयिता सारी दुनिया को मोह लेता है और श्रोता या पाठक आत्म-विस्मृत होकर परमानंदसागर में निमग्न हो जाते हैं। ये कृतियाँ साधारण मानव को ही नहीं, स्वयं भगवान को भी मंत्रमुग्ध करके अपने अधीन कर लेती हैं क्योंकि भगवान तो सुमधुर संगीत द्वारा गुणगान करनेवाले अपने भक्तों के भक्त हैं।

केरल की संगीतगत उपलब्धियों में सबसे अधिक महत्त्वपूर्ण हैं स्वाति तिरुनाल की कृतियाँ। अतः इस लेख में इन कृतियों की एक संक्षिप्त सूची देना आवश्यक है।

स्वाति तिरुनाल की कृतियाँ

(अ) काव्य रूप में—1. स्थानदूरपुरवर्णनप्रबंधम् (स्यानंदूरपुर—त्रिवेंद्रम) 2. श्रीपद्मनाभशतकम्। (आ) कथावाचन के लिए रचित—1. कुचेलोपाख्यानम्, 2. अजामिलोपाख्यानम्। (इ) स्तोत्र रूप में—भक्तिमंजरी। (ई) संगीत की कृतियाँ—1. विविध देवी देवताओं की स्तुति में कई भाषाओं में रचे गए कीर्तन। 2. नृत्य के लिए स्वर-जातियाँ, तान वर्णम्, पद-वर्णम्, चौक-वर्णम्, पदम्, जावली, तिल्लाना आदि। 3. हिंदुस्तानी कृतियाँ—उत्तरी संगीत के ध्रुपद (ध्रुवपद), टप्पा, ख्याल आदि की बानगी में स्तोत्ररूप में रची गई कृतियाँ।

संगीत कृतियों में 'नवरात्रि-कीर्तन' और 'नवरत्नमालिका' विशेष रूप से उल्लेख्य हैं। 'नवरात्रि-कीर्तन' में त्रिवेंद्रम के पद्मनाभस्वामी मंदिर के समीपस्थ मंडप में नवरात्रि के अवसर पर विद्वानों द्वारा गाए जाने के लिए रचे गए नौ सुंदर कीर्तन हैं। ये हैं :

रात्रि-कीर्तन	राग
1. देवि ! जगज्जननि !	शंकराभरणम्
2. पाहि माँ श्रीवागीश्वरि	कल्याणि
3. देवि ! पावने ! सेवे चरणे	सावेरी
4. भारति ! मामव कृपया	तोड़ी
5. जननि ! मामवामेये !	भैरवी

6. सरीरुहासनजाये !	पंतुवराली
7. जननि ! पाहि सदा	शुद्ध सावेरी
8. पाहि जननि ! संततं	नाटकुरंजी
9. पाहि पर्वतनंदिनी !	आरभी

'नवरत्नमालिका' कीर्तन नवधा भक्ति को प्रतिपादित करनेवाले अनुपम कीर्तन हैं :

कीर्तन	राग	भक्ति का प्रकार
1. भवदीपकथाभिनवसुधायाम्	भैरवी	श्रवणम्
2. तावकनामानि शुभदानि	केदारगौलम	कीर्तनम्
3. सतत संस्मरणीह	नीलांबरी	स्मरणम्
4. पंकजाक्ष ! तव सेवाम्	तोडी	पादसेवनम
5. आराध्यामि करणत्रेयेणाहम्	बिलहरि	अर्चनम्
6. वंदे देवदेव	बंगड़	वंदनम्
7. परमपुरुष ! ननु कर्म	आहिरी	दास्यम्
8. भवति विश्वासो मे भवतु	मुखारी	सख्यम्
9. देवदेवः कल्पयामि	नाभनामक्रिया	आत्मनिवेदनम्

उच्चकोटि की कला भाषा-भेदों को नहीं मानती और किसी भी भाषा में जो भी अच्छी चीजें होती हैं उन्हें स्वीकार कर लेती है। इस बात का ज्वलंत उदाहरण लगभग सौ वर्ष के पहले ही केरल के एक महाराज की हिंदुस्तानी संगीत के ध्रुवपद, टप्पा, ख्याल आदि की बानगी में हिंदी में रचित कृतियाँ हैं। केरल के सर्वप्रथम हिंदी गीतकार के रूप में भी स्वाति तिरुनाल प्रशंसा और आदर के पात्र हैं। इनकी हिंदी कृतियाँ केरल के लोगों के लिए ही नहीं वरन् हिंदी भाषी बंधुओं के लिए भी अत्यंत आकर्षक सिद्ध हुई हैं। इन कृतियों की भाषा में ब्रजभाषा, खड़ी बोली और दक्खिनी हिंदुस्तानी का मिश्रण पाया जाता है। यही कारण है कि इन कृतियों को कभी-कभी हिंदुस्तानी कृतियाँ कहा जाता है। स्वाति तिरुनाल ने बचपन में हिंदुस्तानी का अध्ययन तो किया ही था, उस अध्ययन जन्य ज्ञान के साथ दरबार के उत्तरी संगीत के विद्वानों के संपर्क से प्राप्त ज्ञान भी मिल गया होगा, इसी से उन्होंने अपनी हिंदी कृतियों में एक ऐसी स्वच्छंद भाषा का प्रयोग किया जिसमें हिंदी के विभिन्न रूपों का सम्मिश्रण पाया जाता है।

देवी-देवताओं की स्तुति, श्रीकृष्ण के प्रति व्रजनारियों का अनन्य प्रेम, उपालंभ आदि इन गीतों के विषय हैं। 'मैं तो नांह जाऊँ जननी जमुना के तीर' जैसी प्रेम की सरलता भरी कुछ कृतियाँ यदि एक ओर जयदेव की 'अष्टपदी' की याद दिलाती हैं, तो दूसरी ओर 'ऊधो सुनिए मेरो सँदेस' आदि उलाहनाभरी कृतियाँ सूरदास के 'भ्रमरगीत' की।

ये कृतियाँ काफी, भैरवी, पूर्वी आदि सुविदित तथा सुप्रचलित रागों के अलावा रेख्ता, विभास, वृंदावनी, हमीरकल्पा आदि अपेक्षाकृत कम प्रचलित रागों में भी रची गई हैं। 'चलिए कुंजन मो तुम हम मिल श्याम हरी।' (वृंदावन-सारंग), 'विश्वेश्वर दरसन कर चल मन तुम कासी' (सिंधुभैरवी), 'शंकर श्रीगिरिनाथ प्रभु के नृत्त विराजत चित्रसभा में' (हंसानंदी), 'राम चंद्र प्रभु ! तुम बिन प्यारे कौन खबर ले मेरी।' (सिंधुभैरवी) आदि बड़े ही सरस और मनोरंजक गीत हैं। इनकी भाषा को दर्शाने के लिए एक उदाहरण नीचे प्रस्तुत है :

राग सिंधुभैरवी—ताल आदि

रामचंद्र प्रभु तुम बिन प्यारे / कौन खबर ले मेरी

अंतरा एक

आज रही जिनकी नगरी मो
सदा धर्म की मेरी।

अंतरा दो

जाके चरणकमल की रज से
तिरिया तन कू फेरी

अंतरा तीन

औरन कूँ कछु और भरोसा
हमें भरोसा तेरो।

अंतरा चार

पद्मनाभ प्रभु फणिवरशायी
कृपा करो, क्यों देरी

हाल ही में स्वाति तिरुनाल की तैंतीस हिंदी कृतियों के शुद्ध पाठों का संग्रह देवनागरी लिपि में प्रकाशित हुआ है।

राममालिका रचने में भी स्वाति तिरुनाल सिद्धहस्त थे। पद-लालित्य और विशिष्टाशय से पूर्ण उनकी रागमालिकाओं की श्रेष्ठता पर प्रकाश डालने के लिए निम्न उदाहरण पर्याप्त होगा। इस अष्टरागमालिका में पद्मनाभ की प्रेम-दीवानी नायिका अपने भावों को व्यक्त करती है :

शंकराभरणम्

पन्नगेंद्रशयन ! श्रीपद्मनाभ मुदा काम-
सन्नमानसां मामव सारसायतलोचन !

कांबोजी

मंदमारुतो पि मम मानसं विवशयति
कुंदकुड्मलरदन ! कोपमाशु जहि मयि

नीलांबरी

कोकिलशुकातिमंजुकूतिजमपि मे हंत
पाकशासनविनुत भाति घोरतममये।

भैरवी

मानिनीजनहसितां मा कुरु मामनन्येशां
प्रसूनसायकसदृशशोभनांग ! दयापर !

तोडी

यामिनीसंवेशेष त्वां काममवलोकयामि
कोमलांग ! विगलितधीरतापा क्षण तदानीम्

सुरटी

पाटलबिंबसदृशपावनविमलाधर !
हाटकोपमवसन ! हारशोभितकंधर !

नाथनामक्रिया

देवदेव ! कृपया मे देहि बाहुनिपीडनम्
भावयामि भवदीयापांगलीलां रमावर !

भूपालम्

मोहयामि जगदीश ! मोहन। कामकेलिषु
सादरमर्थये नाथ ! सामजवरगमन !

स्वाति तिरुनाल विरचित 'उत्सव-प्रबंध' में त्रिवेंद्रम के पद्मनाभ स्वामी के मंदिर में साल में दो बार होनेवाले उत्सव का मनोहर वर्णन हुआ है।

संस्कृत और मलयालम के सम्मिश्रण–मणिप्रवालम्–में उन्होंने 'कांत तव' आदि पद रचे हैं जो उनके रचना-सौष्ठव के अच्छे परिचायक हैं।

साधारणतया वाग्गेयकार अपनी रचनाओं में अपने नाम का 'मुद्रा' के रूप में समावेश करते हैं। मगर स्वाति तिरुनाल ने अपने कुलदेव पद्मनाभ के नाम या उसी नाम के पर्यायों का मुद्रा के रूप में समावेश किया है। यह उनकी विनम्रता का द्योतक है।

संगीत और साहित्य को अपनी अमूल्य देन द्वारा समुन्नत करनेवाले इस महाराज कवि वाग्गेयकार का निधन 15-12-1846 को 34 वर्ष की अवस्था में हुआ। इनकी तथा इनकी कृतियों की स्मृति हर संगीतज्ञ के मानस में अमर रहेगी।

स्वाति तिरुनाल की कृतियों को उनके रचना-काल में ही थोड़ी-बहुत प्रसिद्धि प्राप्त हो चुकी थी। उनके दरबार में विद्वानों द्वारा उनकी कृतियाँ गाई जाती थीं। मंदिरों में भी उन कृतियों को गाने की व्यवस्था थी। मगर उनकी अमूल्य कृतियों का जितने बड़े पैमाने पर प्रचार होना चाहिए था उतना लगभग तीन दशक पूर्व तक नहीं हुआ था। केरल की पाठशालाओं में लड़कियों को संगीत सिखाया जाता था, पर कुछ इन-गिने गानों को छोड़कर अन्य गाने स्वाति तिरुनाल के नहीं थे। शीघ्र

ही कुछ धीमानों का ध्यान इस भूल की ओर आकृष्ट हुआ। स्वाति तिरुनाल के अनेक सुंदर गीत अप्रचलित पड़े थे। उन गीतों को खोज निकाल कर और नई-नई धुनों में बिठाकर उनको व्यापक तौर पर प्रचलित करने का जोरदार प्रयत्न शुरू हुआ। प्रमुखतः इसी उद्देश्य से ई. 1940 में त्रिवेंद्रम में 'श्री स्वाति तिरुनाल म्यूजिक अकादमी' की स्थापना हुई। इस अकादमी का विद्यार्थी रहने का सौभाग्य इन पंक्तियों के लेखक को प्राप्त हुआ है। यह अकादमी अब एक कॉलेज के रूप में सराहनीय कार्य कर रही है। इस अकादमी द्वारा स्वाति तिरुनाल की अनेक अप्रचलित कृतियाँ प्रकाशित की गई हैं। सैकड़ों विद्यार्थी उन कृतियों के शुद्ध पाठ अर्थ सहित सीखकर उन्हें संगीत-कार्यक्रमों में प्रस्तुत कर रहे हैं। आज 'कर्नाटक संगीत' का ऐसा कार्यक्रम विरला ही होता है जिसमें स्वाति तिरुनाल की कुछ कृतियाँ न गाई जाती हों। स्वाति तिरुनाल की कृतियाँ इतने ऊँचे स्तर की हैं कि वे 'कर्नाटक संगीत' के बृहत्त्रयी, 'कर्नाटक संगीत' के पितामह श्री पुरंदरदास आदि के समकक्ष माने जाते हैं।

स्वाति तिरुनाल ने मलयालम में 150 पद रचे हैं। 'पद' कर्नाटक संगीत की एक कृति विशेष है, जिसकी रचना के लिए संगीतशास्त्र के ही नहीं, अपितु नाट्यशास्त्र के भी गहरे ज्ञान की आवश्यकता है। 'पद' शृंगार रस प्रधान होता है। अपने को नायिका तथा पद्मनाभ को नायक मानकर भक्त द्वारा गाए जानेवाले ये पद केरल-संगीत को स्वाति तिरुनाल की अमूल्य भेंट है जिसके लिए केरल उनका सदैव आभारी रहेगा।

इन पदों में जिनका प्रचलन अधिक है, वे इने-गिने हैं। बाकी पदों को स्वरलिपि सहित प्रकाशित किया जाए और संगीत कार्यक्रमों में गाया जाए तो केरल-संगीत की एक बड़ी सेवा होगी।

स्वाति तिरुनाल के बाद

स्वाति तिरुनाल के समय में केरल-संगीत का जो नवोत्थान हुआ वह अत्यंत प्रभावशाली सिद्ध हुआ। उनके बाद इरयिम्मन तंपि, श्रीमती कुट्टिक्कुंजुत्तंकच्ची, के. सी. केशव पिल्लै आदि मनीषियों ने अपनी अमूल्य कृतियों से केरल संगीत के भंडार को भरपूर कर दिया है। त्यागराज के तेलगू कीर्तनों का मलयालम अनुवाद करके उनके मौलिक राग एवं ताल में हूबहू गाने का एक नवीन और सफल प्रयोग एम. आर. वारियर ने किया है।

ऊपर केरलीय संगीत की श्रीवृद्धि में योगदान करनेवाले कुछ एक मनीषियों का उदाहरण के तौर पर उल्लेख मात्र किया गया है। इनके अलावा और भी कई वाग्गेयकारों की सुंदर रचनाएँ हैं जो अभी अप्रकाशित हैं। ये कई ग्रंथागारों में छिपी पड़ी हैं, काफी खोज करने पर ही मिल सकती हैं।

कथकली संगीत की उत्पत्ति, विकास आदि के विषय में भी अभी बहुत कुछ छानबीन करनी है। हर्ष की बात है कि इस दिशा में काफी उत्साह दिखाया जाने लगा है और केरल संगीत का भविष्य उज्ज्वल दिखाई दे रहा है।

'माध्यम' से साभार।

21

केरल की चित्रकला एवं वास्तुकला

एन. चंद्रशेखरन नायर

केरल की प्रकृति दो भावों से युक्त है। एक भाव से वह इतनी सुंदर है कि लोगों को विस्मय-विमुग्ध कर लेती है और अपने शस्य-श्यामल कलेवर से शांति, ओज, उन्माद आदि जीवंत वृत्तियों से अपनी संतानों को कर्मठ एवं सचेतन बना देती है। दूसरे भाव से वह गंभीर और 'भीषण' रहती है। जैसे केरल की भूमि शस्य-श्यामल समतल प्रदेशों और सघन वनों से शोभित पर्वतों से भरी है, वैसे ही उसका पश्चिमी किनारा अहर्निश घोर गर्जन करनेवाले गंभीर सागर से प्रभावित है। समग्र भारतवर्ष में केरल की यह महान् विशेषता नितांत अपनी है। भारत जैसे विशाल भूखंड में केरल की भौगोलिक स्थिति बिल्कुल अलग तथा निराली है। यह प्रदेश एक अलग भू-भाग सा लगता है। इसीलिए शायद यह माना जाता है कि केरल की सृष्टि[1] आदि प्रकृति से छीनकर परशुराम के मत्थे मढ़ दी गई है। केरल के जनजीवन में और वहाँ की कला में ये द्विविध भाव स्पष्ट दिखाई पड़ते हैं। मूर्तिकला और चित्रकला के द्वारा ये दोनों भाव इतने गहरे एवं जीते-जागते रूप में मिलते हैं, मानो अच्छे माध्यम पाकर वे साकार हो उठे हों। देवी काली (दुर्गा) की अनेक मूर्तियाँ ऐसी मिलती हैं जो कहीं-कहीं सुंदर, शांत और अत्यंत शोभायुक्त हैं और कहीं-कहीं भयानक, भीषण और गंभीर हैं। कन्याकुमारी मंदिर की देवी-मूर्ति मनोहारिणी है और कोडंकल्लूर की अत्यंत भयप्रद और उग्र।

केरल की अति प्राचीन और मौलिक मानी जानेवाली कलाभिव्यक्ति है—'कलमेषुत्तु'। इसके अतिरिक्त उत्कृष्ट भावों को व्यंजित करनेवाले केरल के पुरातन भित्तिचित्र अजंता, बाघ, जैसे प्रख्यात स्थानों के भित्तिचित्रों की कोटि में आते हैं। भारतीय प्राचीन चित्रकला में परिलक्षित कोमलता, रंगों की चमत्कारिता, सूक्ष्म रेखांकन, ऐंद्रिय भावाभिव्यंजन आदि चित्र कला संबंधी सभी बातें इस सुदूर दक्षिण भारत के भित्तिचित्रों में यथातथ पाई जाती हैं।

---

1. माना जाता है कि परशुराम ने केरल का निर्माण किया है।

केरल की कुछ विशेष प्राचीन वस्तुओं में--जैसे पालकी, ढाल, धनुष पर्यंक--दिखाई पड़नेवाली अपूर्व दस्तकारी इस देश की कलाविज्ञता पर प्रकाश डालती है। उपर्युक्त कला कृतियों में केरल की हिंदू धर्म संबंधी परंपरागत संस्कृति तथा तत्त्व-चिंतन का सुंदर आभास मिलता है। उनके प्रणेता निम्न वर्ण के होते हुए भी कलामर्मज्ञ और भक्त थे। यह ठीक है कि आज केरल में पुराने, दक्ष और कलाप्रवीण पुरुषों का नितांत अभाव है। वह अनन्यसदृश और सचेतन कलाभिव्यक्ति आज कल्पना की वस्तु बन गई है। विदेशी कला-शैली के प्रति आकर्षण ने शायद अपनी बहुमूल्य और मौलिक कल्पना से कलाकारों को वंचित कर डाला होगा।

ध्यान देने से ज्ञात होता है कि 'कलमेषुत्त' जैसी केरलीय प्राचीन चित्र-रचना शैली में 'विष्णु धर्मोत्तरम्' में निदेशित वर्ण-प्रयोग (श्वेत, रक्त, पीत, कृष्ण, हरित वर्ण) अपनाया गया है। 'कलमेषुत्त' केरल की अति प्राचीन चित्रकला होने के कारण उसकी अपेक्षित चर्चा करना यहाँ संगत है। यह चित्र 'काली' (दुर्गा) की उग्र मूर्ति का है। यह अनेक प्रकार की पुष्प-मंजरियों से, विशेषकर नारियल के फूलों और किसलयों से, अलंकृत एक स्थान में (यह स्थान किसी देवालय का पुरोभाग होता है या किसी ब्राह्मण का घर) उपर्युक्त पाँचों वर्णों की धूलि से बनाया जाता है। इसके बनानेवाले कुरुप्पु[1] हैं जो इस कला से पूर्ण परिचित हैं।[2] भगवती का प्रस्तुत चित्र कलामर्मज्ञता का परिचायक है। श्वेत वर्ण के लिए सफेद चावल की बुकनी, 'वाका' नामक वृक्ष के पत्तों को सुखाकर बनाई गई हरित बुकनी, पीले रंग के लिए हल्दी, चावल की भूसी को भूनकर बनाई गई काली बुकनी, हल्दी-चूना मिलाकर लाल रंगवाली बुकनी--ये ही पाँच रंग हैं। जब इनमें देवी का चित्र तैयार किया जाता है, तब काली के साक्षात्कार का बोध हो जाता है। चित्र तैयार होते ही देवी के अवतार और वीरकर्म के स्तुति-गीत शुरू होते हैं। साथ ही, देवी का प्रतिनिधि पुजारी (कोमरम) तलवार लिये सक्रोध प्रवेश करता है। यह पुजारी, ऐसा बोलता है, मानो वह स्वयं देवी हो, और कुछ न कुछ आज्ञा भी देता जाता है। अंत में, भक्तजनों से तुष्टि-भाव प्रकट करता है और उन्हें आश्वासन दिला देता है कि देवी हमेशा उनके सुख-संरक्षण में जागरूक रहेगी। देवी जब तक बोलती रहेगी, तब तक गीत और बाजे लगातार चलते रहेंगे। फिर पुजारी देवी की मूर्ति के पाँवों पर नमस्कार करेगा। यह आराधना देवी की कृपा के लिए की जाती है। इस पूजा के बाद उस प्रदेश में फिर चेचक जैसा संक्रामक रोग नहीं फैलेगा, यही विश्वास किया जाता है। यह काली का उग्र रूप केरल में ही नहीं अपितु संसार-भर में चित्रकला का अकेला नमूना होगा।

प्रस्तुत 'कलमेषुत्त' शैली से मिलती-जुलती कुछ अन्य आराधना-शैलियाँ भी केरल में मिलती हैं। 'तीयाट्टु' (इसमें देवी का पुजारी अग्नि-चिता में प्रवेश करता

1. कुरुप्पु--केरल की एक जाति जो हिंदू धर्म के अंतर्गत आती है।
2. के.आर. पिषारडी, एम.ए.--'नम्मुटे दृश्य कला'

है), 'सर्पपाट्टु' (सर्पों के चित्र बनाए जाते हैं और उनके सामने नागों के स्तुति गीत गाए जाते हैं) और 'पुल्लुवनपाट्टु' (इस आराधना में पुल्लुवन वीणा लेकर और पुल्लुवन की स्त्री घट बाजा लेकर गीत गाते हैं, इस आराधना के लिए भी नागों के सुंदर चित्र रचे जाते हैं) इस प्रकार की कलाविष्कृतियाँ हैं।

'कोलम तुल्लल' अथवा 'कलमेषुत्त' भी इसी ढंग की एक आराधना-शैली है। कणियान (यह वह जाति है, जिसके पुरुष ज्योतिषी हैं) यमराज, कालभैरव, शास्ता आदि संहारशक्ति के अधिष्ठाता देवों की मूर्तियाँ अंकित करता है और उन्हें मुख पर बाँध कर नृत्य करता है। ये रूप सुंदर, आकर्षक तथा भयानक होते हैं। इन रूपों के सामने अनेकविध बत्तियों और मशालों के दीप जलते हैं। प्रस्तुत रूप-विधान में केरल की प्राचीन तथा ग्रामीण चित्रकला की सजीवता परिलक्षित होती है।

उपर्युक्त ग्रामीण चित्र-रचना शैलियों में आधुनिक चित्र-रचना-शैली के संकेत प्रधान अंश यद्यपि बिरले ही मिलते हैं। तथापि सरस वर्णशबलाहत, भक्ति द्योतक एवं गंभीर भावाभिव्यक्ति, आकर्षणीय लालित्य, चमत्कारिता आदि चित्र-रचना संबंधी प्राचीन अपेक्षित गुण प्रचुर मात्रा में मिलते हैं। कलमेषुत्त-चित्रकार अपनी दो अँगुलियों से वर्ण-धूलि लेकर रूपों को अनायास रचते हैं। यह रूप-विधान क्रिया नितांत केरलीय है। अधिष्ठाता देवता के साथ उसके वाहन का सजीव रूप भी रचा जाता है। इस प्रकार के प्रतिरूप-चित्र में ये कलाकार अनन्य-सदृश क्षमता का परिचय देते हैं। मूर्त तथा अमूर्त वस्तुओं की ऐसी रचनाओं में स्वाभाविकता, सरलता तथा वस्तुगत भावाभिव्यंजना का सुंदर सामंजस्य दर्शनीय है। ये कलारूप केरलीय जनता की धार्मिक और सांस्कृतिक अभिरुचि की प्राचीन पृष्ठभूमि पर प्रकाश डालते हैं

ग्रामीण कलागत अनुभूतियों के उत्तम दृष्टांत हैं पुरातन प्रशस्त हिंदू गृहों में सुरक्षित 'नेट्टूर पेट्टी' धनुष, ढाल, पालकी, पर्यंक आदि विशिष्ट वस्तुएँ। राजाओं के महलों में भी ये चीजें मिलती हैं। इन अपूर्व वस्तुओं में दिखाई पड़नेवाली विविध वर्णों की दस्तकारी और चित्र-रूप अद्भुत है। अलंकार, कल्पना, प्रतिभा—इनका एकत्र चमत्कार इन रूपों में सुलभ हैं। इन चित्रों के आवश्यक रंग इनके चित्रकार स्वयं निर्मित कर लेते थे। स्वदेशी चीजों और पौधों से रस लेकर स्वच्छ रंगों का निर्माण किया जाता था। रंगों के प्रयोग और संकलन में प्राचीन चित्रकार सिद्धहस्त थे। अपनी आविष्कृति के माध्यम से वे तत्कालीन धर्म, संस्कृति, प्रकृतिपरक अवबोधता आदि का सुंदर एवं सटीक परिचय देते थे। ये कलाकार जनजीवन के साथ संपर्क स्थापित रखते थे और अपनी रचना द्वारा जीवन का चित्रण करते जाते थे। खेद के साथ कहना पड़ता है कि आज उस प्राचीन केरलीय कलाभिव्यक्ति का सर्वथा लोप हो चुका है।

उक्त ग्रामीण चित्रकला की अपेक्षा यहाँ के कुछ मंदिरों, राजमहलों और गिरजाघरों में दिखाई देनेवाले भित्तिचित्र कला की दृष्टि से अत्यंत श्रेष्ठ और प्रशंस्य

हैं। ये भित्तिचित्र केरल के प्राचीन साहित्य, संगीत, धर्म, तत्त्व-चिंतन आदि के उत्तम निदर्शक हैं। यहाँ के हिंदू मंदिरों में तिरुनंदिक्करा, तिरुवट्टार, शुचींद्रम, श्रीपद्मनाभस्वामी मंदिर, वैक्कम, एट्टुमानूर, आरन्मुला, पनयन्नारकाव, त्रिकोटित्तानम आदि मंदिर उत्कृष्ट एवं भावोद्दीपक भित्ति-चित्रों के लिए अत्यधिक प्रसिद्ध हैं। पद्मनाभपुरम, कायंकुलम, मट्टांचेरी–इन स्थानों के राजमहल भी सुंदर भित्तिचित्रों से अलंकृत हैं। चेप्पाट्टु का सिरियाई क्रिस्तीय गिरजाघर, काण्जुर का रोमन कैथोलिक गिरजाघर तथा परवूर का जैकाबाइट गिरजाघर अपने भित्तिचित्रों के कारण विशेष दर्शनीय हैं। केरल के हिंदू मंदिरों के भित्तिचित्र इतिहास और पुराणों में वर्णित देवी-देवताओं और अमानुष तथा अतिमानुष वीर पुरुषों के व्यक्तित्व के प्रतीक हैं। ये चित्र अजंता और बाघ के चित्रों के समकक्ष रखे जा सकते हैं। कई चित्रों में बौद्ध धर्म की आध्यात्मिकता का अंग लक्षित है। इनकी अद्भुत चमत्कारिता कलाप्रेमियों और पुरातत्त्व वेत्ताओं की कुतूहलता बढ़ा देती है। केरल की प्राचीन उत्कृष्ट कला की ओर नवयुग के सहृदय जनों को ये चित्र सदैव आकृष्ट करते रहेंगे और अपनी देशगत संपदा के गौरव को भी ये कलारूप धारण किए रहेंगे। ये दर्शकों के मन में भव्य और उदात्त कल्पना की प्रतिष्ठा करते हैं और दिव्य अनुभूतियों से उन्हें आत्मविभोर कर सकते हैं। आर्य-भूमि भारत के प्राण-प्रतिष्ठापन का ऐसा महान् प्रयास अन्यत्र तो दुर्लभ ही है। इन भित्तिचित्रों की कलाभंगिमा का आस्वादन करनेवाले दर्शकों में गूढ़ और अभेद्य भावों का संचार होने लगता है। वर्णों के संकलन तथा रेखाओं के मधुर मिलन से निर्मित इन भावोज्ज्वल चित्रों के द्वारा केरल की कलात्मक अवबोधता का प्रत्यक्षीकरण हो जाता है।

दक्षिण केरल के तिरुनंदिक्करा नामक मंदिर में जो भित्तिचित्र मिलते हैं, वे ही इस देश के सर्वाधिक प्राचीन भित्तिचित्र माने जाते हैं। इनका रचनाकाल आठवीं सदी का उत्तरार्द्ध है। केरल के अन्य स्थानों में प्राप्त अधिकांश भित्तिचित्रों का रचनाकाल 15वीं शताब्दी से लेकर 18वीं शताब्दी तक है। एट्टुमानूर (मध्य केरल में) मंदिर के गोपुर में चित्रित नटराज चित्र इनमें सबसे अधिक उल्लेखनीय है। प्रसिद्ध है कि यह चित्र भारतीय चित्रकला का सर्वोत्कृष्ट नमूना है। प्रस्तुत चित्र का सामान्य परिचय देना यहाँ संगत प्रतीत होता है, क्योंकि यह केरल के भित्तिचित्रों का सच्चा प्रतिनिधित्व करता है। यह नटराज-नृत्त का चित्र 'टेंपरा' शैली का है। चूना मिले पानी से किसी खास ढंग पर दीवार की लिपाई हुई है। चित्र में जहाँ-जहाँ उजला रंग है, दीवार का ही रंग है। काला रंग ऋषि-मुनियों की दाढ़ी और रूपों के सीमा-निर्धारण के काम में लाया गया है। पीत, हरित और रक्त वर्णों का भी सुचारु प्रयोग हुआ है। अवयवों और रूपों के आकार संतुलित और अनुबंधित हैं। सभी रूपों में प्रकाश और छाया का सटीक प्रयोग हुआ है। रूपों के आकार और वर्णों के प्रयोग में अत्यधिक सावधानी बरती गई है। देवी-देवता जैसे रूपों के लिए

तदनुसार बड़ा आकार और योग्य वर्ण काम में लाया गया है। भगवान शिव का नटनरूप एक बड़े पक्षी की उड़ान की आकृति जैसा है जो अपने अलग अर्थात् अण्डाकार क्षेत्र में अवस्थित है। उसके बाहर अनंत कोटि देवी-देवताओं की दर्शक-मंडली है। उन देवताओं के रूप और भाव स्पष्ट रूप से प्रकट हो रहे हैं। समूचे चित्र में कहीं खाली वातावरण नहीं मिलता।[1] यह चित्र बारह फीट लंबा और आठ फीट ऊँचा है। इस चित्र की आधारभूत कथा यों है : एक बार भगवान शंकर उन ऋषियों को अपने अनुकूल बनाने के लिए वन गए, जो अपने बल पर आग से निर्मित अपस्मार नामक पिशाच की सहायता से भगवान के विरुद्ध उपद्रव मचा रहे थे। भगवान शंकर ने उस पिशाच को जीत लिया। चित्र में नटराज रूपी शिव के पाँव के नीचे वह पिशाच भयभीत पड़ा हुआ दिखाई देता है। इस चित्र में भगवान की कायिक तथा मानसिक शक्ति का पूरा प्रभाव दृष्टिगत होता है। इसमें चित्रकला की सर्वोत्तम तथा सर्वादरणीय अभिव्यक्ति अपनी सानी नहीं रखती।

शंकर का मुख अपने प्रताप और अनुग्रह-निग्रह-शक्ति के भावों से प्रदीप्त है, जो अनेक आराधक भक्तों को अत्यंत प्रिय और उनके शत्रुओं को भयप्रद है। उनके अधर अपूर्व मधुर भावों के द्योतक हैं और नयन चंद्र, सूर्य और अग्नि के प्रतीक हैं। सोलह हाथों में सोलह हथियार विराज रहे हैं। अवयवों में आभूषण हैं। बालों के जूड़े और कमर में कसकर लपेटे हुए वस्त्रांचल से यही द्रष्टव्य है कि उनका नटन किस प्रचंड रीति से चलता है। शंकर की मूर्ति उज्ज्वल विभूति से विभूषित है। भगवान के इस अद्भुत नटन को सुरलोक के निवासी साश्चर्य देख रहे हैं और वे भगवान की प्रशंसा कर रहे हैं। भगवान उन्हें अपनी तीनों आँखों से निकलनेवाले शृंगार, करुण और रौद्र इन तीनों रसों की किरणों से अनुगृहीत कर रहे हैं। यह मूर्ति विश्व के उज्ज्वल परिवेश में आवृत्त है। संक्षेप में, शिवतांडव का यह भाव-चित्र विश्व की ताल-लयात्मक गति की ओर संकेत करता है। निस्संदेह यह एक अद्भुत रचना है।

केरल का सबसे बड़ा भित्तिचित्र होने के कारण कृष्णपुरम महल में प्राप्त 'गजेंद्र-मोक्ष' नामक चित्र यहाँ विशेष उल्लेखनीय है। इसका रचनाकाल सोलहवीं सदी माना जाता है। यह चित्र चौदह फीट लंबा और ग्यारह फीट ऊँचा है। रचना-कौशल, शैली आदि की दृष्टि से यह चित्र भी एक अमूल्य रचना है।

धार्मिक आचारों से संबंधित एक प्राचीन चित्रकला-रूप आज भी अपनी परंपरा की कड़ी जोड़ता चला आ रहा है। पद्म, स्वस्तिक, चक्र आदि का सुंदर पंचवर्णी चित्र इस कोटि में आता है।

केरल के कुछ गिरजाघरों में चित्रित भित्तिचित्रों द्वारा यहाँ के हिंदुओं और ईसाइयों का सहिष्णुता-भाव व्यक्त होता है। चेप्पाट्टु के गिरजाघर के चित्र इसके

---

1. दि आर्ट्स एण्ड क्राफ्ट्स ऑफ ट्रावंकोर, पृ. 131

सर्वश्रेष्ठ उदाहरण हैं। इन क्रिस्तीय आराधना स्थानों में हिंदू कलाकारों ने ही चित्र रचे होंगे। इनमें से अधिकतर चित्रों का वर्ण्य-विषय ऐतिहासिक घटनाएँ हैं। ये चित्र परंपरागत शैली के विरुद्ध यथातथ्य चित्रण के दिशादर्शन हैं। इस दृष्टि से इन भित्तिचित्रों की अपनी अलग विशेषता है।

मट्टांचेरी महल अपने भित्तिचित्रों के लिए विख्यात है। केरल की चित्रकला पर कुछ अपूर्व सचित्र हस्तलिखित ग्रंथ भी मिलते हैं, जो केरली चित्रकला पर प्रकाश डालते हैं। केरल के भित्तिचित्र अपनी अतुलनीय गरिमा के साथ हजारों वर्षों के पश्चात् आज भी मिलते हैं। ये संख्या में बहुत हैं। इन चित्रों की अभिव्यंजना शैली और भावाभिव्यक्ति से स्पष्ट है कि संसार के किसी भी प्रख्यात देश के चित्रकला के मुकाबले में हम कभी पीछे नहीं हैं। इटली, मिस्र, अंजता, बाघ आदि स्थानों के विश्वविख्यात चित्रों के साथ इन केरलीय चित्रों की भी गणना की जा सकती है।

पता नहीं लगता कि ये कलाकार कौन-कौन थे। ये अपना नाम चिरस्थायी बनाना नहीं चाहते थे, बल्कि कठोर तपस्या से अपनी कला को सर्वांग सुंदर कर देने का प्रयास करते थे। वे अपनी लक्ष्य सिद्धि में सफल मनोरथ हुए और उनकी वह बहुमूल्य सिद्धि युग-युग की चेतना को उद्‌बोधन प्रदान करती रहती है। सौंदर्य से मंडित इनके मनोमंडल समयुगीन जीवन और उन्नत शक्ति स्वरूपिणी प्रकृति से अनुप्राणित रहे। जीवन के परिप्रेक्ष्य में सत्यम्-शिवम्-सुंदरम् का प्रतिष्ठापन करना ये अपना जीवन-लक्ष्य मानते थे। वे कलाकार काल के पद के भीतर अप्रत्यक्ष हो गए हैं, मगर उनकी आत्माएँ इन चित्रों के द्वारा आज भी जीवित हैं। हिंदू पुराणों में उल्लिखित घटनाओं और महापुरुषों का चित्रण करने में कलाकार को चित्र-रचना पटुता के साथ तंत्रों और आगमों में प्रतिपादित मूर्तियों का अगाध एवं गम्भीर ज्ञान भी वांछनीय था। कहने की आवश्यकता नहीं कि इन चित्रों की रचना में उन्हें उक्त बातों पर पूरा ध्यान था। उनकी विद्वत्ता का साक्षात प्रमाण यही है कि उनकी ये अनश्वर कलाकृतियाँ काल और देश का भेदभाव भुलाकर मात्र आनन्द की सामग्री से आकृष्ट कर केरल में सहृदयों का संगम-समारोह अक्षुण्ण बनाए रखती है। काश ! केरल की उस ग्रामीण शैली को पुनःजीवनदान देने के हेतु भारत के इस सुदूर दक्षिण में भी कोई यामिनी राय पैदा होता ! वस्तुतः केरल अपनी अन्य प्राकृतिक, सांस्कृतिक, साहित्यिक और ऐतिहासिक विभूतियों के साथ कलागत संपदा के कारण भी गर्व अनुभव कर सकता है और संसार के उदार कलाकारों तथा सम्मान्य कलामर्मज्ञों की प्रशंसा पाकर अपने स्वर्गीय-अज्ञात कलाकारों की स्मृति से गद्‌गद एवं रोमांचित हो रहा है।

अठारहवीं सदी के उत्तरार्द्ध से लेकर केरल चित्रकला के इतिहास में एक नवीन अध्याय का आरंभ हुआ और उन्नीसवीं सदी में इस नई शैली का आशातीत विकास हुआ। ट्रावंकोर के स्वाति तिरुनाल महाराजा (1820-1847) कलाकारों का

सम्मान करते थे। मद्रास निवासी दक्षिण भारत के एक प्रसिद्ध चित्रकार अलगिरि नायडू स्वाति तिरुनाल के अधीन तिरुवनंतपुरम में थे। श्री नायडू ने किलिमानूर राजवंश के (केरल का एक अन्य राजवंश) राजराज वर्मा को 'वाटर कलर' चित्र बनाने की शिक्षा दी। शिष्य अपने गुरु से आगे बढ़े और अपने परिश्रम से ट्रावंकोर में चित्र-रचना का खूब प्रचार करने लगे।[1] उनके शिष्यों में थे राजा रवि वर्मा (1848-1906) और रवि वर्मा के भाई श्री राजराज वर्मा, दोनों ने कुछ ही वर्षों में सारे भारत को अपने चित्रकला-वैभव से मुग्ध कर लिया। राजा रवि वर्मा के पूर्व केरल में तैलचित्र की रचना नहीं की गई थी। उन दिनों थियोडोर जैमसेन नामक एक अंग्रेज चित्रकार ट्रावंकोर आए थे। ये दोनों भाई उनके संपर्क में रहे और अंग्रेजी तैलचित्र शैली का अनुकरण करने लगे। राजा रवि वर्मा ने पौराणिक एवं ऐतिहासिक कथाओं के आधार पर चित्र रचना में अद्भुत क्षमता दिखाई और उनके भाई राजराज वर्मा ने छायाचित्र की रचना में सफलता प्राप्त की। रवि वर्मा के प्रथम चित्र 'मलबार-बनिता' को मद्रास की चित्र-प्रदर्शनी में 'गवर्नर' का स्वर्ण-पदक प्राप्त हुआ। उनका प्रथम पौराणिक चित्र 'दुष्यंत को शकुंतला का प्रेम पत्र' भी 'गवर्नर' के स्वर्ण-पदक से सम्मानित किया गया। इस चित्र को गवर्नर बकिंघम ड्यूक ने मोल लिया। रवि वर्मा के चित्रों के द्वारा केरल के कलाप्रेमियों को पुराण प्रसिद्ध घटनाओं का पुनर्दर्शन प्राप्त हुआ। उनके चित्रित रूपों में परिलक्षित आकार-सुषमा, भावों की साकार अभिव्यक्ति, आकर्षणीयता, रंगों की चमत्कारिता आदि कुछ विशेष गुण हैं जो अन्यत्र नहीं मिलेंगे। रवि वर्मा ने बरौदा और मैसूर के राजमहलों में रहते हुए असंख्य पौराणिक चित्र रचे थे। मुंबई में आपने एक 'स्टूडियो' खोला जहाँ से आसेतु हिमाचल आपके रचित चित्रों का प्रचार होने लगा। उदयपुर महल में आपके अनेक चित्र मिलते हैं। रवि वर्मा द्वारा रचित छायाचित्र, तैलचित्र, शैली में अनुपम सिद्धिस्वरूप हैं। रूप-साधर्म्य एवं वर्ण-विधान प्रक्रिया में स्वाभाविकता लाना उनके बाएँ हाथ का खेल था। उनकी रचनाएँ शरीर-रचना शास्त्र में उनकी असाधारण क्षमता के निदर्शन हैं।

विश्वविख्यात चित्रकार रवि वर्मा के चित्रों की अनन्य सुंदरी नायिकाओं में दर्शित रूप-सादृश्य दर्शकों एवं आलोचकों के लिए चिंतन का ठोस विषय है। उन नायिकाओं को मानों उनके प्रणेता अपनी अंतरस्थ किसी दिव्य देवांगना का रूप-रंग देकर अनुगृहीत करने में तनिक भी कृपणता नहीं करते थे। आज ऐसा कौन अधिकारी व्यक्ति है जो सौंदर्य की इस एकरूपता के रहस्य पर सफल प्रकाश डाल सके ? परंतु, फिर भी, एक घटना ऐसी घटी है, जिसके स्मरण मात्र से अजेय कलाकार की सौंदर्यानुभूति का थोड़ा-बहुत संकेत मिलता है।[2] जब वे युवक थे तब

1. रिद्म, श्री के.पी पद्मनाभन तंपी
2. मेरे पिता (श्री राम वर्मा राजा, 'देशबंधु')

उन्होंने मूकाम्बिका के मंदिर में जाकर इक्कीस दिनों का सह-भजन किया। वे पक्का व्रत रखते थे। भजन-समाप्ति के दो-तीन दिन पूर्व ही एक रात जब वे गाढ़ी नींद में थे, उन्हें एक अपूर्व स्वप्न दिखाई पड़ा। एक दिव्य रूपवती युवती तेजोमय अलंकारों से विभूषित होकर उनके पलंग पर आ बैठी और उसने प्रेमपूर्वक उनका संस्पर्श किया। तदनन्तर आलिंगन, चुंबन आदि। प्रातःकाल रवि वर्मा को अपने व्रत-भंग पर बड़ा दुःख हुआ। उन्होंने अपने स्वप्न-दर्शन की बात मंदिर के पुजारी को दुख के साथ कह सुनाई। व्रत-भंग पर राजा रवि वर्मा को क्लांत और आकुल देखकर पुजारी में विपरीत रस की निष्पत्ति हो गई। जब पुजारी ने रवि वर्मा का अभिनन्दन करते हुए कहा कि ऐसा स्वप्न-दर्शन बड़े भाग्यवानों को ही प्राप्त होता है तभी वे शांत हो सके। रवि वर्मा की शलाका द्वारा निर्मित सुंदरियों में दिखाई देनेवाले अतिशय रूप-साधर्म्य का रहस्य यही मालूम पड़ा है। यही वह रूप है, जो स्वयं मूकाम्बिका का है।

रवि वर्मा के बाद, चित्र-रचना में उनकी बराबरी करनेवाला, दूसरा कोई चितेरा केरल में नहीं पैदा हुआ। उनकी बहन मंगलाबाई तंपुराटी के दो चित्रों का उल्लेख यहाँ किया जा सकता है। एक तो छायाचित्र है, जो रवि वर्मा का है और दूसरा 'चारिट्टी' नाम का। दोनों 'त्रिवेंद्रम चित्रालय' में सुरक्षित हैं। रवि वर्मा और राजराज वर्मा के चित्रों का एक बृहत् संग्रह 'त्रिवेंद्रम चित्रालय' में है। श्री पद्मनाभन तंपि और मावेलिक्करा राजमहल के राम वर्मा (रवि वर्मा के पुत्र) ये दो चित्रकार रवि वर्मा की शैली पर चित्र-रचना करते रहे। ट्रावंकोर महाराज श्री चित्तिर तिरुनाऌ ने सन् 1935 में 'त्रिवेंद्रम चित्रालय' की स्थापना की। उनके बाद के. माधव मेनन इस दिशा में आगे बढ़ रहे हैं। आपके चित्रों में मुगलकालीन चित्रों की शैली और आकार-सुषमा दर्शनीय है।

अंतर्राष्ट्रीय ख्यातिप्राप्त चित्रकारों में के.सी.एस. पणिक्कर, टी.के.एन्. त्रिविक्रमन और के.माधव मेनन केरल के हैं। माधव मेनन ने चित्र-रचना की अनेक विदेशी और स्वदेशी शैलियों का प्रयोग किया है। आपकी सुंदर कल्पनाओं की अभिव्यक्ति शैलीगत विशेषताओं के साथ यथातथ्य और अभिव्यंजनात्मक चित्रणों के द्वारा प्रकट हुई है। त्रिविक्रमन की रचनाओं की विशेषता उनमें दर्शनीय धार्मिक एवं दार्शनिक भावों की रहस्यात्मकता है। श्री शंकर, जो अंतर्राष्ट्रीय ख्यातिप्राप्त हास्य-चित्रकार हैं, केरल की ही संतान हैं।

आठवीं सदी से लेकर बीसवीं सदी तक की केरल चित्रकला की क्रमिक उपलब्धियों का सूक्ष्म निरीक्षण-परीक्षण किया जाए तो जिज्ञासु कला प्रेमी की कुतूहलता अवश्य बढ़ेगी और उसे इस देश के कलागत अंतर्भावों से विशेष प्रभावित होना पड़ेगा। भारत की अन्य किसी भी श्रेष्ठ स्थानीय चित्र-रचना के साथ केरल की रचनाओं की तुलना करके देखने पर उसे इस देश की उपलब्धियों पर गर्व का

अनुभव अवश्य होगा।

वास्तुकला : केरल की वास्तुकला से संबंधित प्राचीन शास्त्र ग्रंथ हैं, 'मनुष्यालय चंद्रिका' और 'तंत्र समुंच्चय'। ये दोनों पंद्रहवीं सदी के हैं। सोलहवीं सदी का एक ग्रंथ है, 'शिल्प-रत्न'। इन ग्रंथों में वर्णित वास्तुकला-विधियों के अनुसार ही केरल के वास्तु-शिल्पों का निर्माण हुआ। पर कुछ गुफा-मंदिरों का निर्माण इसके पहले ही हो चुका था। इस लेख में केरल के मंदिरों और भवनों के वास्तुशिल्पों के बारे में संक्षिप्त विवेचन ही किया जा रहा है।

मंदिर वास्तुकला : मंदिर की आधारशिला से लेकर ऊपर तक निम्नलिखित भाग हैं : 1. उपपीठ (पेडस्टल), 2. अधिष्ठान (बेस), 3. स्तम्भ (प्लास्टर), 4. प्रस्तर (इंटेब्लेचर), 5. ग्रीव (निकऑफ दि डोम), 6. शिखर (कुपोला), 7. स्तूप (फिनैकिल)। 'प्रस्तर' तक केरल-वास्तु-शिल्प और द्रविड़-वास्तु-शिल्प में कोई अंतर नहीं है।[1] 'प्रस्तर' के ऊपरवाले भागों में अंतर है।

केरल शैली के मंदिर की ऊपरवाली छत सूच्याकार होती है और वह ताँबे की पतली चद्दर से ढँकी रहती है। मूसलाधार बारिश के कारण मलाबार के समुद्रतट के मंदिरों की छत की आकृति में थोड़ा-सा अंतर कर दिया गया है।

केरल के अधिकतर मंदिर शास्त्र-विधि के अनुसार उत्तम और उपयुक्त स्थानों पर (कहीं टीले का ऊपरी भाग, पर्वत का पार्श्व भाग, समुद्र के किनारे) हैं। अधिकतर मंदिरों का मुख-द्वार पूर्व की ओर है। कुछ ऐसे भी हैं जो पश्चिमाभिमुख और दक्षिणाभिमुख हैं। केरल शैली में निर्मित मंदिर के भीतर 'श्रीकोविल' (केंद्रीय देवायतन) है, जो समचतुर्भुजाकार अथवा गोलाकार होता है और उसके ऊपर सूच्याकार इकमंजिली या दुमंजिली छत है। इस 'श्रीकोविल' का भीतरी भाग गर्भगृह है, जहाँ भगवान की मूर्ति प्रतिष्ठित है। 'श्रीकोविल' के सामने एक समचतुर्भुजाकार नमस्कार-मंडप है, जिसकी छत पिरामिड-शैली में बनी है। 'श्रीकोविल' और नमस्कार-मंडप के चारों तरफ गलियारा (कॉरिडोर) या खंभेदार कमरा (पिलर्ड हॉल) है। इसे 'नालंबलम्' अथवा 'चुट्टंबलम्' कहते हैं। इसमें 'ड्योढ़ी' का नाम 'बलिक्कलपुरा' है जहाँ वह पत्थर है, जिस पर बलि-क्रिया की जाती है। इसके सामने 'ध्वजपीठ' है। 'नालंबलम्' के चारों तरफ की लकड़ी की दीवार पर पाँच से नौ तक पंक्तियों में छोटे-छोटे दीपक लगे होते हैं। मंदिर के चारों तरफ पक्की और थोड़ी चौड़ी पगडंडी है।

प्रसिद्ध और बड़े मंदिरों में एक और भवन होता है जो प्रधान मंदिर से अलग बनाया जाता है। उसे 'कूत्तंबलम्' कहते हैं। वहाँ पुराण की कथाओं का पारायण और विशेष दिनों में धार्मिक नाटक आदि कार्यक्रम चलाए जाते हैं। जहाँ-जहाँ यह

---

1. आर्किटेक्चर इन ट्रावंकोर (दि आर्ट्स एण्ड क्राफ्ट्स ऑफ ट्रावंकोर)

'कूतंबलम्' नहीं है वहाँ यह कथा-पारायण 'श्रीकोविल' के सामने की खुली जगह में चलता है। मंदिर के उत्तर पूर्व भाग में एक कुआँ होता है, जिसका पानी देवता के अभिषेक और उनके नैवेद्य-पाचन के काम आता है। 'चुट्टंबलम्' का एक भाग पाकशाला के लिए इस्तेमाल किया जाता है। इस स्थान को 'मड़प्पलि्ल' कहते हैं। शेष जगह में ब्राह्मणों का भोजनालय और भंडार-घर होता है। एक ही मंदिर के भीतर प्रधान 'श्रीकोविल' के अतिरिक्त शास्ता, गणपति, पार्वती आदि से संबंधित देवी-देवताओं के लिए अलग-अलग 'श्रीकोविल' होते हैं। केरल मंदिरों में प्रधान भवन के बाहर बरगद के पेड़ के चबूतरे पर नाग-मूर्तियाँ भी आराधना के हेतु प्रतिष्ठापित होती हैं। संभव है, वहाँ एक छोटा-सा 'कॉव' (देवी झुरमुट) भी मिलेगा। मंदिर के चारों तरफ बड़ी दीवारें होती हैं। उनके पुरोभाग में जो प्रवेश-द्वार है, वह एक बड़े गोपुर से आवृत्त मिलेगा। केरल के कुछ प्रसिद्ध मंदिरों में 'आनकोट्टिल' है, जहाँ उत्सव के दिनों में अलंकृत हाथियों का जुलूस खड़ा किया जाता है।

केरल के अधिकतर मंदिर इस देश की सूच्याकार शैली के हैं, जो द्रविड़-शैली के मंदिरों की अपेक्षा कम व्यय में तैयार किए जा सकते हैं। इनका बाह्य सौंदर्य भी कम नहीं होता। इनमें पवित्रता और सादगी अधिक रहती है, हवा और रोशनी का सुगम प्रवेश भी होता है। बाहरी दृष्टि से द्रविड़ शैली की अपेक्षा केरल शैली के मंदिर को निम्नस्तर का वास्तु शिल्प माना जाता है, पर इसका महत्त्व मंदिर के भीतर प्रवेश करने पर ही समझा जा सकता है। एक प्रकार की आंतरिक गंभीरता की अनुभूति दर्शक के मन में होगी जब वह अंदर प्रवेश कर 'श्रीकोविल' के सामने खड़ा हो जाता है। उसे पूर्ण एकांतता की प्रतीति होती है। उसका एकमात्र संबंध उसमें प्रतिष्ठापित आराध्य देव से होता है, जिनसे वह मौन प्रार्थना कर रहा हो। मंदिर के भीतर उसे शांति मिलती है। 'श्रीकोविल' का द्वार एक ही होता है। आरती के समय दीपों और पुष्पमालाओं से गर्भगृह अलंकृत तथा देदीप्यमान रहता है। दर्शक का सारा ध्यान उस समय देव-दर्शन पर केंद्रित हो जाता है और उस भक्तिमय वेला में 'श्रीकोविल' का द्वार खुलता है और घंटारव से सारा मंदिर गुंजायमान हो जाता है। भगवान के दर्शन-सुख से भक्त कृतकार्य हो जाता है। तात्पर्य यह है कि भगवान पर पूरा ध्यान और भक्ति केंद्रित करने में केरल के देवालय सक्षम हैं। मंदिर के भीतर जो हल्का-सा अंधकार छाया रहता है, मानो भगवान उस अंधकार में प्रकाश स्वरूप विराजमान रहते हैं। एट्टुमानूर मंदिर केरल शैली की वास्तुकला का श्रेष्ठ नमूना है। तिरुवनंतपुरम के श्रीपद्मनाभस्वामी मंदिर के वास्तु-शिल्प में केरल और द्रविड़ दोनों शैलियों का सामंजस्य है। तिरुवनंतपुरम से कन्याकुमारी तक अधिकतर मंदिर इसी काटि के माने जाते हैं।

भवन-वास्तुकला : केरल भवनों के वास्तु-शिल्प का आधार 'मनुष्यालयचंद्रिका' है। इस शास्त्र ग्रंथ के अनुसार घर बनाने के पहले उसे जहाँ बनाना है, उस स्थान

की स्थिति का निरीक्षण अपेक्षित होता है। भवन-निर्माण के लिए चुनी गई भूमि का दक्षिण पश्चिम भाग अपेक्षाकृत उन्नत रहना चाहिए। ऐसी भूमि पर (जो पूर्व की ओर झुकी हुई और दक्षिण पश्चिम में ऊँची हो) पर बनाना श्रेयस्कर है। मंदिर, खेत, समुद्र, टीला, गोशाला—इनके पास घर कभी नहीं बनाना चाहिए। इस प्रकार निर्माण कार्य के अंतर्गत अनेक नियम आते हैं।

केरल का पुराना गृह 'नालुकेट्ट' (चतुर्भवन) नाम से प्रसिद्ध है, जो समकोण चतुर्भुजाकार है। इसको मुख्यतः चार बड़े खंडों में विभक्त किया गया है। प्रत्येक के कोने में एक-एक कमरा अलग भी होता है। इन कमरों को केंद्र मानकर एक आँगन और उस आँगन के चारों तरफ कमरों के सामनेवाला बरामदा होता है। सब मिलाकर यह स्वस्तिकाकार होता है।

घर प्रभात-सूर्य की ओर उन्मुख रहता है। सामने कुछ दूरी पर एक पक्का प्रवेश-द्वार होता है, जहाँ से घर का सहन साफ-सुथरा दिखाई देता है।

घर बनाते समय वायु की गति पर खूब विचार किया जाता है। पुरातन गृह के साथ उसी जमीन के दक्षिण पश्चिम कोने में एक नागालय (सर्पेंट ग्रोव) होता है। 'नालुकेट्ट' के पश्चिमी भाग में धान्य-संरक्षण के लिए बना हुआ लकड़ी का कमरा होता है और शेष भाग कमरों में विभक्त होता है। उत्तरी भाग रसोईघर, भंडार-गृह और बीच के भोजनालय में विभक्त होता है। घर का दक्षिण पूर्व भाग अतिथि-सत्कार के लिए विशाल और खुला कमरा होता है।

पद्मनाभपुरम महल प्राचीन केरल वास्तु-शिल्प का उत्कृष्ट स्मारक है। केरल में उन्नीसवीं सदी के उत्तरार्द्ध से लेकर पुरातन वास्तु-शिल्प का लोप होने लगा। यूरोपीय वास्तु-शिल्प शैली के आगमन से ही स्थानीय शैली के प्रति उदासीनता आई है। केरल के कुछ मकान अब भी मौजूद हैं, जिनका निर्माण केरल वास्तु-शिल्प में हुआ है और जो सार्वजनिक एवं सरकारी कामों के लिए इस्तेमाल किए जा रहे हैं। अजायबघर के कई भवन प्राचीन शैली के हैं। केरल के राजप्रमुख राजा श्री चित्तिर तिरुनाल का 'कविड़यार पैलेस' केरल-वास्तुकला में निर्मित एक मनोहर एवं भव्य भवन है।

आज भारतीय कलाओं को संसार में बड़ी मान्यता दी जा रही है। वस्तुतः ये कलाएँ विशेष कौतुक की वस्तुएँ हैं। इनमें अधिकांशतः हिंदू धर्म के आचारों और अनुष्ठानों की सुंदर आविष्कृतियाँ हैं। इन कलाओं के प्रेरणा-स्रोत अथवा प्राण भारतीय तत्त्व-दर्शन हैं। एक लंबी अवधि तक इसका अविराम प्रवाह चलता रहा, आज भी वही प्रवाह चलता है। पर, अब उसकी गति का प्रत्यक्ष बोध नहीं होता। भ्रम में पड़कर स्रोत की ऊपरी गति दृष्टिगत नहीं होती। किंतु भारतीय कलाएँ जीवन के लक्ष्य-निदर्शन की ओर उन्मुख हैं। इनसे प्रेरणा पाकर जीवन से थके-हारे बटोही फिर यात्रा शुरू करते हैं। पर उसे चाहिए देखनेवाली आँखें। जो वह दृष्टि पाता है

वही जीवन को कलामय बनाकर उसे चरितार्थ कर देता है।

केरल की कलाकृतियाँ इस देश की सांस्कृतिक परंपरा के मेरुदंड हैं। किसी देश की संस्कृति की नींव उसके धार्मिक तथा आध्यात्मिक तत्त्व दर्शन के धरातल पर अवलंबित रहती है। यद्यपि केरल की भौगोलिक अवस्थिति पृथक्-सी दिखाई देती है तो भी, संस्कृति की दृष्टि से, यह छोटा-सा देश भारत महाराज्य का ही अपेक्षित अंश जैसा है, इसमें संदेह की गुंजाइश नहीं। केरल की कला और संस्कृति पर भारत गर्व का अनुभव कर सकता है।

'माध्यम' से साभार।

22

'ओट्टनतुल्लल'

के. चात्तुकुट्टि मास्टर

तुल्लल नामक दृश्यकला के उपज्ञाता के रूप में कुंचन नंपियार विख्यात हुए हैं। महाकवि कुंचन नंपियार केरल के उन अपूर्व प्रतिभाशाली कवियों में प्रथम गणनीय हैं जिनकी ख्याति छोटी-सी झोंपड़ियों से लेकर महोन्नत महलों तक व्यापत है। उनकी तुल्लल गाथाएँ मलयालम हास्य-साहित्य की अनमोल निधि मानी जाती हैं। आज से दो शताब्दियों के पहले जनसाधारण को लक्ष्य बनाकर उन्हीं की भाषा में कलम चलाकर सभी स्तर के सहृदयों को आकृष्ट करनेवाले अपूर्व जनकवियों में महाकवि कुंचन नंपियार का नाम उल्लेखनीय है। उनका जन्म सन् 1700 के करीब पालक्काड जिले के किल्लिक्कुरुश्शिमंगलम के 'कलक्कत्त' भवन में हुआ। नंपियार के पिता नंपूतिरि थे। जो कोट्टयम जिला के कम्मण्णूर गाँव के रहनेवाले और शिव-मंदिर के पुजारी थे। उनकी माता नंपियार जाति की स्त्री थी। बचपन में नंपियार कुटमालूर में रहे, फिर अम्पलप्पुषा राजा के आश्रित के तौर पर अम्पलप्पुषा में रहने लगे।

तुल्लल कला की उत्पत्ति अठारहवीं शताब्दी में हुई थी। पुराण कथाओं के आधार पर लिखी एक नृत्य प्रधान दृश्यकला है तुल्लल। तुल्लल की उत्पत्ति के संबंध में एक कथा यहाँ प्रचलित है। उन दिनों केरलीय मंदिरों में उत्सव के साथ 'चाक्यारकूत्तु' नामक कथाकथन-कला प्रचलित थी जिसमें चाक्यार नामक नाट्य वंश के लोग अभिनय किया करते हैं और नंपियार जातिवालों में कोई व्यक्ति 'मिषाव' नामक भीमाकारगोल बाजे पर ताक लगाते हैं। एक बार अंपलप्पुषा मंदिर में 'कूत्तु' चल रहा था। उस दिन कुंचन नंपियार ही मिषाव पर ताल लगा रहे थे। बीच में नंपियार थोड़ी देर ऊँघ गए और ताल भंग भी हुआ जिससे क्रुद्ध होकर चाक्यार ने खूब निंदा की और भरी सभा में नंपियार की खूब खिल्ली उड़ाई। बुरी तरह अपमानित होकर नंपियार ने फिर निश्चय किया कि किसी-न-किसी तरह इस अपमान का बदला अवश्य लेना है।

इस चिंता में उन्होंने 'कल्याण सौगन्धिकम्' नामक महाभारत पुराण कथा भाग

की नूतन गानात्मक नाट्यकृति बनाई और अगले दिन ही मंदिर के दूसरे कोने पर कुछ हल्की वेश-भूषाओं के साथ अपनी नई कृति को खुद गाते हुए ताल वाद्य के साथ प्रस्तुत किया। प्रेक्षक लोग 'चाक्यारकूत्तु' को छोड़कर नंपियार की नूतन तुल्लल कला को देखने में आकृष्ट हुए। यही कला विकसित होकर बाद में तुल्लल बन गई। तुल्लल गाथाएँ लिखकर उन्हें अभिनय रूप में रंगमंच पर स्वयं प्रकटित करनेवाले मलयालम के कविश्रेष्ठ हैं कुंचन नंपियार।

बचपन की शिक्षा के बाद नंपियार अपने पिता के साथ किटंगूर पहुँचे और कूटमालूर के चेंपकश्शेरी राजवंश के साथ संबंधित रहे। साथ ही अंपलप्पुष़ा पहुँचकर राजा देवनारायण के आश्रित होकर रहने लगे। मात्तूर पणिक्कर के शिष्यत्व में आयुधाभ्यास का आरंभ भी हुआ। द्रोणम्पल्लि नायक्कर और नन्दिक्काड उण्णि रवि कुरुप आदि के यहाँ ऊँची शिक्षा प्राप्त की। प्रसिद्ध सुंदोपसुंदोपाख्यान तुल्लल में इन दोनों गुरुओं का अनुस्मरण किया गया है। जब महाराजा मार्त्ताण्डवर्मा ने चेंपकश्शेरी राजा को जीत लिया तब नंपियार तिरुवनंतपुरम पहुँचे। मार्त्ताण्डवर्मा की कवि सभा में रामपुरत्तु वारियर और उण्णायिवारियर के साथ कुंचन नंपियार भी थे। उण्णायि वारियर के जैसे नंपियार भी संस्कृत पंडित थे। लेकिन दोनों में अब तक परिचय नहीं हुआ था। एक दिन की घटना है श्री नंपियार तालाब में नहा रहे थे। संयोग से दूसरे घाट पर स्नान करने के लिए उण्णायि वारियर भी आ पहुँचे थे। इतने में सुंदरी राजकुमारी अपनी दासी के साथ तेल, ताळि (उबटन) आदि के साथ तालाब में नहाने आई। दोनों युवतियों को देखकर उस पार से उण्णायि वारियर ने पूछा—"काऽतिलोला ?" संस्कृत शब्द सुनकर इस घाट से नंपियार ने उत्तर दिया "नल्लताळी"। यहीं फिर दोनों में पहली मुलाकात हुई। वारियर ने दोनों युवतियों को देखकर अपने आप प्रश्न किया कि इनमें "काऽतिलोला" ? अर्थात् कौन अति सुंदरी है ? "का+अतिलोला ?" नंपियार ने संस्कृत शब्द सुनकर जवाब दिया "नल्लत्+आली" अर्थात् आळी अच्छी है—दासी अच्छी है। मार्त्ताण्ड वर्मा की मृत्यु के बाद नंपियार अंपलप्पुष़ा लौट गए।

नंपियार का सच्चा नाम 'राम' अथवा रामपाणिपाद है। इसी पर जो विवाद हैं उसका निर्णय आज भी ज्यों-का-त्यों रहता है।

कुंचन नंपियार ने तुल्लल गाथा नामक नई गीतात्मक नाट्यकला की सृष्टि की है। प्रस्तुत कला का पूर्व रूप यहाँ पहले ही भिन्न रूप में प्रचलित था। लेकिन लोगों के बीच प्रचार करनेवाले कवि नंपियार ही हैं। श्री कुंचन नंपियार अनेकों तुल्लल कृतियाँ लिखकर जनकवि के तौर पर विख्यात हुए हैं। वे हास्य साहित्य सम्राट माने जाते हैं। तुल्लल काव्य के तीन भेद हैं :

(1) ओट्टन तुल्लल

(2) परयन् तुल्लल

(3) शीतंकन तुल्लल।

इन सबके इतिवृत्त इतिहास पुराणों से स्वीकार किए गए हैं। इन कथाओं की चहारदीवारी के अंदर अंपलप्पुषा एवं तिरुवनन्तपुरम के जनजीवन के यथार्थ रूप को प्रकट कर समकालीन मूल्य के साथ काव्य लिखना ही उनका ध्येय था। गौरवपूर्ण एवं हास्यमय रूप में उस जमाने की सभी सामाजिक कुरीतियों और कमजोरियों का चित्रण करना उनका एक और लक्ष्य था। केरलीय शासक वर्ग, नायक, नंपूतिरि, परदेशी ब्राह्मण आदि लोग इनके हास्य-बाण के शिकार बनाए गए हैं। साधारण जनता की भाषा का उन्होंने शुरू से लेकर अंत तक स्वतंत्र रूप में प्रयोग किया है। यही उनके काव्यों की अनन्य विशेषता है। भाषा को संस्कृत की पकड़ से मुक्त करना कवि ने अपना कर्तव्य समझा। रस-गर्भित पहेली-सी उक्तियों से समृद्ध हैं तुल्लल कृतियाँ।

कुल मिलाकर 46 तुल्लल कथाएँ नंपियार की अपनी कृतियाँ मानी जा सकती हैं। तुल्लल कृतियों के अलावा नंपियार ने श्रीकृष्ण चरितं मणिप्रवाल और कतिपय संस्कृत कृतियाँ भी रची हैं।

'पटयणि', 'कूत्तु' और 'कूटियाट्टम' नामक कलाओं में कुछ न कुछ संकेत तुल्लल कला के लिए मार्ग दर्शक हैं। इनमें पटयणि भी एक मुख्य नर्तनकला है। पटयणि दक्षिण केरल की एक अनुष्ठान संबंधी कला है। देवी क्षेत्र में पटयणि का प्रकटन होता है। इस कला के पीछे एक संकल्प ऐसा है जबकि कालीदेवी तारिकासुर का वध करके क्रुद्ध होकर आ रही थी तो शिव और अन्य देवगण मिलकर काली के कोप को हटाने के लिए एक प्रतिमा वेश धारण करके झूमते हैं। देशवासियों को ढिंढोरा पिटवाकर पटयणि तुल्लल की सूचना पहले ही विज्ञापन करना अनिवार्य है।

अगला कदम हस्त घंटी (मंजीर) बजाकर ताल-लय के साथ नर्तन करना है। पहले तेरह दिनों में समाप्त होनेवाला यह पटयणि उत्सव अब केवल एक दिन में ही समाप्त होता है। सुपारी पेड़ के विशाल कच्चे 'पाळा' (छिलका) पर भयानक रूप खींचते हैं और मुख पर आवरण करते हैं। इस पर हल्दी, चावल, मैनसिल (Red Arsemic) लालमिट्टी के चूर्ण लगाए जाते हैं। गणक नामक जाति के लोग ही यह कर्म करते हैं। पटयणि के लिए कायिकाभ्यास भी जरूरी है। रूप चित्र मुख पर लपेटा जाता है और नर्तन करते हैं। गणपति, यम, पिशाच, भैरवी, यक्षी, पछी, गंधर्व आदि के रूप चित्र बाँधते हैं। भैरवी का रूप चित्र सबसे बड़ा है। इसके लिए पूगवृक्ष के एक सौ एक कच्चे पाळाओं की आवश्यकता है। मशालों की रोशनी में ही नर्तन करते हैं। ढिंढोरा और हस्त घंटी का प्रयोग बीच-बीच में होता है। पटयणि में विनोद के दृश्य भी हैं। अतः तुल्लल गाथा की रचना में पटयणि की कला कुछ हद तक प्रेरक समझी जा सकती है।

केरलीय दृश्यवेदी में तुल्लल एक अपूर्व घटना थी। पुराने जमाने में

नाट्यकलाएँ अभिजात वर्गों को लक्ष्य करके मंदिरों की चहारदीवारी तक ही सीमित थीं। नंपियार ने जन साधारण को भी आस्वादन का मौका दिया। आजकल मंदिरों के बाहर भी तुल्लल प्रचलित हो चुका है। इससे निम्न जातियों के लोग भी देखकर आस्वादन करने का अवसर प्राप्त करते हैं। सरल एवं सुबोध भाषा शैली में गढ़ित होने से सभी स्तर के लोग आसानी से इसका आस्वादन करते रहते हैं।

अभिनय की दृष्टि से 'ओट्टन', 'परयन' और 'शीतंकन' में कोई भेद नहीं है। राग, ताल और वेशभूषा में यत्र-तत्र जरा-सा फर्क होने पर भी तीनों में कोई मुख्य भेद नहीं है। तीनों में एकपात्री अभिनय है। अनुगान करनेवाले भी पीछे खड़े होते हैं। मृदंग वाद्य इसका प्रधान बाजा है (पहले मादल था)। नाट्यकार वेशविधान के साथ मंच पर आता है और स्वयं गाते हुए नाचता है। साथ ही साथ हाव-भाव मुद्रा के साथ नाचता है। अभिनय करता है। बीच-बीच में प्रसंग निकालकर प्रेक्षकों की ओर इशारा करके हँसी भी उड़ाया करता है। यद्यपि तुल्लल गाथाएँ तीन प्रकार की हैं फिर भी तीनों 'ओट्टन तुल्लल' नाम से प्रसिद्ध हैं।

तुल्लल कला की शुरुआत के संबंध में साहित्यकारों में मतभेद है। 'कुत्तू', पटयणि, कथकलि, कृष्णनाट्टम आदि नंपियार के समय में प्रचलित थीं। कुंचन को इन सबका परिचय था। क्लासिक परंपरा एवं लोक परंपरा का समन्वय करके तुल्लल नाम पर पुरानी असंस्कृत कला रूप को पुनः संविधान किया—यही न्याय संगत होगा। पटयणि में ओट्टन, परयन, शीतंकन आदि वेश प्रकट हुआ करते थे जिसका खूब परिचय नंपियार को मिला था। इसलिए कथकलि के आंग्य अभिनय के अंश और चाक्यार कूत्तु के वाचिकांश के हास्य भाव दोनों तुल्लल कला में मिलाए। संगीतांश का भी कथकलि के राग-ताल से एवं नृत्यांश से गहरा संबंध है। संक्षेप में श्री नंपियार केवल तुल्लल कला के उपज्ञाता ही नहीं, बल्कि संयोजक भी कहे जा सकते हैं।

तुल्लल के स्वरूप

एक नृत्य रूप के तौर पर तुल्लल कला को एक जमाने में बड़ी जन-सम्मति मिली। नृत्य नाट्य, सब एक अनुपात में इसमें समन्वित हैं। इसमें गाते हुए नर्तन करनेवाला मृदंगवादक एवं हस्त घंटी पर ताल लगानेवाला—ये तीन ही व्यक्ति काफी हैं। ऊँचा मंच और परदा इसमें आवश्यक नहीं है। ओट्टन, शीतंकन, परयन शब्दों की व्युत्पत्ति पर साहित्यकारों में मतभेद है। 'परयन' का महात्मा पाक्कनार से संबंध है जिसका एकत्र अनुस्मरण किया गया है। तीनों रूपों को साधारणतया ओट्टन तुल्लल कहते हैं। तुल्लल नर्तक को गाथाएँ कंठस्थ करना अनिवार्य है जिससे हार्दिक प्रदर्शन किया जा सकता है।

वेश-विधान

(1) ओट्टन : सर पर गोलाकार केश, किरीट और किरीट के सामने खुला नागफण-सा बाँधना। मुख पर मैनसिल लगाएगा। आँखों-भौंहों में पूँछ लगाकर काजल लगाई जाती है। हाथ में कटक-कंकण, कमर में लाल वस्त्र कसते हैं। पैरों में नुपूर और खास लहँगा पहना भी जाएगा।

(2) शीतंकन : सर पर रूमाल लपेटा जाता है। किरीट नहीं। केर-पल्लवों को कमर के चारों तरफ वस्त्र के रूप में पहनता है। आँखों-भौंहों में पूँछ लगाकर काजल खींचते हैं।

(3) परयन : नागफणाकार का किरीट, देह पर चंदन मलता है। आँखों में काजल, कमर कसने के बदले धोती लहँगे के समान पहनी जाती है।

अष्टदेवता की प्रार्थना और गुरु वंदना के बाद ही कथाभिनय में प्रवेश होता है। परयन में एक ही पैर से क्षेप करता है जिससे एक पैर में ही नुपूर (पायल) बाँधा जाता है। जिस प्रकार कथकली अभ्यास में कमर कसकर ताल वाद्य के अनुसार पादक्षेप, मुद्राभ्यास, संगीत शिक्षा आदि है उसी प्रकार तुल्लल में कुछ हद तक इन सबका अभ्यास करना पड़ता है। पुराने समय में अभ्यस्त तुल्लल नर्तक यहाँ अनेक थे। नंपियार स्वयं भी नर्तन कला एवं संगीत में निष्णात थे।

नंपियार की सब तुल्लल कथाएँ पुराणों के इतिवृत्त पर आधारित हैं। रामायण, महाभारत, श्रीमद्भागवत आदि से स्वीकृत अनेकों प्रसंगों को तुल्लल कला में मिलाया है। तुल्लल कला को एक दर्पण के रूप में संविधान किया गया है। जिसमें अपने समकालीन वातावरण भली भाँति प्रतिबिंबित हो जाएँ। अतः हजारों वर्ष पुरानी कथाओं का अठारहवीं सदी के केरलीय जीवन की गंध छलकनेवाली कथा के रूप में चित्रण हुआ है। कवि ने खूब समझ रखा है कि केवल कथाकथन से विरसता और शुष्कता ही होगी। इसलिए आवश्यक स्थानों पर हास्य रस का प्रयोग यत्र-तत्र किया गया है।

श्री कुंचन नंपियार अविवाहित थे। वृद्धावस्था में नंपियार राजा की अनुमति पाकर अंपलप्पुषा लौट आए। वहीं सन् 1770 में उनका देहांत हुआ। कहते हैं कि एक पागल कुत्ते के काटने से उनकी मृत्यु हुई। संक्षेप में कहा जाए तो कुंचन नंपियार 'चारु केरल भाषा के भीति रहित' कवि थे। अंपलप्पुषा एवं किल्लिकुरुशिश में सरकारी निरीक्षण में नंपियार के स्मारक भी बने हैं।

कुंचन नंपियार की तुल्लल गाथाएँ सबको समान रूप से आनन्दित करती हैं। अपनी गाथाओं में कहीं-कहीं लोगों की धनलिप्सा, भीरुता, सुस्ती, स्वार्थता, मद्यपान आदि दुर्गुणों पर तीखे व्यंग्य बाण उन्होंने छोड़े हैं जिससे केरल के उस जमाने के जीवन के कई चित्र अंकित मिलते हैं। नंपियार की हास्य व्यंग्योक्तियाँ हमें खूब

हँसाती हैं और चिंतन कराती हैं। अपनी कृतियों के द्वारा लोगों को उत्तम मार्ग दिखाना ही उनका लक्ष्य था। इन्हीं कारणों से वे केरलीयों के प्यारे कवि बन गए हैं। अंपलप्पुषा के निजी मठ में आखिरी साँस तक उन्होंने जीवन बिताया। वहाँ के श्रीकृष्ण मंदिर के दक्षिणी दरवाजे पर आज भी 'नंपियारमठ' स्थित है।

अवलंब : (1) अखिल विज्ञान कोश
(2) भारत विज्ञान कोश
(3) डॉ.वी. एस. शर्मा का आमुख (नंब्यार की रचनाओं से)

23

माप्पिलागीत

एम.एन. कारश्शेरी

केरल के मुसलमानों की अपनी एक लेखन शैली थी। उसका नाम है अरबी-मलयालम। यह अरबी वर्णमाला में कुछ चिह्नों की सहायता से मलयालम लिखने की प्रणाली है। इस वर्णमाला में अरबी और मलयालम के अक्षरों को लिख सकते हैं। मलाबार, तिरुवितांकूर तथा लक्षद्वीप में भी यह लिपि प्रचलित थी। अरबी-मलयालम में पत्र-पत्रिकाएँ तथा ग्रंथ भी निकलते थे। आज भी मलाबार की कई धार्मिक पाठशालाओं में अरबी-मलयालम अध्ययन का माध्यम है।

अरबी-मलयालम के माप्पिला गीतों में संगीत का ही प्रामुख्य है। एक माप्पिला गीत की परख की मुख्य कसौटी उसका आलाप सुनना है। माप्पिला गीतों की रीति के तालक्रम को ईशल कहते हैं। तोंकल, कोंप, कप्पपाट, ओप्पनचायल, ओप्पना, मुरुक्कम, विरुत्तम आदि सैकड़ों ईशल हैं। प्रारंभिक ईशलों पर अरबी संगीत शैली का प्रभाव स्पष्ट रूप से देख सकते हैं। प्राचीन गीत-रचना मुहयुद्दीन माला की रचना अरबी संगीत शैली में ही हुई है। किंतु अरबी संगीत शैली के अधीन वह अधिक समय तक नहीं रहा।

ईशलों की नींव आमतौर पर द्रविड़ संगीत शैली पर रहती है। उदाहरण के लिए तोंकल नामक ईशल 'मावेलिनाडुवाणीडुमकालम' की रीति में, आदि अंत नामक ईशल 'ओमनक्कुटन गोविंदन' की रीति में और पुकयिनार नामक ईशल 'वंचिप्पाट्टु' की शैली में है।

माप्पिला गीतों के संगीत में अरबी शैली और द्रविड़ ताल का समन्वय हो जाता है।

संगीत के प्रामुख्य के कारण माप्पिला गीतों में प्रास का होना अनिवार्य है। आमतौर पर इसे 'कम्बियुम कमुलूम' कहते हैं। माप्पिलाओं के अनुसार गीत बनने के लिए 'कंबी और कष़त्तु का मेल' होना अनिवार्य है। कंबी, कष़त्तु, वाल्कंबी, वालुम्मल कंबी आदि माप्पिला गीतों की प्रमुख प्रास रीतियाँ हैं।

आद्याक्षर प्रास ही कंबी है। 'मोषि' अर्थात् पंक्ति के अर्धभाग के आद्यक्षर समान होना है यही शर्त है। वह पदाद्यादि प्रास ही है। मलयालम के पुराने पाट्टुसाहित्य-गाथा साहित्य का 'मोना' है यह।

चतुष्क में लगातार सारी पंक्तियों के द्वितीयाक्षर समान होना, यह शर्त ही 'कष़्त्तु' में है। एक प्रकार का द्वितीयाक्षर प्रास ही है। गाथा साहित्य में 'जतुका' नाम से यह शर्त जानी जाती है।

अंत्याक्षरों में आनेवाली समानता है वाल्कंबी। अत्यांक्षर प्रास ही है। अरबी संगीत रचनाओं में यह साधारणतया देखा जाता है।

एक खण्ड के अंतिम पद या पदों से अलग खण्ड शुरू करने की आदत है वालुम्मल कंबी। तमिल कृतियों, मलयालम की गाथा और भाषा चंबु-गद्यों में मिलनेवाला अंत्यादि प्रास ही वालुम्मल कंबी है।

तमिल-अरबी परंपरा के प्रास नियमों का ही माप्पिला गीतों के गायक अनुकरण करते हैं। इस संगीत शाखा की अनेक भाषापरक विशेषताएँ हैं। माप्पिला गीत में अरबी, संस्कृत, तमिल, हिंदुस्तानी, फारसी, कन्नड़ आदि भाषाओं के पद सुलभ हैं। शैली, ताल और प्रास आदि के अनुरूप किसी भी भाषा से पदों को स्वीकार करना ही गाथा निर्माताओं की आदत है। इनमें अरबी का ही प्रमुख स्थान है। अनेक प्रमुख रचनाएँ एक प्रकार की संकर भाषा में हैं। अरबी के शब्दों और उस भाषा के व्याकरण का मलयालम के साथ तालमेल होनेवाला एक 'समांतर मणिप्रवालम्' मोयिनकुट्टि वैद्यर आदि की रचनाओं में देख सकते हैं। अलिखित रूप को भी इन गाथाओं में गणनीय स्थान मिला है।

संतों के गुणगान करनेवाली माला गाथाएँ विशुद्ध युद्धों का वर्णन करनेवाली युद्ध गाथाएँ, धार्मिक निर्देश देनेवाली उरूदियाँ, स्तुतिप्रधान विरूत्त, कहानियों और विशुद्ध चरित्रों का प्रतिपादन करनेवाले किस्से, प्रेम और वीर रस पर आधारित गीत, चिट्ठी गाथाएँ, विवाहावसर पर गानेवाली गाथाएँ आदि इस पद्य शाखा के अनेक अवांतर भेद भी हैं।

'माला गाथा' परंपरा की प्रथम रचना मुहयुद्दीन माला की अरबी-मलयालम की प्रथम पद्य रचना मानी जाती है। ग्रंथ में यह भी बताया गया है कि रचनाकार कोषि़क्कोडु के एक खासी मुहम्मद हैं और रचनाकाल 1607 ई. (कोल्लवर्ष 782) जिलान के मुहयुद्दीन शेख के जीवन चरित्र और अद्भुत कथाओं को मिलाकर उसकी रचना हुई है। अन्य प्रमुख मालाएँ बदरमाला, रिफाई माला, फीसत्तु माला, मंजक्कुलम माला, मंबुरम माला, मलप्पुरम माला आदि हैं।

अरबी-मलयालम में पचास के आसपास युद्ध गाथाएँ हैं। उनमें प्रमुख गाथाएँ बदर युद्धगाथा, अहद युद्धगाथा, मक्कम फतह, फुतुहशाम, हुसेन युद्धगाथा, खंदक युद्धगाथा आदि जैसे अपने नाम से सूचित होती हैं तथा प्रारंभिक काल के मुस्लिम

युद्धों का वर्णन करनेवाली हैं।

अरबी-मलयालम के सर्वश्रेष्ठ कवि मोयनकुट्टि वैद्यर ही हैं। आज के मलप्पुरम जिले के कोन्टोटी में 1852 में उनका जन्म हुआ। बीस साल की उम्र में लिखी गई प्रथम रचना 'बदरुल मुनीर हुस्नुल जमाल' (1872) ने इस साहित्य भाषा में प्रेम को समाविष्ट किया। वैद्यर की बदर युद्धगाथा, अहद युद्धगाथा, हिजरा युद्धगाथा आदि ने अरबी-मलयालम के छंदों की नींव डाली। चालीस वर्ष की उम्र में 1892 में उनकी मृत्यु हुई। माप्पिला गीत रचनाकारों में प्रमुख हैं नुलमाला और कप्पप्पाटु के रचनाकार कुंजायन मुल्ला, तत्त्वचिंता प्रधान गाथाओं के रचनाकार अब्दुल खादिर, मस्तान, फुतुशाम के रचयिता चेटुपाय परीकुट्टी, चाकीरी बदर के रचनाकार चाकीरि मोयिनकुटी, कर्बला के रचनाकार मुन्टब्रा उण्णिमुहम्मद, सफमलमाल के रचनाकार शुजाई मोय्तू मुल्ला, लोकप्रिय गाथाओं के रचनाकार पुलिक्कोट्टिल हैदर आदि। कुछ महिलाओं ने भी गीत बनाए हैं। पीके हलीमा वी.आयिशक्कुटी कुंटिंल कुंजामिना आदि के गीतों का बड़ा प्रचार हुआ है।

माप्पिला गीत केवल एक समाज के अवकाश के समय का मनोरंजन ही नहीं है। उनके नित्य प्रति के जीवन के संदर्भों से उनका निकट संबंध है। प्रकृति का नाश और भयानक बीमारियों को हटाने के लिए नटप्पुमौलूद नामक एक आदत उनमें प्रचलित थी। 'मस्जिद से हाथ में दीप जलाकर संघ होकर स्तुति कीर्तन करते हुए गाँव के चारों ओर प्रदक्षिण करना' नडप्पु मौलूद है। प्रवाचक के जन्म दिवस में घर और मस्जिदों में यह मौलूद (स्तुति कीर्तनालाप) होता है। स्वर्ग प्राप्त सिद्धों को प्रसन्न कराकर विपत्तियों से रक्षा प्राप्त करने के लिए करनेवाला एक अनुष्ठान है 'रातीब'। इसमें कभी-कभी जीभ में सुई घुसा देना, पेड़ काटना आदि भी होता है। यह है 'कुतूरातीब'। रातीब की आचार विधियों में एक स्तुति गीत है।

सिद्धों और शहीदों की मृत्यु की वर्षगाँठ ही साधारणतया समारोह है। समारोह और मृत्यु से संबंधित अन्य कुछ अनुष्ठानों में भी गीतों का आलाप होता है।

प्रसव, गृहप्रवेश, चेलाकर्म, बोना, धान रोपना, फसल काटना आदि अवसरों में भी मौलूद स्तुतियाँ होती हैं।

टोकरी बनाते, नाव खेते और भैंसागाड़ी चलाते माप्पिला लोग गाते रहते हैं। उस अर्थ में ये कभी-कभी 'वेलप्पाटु' (काम करते हुए थकान के लिए प्रयुक्त गीत) भी बनते हैं। दफ खेल, अरवाना खेल, कोल्क्कलि आदि माप्पिला कलाओं के भी गीत हैं। इस तरह की एक भी माप्पिला कला नहीं है, जिसमें गीत के लिए स्थान नहीं हो। माँ के वात्सल्य से निकलनेवाली लोरियाँ भी सुलभ हैं। माप्पिला लोग हमेशा गीत प्रेमी रहे हैं।

विवाह के आचारों में मुख्य गीत है। उस अवसर पर आए हुए लोगों का मनोरंजन करने के लिए गायक संघ के द्वारा गाए जानेवाला विवाह-गीत एक ओर,

दूसरी ओर दुलहन की साथियों द्वारा गाए जानेवाला गीत। दुलहन की हँसी-मजाक करती हुई साथियों द्वारा गाए जानेवाले गीत, दुलहन के ससुराल जाने और दूल्हा के ससुराल जाने के वक्त रास्ते में गानेवाला गीत, इस प्रकार सर्वत्र गीतमय है।

अक्सर माप्पिला गीतों की रचना अकेले एक आदमी के मौनालाप या उच्च स्वर में आलापन के लिए नहीं होती है। अपितु किसी न किसी प्रकार सामूहिक प्रयोग में लाने के लिए है। उस प्रकार प्रयुक्त करने से ही वह माप्पिलप्पाट्टु—माप्पिला गीत बन जाता है। केवल तभी से वह गानशाखा उसकी सारी संभावनाओं को संभव बना देती है। उस दृष्टि से माप्पिला गीत प्रदर्शन की कला है। लोक गीतों के समान वह एक सामाजिक अनुभव है।

अनुवाद : सिजी जेकब

24

मलयालम रामायणकार : एषुत्तच्छन

के. एन. एषुत्तच्छन

तुंचत्तु रामानुजन एषुत्तच्छन या 'एषुत्तच्छन' केरलीयों के लिए एक पूज्य नाम है। वह एक भक्त कवि थे। साथ ही साथ सर्व सम्मति से यह स्वीकृत किया गया है कि आप आधुनिक मलयालम भाषा और साहित्य के पिता हैं। यह स्पष्ट बात है कि आपके पूर्व ही मलयालम साहित्य का उद्भव हुआ था। लेकिन आपकी भक्ति रस से पुष्ट 'किलिप्पाट्टु' रचना ने मलयालम भाषा को एक नया मोड़ प्रदान किया। साथ ही लोगों के मानसिक दृष्टिकोण में भी परिवर्तन की शंख ध्वनि गूँज उठी। 'तुंजत्तु' एक पुराने गृह का नाम है। इसी प्रकार का नाम केरल में व्यक्ति गृहों से जुड़ा है। 'एषुत्तच्छन' का अर्थ होता है 'आचार्य' और उस समय व्यक्ति, जो किसी भी जाति का हो, अपने पेशे के आधार पर ही उसका नाम पुकारते थे। 'एषुत्तु' का अर्थ होता है 'लिखना' और आशान से एक आचार्य, इस प्रकार 'एषुत्ताशान' शब्द में बाद में परिवर्तन होकर 'एषुत्तच्छन' हो गया।

कवि का नाम एक विवादात्मक समस्या है। अपने 'अध्यात्मरामायण' में एक स्थान पर अपने 'राम' नामक भाई की सूचना दी है। उसके कई शिष्यगण होते थे। ऐसा लगता है कि लोग राम के छोटे भाई को 'रामानुज' नाम से पुकारते थे। जो बाद में इसी नाम से जाने जाते थे। केरल के प्राचीन हिंदू गृहों में 'रामानुज' जैसे नाम विरले ही होते थे। प्रायः सभी विद्वानों का विश्वास है कि कवि ने अपनी वृद्धावस्था में संन्यास ग्रहण किया और तत्पश्चात् 'रामानन्द' नाम से जाना जाने लगा। अधिकांश विद्वानों के दृष्टिकोण के अनुसार उसका वास्तविक नाम 'राम' ही अधिक विश्वसनीय लगता है।

ऐसा विश्वास किया जाता है कि एषुत्तच्छन चक्काल नायर जाति के सदस्य थे। तेल बेचना ही उनका परंपरागत पेशा था। लेकिन आपके भाई को जो स्थान मिला था, वह सूचना विशेष रूप से इस बात को स्पष्ट करती है कि शिक्षा और संस्कृति दोनों में आपके परिवार ने खूब यश प्राप्त किया था। आपके माँ-बाप के

बारे में कोई जानकारी नहीं मिलती। कवि का गृह मलाबार में शोरणूर और कालिकट रेलवे लाइन के बीच, तिरुर स्टेशन के निकट त्रिकंटियूर गाँव के तुंचन परम्पु में स्थित है। अब यह सरकार की अधीनता में है। और उस क्षयोन्मुख परिवार की संस्कृति की स्मृति बनाए रखने के लिए उसका एक स्मारक के रूप में संरक्षण कर रहे हैं।

ऐसा विश्वास किया जाता है कि कवि ने अपनी प्रारंभकालीन शिक्षा प्राप्त करने के बाद पूरे दक्षिण भारत में पर्यटन किया। फिर लौट-आकर अपना परंपरागत पेशा अध्यापन वृत्ति ले ली। इस समय में ही वह अपने ख्याति प्राप्त ग्रंथों की रचना में प्रवृत्त हुए थे। यह कहना आवश्यक है कि आपकी शिष्य परंपरा में अनेक महान् व्यक्ति थे। सूर्यनारायण, करुणाकरगुरु आदि इनमें प्रमुख हैं। उन्होंने भी कई महान् ग्रंथों की रचना की। जमींदार जैसे म्लेच्छ लोग भी एषुत्तच्छन का आदर करते थे। आपके वैयक्तिक जीवन के संबंध में हमें कोई जानकारी नहीं मिली है। कुछ विद्वानों के अनुसार आपको एक पुत्री या भतीजी थी जो उन्हें रचना कार्य में सहायता पहुँचाती थी। अपनी वृद्धावस्था में आपने संन्यास ग्रहण करके एक अत्यंत आकर्षक मठ की स्थापना की जो अब भी पालक्काड जिले में चिट्टूर में उन्हीं के नाम से ही जाना जाता है। एक राम मंदिर और ब्राह्मण अग्रहार दोनों वहाँ हैं।

एषुत्तच्छन की देन

एषुत्तच्छन की अधिकांश रचनाएँ, जिनमें प्रमुख रूप से एक दर्जन रचनाएँ हैं, यहाँ के लोकप्रिय आचार और अनुष्ठानों की प्रेरणा पाकर बनाई गई हैं। एक समय ऐसा विश्वास करते थे कि आधुनिक मलयालम अक्षर माला आर्य एषुत्तु को उन्होंने ही जन्म दिया था। लेकिन अब यह पूरे प्रमाण के साथ स्थापित किया गया है कि यह ग्रंथ लिपि से प्रवाहित धारा है, तमिल में संस्कृत लिखने के लिए प्रयुक्त इस लिपि की केरल में एक लंबी परंपरा है। एषुत्तच्छन द्वारा आगे किया गया बृहत् मणि प्रवाल साहित्य सृजन इसके लिए ज्वलंत प्रमाण है। तमिल अक्षरवाली प्राचीन वट्टेषुत्तु लिपि में उन्होंने नहीं लिखा था।

'किलिप्पाट्टु' नामक एक नवीन आख्यान शैली को प्रयोग में लाने का श्रेय आपको प्राप्त है। जो 'शुक गीत' भी कहलाता है। यह एक ऐसा कल्पित शुक है, जिसको रंग, रूप और उपचार से, सुरुचिपूर्ण भोजन, मधु-दूध आदि देने से, कथा, गाना शुरू करता है। इस संप्रदाय को तमिल आलवार और नायन्मारों के भक्ति गीतों का प्रतिरूप मानते हैं। प्राचीन काल के केरल के अधिकांश कवियों ने, जो तमिल भाषा के भी पारंगत विद्वान् थे, इसको काव्य योजना के लिए सहज रीति के रूप में प्रयोग किया, जिसे एषुत्तच्छन ने अपनाया और खूब विकसित किया। आपकी रचना में प्रयुक्त अधिकांश छंद पुराने थे। लेकिन उसमें उन्होंने एक विशिष्ट व्यवस्था और क्रम बनाया, इसको 'किलिप्पाट्टु छंद' कहते हैं। यह अत्यंत आकर्षक एवं

प्रभावशाली है। और इस परंपरा के अंतिम कवियों में वल्लत्तोल आदि ने इसकी काव्य चातुरी को अपनी पूर्णता प्रदान की।

केरल के कवियों में आपके समशीर्ष अन्य कोई कवि नहीं था। वह अद्वितीय कवि थे। आपका अध्यात्म रामायण और महाभारत दोनों अब तक हिंदू गृहों में धार्मिक पूजा विधि से पाठ और पुनर्पाठ करते आ रहे हैं। वे भिन्न-भिन्न रागों में गाए जाते हैं। एक समय था जब लड़कियों की शादी में इसका ज्ञान धार्मिक गुण की दृष्टि से उच्च सामाजिक स्थिति का परिचायक था।

एक बड़ा विरोधाभास यह है कि वास्तव में एषुत्तच्छन की ख्याति और यश आपके द्वारा किए अनुवाद के कारण है। उस समय के लोगों के संबंध में यह बात सही है कि वे लोगों की आध्यात्मिक उन्नति को दृष्टि में रखकर अनुवाद कार्य करते थे, अपने यश के लिए नहीं। एषुत्तच्छन ने अपनी मूल रचना के विचारों का सुधार किया, इसमें कुछ अपनी ओर से जोड़ा तथा अन्य स्रोतों से भी लिया। वे संस्कृत के प्रकांड पंडित थे, यद्यपि तमिल भाषा में भी आपको कुछ ज्ञान अवश्य था लेकिन इसके लिए कोई स्पष्ट प्रमाण हमें नहीं मिला। कवि की लोकप्रियता का अन्य महत्त्वपूर्ण कारण आपकी रचनाओं में पाया जानेवाला शब्द गांभीर्य और तन्मयता है। जो आपके पूर्वगामी कवियों की रचना में देखने को नहीं मिलेगी। प्राचीन काल की अधिकांश रचनाओं का प्रतिपाद्य कामक्रीड़ा या रतिक्रीड़ा से संबंधित विषय था। यह मिश्रित शैली केरल के मणिप्रवाल साहित्य की आत्म कथा भी है। 'कृष्णगाथा' चेरुश्शेरी की एक अनमोल काव्य कृति है जिसमें धार्मिक भावना की छाप या संदेश तनिक भी नहीं है। एषुत्तच्छन की रचनाओं ने एक नवीन मुद्दे को छू लिया है। इसमें एषुत्तच्छन ने यह नवीन टिप्पणी की है कि कवि का दायित्व उदात्त विचारों और आदर्शों की शिक्षा और प्रचार करना है।

एषुत्तच्छन की लोकप्रियता का तीसरा कारण उनका नवीन एवं आधुनिक भाषा प्रयोग है। उसके पूर्ववर्ती कवियों ने विशेष रूप से ब्राह्मणेतर लोगों ने, 'रामायण' और 'महाभारत' आदि महान् ग्रंथों की रचना की थी, लेकिन ये सब संस्कृत अनुवाद थे। 15 ई. सदी में प्रसिद्ध निरणम कवि माधव पणिक्कर ने भगवद्गीता का एक उज्ज्वल अनुवाद प्रस्तुत किया। ये सब द्राविड़ पाट्टु शैली में लिखित रचनाएँ थीं जो आम जनता के बीच बहुचर्चित थीं। ये रचनाएँ पूर्ण रूप से तमिल भाषा पर आधारित थीं। इसमें कृष्ण गाथा की कुछ प्राचीन व्यापकता है। उस समय की भाषा की सामान्य प्रवृत्ति मणिप्रवाल थी। यह संस्कृत से अधिक प्रभावित है। यह अच्छी तरह समझकर एषुत्तच्छन ने मलयालम का आधुनिकीकरण किया। भाषा शास्त्र की दृष्टि से एषुत्तच्छन ने आधुनिक मलयालम को सुंदर शैली से लिखने की एक व्यवस्था बनाई।

अध्यात्म रामायण : अध्यात्म रामायण का अनुवाद कवि की पहली महत्त्वपूर्ण

काव्य कृति है जिससे उन्हें शीघ्र ही ख्याति प्राप्त हुई। सामान्य रूप से देखें तो यह मूल रचना के अधिक समतुल्य अनुवाद था। लेकिन युद्ध कांड में वे वाल्मीकि और अन्य कई लोगों को आधार मानकर चले। इसके लिए उन्होंने अन्य स्रोतों से भी सामग्री जुटाई थी। राम के अलौकिक रूप का दर्शन करके उन्होंने बार-बार स्तुति की। ऐसा लगता है कि कण्णश्श रामायण (15 ई. सदी) के रचनाकार रामपणिक्कर से भी कवि प्रभावित थे। लेकिन अपने अनुवाद के लिए आधार ग्रंथ के रूप में अध्यात्म रामायण को ही अपनाया था। आपकी रचना में भक्तिनिष्ठता वस्तुपरकता के स्वर से अधिक है। यहाँ तुलसीदास के साथ एषुत्तच्छन की तुलना कर सकते हैं। शायद उसी समय संपूर्ण भारत में भक्ति आंदोलन अपनी पराकाष्ठा पर पहुँचा था। केरल में इस दृष्टि से एषुत्तच्छन का विशेष स्थान है। उन्होंने अपने आराध्य देव राम का असंख्य पर्यायवाची शब्दों से यशोगान किया था। उन्होंने अत्यंत व्यापक दृष्टि से वेदांत दर्शन को आत्मसात् किया था जो संकुचित न था। केरल में भक्त लोगों के द्वारा अपने देवताओं को समान उपचार प्राप्त हुआ और यहाँ कोई धार्मिक अन्धता न थी। यहाँ एक विश्वास प्रचलित था कि अध्यात्म रामायण की मूल रचना तेलगू लिपि की थी। जो अंबलप्पुषा से कुछ लोग यहाँ लाए थे और उसे एषुत्तच्छन ने अनुवाद किया। लेकिन यह विश्वसनीय नहीं है। कवि से संबंध रखनेवाला एक अन्य अनुवाद उत्तर रामायण था। लेकिन यह आपके शिष्य द्वारा किया गया एक काम ही लगता है।

महाभारत : महाभारत एषुत्तच्छन की दूसरी महत्त्वपूर्ण रचना है। यद्यपि कुछ लोग इसे अनुवाद कहते हैं लेकिन यह वास्तव में एक स्वतंत्र रचना है और इसमें एषुत्तच्छन का रचना कौशल अपनी पूर्णता प्राप्त करता है। उलझे हुए मानव मन का चित्रण आपकी योग्यता का प्रमाण प्रस्तुत करता है। भाषा पर अपना आचार्यत्व, भिन्न प्रकार के नारी और पुरुष पात्रों का चित्रण, आकर्षक वर्णन प्रणाली, भाव तीव्रता और भक्ति रस इन सभी से संपन्न आपकी यह रचना मलयालम भाषा को संपन्न बनाती है। कवि भगवान कृष्ण का वर्णन करते समय स्वयं उसमें खो जाते हैं। इसके उपदेशात्मक अध्याय विदुर वाक्य का भी प्रशंसनीय ढंग से अनुवाद किया गया है जिसकी अनेक पंक्तियाँ पुरानी पीढ़ी के लोगों की जीभ पर रहती हैं।

अन्य रचनाएँ : एषुत्तच्छन द्वारा संपन्न अन्य रचनाओं के संबंध में विद्वानों के बीच मतभेद है। 'हरिनाम कीर्तन' और 'देवी माहात्म्य' आदि ने आपके रचना कौशल को गौरव प्राप्त करने के लिए सुअवसर प्रदान किया। यह मलयालम साहित्य का प्रथम भक्ति काव्य था। मलयालम भागवत के मूल रचनाकार से संबंधित प्रश्न भी विवादग्रस्त हैं। अधिकांश आलोचकों का विश्वास है कि यह रचना उनके कुछ शिष्यों द्वारा संपन्न हुई थी। यद्यपि एषुत्तच्छन की मौलिक रचनाएँ दो या तीन में सीमित हैं फिर भी पुराने आलोचकों से भिन्न स्तर से सोचनेवाले आधुनिक आलोचक

एवं विद्वान् लोगों से भी उन्हें उच्च आदर प्राप्त हुआ है।

इस प्रकार साहित्य एवं आध्यात्मिकता दोनों दृष्टि से समान रूप से आप समाज का पुनरुत्थान करने में सफल हुए।

अनुवाद : बालकृष्णन टी.

'मलाबार' ग्रंथ से साभार।

25

सांस्कृतिक नवजागरण और विद्याधिराज चंट्टंपि स्वामी

एस. तंकमणि अम्मा

उन्नीसवीं शताब्दी में समूचा भारतवर्ष नवजागरण के तेज दौर से गुजर रहा था। इस समय हुए विभिन्न सामाजिक-सांस्कृतिक एवं धार्मिक आंदोलनों के फलस्वरूप संपूर्ण देश में एक नवीन चेतना एवं जागृति का संचार हो गया था। इस शताब्दी के अंतिम चरणों में भारत के सुदूर दक्षिणी प्रांतों में भी नवजागरण की लहरें तेज होने लगी थीं। इस दौरान केरल के सामाजिक-सांस्कृतिक क्षेत्र में नवजागरण की मशाल जलानेवाले सांस्कृतिक पुरोधाओं में चंट्टंपि स्वामी का महत्त्वपूर्ण स्थान है।

चंट्टंपि स्वामी के समय केरल की सामाजिक-धार्मिक परिस्थितियाँ अत्यंत विकट एवं विकृत थीं। केरल के तत्कालीन सामाजिक एवं धार्मिक असम्मत्व घोर उच्चनीचत्व, छुआछूत आदि को देखकर ही स्वामी विवेकानन्द ने केरल को 'पागलखाना' पुकारा था। केरलीय जनता को उस 'पागलखाने' से मुक्त कराने के महान् यज्ञ में भागीदार बनने के कारण ही चंट्टंपि स्वामी केरलीय नवजागरण के पुरोधा कहलाए। केरलीय नवजागरण के इस ज्वलंत प्रतीक ने यह श्रमसाध्य कार्य कैसे संपन्न किया, यह देखने लायक है। अपनी इंद्रधनुषी प्रतिभा तथा विलक्षण व्यक्तित्व के बल पर ही आप यह कमाल हासिल कर सके थे। इसकी सम्यक् जानकारी के लिए उनकी जीवन-यात्रा का अनुधावन आवश्यक हो जाता है।

चंट्टंपि स्वामी की जीवन-यात्रा

जन्म और बचपन : चंट्टंपि स्वामी का जन्म 25 अगस्त 1853 को तिरुवनन्तपुरम के कण्णम्मूला नामक प्रदेश के कोल्लूर गाँव में हुआ। पिता का नाम वासुदेव शर्मा तथा माता का नाम नङ्ङम्मा पिल्ला था। माता-पिता ने बच्चे को अय्यप्पन नाम दे दिया। सब उसे प्यार के साथ कुंजन (शिशु) पुकारते थे। जाति सूचक शब्द भी

जोड़कर उसका पूरा नाम कुंजन पिल्ला हो गया।

शिक्षा : घर की गरीबी के कारण कुंजन बचपन में पाठशाला जाकर विद्याध्ययन नहीं कर सका। अपने समवयस्क बालकों को पाठशाला जाकर विद्या प्राप्त करते हुए देख कुंजन का हृदय व्यथित हो उठता था। उसके हृदय में विद्या प्राप्त करने की बलवती इच्छा थी। अपने पड़ोसी बालक की पट्टी से स्वयं बालक कुंजन ने आद्यक्षर सीख लिए थे।

कोल्लूर के जिस ब्राह्मण नंपूतिरी परिवार में कुंजन की माता नौकरी करने जाती थी, वहाँ माता की सहायता करने कुंजन भी जाता था। वहाँ के बच्चों को एक परदेशी ब्राह्मण संस्कृत की शिक्षा देते थे। नायर जाति के बालक को ब्राह्मण बालकों के साथ बैठकर संस्कृत सीखने की अनुमति उन दिनों नहीं होती थी। इसलिए विद्याव्यसनी बालक कमरे के बाहर दीवार की आड़ में खड़े गुरु के वचन हृदयस्थ कर लेता था। विद्यानुरागी बालक का यह 'एकलव्यी' कार्यक्रम बराबर चलता रहा। आखिर एक दिन वह 'एकलव्य' पकड़ा गया। उसकी मेधा शक्ति तथा विद्यानुराग से प्रभावित गुरु ने अपने उस शिष्य को कमरे के भीतर बैठने दिया और शिक्षा प्राप्त करने का अवसर दिया। लगभग दो साल तक संस्कृत शिक्षा का यह कार्यक्रम जारी रहा।

संन्यासी से साक्षात्कार : बचपन से ही कुंजन एकांतप्रिय था। मंदिर जाकर देर तक ईश्वर भजन में मग्न रहा करता था। जब कुंजन तेरह साल का था, तब एक विशेष घटना घटित हुई। रोज की भाँति उस दिन भी फूलों की माला गूँथकर मंदिर में देकर प्रार्थना करके वह लौट रहा था। वहीं एक वृद्ध संन्यासी से उसका साक्षात्कार हुआ। उस संन्यासी से बेहद प्रभावित कुंजन ने उनके पास रहकर उनकी सेवा शुश्रूषा की। उस बालक के आचरण तथा सेवा में उसकी निष्ठा से प्रभावित संन्यासी ने उस होनहार बालक के कर्ण में 'बाला सुब्रह्मण्यम्' मंत्र फूँक दिया। निष्ठापूर्वक उस मंत्र की उपासना करने के कारण ही कुंजन को 'षण्मुखदास' नाम मिला था। आगे चलकर अपने वरिष्ठ संन्यासी शिष्य श्री नारायण गुरु, नीलकंठ तीर्थपाद स्वामी तथा तीर्थपाद स्वामी को इस मंत्र का उपदेश देनेवाले स्वयं कुंजन ही थे। इस बात को स्वयं चट्टंपि स्वामी जी ने ही व्यक्त किया है (श्री विद्याधिराज चट्टंपि स्वामिकल्–प्रो. वट्टप्परंपिलू गोपिनाथ पिल्ला–1995–पृष्ठ 14)।

रामन पिल्ला आशान का शिष्यत्व तथा चट्टंपि नाम : उन दिनों तिरुवनन्तपुरम के पेट्टा नामक स्थान में रामन पिल्ला आशान (गुरु) एक विद्यालय चलाते थे। वहाँ उनके शिष्यत्व में कुंजन ने संगीत, गणित तथा तमिल भाषा की शिक्षा प्राप्त की। शिक्षा में अपने शिष्य की अपूर्व तत्परता, समयनिष्ठा, सेवाभाव, सच्चरित्रता तथा सर्वोपरि अध्यात्म के प्रति आस्था पर मुग्ध उस गुरु ने आयु में अन्य छात्रों से थोड़े बड़े कुंजन को क्लास का मुखिया (क्लास-लीडर) बना दिया।

क्लास के मुखिए को उन दिनों 'चंट्टंपि' पुकारा जाता था। इस मलयालम शब्द का मतलब है चट्टं यानी नियम का पालन करनेवाला। गुरुवर के दिए इसी नाम पर कुंजन आगे चलकर प्रसिद्ध हुए थे। धन्य हैं वे गुरु जिन्होंने कुंजन पिल्ला को चंट्टंपि का स्थान दे दिया। अपने गुरुवर के दिए उस नाम से कुंजन पिल्ला जाने जाते हैं। महानों की दीर्घदर्शिता श्लाघनीय ही है। क्लास का वह चंट्टंपि बाद में स्वामी बना तो चंट्टंपि स्वामी कहलाया। (श्री विद्याधिराज चंट्टंपि स्वामिकल् : वट्टप्परंपिल गोपिनाथ पिल्ला–1995–पृष्ठ 15)।

नौकरी : अपने परिवार की गरीबी के कारण चंट्टंपि की शिक्षा अधिक दिनों तक जारी नहीं रही। अपने और परिवार के जीवनयापन के लिए उसे मजदूरी करनी पड़ी। उन दिनों तिरुवनन्तपुरम् के सचिवालय का निर्माण हो रहा था। वहीं कई दिनों तक उसने मजदूरी की। बाद में जब सचिवालय बना, सामने के राजपथ से चलते हुए सचिवालय की ओर इशारा करते हुए स्वामीजी को ऐसा कहते हुए लोगों ने सुना है कि 'इसकी कुछ ईंटें मैंने भी ढोई हैं।' (चंट्टंपि स्वामिकल् : जीवितवुं कृतिकलुं–डा.के. महेश्वरननायर–1995–पृष्ठ 58)। फिर कुछ दिनों तक दस्तावेज लेखन तथा रोकड़िया का काम भी चंट्टंपि ने किया।

पुनः शिक्षा के क्षेत्र में : पुनः नौकरी छोड़कर चंट्टंपि पेट्टा केरामन पिल्ला आशान के 'ज्ञानप्रजागरं' नामक वेदांत सभा में भर्ती हुए। वहीं स्वामिनाथ देशिकर से उन्होंने वेदांत तथा अय्याव जी से हठयोग की शिक्षा ग्रहण की। चार साल तक तमिलनाडु में कल्लटकुरिच्चि में रहकर उन्होंने विद्वान् सुब्बाजटापाठी जी से वेदांत, योग, मंत्र, तर्क आदि का अध्ययन किया।

संन्यास की ओर : कल्लटकुरिच्चि के चार सालों के गहन अध्ययन ने चंट्टंपि को विविध विधाओं में पारंगत बनाया। यहीं से उनके संन्यास पथ की यात्रा का शुभारंभ होता है। अपने ज्ञान और अनुभव की वृद्धि करने के उद्देश्य से उन्होंने पूरे दक्षिण भारतय का भ्रमण करने का दृढ़ संकल्प लिया। इस यात्रा के दौरान कई अनुभवी एवं परम ज्ञानी लोगों से मिलने का उन्हें मौका मिला। एक मुसलमान पंडित तङ्ङल् से उन्होंने इस्लाम धर्म तत्त्वों का मर्म समझ लिया। इस देशाटन के बीच छः महीने तक मरुत्वामला (मरुत्व नामक पर्वत) की एक गुफा में उन्होंने एकांत तपस्या भी की। देशाटन से स्वदेश लौटकर उन्होंने मंदिरों की शिल्पविधि, पूजाविधि, मंत्र-तंत्रों की विद्या आदि भी सीख ली।

माता की मृत्यु : इस बीच माता की आसन्न मृत्यु-वेला पर चंट्टंपि अपने घर लौट आए। अपने संन्यासी पुत्र की गोदी में सिर रखकर उस धन्य माता ने अपनी अंतिम साँस ली। माता के अंतिम संस्कार के उपरांत चंट्टंपि सदा के लिए घर छोड़ निकले। उस समय उनकी उम्र 28 साल की थी।

संन्यासी : माता की मृत्यु के उपरांत पूर्णरूप से जीवन मुक्त हुए चंट्टंपि पुनः

मरुत्व पर्वत जाकर एकांत तपस्या में लीन हुए। तपस्या के बाद पुनः वे देशाटन के लिए निकले। नागरकोविल् के निकट वटिवीश्वरम् नामक स्थान में चंट्टंपि की मुलाकात एक सिद्ध पुरुष से हुई। उनसे उन्होंने संन्यास ग्रहण कर लिया। तब से वे चंट्टंपि स्वामी पुकारे जाने लगे।

चंट्टंपि स्वामीजी काषाय और कमंडलधारी संन्यासी नहीं थे। वे हमेशा ही एक शुभ्र वस्त्र पहनते और एक शुभ्र वस्त्र ओढ़ते थे। गले में एक रुद्राक्ष की माला भी पहनते थे। उनकी रूपाकृति से ही एक संत का व्यक्तित्व झलक उठता था।

चंट्टंपि स्वामी के शिष्य : चंट्टंपि स्वामी के कई गृहस्थ शिष्य हुए। उनके संन्यासी शिष्य तीन ही थे—श्रीनारायण गुरु, चंट्टंपि स्वामी के प्रथम शिष्य थे जिन्हें वे खूब मानते थे।

सामाजिक प्रतिबद्धता एवं समाज सुधार : चंट्टंपि स्वामी संन्यासी रहे थे, किंतु सामाजिक प्रतिबद्धता उन्हें जकड़ी हुई थी। केरल के सामाजिक जीवन के पुनरुद्धार का श्रेयस्कर कार्य उन्होंने किया। मानवता के वे पुजारी थे। अपने समय के सामाजिक असमत्व और दुस्थिति पर वे खिन्न थे, विक्षुब्ध भी। उन्होंने जाति-पाँति, छुआछूत आदि के विरुद्ध विद्रोह करके समाज के पुनरुद्धार का दृढ़ संकल्प किया। मानव-मानव के बीच दरार पैदा करनेवाली जाति की दीवार को तोड़ने का उन्होंने निर्णय लिया। इसके लिए उन्होंने ब्राह्मणों के सामाजिक आधिपत्य से नायर जाति को बचाने का यत्न किया। स्वयं ब्राह्मण से दूर रहने को विवश होकर भी नायर जाति के लोग ईषवा जाति के लोगों से अपने को दूर रखते थे। नायर जातिवाले ईषवा को अवर्ण समझते थे। इसका अंत करने के लिए स्वयं स्वामीजी ईषवा जातिवालों के घर आते-जाते थे और उनके साथ भोजन भी किया करते थे। इतना बड़ा साहस उस समय केरल के किसी भी सुधारक ने नहीं किया था। चारों ओर से सवर्णों ने उनका काफी विरोध किया किंतु चंट्टंपि स्वामीजी ने उसकी जरा भी परवाह नहीं की।

विवेकानंद से साक्षात्कार : स्वामीजी अपना अधिकांश समय देशाटन और चिंतन-मनन में व्यतीत करते थे। दर्शन के क्षेत्र में वे अद्वैत को मानते थे। अद्वैती होकर भी जहाँ आचार्य शंकर वर्णाश्रम धर्म के संकुचित घेरे से अपने को मुक्त नहीं पा रहे थे, वहाँ अपने साहस के बल पर चंट्टंपि स्वामीजी ने वर्णाश्रम धर्म के घेरे को तोड़ा था और मानव-मानव की एकात्मकता को सिद्ध कर दिया था। चंट्टंपि स्वामी का साक्षात्कार एक बार स्वामी विवेकानंद से हुआ था। दक्षिण भारत प्रवास के दौरान विवेकानंद एरणाकुलम आए थे। वहाँ उनकी मुलाकात चंट्टंपि स्वामीजी से हुई। दोनों ने आपस में अध्यात्म संबंधी गहरी चर्चाएँ कीं। अध्यात्म संबंधी स्वामी जी के अथाह ज्ञान से वे अभिभूत हुए। इसका यह भी प्रमाण है कि बाद में कई उत्तर भारतीय संत स्वामीजी से मिलने के लिए विवेकानंद के कहे अनुसार केरल

आए थे और वेदांत संबंधी अपनी शंकाओं का समाधान कर लेते थे। विवेकानंद ने अपनी डायरी में भी चंट्टंपि स्वामीजी के संबंध में अपने उच्च अभिमत रेखांकित किए हैं। (श्री चंट्टंपि स्वामी शताब्द स्मारक ग्रंथ : पृष्ठ 37-38)।

पुनः देशाटन तथा समाज सुधार संबंधी कार्य : उम्र के बढ़ते देशाटन में उनकी रुचि भी बढ़ती गई। पूरे केरल का बार-बार भ्रमण करके उन्होंने कई नई विद्याएँ सीख लीं तथा अध्यात्म संबंधी चर्चाएँ कीं। इस अध्यात्म ज्ञान को भी उन्होंने मानव हितकारी कार्यों में लगाया। स्वामीजी साठ साल के हुए तो शिष्यों एवं भक्तों ने मिलकर उनकी षष्टिपूर्ति का समारोह मनाया।

समाधि : 1924 के लगभग उनका स्वास्थ्य बिगड़ने लगा। फिर भी देशाटन का कार्यक्रम जारी रहा। अपने अंतिम समय को निकट जानकर स्वामीजी अपने गृहस्थ शिष्य तथा केरल के नामी राजनेता श्री कुंपलत्तु शंकुपिल्ला के पन्मना में स्थित घर आए। वहीं 5 मई 1924 को उनकी समाधि हुई। स्वामीजी की समाधि पर केरल के कोने-कोने में शोक मनाया गया। विविध धर्मों के नेताओं ने श्रद्धांजलियाँ अर्पित कीं। सब कहीं इस 'अभिनव शंकराचार्य' की विरुदावलियाँ गाई गईं। श्री नारायण गुरु ने अपने गुरुवर की समाधि पर निम्नलिखित श्लोक की रचना की :

"सर्वज्ञ ऋषिरुत्कांतः
सद्गुरुश्शुकवर्त्मना
आभाति परमव्योम्नि
परिपूर्ण कलानिधिः
लीलया कालमधिकं
नीत्वान्ते स महाप्रभुः
निस्वं वपुस्समुत्सृज्य
स्वब्रह्मवपुरास्थितः"

स्वामीजी की इच्छा के अनुसार उनके शिष्यों ने पन्मना के उनके समाधि स्थान पर एक भव्य मंदिर बनवाया। उसके भीतर उनकी समाधि पर शिवलिंग की प्रतिष्ठा की। यह मंदिर 'श्रीबालभट्टारकक्षेत्र' नाम से जाना जाता है। अपनी केरल यात्रा के दौरान महात्मा गांधीजी पन्मना आश्रम में ठहरे थे। महात्माजी को ठहरने के लिए कुंपलत्तु शंकुपिल्लै ने नारियल के पत्तों के छप्पर का जो आश्रम बनवाया, वह 'महात्माजीमंदिरम्' नाम से ख्यात है। स्वामीजी की पुण्य स्मृति में केरल में यत्र-तत्र कई सांस्कृतिक संस्थाएँ तथा विद्यालय स्थापित हैं।

सिद्धपुरुष स्वामीजी : चंट्टंपि स्वामीजी सच्चे अर्थों में सिद्ध पुरुष थे। कठोर साधना के बल पर उन्होंने कई सिद्धियाँ वश में की थीं। वे निर्भीक थे। साँप, श्वान आदि से वे कभी डरते नहीं थे। अपने अनुपम प्यार से उन्होंने उन्हें वश में कर लिया था।

समदर्शी : चंट्टंपि स्वामी समदर्शी थे। मानव-मानव के ही नहीं अन्य प्राणियों के भी वे परम मित्र रहे थे। प्राणियों के प्रति उनके इस अद्‌भुत प्रेम की कई कथाएँ प्रचलित हैं। जब स्वामीजी अपने गृहस्थ भक्तों के घर भोजन के लिए जाते थे वहाँ अपने प्रिय श्वानों को भी लेकर जाने तथा भोजन खिलाने की कई घटनाओं का उल्लेख कई व्यक्तियों ने किया है। 'श्री चंट्टंपि स्वामी शताब्दी स्मारक ग्रंथ' में ऐसी कई घटनाओं का उल्लेख मिलता है। चूहे और चींटियों के साथ स्वामीजी की मैत्री की भी कहानियाँ प्रचलित हैं। वस्तुतः स्वामीजी 'पंडिता समदर्शिनः' की उक्ति को चरितार्थ करनेवाले महात्मा थे।

सर्व कला वल्लभ : चंट्टंपि स्वामीजी की प्रतिभा बहुआयामी थी। वे कई कलाओं में निष्णात थे। वेद शास्त्र आदि पर उनका अगाध पाण्डित्य था। संगीत पर उनकी विशेष रुचि थी। वे अच्छे गायक भी थे। बाजे बजाने की कला में भी वे निपुण थे। केरलीय शास्त्रीय कला कथकलि पर भी उनका अधिकार था। यदा-कदा द्रुत-कविताओं की रचना भी किया करते थे। स्वामीजी की स्मरण शक्ति अद्‌भुत थी। टेनिसन की एक अंग्रेजी कविता तथा मलयालम के विख्यात कवि मुमारन आशान के काव्य को सुनने के बाद स्मरण से पुनः सुनाने का उल्लेख मिलता है। (श्री चंट्टंपि स्वामी शताब्द स्मारक ग्रंथ—पृष्ठ 46-47)।

रचनाएँ : अपने संपूर्ण जीवन को ही मानवता के हित के लिए समर्पित करके ऋषिकल्प जीवन बितानेवाले चंट्टंपि स्वामी की कतिपय प्रौढ़ रचनाएँ भी उपलब्ध होती हैं। चंट्टंपि स्वामीजी कबीर जैसे संतों की श्रेणी में आनेवाले रचनाकार रहे। समाज सुधार और मानव मंगल को मद्देनजर रखकर उन्होंने जो कुछ लिखा वह हितकारी साहित्य बना।

चंट्टंपि स्वामीजी की मुख्य रचनाएँ निम्नलिखित हैं :

1. अद्वैत चिंता पद्धति
2. क्रिस्तुमतनिरूपणं (ईसाई धर्मालोचन)
3. जीवकारुण्य निरूपणं
4. केरलत्तिले देशनामङ्ङल (केरल के स्थल नाम)
5. प्राचीन मलयालम
6. वेदाधिकार निरूपणं
7. श्रीचक्रपूजाकल्पं
8. मलयालत्तिले चिल स्थान नामङ्ङल (मलयालम के कतिपय स्थान नाम)
9. निजानंद विलासं (अनुवाद) आदि।

ये रचनाएँ स्वामीजी के अपार ज्ञान, बुद्धि वैभव तथा विद्वत्ता के निस्तुल्य निर्देशन हैं।

'क्रिस्तुमतनिरूपणं' (ईसाई धर्मावलोचन) चंट्टंपि स्वामीजी की सर्वप्रथम रचना

है। इसके दो भाग हैं–(1) ईसाई धर्म सार तथा (2) ईसाई धर्म छेदन। ईसाई धर्म के तत्त्वों के संबंध में स्वामीजी का प्रौढ़ एवं गंभीर चिंतन इस कृति में प्रकट है।

'वेदाधिकार निरूपणं' (वेदाधिकार चिंतन) स्वामीजी की बहुचर्चित रचना है। वेद का स्वरूप, वेद की प्रामाणिकता, अधिकार निरूपण, प्रमाणांतर विचार, युक्ति विचार जैसे पाँच खंडों में यह कृति विभक्त है। प्रत्येक खंड में स्वामीजी का खुला चिंतन मुखरित होता है। वेद को पौरुषेय सिद्ध करते हुए स्वामीजी ने इसका स्पष्ट समर्थन किया है कि प्रत्येक मंत्र के ऋषि का नाम वेदों में ही बताए हुए हैं। वे ही ऋषि उन वेद मंत्रों के स्रष्टा हैं। आचार्य शंकर से भी एक कदम आगे बढ़कर उन्होंने शूद्र और स्त्री को भी वेदों का अधिकारी सिद्ध कर दिया। अपने तर्कों, अकाट्य युक्तियों के बल पर स्वामीजी ने यह घोषित किया कि वेद किसी जाति की बपौती नहीं, वह मानव-मात्र की संपत्ति है तथा सारे जिज्ञासु मानव उसके अधिकारी हैं।

अद्वैत चिंता पद्धति, जीवकारुण्य-निरूपणं, प्राचीन मलयालम आदि भी उनकी चर्चित रचनाएँ हैं। उनकी कतिपय कृतियाँ अप्रकाशित भी हैं। उनकी ये कृतियाँ वस्तुतः एक समन्वयकारी लोकनायक की रचनाधर्मिता के स्पष्ट प्रमाण हैं।

चंट्टंपि स्वामीजी विलक्षण व्यक्तित्व के धनी महात्मा थे। चिंतक, समाज सुधारक, दार्शनिक, रचनाकार तथा सर्वोपरि मानवतावादी महान् पुरुष का सामंजस्य उनमें दृष्टिगोचर होता है। विशेष उल्लेखनीय बात यह है कि स्वामीजी ने अपने संपूर्ण जीवन को ही मानव कल्याणकारी कार्यों के लिए समर्पित कर दिया था। केरल के सामाजिक, सांस्कृतिक एवं धार्मिक नवजागरण में चंट्टंपि स्वामीजी का योगदान अत्यंत महत्त्वपूर्ण है। यही कारण है कि केरल के सांस्कृतिक नवजागरण के पुरोधाओं में श्री विद्याधिराज तीर्थपाद चंट्टंपि स्वामीजी का नाम आदर के साथ लिया जाता है।

संदर्भ ग्रंथ सूची

मलयालम :

1. चंट्टंपि स्वामिकल् : जीवितवुं कृतिकलुं–डॉ. के महेश्वरन नायर 1995, तिरुवनंतपुरम, दूमा बुक्स।
2. श्री विद्याधिराज चंट्टंपि स्वामिकल् (सं. 1995, तिरुवनंतपुरम, श्री विद्याधिराज विश्वकेंद्रं
3. श्री चंट्टंपिस्वामि शताब्द स्मारक ग्रंथ–स्मारक ग्रंथ समिति
4. वेदाधिकार निरूपणं–विद्याधिराज चंट्टंपि स्वामिकल् 1986, कोट्टयम, ऋषि प्रसादम्।

हिंदी :

1. महर्षि श्री विद्याधिराज तीर्थपाद–डॉ. एन. चंद्रशेखरन नायर, 1983, तिरुवनंतपुरम–श्री विद्याधिराज विद्यासमाजं।

26

सामाजिक क्रांति के अग्रदूत : श्री नारायण गुरु

डॉ. इकबाल अहमद

कहा जाता है कि काल की कठोर आवश्यकताएँ ही महात्माओं को जन्म देती हैं। श्री नारायण गुरु का जन्म भी ऐसी ही परिस्थिति का द्योतक है। उस समय समाज विभिन्न धर्मों, जातियों, उपजातियों और वर्गों में केवल विभाजित ही नहीं था प्रत्युत धर्म के नाम पर अंध विश्वासों की भरमार थी और कर्मकांड ही मूल धर्म बन गया था। श्री नारायण गुरु का जन्म 1856 ई. में चेम्बषंती नामक स्थान पर हुआ था। यह तिरुवनंतपुरम से लगभग 12 किलोमीटर की दूरी पर स्थित है। उनके पिता माडन और माता कुट्टी थीं। पिता अध्यापन का कार्य करते थे तथा वैद्य का कार्य भी करते थे। काल विशेष में हिंदुओं की नायर और ईषवा केरल की दो प्रमुख जातियाँ थीं। यों तो वर्ण व्यवस्था के अनुसार दोनों जातियाँ निम्न थीं किंतु नायर जाति को समाज में उच्च स्थान प्राप्त था, उनका संबंध सवर्ण जाति के साथ अधिक रहा एवं ईषवा जाति के लोग अवर्ण, अस्पृश्य और दलित माने जाते रहे। श्री नारायण गुरु का जन्म इसी जाति में हुआ था। उस समय सवर्ण से 32 फुट की दूरी पर ईषवा को रहना पड़ता था और संपर्क में आने पर अशुद्ध घोषित कर दिया जाता था। ईषवा की जनसंख्या अधिक थी। इनका प्रधान व्यवसाय नारियल और खजूर से ताड़ी निकालना और कृषि था।

यों तो संस्कृत और आयुर्वेद शास्त्रों के विद्वान् नम्बूदिरी ब्राह्मण हुआ करते थे किंतु उनकी संख्या बहुत कम थी और उन तक जन-साधारण नहीं पहुँच पाते थे। आयुर्वेदिक पद्धति का संपूर्ण साहित्य संस्कृत में उपलब्ध था। अर्थात् आयुर्वेदिक पद्धति को जानने के लिए संस्कृत भाषा का ज्ञान अत्यंत आवश्यक था। इस महत्त्वपूर्ण कार्य को ईषवा जाति के लोगों ने निभाया। वस्तुतः केरल का संपूर्ण भू-भाग ईषवा वैद्यों और संस्कृतज्ञों से भरा था। यदि इसे हम दूसरे शब्दों में कहें तो कहा जा सकता है कि जन-साधारण में आयुर्वेद और संस्कृत को जीवित रखने का श्रेय ईषवा जाति के वैद्यों को ही है।

श्री नारायण गुरु के मामा बहुत बड़े संस्कृतज्ञ और वैद्य थे। उन्होंने समाज सुधार का कार्य किया। उन्होंने अपनी जाति के उत्थान के लिए अथक परिश्रम अवश्य किया किंतु समाज में ईषवा जाति से भी नीचे जो माने जाते थे उनकी जानबूझ कर उपेक्षा की।

श्री नारायण गुरु को बचपन में 'नानू' नाम से पुकारा जाता था। नानू बचपन में काफी शरारती था। देवों के चढ़ावे के लिए रखे फल और मिष्टान्न पर झपट्टा मारना उसे बहुत प्रिय था। वह उसे बड़े मजे से खाता और कहता, "यदि मैं संतुष्ट होऊँगा तो भगवान भी प्रसन्न होगा।"

नानू जब छः वर्ष का बालक था तो उसके किसी निकट संबंधी की मृत्यु हो गई। घर के सभी लोग काफी दुखी हुए। नानू दूसरे दिन घर से निकल गया और जंगल में छिपकर सोच विचार में व्यस्त हो गया। घरवालों ने नानू को तलाशा लेकिन नहीं मिला। बाद में एक व्यक्ति ने आकर सूचना दी कि 'नानू' जंगल में छिप कर बैठा है। मामा-मामी तुरंत जंगल में गए और नानू को विचारमग्न पाया। उसे घर पर लाए और पूछा कि तुम जंगल में छिपकर क्यों बैठे थे ? नानू ने उत्तर दिया—चाचा की मृत्यु पर आप सब बहुत दुःखी थे किंतु दूसरे दिन ही आप सब फिर सामान्य हो गए। इस घटना से स्पष्ट है कि श्री नारायण गुरु जो अपनी उम्र से पहले ही दार्शनिक थे, वहीं वे अपने बड़े-बूढ़ों से दार्शनिक विषयों पर तर्क-वितर्क भी करते थे।

श्री नारायण गुरु की सुव्यवस्थित शिक्षा पाँच वर्ष की आयु में शुरू हुई। उनके गुरु चेंबषंती मूता पिल्लै थे जो उस क्षेत्र विशेष के बहुत बड़े विद्वान्, ज्योतिषाचार्य और उच्च आदर्शों के धनी माने जाते थे किंतु सवर्ण थे। उच्च शिक्षा के लिए उन्हें 1876 ई. में करुनागप्पल्ली के पास भेजा गया। करुनागप्पल्ली के आश्रम में बहुत से ईषवा युवक इस कुलीन गुरु से शिक्षा पा रहे थे किंतु वर्ण भेद के कारण नायर बच्चे गुरु के आश्रम में ही रहते थे और ईषवा बच्चों को आश्रम से बाहर रहना पड़ता था। करुनागप्पल्ली के आश्रम के निकट ही वरनप्पली नामक एक समृद्ध और उदार परिवार रहता था। वे ईषवा जाति के थे जो अपनी जाति के बच्चों के शैक्षिक उत्थान के लिए कार्य करते थे। उन्होंने ईषवा बच्चों को सवर्णों से शिक्षा प्राप्त करने हेतु अपने घर में ही निवास प्रदान किया था। वरनप्पली का घर एक प्रकार का छात्रावास बना हुआ था। नानू भी उसी घर में रहता था। नानू कुशाग्र बुद्धि का विद्यार्थी था। अतः उसके गुरु उससे बहुत प्यार करते थे और उसे छात्रों का नेता बनाया। इसी कारण कुछ विद्यार्थी उसे नानू चट्टम्बी कहकर पुकारते थे। यहाँ पर नानू का घनिष्ठ मित्र कुन्हुकुन्ह पणिकर था जो नानू के साथ काव्य, दर्शन और धर्म का अध्ययन करता था और नानू का बहुत आदर करता था।

नानू को पेचिश की बीमारी हो गई और उनके मामा उन्हें घर वापस ले आए।

इस प्रकार नानू का विद्यार्थी जीवन समाप्त हो गया।

वस्तुतः नानू घुमक्कड़ प्रकृति के थे और धर्म परायण जीवन व्यतीत करने के इच्छुक थे। खाली समय में गीता का प्रवचन किया करते थे। मस्तमौलापन और आध्यात्मिक तरंग को देखकर उनके संबंधियों ने उसे सुधारने के लिए उसका विवाह करने का निर्णय लिया। पहले तो नानू विवाह के लिए तैयार नहीं हुआ लेकिन बाद में संबंधियों ने मना लिया। लेकिन वैवाहिक रीति-रिवाजों ने उन्हें झकझोर कर रख दिया और वे अपने ब्रह्मचर्य मार्ग पर लौट आए। लेकिन फिर नाई ने उन्हें पत्नी के घर जाने के लिए मना लिया। वे ससुराल तो गए किंतु ड्योढ़ी से आगे नहीं गए। उनकी पत्नी ने उन्हें मिठाई और केला परोसा। नानू ने दो केले खाए और दूर जाकर पत्नी को संबोधित करके कहा—"तुम्हारा और मेरा मार्ग अलग-अलग है। तुम अपने मार्ग पर चलकर खुश रहो और मुझे अपने मार्ग पर चलने दो।" इतना कहकर वहाँ से चल दिए। अन्य संन्यासियों की भाँति नानू भी जीवन के रहस्य को जानने के लिए दैहिक बंधनों को तोड़ते हुए मुक्त संसार की ओर निकल पड़े।

परम तत्त्व की खोज में श्री नारायण गुरु जी एकाकी यात्री के समान भटकते रहे। अधिकांश समय तो उन्होंने अकेले जंगलों में फल-कंदमूल आदि खाकर बिताया। अय्यावजी ने जिन्होंने उन्हें योगाभ्यास सिखाया था, कहा था कि जाकर एकांत योगाभ्यास करो। नारायण गुरु ने उसका पालन करते हुए मरुत्वामला के उच्च शिखर पर एक विशाल किंतु चारों ओर से घिरी हुई हवादार गुफा में तपस्या और योगाभ्यास किया। फिर मरुत्वा पर्वत की गुफा को छोड़कर समाज में सामाजिक सेवा हेतु आ गए। लेकिन रात में वे सागर के तट पर बैठकर प्रार्थना और समाधि लगाया करते थे। उन्होंने कन्याकुमारी, कुलाचल, करीमकुलम्, पूवार, कोवलम्, तिरुवनंतपुरम आदि के समुद्र तटों पर अपनी रातें बिताईं। हिंदी के महान् एवं सर्वश्रेष्ठ क्रांतिकारी संत कबीर की ही भाँति समाज में रहते हुए भी सांसारिकता से निर्लिप्त रहे। उन्होंने कभी यह नहीं कहा कि गृहस्थ जीवन को छोड़कर ईश्वर के साथ अलौकिक तादात्म्य करना चाहिए। उन्होंने भक्त के संबंध में कहा है :

"पृथ्वी ही उसका बिछौना है, उसकी भुजाएँ उसकी तकिया।" पवित्र आभा, करुणामयी आँखें, कष्ट निवारक, हृदय स्पर्शी उपदेश, शांतिदायक मधुर मुस्कान जैसे आध्यात्मिक गुण के साथ-साथ श्री नारायण गुरुजी में विनय और निःस्वार्थ भावना निहित थी जो उनकी उन्मुक्त आत्मा के स्पष्ट चिह्न थे।

वे संत थे, उनकी दृष्टि में सभी मानव समान थे। उस काल विशेष की प्रथा से वे प्रसन्न नहीं थे—मंदिर में प्रवेश केवल उच्च जाति को मिलता था और उन्हें भी अपनी जाति की श्रेणी के अनुसार ही रहना पड़ता था। प्रत्येक जाति को अपनी श्रेणी के आधार पर एक-दूसरे के पीछे पूजा स्थल से निश्चित दूरी पर ही खड़ा होना होता था। ब्राह्मणों में भी उच्चतम वर्ग के ब्राह्मणों को ही मंदिर में पूजा का अधिकार

था। यह प्रथा उनके लिए असह्य थी और उन्होंने शिवरात्रि के कुछ दिन पहले घोषणा की कि मैं प्रतीक के रूप में शिवलिंग की स्थापना करूँगा। मंदिर निर्माण के लिए कोई व्यवस्था नहीं थी। किंतु स्वामीजी ने उसकी परवाह नहीं की और कहा—यह समतल चट्टान ही आधार पीठिका होगी और मैं नदी में गोता लगाकर चट्टान का एक गोल टुकड़ा उठाकर लाऊँगा बस वही शिवलिंग होगा। श्री नारायण गुरुजी ने ठीक अर्ध रात्रि को नदी में गोता लगाया और एक पत्थर का टुकड़ा अपने वक्षस्थल से चिपकाए नदी से बाहर आए और उसे लेकर ध्यानमग्न अवस्था में आँखें मूँदे तीन घंटे तक खड़े रहे। प्रातः तीन बजे गुरुजी ने शिवलिंग की पीठिका पर स्थापित कर उसका अभिषेक किया।

एक युवा नम्बूदिरी ब्राह्मण ने श्री नारायण गुरु से प्रश्न किया कि एक ईषवा होकर शिवलिंग की स्थापना और अभिषेक करने का अधिकार तुम्हें किसने दिया?

गुरुजी ने शांत भाव से मुस्कराते हुए उत्तर दिया—"मैंने ईषवा शिवलिंग की प्रतिष्ठा की है।"

कुछ लोगों ने आपत्ति की कि स्वामीजी ने मूर्ति स्थापना से पहले ज्योतिषियों से शुभ मुहूर्त नहीं निकलवाया। स्वामीजी ने इस आपत्ति का भी बड़े सरल भाव से उत्तर दिया कि हम जन्म पत्री केवल नवागत शिशु के लिए बनाते हैं, अन्य कर्मकाण्डों के लिए नहीं। क्या यह सच नहीं है ? मूर्ति को पवित्र कर लिया गया था अब आप चाहें तो उसकी जन्म पत्री बना सकते हैं

कालांतर में जब वहाँ मंदिर का निर्माण हुआ तो श्री नारायण गुरु का संदेश

"यह एक आदर्श निवास,
जहाँ रहते मानव भ्रातृसम,
धार्मिक द्वेष भाव और
जातीय संकीर्णताओं से मुक्त हो।"—अंकित कर दिया गया।

श्री नारायण गुरुजी निम्न वर्ग के लोगों को उच्च वर्ग के लोगों के मंदिरों के बाहर निश्चित दूरी पर इकट्ठा और कपड़ों में अपनी भेंट को बाँधकर दीवार के ऊपर से दूसरी ओर फेंकते हुए देखते थे किंतु इसका विरोध उन्होंने सीधे नहीं किया। उन्होंने मंदिरों में प्रवेश वर्जन की प्रथा को स्वीकार नहीं किया और उन्होंने ईषवा जाति के लिए मंदिरों का निर्माण किया। ये मंदिर उच्च वर्ग के मंदिरों से कुछ भिन्न हैं। उन्होंने मंदिरों के पास तालाब निर्माण की अपेक्षा नलवाले स्नान गृह बनवाने का सुझाव दिया। मंदिरों के चारों और बगीचे लगवाए। मंदिर में जो चढ़ावा पैसे के रूप में मिलता, उसे लोगों के कल्याण कार्यों के खर्च करने की बात कही। धर्म ग्रंथों का पुस्तकालय हर मंदिर के साथ होना चाहिए तथा मंदिरों के पुजारी निम्न वर्ग के होने चाहिए। यह उनके संदेश थे।

अरुविप्पुराम में शिव मंदिर की प्रतिष्ठा के पश्चात् वैकम के चिरायनकिष़

नामक स्थान पर देवेश्वरम् मंदिर की स्थापना की और यहाँ के देवता शिवपुत्र सुब्रह्मण्यन हैं। उन्होंने तिरुवनन्तपुरम के उत्तर में कुलात्तुर में प्राचीन मंदिर के स्थान पर शिव की मूर्ति को प्रतिस्थापित किया। कोवलम् के निकट कुन्नुमपारा मंदिर की स्थापना की। यह एक प्रतापीशिला पर बना हुआ है। इसमें सुब्रह्मण्यन की मूर्ति है। यह अनगढ़ पत्थरों से बना मंदिर बहुत ही सुंदर है। करमुक्कू मंदिर में प्रतीक के रूप में एक प्रज्वलित दीप है। मुरुकुमपुषा मंदिर में एक शिला है जिस पर सत्य, धर्म, दया, स्नेह शब्दों को खुदवाया गया है। कालावनगोड़ मंदिर में दर्पण पर 'ओम' शब्द मात्र लिखवाया गया है यही इसमें प्रतीक है।

श्री नारायण गुरुजी ने 1912 ई. में वैदिक स्कूल के साथ-साथ सरस्वती मंदिर की भी स्थापना की। उन्होंने शिवगिरि की व्यवस्था को सुधारने के पश्चात् आलवाय में अद्वैत आश्रम की स्थापना की। इसमें एक आराधना कक्ष है जहाँ सभी धर्मों के व्यक्ति अपने-अपने धर्म व विश्वास के अनुसार पूजा कर सकते हैं। आश्रम में एक पुस्तकालय है जिसमें सभी धर्मों की पुस्तकें उपलब्ध हैं। इससे संलग्न संस्कृत स्कूल है जिसमें सभी धर्मों के छात्र अध्ययन कर सकते हैं। आश्रम में एक छात्रावास है जिसमें सभी धर्मों के छात्रों को बिना भेदभाव के दाखिला मिलता है। यहाँ पर पहला सर्वधर्म सम्मेलन भी उन्होंने कराया था।

ईषवा जाति में भी कई उपजातियाँ हैं जैसे थिया, बिल्लवा आदि। इनमें अंतर्जातीय विवाह नहीं करते थे किंतु श्री नारायण गुरुजी ने विभिन्न उपजातियों को एक समुदाय के रूप में ढालने में सफलता प्राप्त की। सभी लोगों को मंदिर में प्रवेश करने का अधिकार है। उन्होंने विधवा विवाह को बढ़ावा दिया। स्त्री शिक्षा पर विशेष बल दिया।

श्री नारायण गुरुजी ने समाज में प्रचलित अंधविश्वासों को बहुत निकट से देखा था कि अवर्ण अपने पूर्वजों, जनजातीय वीरों, वीरांगनाओं, करुण कथाओं के पात्रों को पूजते थे। इनके अतिरिक्त पर्वतों, चट्टानों, पाषाणों, नदियों, सर्पों और उन भयावह जीवों, भूत-प्रेतों को भी पूजते थे जो महामारी फैलाते थे। इसके संबंध में कुछ विशेष बात नहीं कही किंतु जो पूजा के नाम पर मद्यपान करते थे अथवा पशु की बलि देते थे ? उन्होंने इनका विरोध किया। उन्होंने लोगों को समझाया और कई स्थानों से उनके देवताओं की मूर्तियों को हटाकर उनके स्थान पर शिव, सुब्रह्मण्य और गणेश की मूर्तियों की स्थापना की। उन्होंने 'ताली' (मंगल सूत्र) बाँधने की खर्चीली प्रथा को निरर्थक कहकर बंद करवा दिया। लड़की के वयस्क होने पर जो बड़ी-बड़ी दावतें देने की प्रथा थी उसका उन्होंने विरोध किया और उसे समाप्त करने में सफलता पाई।

श्री नारायण गुरुजी ने समस्त मानव जाति के लिए जीवन भर काम किया। उन्होंने कहा–"सभी धर्मों का उद्देश्य एक ही है। एक बार जब सब नदियाँ समुद्र

में मिल जाती हैं तो उनका अंतर समाप्त हो जाता है।" धार्मिक वैमनस्य समाप्त करने के लिए उन्होंने कहा–"धर्म का उद्देश्य मुनष्य के विचारों का परम सत्य की ओर उत्थान है। इसको पा लेने के बाद हर व्यक्ति अपना मार्ग स्वयं ही पा लेगा। यदि धार्मिक विवादों को खत्म करना है तो हर व्यक्ति को एक-दूसरे व्यक्ति के धर्म को पढ़ना चाहिए और उसे खुले मस्तिष्क से समझना होगा।" महान् क्रांतिकारी संत का संदेश है

"जो भी धर्म हो, यही पर्याप्त है कि मनुष्य सद्‌गुण संपन्न हो" उनका महामंत्र था–"एक जाति, एक धर्म और एक ईश्वर, मानव का।"

मानवता की मूर्ति श्री नारायण गुरुजी ने 20 सितंबर 1928 ई. की संध्या चार बजे 72 वर्ष की आयु में समाधि ग्रहण की। उन्होंने सामाजिक, न्याय और सर्वधर्म समभाव के जो क्रांतिकारी विचार सामने रखे, वे वास्तव में नवीन सामाजिक क्रांति के आधार हैं।

27

केरल का दलित आंदोलन और अय्यनकाली

आर. शशिधरन

केरल की दलित जनता को सदियों तक मानवाधिकारों से वंचित होकर जानवरों जैसा जीवन बिताना पड़ा था। अछूत घोषित किए गए इस वर्ग ने जिस गुलामी और पराधीनता का अनुभव किया था, वह सचमुच ही दर्दनाक एवं भयानक था। धनी जमींदारों और भूस्वामियों के यहाँ गुलाम बनकर जीना इनकी नियति थी। इनका जीवन खेतों-खलिहानों से संबद्ध था। औरत-मर्द, औलादों ने जमींदारों-भूस्वामियों के धान्यागारों एवं बखारों को भराने के लिए रात-दिन मेहनत की। उन्हें धूप, बारिश, हवा सहकर खेतों की दलदल में उतर, खून-पसीना एक करके काम करने में कोई हिचक नहीं थी। कड़ी मेहनत करनेवाले वे अक्सर काले रंगवाले बने। उन्हें न कोई फरियाद थी, न उम्मीद ही। मजूर के रूप में उन्हें जो एक-दो सेर धान मिलते थे, उसको खाकर खेतों-किनारे की झोंपड़ियों में जीवन बिताते थे। जिन्होंने जमींदारों-भूस्वामियों के लिए खेतों-अहातों में अपना जीवन होम कर दिया था, उन्हें ही अछूत घोषित करके अभिजातों ने हटा दिया था। इस वर्ग की मेहनत का शोषण जिन्होंने किया था, उन्होंने ही इस वर्ग की निंदा की, इनको प्रताड़ित किया। दलितों के अधिकारों को पुनःस्थापित करने, सुरक्षित करने की लड़ाई का नेतृत्व बीसवीं सदी के प्रारंभ में अय्यनकाली, चरतन सोलमन, वेल्लिक्करा चोती, कुरुमपन दैवत्तान, कंटन कुमारन, पारोड़ी एब्रहाम ऐसक, पाषूर रामन चेन्नन जैसे कई दलित नेताओं ने किया था।

दलितों की पीड़ाएँ और विवशताएँ : भारत के अन्य प्रांतों की अपेक्षा केरल में ही जाति-व्यवस्था का सख्त पालन सर्वाधिक होता था। केरल में वैश्य जाति नहीं थी। इसलिए यहाँ के ब्राह्मण और क्षत्रिय-शूद्र सवर्ण हुए, क्योंकि यहाँ के शूद्रों का संपर्क ब्राह्मणों से 'संबंध प्रथा' के द्वारा रहा था। ईषव, अरय (मछुआरा), लुहार, सुनार, बढ़ई, परया, पुलया जैसी जातियों के लोग अवर्ण बने। जाति के आधार पर ब्राह्मण सबसे ऊँचे और परया, पुलया आदि जातियों के लोग सबसे नीचे हुए। परया,

पुलया, कुरवा जैसे अनुसूचित जाति के लोगों को ही 'दलित' नाम से अभिहित किया जाता है। इन लोगों को सदियों से कई पीड़ाएँ भोगनी पड़ी थीं। जमींदारों एवं भूस्वामियों के अत्याचारों से इनको कई परेशानियाँ झेलनी पड़ी थीं। इनके मुकाबले जानवर बेहतर थे। जानवरों को उनके मालिक छू सकते थे। पर दलितों को छूना तो दूर, सवर्ण हिंदू उनकी परछाईं तक से अपवित्र हो जाते थे और स्नान के बाद ही शुद्ध हो पाते थे। ये दलित ही मेहनत करके उनके लिए खाने की चीज बनाते थे। वे इन चीजों को खा सकते थे। ये चीजें अस्पृश्य नहीं थीं, लेकिन इन चीजों को बनानेवाले अस्पृश्य थे। इन्हें न सार्वजनिक कुओं से पानी लेने का अधिकार था, न आम रास्ते से गुजरने का या विद्यालयों से शिक्षा पाने का। यहाँ तक कि मंदिर के दरवाजे तक इनके लिए बंद थे। यह वह जमाना था जब कांग्रेस और गांधीजी के नेतृत्व में अंग्रेजी दासता के खिलाफ भारत की आजादी की लड़ाई हो रही थी। आजादी की इस लड़ाई ने दलित मुक्ति का मार्ग प्रशस्त किया था। आजादी की लड़ाई के अलावा तत्कालीन अन्य सामाजिक आंदोलनों एवं परिस्थितियों ने दलितों को आंदोलन करने की प्रेरणा प्रदान की।

चान्नार आंदोलन : केरल के सामाजिक बदलाव में ईसाई मिशनरियों का बहुत बड़ा हाथ रहा था। जब केरल के दक्षिणी छोर पर मिशनरियों का कार्य शुरू हुआ तो वहाँ के कुछ चान्नारों (नाड़ार नामक जाति के लोग) ने ईसाई धर्म को स्वीकार किया। ईसाई धर्म के प्रभाव से इस जाति की औरतों ने चोली पहनना शुरू किया। उस समय तक चान्नार जैसी निम्नजाति की औरतें चोली नहीं पहनती थीं। चोली पहनने की मनाही थी। 1828 में जब दो चान्नार औरतें चोली पहनकर चलीं तो उनकी चोलियों को कुछ सवर्णों ने चीर डाला। चान्नारों ने खुलकर इसका विरोध किया। सन् 1859 में दोबारा इसी तरह की कुछ वारदातें हुईं (एन.के. जोस : 1979 : 50)। आखिर 1859 जुलाई 26 को त्रावनकोर महाराजा को चान्नार औरतों के वस्त्र पहनने की आजादी को मंजूरी देकर ऐलान करना पड़ा।

अरुविप्पुरम में शिवमूर्ति की प्रतिष्ठा : अवर्णों को मंदिर में प्रवेश करने की मनाही थी। ईश्वर अवर्णेतर लोगों की कैद में थे। महात्मा श्री नारायण गुरु ईषव जाति के लोगों के आध्यात्मिक और सामाजिक गुरु एवं नेता थे। उन्होंने अपने समुदाय के लोगों का संगठन कायम करने और उनका उद्धार करने का कार्यभार शुरू किया। सन् 1888 में उन्होंने तिरुवनन्तपुरम के पास अरुविप्पुरम में शिवलिंग की प्रतिष्ठा की। उनका यह कार्य केरल के सामाजिक नवजागरण के इतिहास की एक महत्त्वपूर्ण घटना थी। उन्होंने ब्राह्मण वर्ग की पुरोहिताई को इस प्रकार चुनौती दी।

अय्यनकाली : आधुनिक केरल के इतिहास निर्माण में श्री अय्यनकाली का खास महत्त्व है। उन्होंने केरल के पद दलित वर्ग की सालों से हो रही गुलामी, सदियों

से झेलती पीड़ा, परेशानियों से उन्हें मुक्त करने का सराहनीय कार्य किया। वे सामाजिक क्रांतिकारी थे। दलितों के अधिकारों को स्थापित एवं सुरक्षित करने की लड़ाई में वे सबसे आगे थे। उनकी कोशिशों की वजह से ही केरल का दलित वर्ग आज की अच्छी-खासी सामाजिक स्थिति को हासिल कर सका है।

दलितों के उद्धारक अय्यनकाली का जन्म सन् 1863 अगस्त 28 को केरल की राजधानी तिरुवनन्तपुरम के निकट वेङ्ङान्नूर में हुआ था। वे अय्यन और माला के सबसे बड़े पुत्र थे। माता-पिता ने उनका नाम 'काली' रखा था। लेकिन बड़ा बनने पर पिता का नाम जोड़कर वे अय्यनकाली के नाम से प्रसिद्ध हुए।

काली के पिता अय्यन पुत्तलत्तु नामक प्रसिद्ध घराने के जमींदार परमेश्वरन पिल्लै के खेतिहर मजदूर एवं काश्तकार थे। अय्यन अपने वर्ग के लोगों के साथ मिलकर पिल्लै के घराने की खेतीबाड़ी करते थे, बीज बोते थे, फसल काटते थे। पिल्लै अपने किस्म के अन्य जमींदारों से बिल्कुल भिन्न थे। उन्होंने अय्यन को एक मनुष्य के रूप में देखा। उन्होंने सवा आठ एकड़ खेतीली जमीन अय्यन के हिसाब में लिखवाने की मदद की। फलस्वरूप भूमिहीन अय्यन भूस्वामी बन गया। पिल्लै की कार्रवाई से अन्य जमींदार नाखुश रहे। लेकिन पिल्लै की ताकत और रोब के सामने वे हार गए।

जीवन के कटु अनुभवों से अय्यनकाली ने दलितों की स्थिति में सुधार लाने की जरूरत को महसूस किया। पहले पहल उन्होंने अपने वर्ग के युवकों को संगठित किया। युवक संगठन से उनका आत्म बल बढ़ गया। उन्होंने सोचा कि जाति की वजह से मनुष्य को मनुष्य से दूर रहना पड़ता है। पंचम वर्ण के लोगों को आम रास्ते से न गुजर पाने लायक सामाजिक नियम अन्याय है। जिस रास्ते से बिल्ली, चूहा, कुत्ता, बैल, गाय, भैंस आदि गुजर सकते हैं उससे अवर्ण घोषित लोग गुजर नहीं सकते। सवर्णों को दूर से आते देखकर उन्हें कहीं दूर भाग छिपना चाहिए था। नहीं तो उन्हें सवर्णों की मार खानी पड़ती थी। खूनखराबे के अलावा जान ली जाने पर भी पूछने के लिए कोई नहीं था। कानून और न्याय केवल सवर्णों के हाथ में थे। मवेशियों की मानिन्द मनुष्य बेचे-खरीदे जाते थे। उनकी मेहनत को लूटनेवालों ने उन्हें देख लिया तो छुआछूत-अस्पृश्यता हुई। इस तरह नैसर्गिक भावनाओं ने अय्यनकाली को दलितों द्वारा झेली गई पीड़ा, परेशानियों से लड़ने की प्रेरणा दी।

आम रास्ते से गुजरने की आजादी के लिए : आम रास्ते से गुजरने का अधिकार प्राप्त करना काली क। सर्वप्रथम लक्ष्य था। इसलिए उन्होंने उस समय कायम रखी सामाजिक मनाहियों को ललकारा। सन् 1893 में उन्होंने एक बैलगाड़ी खरीद ली। उस जमाने में बैलगाड़ी खरीदने और उस पर चढ़कर सवारी करने का केवल सवर्णों का हक था। लेकिन अय्यनकाली ने दो बैलों को बाँधकर उस गाड़ी में सैर की। सवर्णों को काली की करामात बेहूदी एवं ढिठाई लगी। गाड़ी में बैठे

काली एक सफेद बनियान और धोती पहने हुए थे। सफेद पोशाक पहनने की मनाही थी। कई सवर्ण युवकों ने काली की गाड़ी को रोका। गाड़ी में रखे हथियार लेकर वे गाड़ी से नीचे उतरे तो युवक भाग गए। लेकिन भागते समय युवकों ने काली को धमकाया।

काली की यात्रा की खबर चारों ओर फैल गई। इस बात को लेकर सवर्णों ने अवर्णों पर आक्रमण किया। अय्यनकाली और साथियों ने गाँव-गाँव में गश्त लगाया। और वहाँ के दलितों की जमात कराई। काली ने उनसे मानवाधिकार के लिए लड़ने का आह्वान किया। दलितों में वे धीरे-धीरे आत्मविश्वास जगा सके। उनको अनुभव हुआ कि दलितों को, आम रास्ते से गुजरने की आजादी कोई भी न देगा और दलितों द्वारा आम रास्ते से चलते रहने से ही वह अधिकार मिलेगा। इसी बात को लेकर काली ने एक बैठक बुलाई और बैठक में कई फैसले भी लिए। फैसले के मुताबिक अय्यनकाली और साथी आरालुम्मूड़ के बाजार में पहुँचे। बालरामपुरम के शालियों (जुलाहों) की गली से कई लोग वहाँ पैदल चलने आए। उन सबको रोकने के लिए वहाँ कई लोग इकट्ठा हो गए। दोनों दल के लोगों के बीच भारी मुठभेड़ हुई। इस तरह राह चलने की आजादी के लिए हुई पहली लड़ाई मार-पीट में बदल गई।

स्कूल में प्रवेश पाने की माँग : दलित बच्चों को स्कूलों में दाखिला होने का अधिकार पाना अय्यनकाली का दूसरा लक्ष्य था। इसके लिए उन्होंने सख्त आंदोलन ही चलाया। अपनी कोशिशों में वे ज्यादा आगे नहीं बढ़ पाए क्योंकि उन दिनों सरकार भी इसके अनुकूल न थी। उस समय जब सवर्णों का रोब इतना प्रबल था कि सरकारी कर्मचारी एवं शिक्षा संस्थाओं के अधिकारियों ने दलितों के प्रति कोई हमदर्दी नहीं दिखाई। अय्यनकाली निराश नहीं हुए। सन् 1905 में उन्होंने वेङ्ङानूर में एक झोंपड़ी बनाकर पाठशाला की स्थापना की। केरल की दलित जनता का वह पहला सरस्वती मंदिर था। बिफरे हुए सवर्णों ने उस पर आग लगाई। प्रत्याक्रमण का प्रयास न करके काली और उनके साथियों ने उसी जगह पर दूसरी झोंपड़ी बनाई। नई झोंपड़ी को बनाए रखने का प्रयास उन लोगों ने किया। उस पाठशाला में काली के दो साथी उस्ताद बने। बाद में सरकार को स्कूल में दाखिला संबंधी आदेश जारी करना पड़ा।

धर्मांतरण के खिलाफ : उन्नीसवीं शताब्दी के अंत में और बीसवीं शताब्दी के आंरभ में ईसाई धर्म के प्रचार-प्रसार के लिए केरल में आए मिशनरियों की वजह से यहाँ के सामाजिक, सांस्कृतिक, साहित्यिक और शैक्षिक क्षेत्रों में कई बदलाव आए। दलितों की तरक्की के लिए भी उन्होंने महान् सेवाएँ की हैं। केरल की दकियानूसी सामाजिक व्यवस्था अपनी सारी बुराइयों के साथ कायम थी। भारत के अन्य प्रांतों की तुलना में केरल में जाति-प्रथा और उससे संबद्ध सारी बुराइयाँ सख्ती

के साथ मौजूद थीं। मिशनरी प्रवर्तक जनता के बीच जाकर काम करनेवाले थे। इसलिए उन्हें दलितों की मजबूरियों को देखने का मौका मिला। दरिन्दों जैसे जीवन बितानेवाले दलितों का उद्धार करने का प्रयास उन्होंने किया। गुलामों को भी उन्होंने उनके मालिकों से खरीदकर मुक्त कर दिया। उनके ये काम आकर्षक थे। जाति को नजरअन्दाज करके उन्होंने दलितों को अपने विद्यालयों में दाखिला दिया। दलित जब ईसाई बन जाता तो जाति के नाम पर हुई मजबूरियों से वह मुक्त हो जाता था। आम रास्ते से होकर वह गुजर सकता था। सवर्णों के निकट जा सकता था। मिशनरियों के कामों से धर्मान्तरण की प्रवृत्ति बढ़ गई। मिशनरियों के आने के पहले यहाँ कई ईसाई लोग मौजूद थे। धर्मान्तरित दलितों के साथ इन ईसाइयों का बर्ताव सवर्णों जैसा था। इन धर्मांतरितों को इन ईसाइयों ने अस्पृश्य ही माना। इधर धर्मांतरित दलितों ने हिंदुओं को निरक्षर काफर आदि कहकर उपहास किया। वे अपने निकटवर्ती रिश्तेदारों से भी दूर रहे। अय्यनकाली ने अनुभव किया कि यह दलितों के लिए हितकारक नहीं है। उन्होंने देखा कि दलित, धर्म के नाम पर अलग-अलग हो जाएँगे और यह समुदाय की मजबूती के लिए खतरा है। इसलिए काली ने धर्मान्तरण का विरोध करने का निश्चय किया। उन्होंने श्रीमूलम् तिरुनाल महाराजा के सामने निवेदन प्रस्तुत किया कि अपने समुदाय के लोगों की संख्या धर्मान्तरण के कारण कम होती जा रही है, इसलिए महारानी विक्टोरिया के ऐलान का पालन करने के लिए बलपूर्वक धर्मान्तरण की प्रवृत्ति को रोकना चाहिए। महाराजा ने घोषणा की कि आगे बलपूर्वक धर्मान्तरण नहीं होना चाहिए।

मंदिर में प्रवेश का अधिकार और गांधीजी का आगमन : सारे हिंदुओं की मंदिर में प्रवेश की माँग जोरों से उठ रही थी। सरकार ने 1933 को 'मंदिर प्रवेश समिति' का गठन किया। समिति के सदस्य एकमत के समर्थक नहीं थे। इसलिए कोई ठोस फैसला नहीं हुआ। इधर हिंदू धर्म छोड़कर लोग ईसाई धर्म को अपना रहे थे। मजबूर होकर सरकार को मंदिर प्रवेश का ऐलान 1936 को करना पड़ा। इस ऐलान को महात्मा गांधीजी ने हृदयपूर्वक स्वीकार किया। गांधीजी ने त्रावनकोर के समस्त मंदिरों में तीर्थयात्रा करने का निश्चय किया। त्रिवेंद्रम आए। 1937 को गांधीजी वेङ्डानूर आए। अय्यनकाली और उनके सहयोगी मित्रों ने गांधीजी का प्रसन्नतापूर्वक स्वागत किया। वहाँ हुए जलसे में गांधीजी ने काली को 'दलितों के राजा' कहा था। (अभिमन्यु : 1990 : 171)।

सदानंद स्वामी से संपर्क : सन् 1905 को सदानंद स्वामी नामक श्रेष्ठ योगी त्रिवेंद्रम आए। सवर्ण परिवार में जन्मे स्वामी ने हिंदू धर्म में व्याप्त दुराचारों का विरोध किया। उन्होंने कहा कि दलित भी मनुष्य हैं, उनके साथ मनुष्यों का जैसा व्यवहार करना चाहिए। जाति-प्रथा मनुष्य निर्मित है, इसलिए उसका पालन करने की जरूरत नहीं है। सारे हिंदुओं को मंदिर प्रवेश करने की अनुमति मिलनी चाहिए।

जातिगत भेदभाव की वजह से ही हिंदू धर्म में शामिल दलित धर्मान्तरण करने के लिए मजबूर होते हैं। अभिजात लोगों ने स्वामी का खून करने का प्रयास किया। किंतु वे बच गए। कई दलित स्वामी के भाषण से प्रभावित हुए। काली भी स्वामी की बातों से प्रभावित हुए। जब स्वामी वेङ्डानूर आए तब काली और उनके साथी उनसे जा मिले। स्वामी ने उपदेश दिया कि दलितों की प्रगति के लिए वे ही खुद परिश्रम करें और उनमें से किसी को नेता बनाएँ। आखिर एक व्यक्ति को नेता चुन लिया गया।

चित् सभा की स्थापना और महाराजा से भेंट : स्वामी ने अय्यनकाली और उनके साथियों से मिलकर अपने ब्रह्मनिष्ठ मठ की एक शाखा की स्थापना की जिसका नाम रखा गया चित् सभा। देश के महाराजा 'जिंदा ईश्वर' थे। उनसे मिलने या उनके सामने आने का मौका या अधिकार दलितों को न था। लक्ष्मी पूजा का त्योहार देश-भर में मनाया जाता था। सदानन्द स्वामी ने काली और उनके मित्रों से कहा कि यह उत्सव धूमधाम से मनाया जाना चाहिए और महाराजा की एक तस्वीर लेकर जुलूस निकालना चाहिए। महाराजा की तस्वीर लेकर आने से कोई उन्हें नहीं रोकेगा। रास्ते से होकर चलने और राजा के दर्शन का मौका प्रदान करना स्वामी के लक्ष्य थे। जुलूस की ओर पत्थर मारा गया। जुलूस के प्रतिभागी संयमित थे। इसलिए कोई अनचाही घटना न घटी। जुलूस में आए दलितों ने किले से बाहर निकले प्रतापी राजा के भी जी भरकर दर्शन किए। राजा ने भी अनुभव किया होगा कि ये उनकी प्रजा हैं। वापसी के रास्तों में जुलूस पर आक्रमण हुआ। भारी मारपीट हुई। प्रतिभागी रास्ता बदलकर चले।

साधुजन परिपालन-संघम् : अय्यनकाली ने महसूस किया कि सारे दलितों की सम्मिलित कोशिश से ही अपनों को अधिकार एवं तरक्की मिलेगी। स्वामी से इजाजत लेकर उन्होंने चित् सभा से विदा ली। उन्होंने सन् 1907 फरवरी में 'साधुजन परिपालन संघम्' की स्थापना की। इस संस्था की स्थापना के पहले उन्होंने श्री नारायण गुरु, सी.वी. कुंजुरामन, डा. पल्पू, महाकवि कुमारन आशान, जज गोविंद आदि से सलाह-मशविरा किया। उन सबसे उनको आशीष मिला। इस संस्था से ही दलितों को सामाजिक, राजनीतिक, शैक्षिक क्षेत्रों में पर्याप्त तरक्की मिली। दलितों की मुक्ति के लिए काली ने अपना जीवन ही समर्पित किया। काली एकमत से संघ के अध्यक्ष चुन लिए गए। इस नई जिम्मेदारी को उन्होंने खुशी के साथ सँभाला। जज गोविंद और अन्य सवर्ण लोगों से उनको कई प्रकार की मदद मिली।

काश्तकारों की हड़ताल : साधुजन परिपालन संघम् में दलितों ने सबसे पहले अपने बच्चों को स्कूल में दाखिला पाने के बारे में सोचा। कई अर्जियाँ सरकार को दी गई थीं। इस बीच पी. राजगोपालाचारी दीवान बनकर आए। 1909 से 1914 तक वे त्रावनकोर के दीवान रहे। दलितों के प्रति उन्होंने असीम हमदर्दी दिखाई।

काली उनसे जाकर मिले। उन्होंने बताया कि 1907 से ही दलितों के अनुकूल सरकारी आदेश आया है। सरकारी आदेश को अफसरों ने धँसा लिया था। वे यही चाहते थे कि दलित बच्चे स्कूल में जाकर न पढ़ें। नहीं तो उनकी काश्तकारी के लिए कोई भी न मिलेगा।

काली और साथियों ने स्कूल में जाकर पूछताछ की। उनका कहना था कि सरकार का ऐसा आदेश उन्हें लागू नहीं है। इनका यह व्यवहार काली को पीड़ाजनक लगा। दलितों के पसीने की फसल वे खा सकते हैं, उनके बच्चों का स्कूल में दाखिला होने पर छुआछूत हो जाएगा। काली ने हड़ताल का आह्वान किया—जब तक हमारे बच्चे स्कूलों में दाखिल नहीं किए जाएँगे तब तक खेतों में काम नहीं करेंगे। खेतिहर मजदूर काली के आह्वान पर काम पर न गए। सवर्ण कुपित हुए। उन्होंने हड़ताल का सामना करने का निश्चय किया। उनके लिए दलितों की हड़ताल और उसकी वजह असार थी। कई जगहों पर जमींदारों ने काश्तकार मजदूरों को पीटा। अफसर लोग जमींदारों के हिमायती थे।

मारपीट ने काली और साथियों का हौसला बढ़ाया। उन्होंने कुछ अन्य माँगें भी जमींदारों के सामने पेश कीं। उनकी माँगें थीं—(1) छोटी-छोटी बातों के लिए जमींदार द्वारा दलितों को निर्ममतापूर्वक पीटना बंद कर दिया जाए, (2) काश्तकारों को गुलाम न मान लिया जाए, (3) दलितों को आम रास्ते से गुजरने की आजादी मिल जाए। वे अपने निश्चय पर अटल रहे कि जब तक उनकी माँगों को मान्यता नहीं मिलेगी, तब तक वे काम पर न जाएँगे। काली शिक्षा निदेशक डॉ. मिचेल से मिले। गोरे मिचेल दलितों की मजबूरियों को जानते थे। उन्होंने दीवान से मिलकर 1910 में स्कूल में दाखिला होने का आदेश जारी किया। फिर इस आदेश को चालू कराने के लिए उन्हें और भी आंदोलन चलाना पड़ा। आखिर इस हड़ताल की समाप्ति काश्तकार दलितों की माँग को मान्यता देकर हुई।

श्रीमूलप्रभा सभा सदस्य : श्रीमूलम् महाराजा के शासन काल में उन्होंने 'लेजिस्लेटिव कांउसिल' की स्थापना की (1888)। उसमें कुल मिलाकर आठ सदस्य थे। इसके अध्यक्ष दीवान थे। यह सभा निर्माण के लिए बनाई गई थी। 1898 में इसके सदस्यों की संख्या बढ़ाई गई। श्रीमूलम प्रजा सभा के कामों का प्रारंभ 1904 में हुआ। देश के शासन में नागरिकों की राय-मशविरा लेना इसका उद्देश्य था। सभा के सदस्यों को सरकार ही मनोनीत कराती थी। 1911 में साधुजन परिपालन संघम् का प्रतिनिधित्व करानें के लिए सरकार ने 'सुभाषिणी' के संपादक पी.के. गोविंद पिल्लै को नियुक्त किया। वे दलितों की मजबूरियों से परिचित थे। उन्होंने दलितों की निजी दशा को सभा में पेश किया। उन्होंने ही सरकार के सामने निवेदन किया कि दलितों में से किसी को ही अपनी समस्याओं को प्रस्तुत करने के लिए नियुक्त करना चाहिए। पिल्लै के निवेदन पर चर्चा हुई। आखिर अनुकूल फैसला भी लिया

गया। उस समय दलितों के बीच ख्यातिप्राप्त नेता काली थे। इस प्रकार आखिर अय्यनकाली प्रजा सभा के सदस्य नियुक्त हुए। जब तक वे प्रजा सभा के सदस्य के रूप में रहे तब तक उन्होंने दलितों की माँगों, अधिकारों के लिए काम किया। दलितों को जमीन दिलाने, बच्चों को स्कूलों में दाखिला पाने, नौकरी पाने के लिए उन्होंने माँग की। उनके निवेदन के मुताबिक ही दलितों को सरकार की ओर से जमीन मिली, स्कूल में प्रवेश मिला, नौकरी मिली।

पत्थर की मालाएँ, लौह चूड़ियाँ आदि को छोड़ने का आह्वान : उस जमाने में दलित वर्ग की औरतें चिकने पत्थर से बनी मालाएँ एवं लौह तारों से बनी चूड़ियाँ पहनती थीं। सोना या चाँदी से बने आभूषण पहनने की उन्हें मनाही थी। काली के विचार में पत्थर की मालाएँ लौह चूड़ियाँ आदि गुलामी के निशान थे। इसलिए उन्होंने इन आभूषणों को छोड़ने का आह्वान किया। औरतों ने इन आभूषणों को पहनना छोड़ दिया। कोल्लम जिले के पेरिनाटु नामक स्थान की औरतों ने जब इनको छोड़ दिया तो सवर्णों ने इसका विरोध किया। फलतः दलित और दलितेतर के बीच झगड़ा हुआ। भारी मुठभेड़ हुई। 1915 को उसी स्थान पर दलितों का एक जलसा हुआ—तो जलसे पर सवर्णों ने आक्रमण किया। आक्रमण की खबर फैल गई तो देशभर में दलितों पर सवर्णों का आक्रमण हुआ। अय्यनकाली ने दलितों को शांत रहने का आह्वान किया। आखिर सभी जातियों के लोगों का एक अधिवेशन कोल्लम में चला। इसमें परस्पर आक्रमण न करने का फैसला लिया गया।

दारु पीने के खिलाफ : अय्यनकाली ने दलितों को आह्वान किया कि वे दारु न पिएँ। औरतों को भी उन्होंने सचेत किया था। 1939 को कुट्टनाडु में उन्होंने मदिरा के खिलाफ अपने समुदाय की जनता को जागरित किया था। (अय्यनकाली स्मरणिका : 1982 : 46)।

स्वतंत्रता आंदोलन : उस युग में स्वतंत्रता आंदोलन की शक्ति बढ़ रही थी। त्रावनकोर में भी उसकी लहर उठी थी। काली ने इस आंदोलन में भाग नहीं लिया था। लेकिन इससे जुड़े हुए नेताओं से उनका संपर्क रहा। स्वतंत्रता आंदोलन में शामिल लोगों के कामों का उन्होंने हृदयपूर्वक स्वागत किया। जिन दलितों ने उसमें भाग लिया था, उनकी इच्छा देखकर काली खुश रहे।

मृत्यु : दलितों की मुक्ति एवं तरक्की के लिए अय्यनकाली ने बड़ा प्रयास किया। लगातार काम करके वे थक गए थे। शारीरिक अस्वास्थ्य उन्हें घेरने लगा। आखिर वे रोग शय्या में पड़ गए। इस महान् समाज सेवक की मृत्यु सन् 1941 जून 18 को हुई थी।

उपसंहार : दलित उत्थान के लिए महात्मा गांधी, डॉ. अम्बेडकर, तैक्काट्ट, अय्यन स्वामी, चट्टंपि स्वामी श्री नारायण गुरु, शुभानंद गरुदुव, ब्रह्मानंद शिवयोगी, चंगनाश्शेरी परमेश्वरन पिल्लै, महाकवि कुमारन आशान, टी.के. माधवन, केलप्पन,

के. अय्यप्पन, पं. के.पी. करुप्पन, पी.सी. चांचन, के.पी. वल्लोन जैसे लोगों ने जो कार्य किया है, उसे नजरअंदाज नहीं कर सकते। लेकिन इस कार्य में अय्यनकाली ने जो प्रयास किए हैं, वे चिरस्मरणीय हैं। दलितों के अधिकारों को सुरक्षित करने और अक्षर ज्ञान देने, आम रास्ते से गुजरने और सामाजिक अवस्था में बदलाव लाने के लिए उन्होंने जो काम किए हैं, वह इतिहास के पन्नों में सोने के अक्षरों में लिखने योग्य हैं। वे सचमुच केरल के दलितों के मसीहा रहे हैं।

सहायक संदर्भ ग्रंथ

1. D.D. Kosambi–An Introduction to the study of Indian History, Popular Prakashan, Bombay 2nd Edn., 1975
2. ए. श्रीधरमेनोन–केरल चरित्रम्–एन.बी.एस. कोट्टयम, तृतीय संस्करण, 1973
3. पी.के. गोपालकृष्णन–केरलत्तिन्टे सांस्कारिक चरित्रम्, केरल भाषा इन्स्टीट्यूट, त्रिवेंद्रम, 1984
4. एन.के. जोस–चान्नार लहला, होबी पब्लिकेशन, वैक्कम, 1979
5. सी. अभिमन्यु–अय्यनकाली, केरल सरकार के सांस्कृतिक प्रकाशन विभाग, तिरुवनन्तपुरम, 1990

28

महाकवि वल्लत्तोल और केरल कलामंडलम्

ए. बालकृष्ण वारियर

महाकवि वल्लत्तोल गत एक शताब्दी के अंतर्गत केरल के सांस्कृतिक जगत् में उदित महान् कवि और कलाकार थे। आपकी देन केवल मलयालम काव्य क्षेत्र तक सीमित नहीं, बल्कि प्राचीन दृश्यकला जैसे कथकली आदि की प्रगति के लिए की गई सेवाएँ केरलीय जनता आदर के साथ स्मरण करेगी। अगर महाकवि और उनके साथी मनकुलम मुकुंद राजा, दोनों मिलकर पचास वर्ष पहले कठिन परिश्रम करके केरल कलामण्डलम् की स्थापना करके, कथकली की उन्नति नहीं करते तो इस विशिष्ट कला का नामोनिशान तक अब देखने को नहीं मिलता। अपने जीवनकाल में उन्होंने केरल की प्राचीन दृश्य कलाओं के नवोत्थान के लिए जो त्याग और सेवा की उसके बारे में विचार करना होगा। वल्लत्तोल बचपन में ही कथकली आदि परंपराशील कलाओं के निकट संपर्क में आए और उससे प्रेरणा प्राप्त करने के लिए वातावरण आपको प्राप्त हुआ। बचपन में ही पैदल चलकर कथकली, कूत्तु, कूडियाट्टम आदि देखने के लिए बहुत दिलचस्पी के साथ सुदूर स्थानों में स्थित मंदिरों में जाते थे। यह सब जानकारी हमें आपके बचपन के साथी श्री कुट्टिप्पुरत्तु किट्टुण्णि नायर के लेखन से प्राप्त होती है। कथकली में उनके पिता को बड़ा चाव था, वह उन्हें बहुत सहायक सिद्ध हुआ। बचपन में पिता के साथ बैठकर कथकली देखने और समझने का वरदान उन्हें प्राप्त हुआ। पिता की सहायता से कथकली की मुद्राएँ और शास्त्रीय अभिनय रीतियों के बारे में समझने के लिए सुअवसर उनको मिला। बहरा होने के कारण आपके लिए आस्वादन करने लायक एकमात्र कला कथकली थी। इसके प्रति उनकी रुचि बढ़कर दृढ़ आस्था बनाने लगी। पश्चिमी शिक्षा के प्रसार के कारण कथकली तथा अन्य भारतीय कलाओं का उन दिनों पतन हो रहा था। महाकवि इससे चिंतित हुए और इस चिंता ने उन्हें इन कलाओं के उत्थान के लिए प्रेरित किया।

इस शताब्दी के आरंभ में कथकली, ओट्टन तुल्लल, कूत्तु, कूडियाट्टम आदि

केरलीय दृश्य कलाएँ कुछ दैवी स्थानों, सामंत परिवारों का आश्रय लेकर जिंदा रहती थीं। ये लोग अपना यश बढ़ाने के लिए इन्हीं साधनों को उपयुक्त पाते थे। इस प्रकार की डींग मारने के सिवा, कथकली संघ की प्रगति के लिए ये नंबूतिरि और सामंत लोग कुछ भी नहीं करते थे। इन कलाओं में प्रशिक्षण देने के लिए कोई योग्य कला संप्रदाय या संस्था उस समय नहीं थी। यह कला सीखने के लिए आए अधिकांश लोग विद्याहीन थे। इसी कारण गीत का अर्थ ग्रहण करके संदर्भोचित भावाभिनय करना उसके बूते के बाहर था। इसके लिए उन लोगों को प्राप्त पारिश्रमिक भी अत्यंत तुच्छ था। 'कथकली रंग' के कर्ता श्री के.पि.एस. मेनोन ने इस ओर हमारा ध्यान आकर्षित किया है कि पुराने खानदानों और दरबारों में काम करनेवाले लोग अवकाश के समय में अपने स्वामी के आज्ञानुवर्ती होकर उनके द्वारा नियुक्त आचार्यों की अधीनता में अभ्यास करते थे। म्लेच्छों और सामंतों की रुचि की तुष्टि के लिए खेलनेवाले इस कलारूप में, उनके कहे अनुसार वेश परिवर्तन भी बीच-बीच में करते थे। इस प्रकार ही उस समय के सभी प्रसिद्ध कथकली कलाकार इस कला को बनाए रखते थे। सामान्य जनता से दूर हो जाने का मुख्य कारण इसका संस्कृत शब्द बाहुल्य और आंगिक अभिनय प्रणाली आदि थी। इसके साथ ही अंग्रेजी शिक्षा प्राप्त युवा पीढ़ी कथकली तथा अन्य प्रादेशिक कलाओं को अत्यंत घृणा की दृष्टि से देखती थी। इस प्रकार की क्षतिपूर्ण अवस्था में उस समय वल्लत्तोल इसके रक्षक बन गए।

1922-23 में वल्लत्तोल 'आत्मपोषिणी' के संपादक के रूप में कुन्नमकुलम में काम कर रहे थे। तब कई कारणों के परिणामस्वरूप कथकली में आगत शोचनीय अवस्थाओं को पूर्ण रूप से समझने का मौका उन्हें प्राप्त हुआ। उस समय वहाँ के एक स्थान में, मनक्कलम कुंजुण्णित्तम्पुरान के यहाँ एक कथकली संघ मौजूद था। बीच में 'चोल्लियाडल' और अभिनय देखने के लिए वह अक्सर दरबार में जाते थे। कथकली के गुणों में उन दिनों में आए गिराव और उस कला में संभव्य अंधकारमय भविष्य के संबंध में उन दिनों वलिया तंपुरान और मुकुंद राजा दोनों सोच विचार करते थे। उस समय करुत्त अच्चुतन नाम से विख्यात एक आचार्य के नेतृत्व में मनक्कल में कथकली खेली जाती थी लेकिन वह भी निम्न स्तर का होता था और निराशाजनक था। अगले दिन उसके संबंध में हुई बहस के बीच तंपुरान ने यह राय प्रकट की कि कथकली को बचाने के लिए, वल्लत्तोल को ही उसे आगे बढ़ाना चाहिए। यह घटना बाद में कलामंडलम् की स्थापना के लिए वल्लत्तोल और मुकुंद राजा की प्रेरणादायक बनी। यह एक हेतु मात्र था लेकिन इसकी स्थापना के लिए वास्तविक प्रेरणा उस समय पूरे भारत में व्याप्त देशी जनता में जागृति प्रदान करनेवाली कुछ घटनाएँ थीं। आजकल संसार में ख्याति प्राप्त इन संस्थाओं के बारे में सोचने एवं उनके अनुकूल काम करने के लिए वे सब मार्ग दर्शक बन गए।

इस शताब्दी के प्रारंभ में पूरे भारत में प्रवाहित राष्ट्रीय नवजागरण की लू ने देश-भर में एक सांस्कृतिक नव चेतना प्रदान की थी। इसकी प्रभा में भारत ने अपने अतीत के गौरव को पहचान लिया। देशानुरागी अनेक महान् लोगों ने हमारे क्षयोन्मुख प्रादेशिक कला और साहित्यों को सुधारने के लिए कठिन प्रयत्न किया। इन सबके परिणामस्वरूप शिक्षा संस्थाओं के समान इन प्रादेशिक कलाओं को प्रगति एवं प्रेरणा देकर समृद्ध बनाने के लिए आवश्यक संस्थाओं का आविर्भाव हुआ। तमिलनाडु का भरतनाट्यम, कर्नाटक का यक्षगान, उत्तर भारत का कथक, मणिप्पुरी आदि श्रेष्ठ नृत्य रूपों की नूपुरध्वनियाँ और ताल-लय उन प्रदेशों में मुखरित होने लगे। विश्व महाकवि ठाकुर के नेतृत्व में 1921 में बंगाल में स्थापित शांतिनिकेतन और विश्वभारती दोनों इसके लिए ज्वलंत प्रमाण हैं। वास्तव में कलामंडलम् की स्थापना के लिए वल्लत्तोल और मुंकुद राजा का मार्गदर्शन एवं प्रेरणा इन संस्थाओं से मिली थी। केरलीय क्लासिक कथाओं के संरक्षण के लिए एक संस्था की स्थापना करने के पूर्व इन महान् कलाओं में साधारण लोगों की रुचि को जाँचने के लिए उन्होंने निश्चय किया। इसके लिए कोषिक्कोड, तृश्शूर और आलप्पुषा आदि स्थानों में नौ दिवसीय खेल प्रदर्शित किया था। और इसके लिए काफी खर्च भी हुआ। महाकवि और मुकुंद राजा दोनों की आर्थिक स्थिति काफी गिरी हुई थी। केरल और कथकली दोनों के लिए सौभाग्य से वे निराश होकर चुप नहीं रहे। कुछ सालों के बाद केरल कलामंडलम् नामक एक संस्था का पंजीयन किया। मद्रास सरकार की अनुमति लेकर चलाई लॉटरी से इसकी पूँजी के रूप में पौन लाख रुपया प्राप्त हुआ। मनक्कलम दरबार में 9 नवंबर 1930 ई. में अपनी 52वीं जन्मतिथि पर कलामंडलम् का शुभारंभ किया और अगले साल काफी सुविधाजनक स्थान अम्बलपुरम में चले गए। चेरुतुरुत्ति में कुछ भूमि ले ली और वहाँ कलामंडलम् के प्रवर्तन के लिए आवश्यक मकान बनाना शुरू किया। इसके लिए धन प्राप्त करने के लिए अनेक कठिनाइयाँ झेलकर कथकली संघ को लेकर देश-विदेश में यात्रा करके धन इकट्ठा किया। अंत में 1937 में चेरुतुरुत्ति में कलामंडलम् की स्थापना की। महाकवि सपरिवार वहाँ आकर बसने लगे। अपनी महानतम कविता लिखने का मूल्यवान समय और स्वास्थ्य पर भी ध्यान दिए बिना इसके लिए खून पसीना बहाया। प्रसिद्ध हास्य साहित्यकार ई.वि. कृष्णपिल्लै आदि लोगों ने निःशब्द खेल के संरक्षण के लिए समय बरबाद करने पर महाकवि की कटु आलोचना की। लेकिन महाकवि ने शांत होकर अपना महान् त्याग जारी रखा, यही सेवा है, जो कवि के द्वारा उस क्लासिक कला को प्राप्त सबसे महान् देन है।

अपने हाथों से उस कलारूप पर कीचड़ उछालना महाकवि ने न चाहा। यही कारण है कि कथकली को शास्त्रीय दिशा देकर उसकी मुद्राओं, अभिनय रीतियों और वेशभूषाओं में कोई परिवर्तन या परिष्कार नहीं किया। वे इन सबके विरोधी

थे। कई सालों के परिवर्तन तथा संरक्षण का अभाव एवं उपेक्षा आदि के कारण उसमें जो शिथिलताएँ और जीर्णताएँ आई थीं उन्हें दूर करने के लिए आप तैयार हुए। यह काम भी उस समय काफी श्रम साध्य था। कथकली के अध्यापक और अध्येता दोनों में अधिकांश लोग अशिक्षित एवं साहित्यादि कलाओं में पर्याप्त ज्ञानी न थे। संशुद्ध एवं एक व्यवस्थित अध्ययन के अभाव में एक ही कथा संदर्भ को विभिन्न गुरुजन भिन्न प्रकार से नृत्य करके दिखाते थे। यह अक्सर कथा संदर्भ और पात्रों के चरित्र के अनुरूप नहीं होता था। पर्याप्त प्रमाण के साथ उसकी गलती की ओर ध्यान आकर्षित करने पर भी, अज्ञता या अंधी गुरु भक्ति के कारण इसमें आवश्यक परिवर्तन करने के लिए वे तैयार न थे। इन गलतियों को ध्यान में रखकर वक्ता, वाच्य प्रकरण आदि में उचित प्रयोग मिलाने के लिए महाकवि ने काफी प्रयत्न किया। उन दिनों में प्राप्त सभी प्रसिद्ध आचार्यों की नियुक्ति करके उनके पास बैठकर आवश्यक सुझाव देकर, कमियों को हटाकर नृत्य और अभिनय दोनों को औचित्यपूर्ण ढंग से क्रमबद्ध करने के लिए आपने काफी परिश्रम किया।

पदों के अर्थ बोध के अभाव में अभिनेताओं में गलतियाँ करना स्वाभाविक था। प्रसिद्ध पंडित श्री कुट्टिकृष्ण मारार को कलामंडलम् के साहित्याचार्य के रूप में नियुक्त करके अज्ञान से आनेवाली इन कमियों और गलतियों को हटाकर नृत्य और अभिनय को औचित्यपूर्ण ढंग से क्रमबद्ध करने के लिए उन्होंने काफी प्रयत्न किया। दो-तीन या इनसे अधिक वेश एक साथ मंच पर आते समय एक पात्र के कहने के अनुरूप दूसरों पर इसकी प्रतिक्रिया होनी स्वाभाविक है। लेकिन कुछ संदर्भों में विशेषकर स्त्री पात्रों की बात को ध्यान दिए बिना कठपुतली के समान निर्विकार होकर खड़े होने की गलत आदत, परंपरा से ही कथकली के क्षेत्र में पड़ी थी। एक हद तक इस प्रकार की गलतियों को उन्होंने सुधारा। नए कथागीत नृत्य करके गाते समय अन्य पात्रों से भिन्न इनके लिए नई वेशभूषा को निर्देशित करना तथा 'इलकियाट्टम' में अभिनय करके व्यक्त करने योग्य निर्देशों को श्लोक रूप में लिखकर कला की अधिव्याप्ति के कारण आनेवाली कमियों को रोकने के लिए भी आपने प्रयास किया। प्रख्यात कथाओं के कुछ विशिष्ट पात्रों को अपनाकर उस पर अपनी योग्यताओं से अधिकार प्राप्त करने की एक गलत प्रणाली कथकली के अभिनय में प्रारंभ काल से ही देखने को मिलती है। उन कथा भागों का अभिनय करके अपनी योग्यताओं को दिखाने का अवसर इसी कारण से उदीयमान कलाकारों को प्राप्त नहीं होता था। इतना ही नहीं इन लोगों को कथा के अन्य भागों को अभिनय करके अपनी निपुणता दिखाने में भी यह बाधक बन गया। महाकवि इस प्रथा में भी परिवर्तन लाए और एक नट को अपनी प्रतिभा के अनुरूप विभिन्न प्रकार की सिद्धियों को मंच पर प्रदर्शित करने की सुविधा प्रदान की। प्राचीन केरल में अधिकांश कलामर्मज्ञ स्वमनोभावों के आधार पर ही वेश विधान में परिवर्तन करते

थे। यह उसके वैरूप्य के लिए कारण बन गया, यह महाकवि का सुझाव था। इस प्रकार कथकली में परंपरा से पड़ी हुई बुराइयों को हटाकर उसमें कालोचित रूप में परिवर्तन कराने के लिए आपने कलामंडलम् के द्वारा प्रयास किया।

देवदासी नृत्य के समान मोहिनीआट्टम को भी पहले समाज में कोई सम्मान नहीं मिलता था। महाकवि के प्रयत्नों से मोहिनीआट्टम भी विशिष्ट कला के रूप में उन्नत प्राप्त करने लगा। महाकवि ठाकुर ने इसके महत्त्व के बारे में सुनकर, इस केरलीय कला को विश्व भारती में सिखाने के लिए महाकवि को कल्याणी को खुद वहाँ भेजना पड़ा। यह सुनते वक्त उसके ऊँचे कलामूल्य की महत्ता का पता लगेगा।

ओट्टल तुल्लल महाकवि को बचपन से ही आकर्षित करनेवाला एक अन्य कलारूप था। पुराण के पात्रों को मानवोचित विकारों से युक्त बनाकर अपने काव्य क्षेत्र में प्रस्तुत करने के लिए तुल्लल से उन्होंने प्रेरणा प्राप्त की। इसकी स्थिति भी कथकली से भी अधिक शोच्य थी। इसलिए उन्होंने प्रोत्साहन देकर 1956 से कलामंडलम् में इसके अध्ययन के लिए प्रबंध किया और सिखाते वक्त कवि खुद वहाँ जाकर उसकी कविताएँ पढ़कर मुद्रण में आई गलतियों को सुधारते थे। ये सब बातें तुल्लल के आचार्य प्रेम और आदर के साथ याद करते हैं। 1932 से लेकर 1937 तक के समय में नाटक और चित्रकला की प्रगति के लिए महत्त्वपूर्ण प्रयास किया। इस शताब्दी के प्रारंभिक काल में तमिलनाडु में प्रचलित संगीत नाटक को केरल में अधिक लोकप्रियता मिली थी। बचपन में शिष्यों के साथ मंच पर खेले नाटकों से प्राप्त अनुभव ज्ञान इस कला में उन्हें निपुणता प्राप्त करने के लिए सहायक हुआ। आपकी कविताओं में जो नाटकीयता है, उसके पीछे भी यही कारण था। केरलीय परंपरा के अनुरूप एक नाटक के मंच की आवश्यकता की पूर्ति के विचार से ही आपने कलामंडलम् की अधीनता में एक नाटक प्रतियोगिता चलाकर विजेताओं को पुरस्कार देने की परंपरा का प्रारंभ किया। इस कला की प्रगति के लिए आपने काफी प्रयत्न किया था। आपने अम्बलपुषा में 'कला कौमुदी' नाम से एक नाटक संस्था की स्थापना भी की थी। चित्रकला की प्रगति के लिए भी इस प्रकार की एक प्रतियोगिता चलाई थी। लेकिन उसको प्रोत्साहित करने के लिए पर्याप्त धन के अभाव के कारण इस योजना को छोड़ना पड़ा। 'विश्वभारती' में रवींद्रनाथ ठाकुर और नंदलाल बोस दोनों ने मिलकर बंगाल आर्ट को विकसित किया था। इसी प्रकार हमारे प्राचीन मंदिरों की दीवारों में पाए जानेवाले प्राचीन चित्र रचना की शैली को पुनरुज्जीवित करना कवि चाहते थे।

अपने अंतिम समय में गिरे हुए स्वास्थ्य को भी नगण्य समझकर चाक्यार कूत्तु और कूडियाट्टम आदि को विकसित करने के लिए आवश्यक आर्थिक सहायता प्राप्त करने के लिए दिल्ली में जाकर परिश्रम किया था। कलामंडलम् की प्रगति के लिए प्रधानमंत्री जवाहरलाल नेहरू ने 50,000 रुपए दिए थे। उन्होंने इस धन से

वेट्टिक्काट्टिरी में कुछ भूमि लेकर आवश्यक मकान का निर्माण प्रारंभ किया। चाक्यार लोगों ने इस समाचार पर अपना विरोध प्रकट किया कि वे मंदिर के प्रांगण के बाहर न खेलेंगे तथा अन्य जाति के लोगों को इस कला विद्या की शिक्षा न देंगे। इन्हीं कारणों से इन दो कला रूपों को शुरू करने में (कूत्तु और कूडियाट्टम) काल विलंब हुआ। ऐसा कहा जाता है कि कूडियाट्टम को सुधारने के परिश्रम से ही कथकली की उत्पत्ति हुई। इसी कारण से इस प्राचीन कला के प्रति कवि के मन में जितनी भक्ति और आदर उत्पन्न हुआ जो सीमातीत था। आपकी अभिलाषा के अनुरूप आजकल केरल कलामंडलम् सभी प्राचीन केरलीय क्लासिक कलाओं की प्रगति और प्रचार के लिए कार्य कर रहा है।

नवासी साल तक के अपने लंबे जीवन काल में ज्यादातर समय आपने केरल की कला और कविता के बारे में सोचने, उसके समयानुकूल परिवर्तन या सुधार के लिए प्रयास किया था। आज वल्लत्तोल नगर में स्थित विश्व प्रसिद्ध 'केरल कलामंडलम्' महाकवि के अपने जीवनकाल में प्राचीन केरल की क्लासिक कलाओं के नवोत्थान, विकास तथा उन्नति के लिए त्यागपूर्ण सेवाओं के लिए एक शाश्वत स्मारक के रूप में खड़ा है।

अनुवाद : टी. बालकृष्णन

'मलाबार' ग्रंथ से साभार।

29

मलयालम साहित्य को लेखिकाओं की देन

जे. हेमावती अम्मा

आज की भाँति पुराने समय में भी केरल भारत के अन्य राज्यों की अपेक्षा स्त्री-शिक्षा में आगे ही था। स्कूली शिक्षा का प्रचार होने के बहुत पहले से ही राजमहलों और संपन्न घरानों की कुमारियों को संस्कृत और काव्य शास्त्रों की शिक्षा घर पर ही दी जाती थी। उन दिनों असुलभ काव्यबोध एवं आश्चर्यजनक कलाचातुर्य से अनुगृहीत कुछ महिलाएँ हुईं, जिन्होंने मलयालम साहित्य को समृद्ध बनाने में महत्त्वपूर्ण योगदान दिया। उन लेखिकाओं में मनोरमा तंपुराट्टी, कुट्टिक्कुंजु तंकच्ची, अंबादेवी तंपुराट्टी, कल्याणिक्कुट्टि अम्मच्ची, इक्कावम्मा तंपुराट्टी, तोट्टयक्काट्टु इक्कावम्मा, तरवत्तु अम्मालु अम्मा, कुंजुलक्ष्मी कोट्टिलम्मा, तोट्टयक्काट्टु गौरी कोट्टिलम्मा, आदि के नाम विशेष रूप से उल्लेखनीय हैं। आधुनिक युग में तो साहित्य की सभी शाखाओं में किसी भी लेखक से समता करने की क्षमता रखनेवाली अनेक लेखिकाएँ मलयालम में हैं।

आगे की पंक्तियों में मलयालम साहित्य की आज तक की सभी श्रेष्ठ लेखिकाओं का संक्षिप्त विवरण दिया जा रहा है।

मनोरमा तंपुराट्टी (राजकुमारी, रानी) : कोषिक्कोडु के सामूतिरि कोविलकम् (राजमहल) में सन् 1760 में इनका जन्म हुआ था। ये संस्कृत की प्रकांड पंडिता थीं। कहा जाता है कि बारह साल की अवस्था में ही इन्होंने 'सिद्धांत कौमुदी' की व्याख्या 'प्रौएममनोरमा' का गहरा ज्ञान प्राप्त किया था जिस कारण इनका नाम मनोरमा पड़ गया। इनका असली नाम श्रीदेवी या महादेवी ही रहा होगा। क्योंकि सामूतिरि कोविलकम् की कुमारियों के ये दो ही नाम रखे जाते थे। तंपुराट्टी में काव्य-प्रतिभा जन्मसिद्ध थी। उनके संस्कृत में लिखे कुछ मुक्तक ही आज उपलब्ध हैं। नई पीढ़ी को पढ़ाने की ओर तंपुराट्टी अधिक ध्यान देती थीं। मलयालम के बहुत से प्रकांड पंडित तंपुराट्टी की शिष्य प्रशिष्य परंपरा में आते हैं। इस प्रकार तंपुराट्टी ने आधुनिक मलयालम को रूपायित करने में बहुत अधिक योग दिया था।

कुट्टिक्कुंजु तंकच्ची : प्रसिद्ध संगीतज्ञ एवं कवि इरयिम्मन तंपी की बेटी कुट्टिक्कुंजु तंकच्ची का जन्म सन् 1820 में तिरुवनन्तपुरम में हुआ। संगीत और साहित्य दोनों में इनको अगाध ज्ञान था। इन्होंने बहुत से गीत लिखे हैं। 'श्रीपती स्वयंवर' (आट्टक्कथा), 'तिरुवनन्तपुरम स्थल पुराणं किलिप्पाट्टु', 'शिवरात्रि माहात्म्यं तिरुवातिरप्पाट्टु', 'अज्ञातवास नाटक', 'किरातम्', 'प्रह्लादचरितम्', 'नलचरितम्' आदि इनकी प्रमुख कृतियाँ हैं।

अंबादेवी तंपुराट्टी : सन् 1832 में इनका जन्म हुआ। ये मकयिरं तिरुनाल अंबादेवी तंपुराट्टी के नाम से मशहूर हैं। संगीत, साहित्य और चित्र रचना में ये अत्यंत प्रवीण थीं। विश्वविख्यात चित्रकार राजा रवि वर्मा इनका बेटा है। इनकी प्रमुख कृति है 'पार्वती स्वयंवर'। सन् 1857 में तंपुराट्टी की मृत्यु हुई।

कल्याणिक्कुट्टी अम्मच्ची : सन् 1839 में इनका जन्म हुआ। तिरुवितांकूर राजवंश के आयिल्ल्यं तिरुनाल महाराजा से इनकी शादी हुई। 'रासक्रीड़ा', 'अंबरीष चरित', 'पार्वती स्वयंवर', 'स्तवन रत्न मालिका', 'पातिव्रत्य पंचक' आदि इनकी रचनाएँ हैं।

इक्कुवम्मा तंपुराट्टी : सन् 1844 में तृप्पूणित्तुरा 'कोच्ची' कोविलकम् में इनका जन्म हुआ। काव्य, नाटक, अलंकार, तर्क, व्याकरण आदि शास्त्रों में इनको अच्छा ज्ञान था। संस्कृत और मलयालम दोनों भाषाओं में ये कविता करती थीं। इनकी सत्रह कृतियाँ उपलब्ध हैं, जिनमें से पाँच संस्कृत नें हैं। संस्कृत में इनकी जो रचनाएँ मिलती हैं, उनमें से सबसे प्रमुख है 'सुभद्रास्तव'। इसमें चवालीस पदों में कवयित्री ने श्रीमद्भागवत् की कथा संक्षेप में बताई है। तंपुराट्टी की अन्य रचनाएँ 'पूर्णत्रयीश भगवध्यानप्पाना', 'युद्धकांड पाना', 'अष्टमीरोहिणी माहात्म्यं' किलिप्पाट्टु, 'कंसवधम्' तुल्लल, 'ध्रुवचरितम मणिप्रवालम', 'पूतनामोक्षं-कैकोट्टिक्कलिप्पाट्टु', 'भिक्षुगीता', तुल्लल आदि हैं। भक्ति और माधुर्य ही इनकी कविताओं की विशेषताएँ हैं।

तोट्टय्क्काट्टु इक्कावम्मा : वरणाकुलम के मशहूर तोट्टय्क्काट्टु परिवार में सन् 1865 में इक्कावम्मा का जन्म हुआ। अपने पिता चात्तुप्पणिक्कर थे इनके आदि गुरु। पिता की मृत्यु के उपरांत इन्होंने संस्कृत के उच्चतम ग्रंथों का अध्ययन अन्य संस्कृत पंडितों से किया। किलिप्पाट्टु, तुल्लल, कैकोट्टिक्कलिप्पाट्टु जैसी उस समय की सभी काव्य शैलियों में इक्कावम्मा ने लिखा। मलयालम की प्रारंभकालीन कवयित्रियों में इक्कावम्मा का महत्त्वपूर्ण स्थान है। उन्होंने खुद लिखा ही नहीं, केरल की स्त्रियों को काव्य-रचना करने की प्रेरणा भी दी। नारी जागरण के लिए भी इन्होंने काफी प्रयत्न किया। 'सुभद्रार्जुन' नाटक ने उनको काफी यश प्रदान किया था। मलयालम

कोविलकम्—राजमहल

तंपुराट्टी—राजकुमारी, रानी

साहित्य में सुभद्रार्जुनकर्त्री के रूप में ही इक्कावम्मा का महत्त्व है। इनको पूरा विश्वास था कि पुरुषों की तरह स्त्रियाँ भी साहित्य क्षेत्र में विजय पा सकती हैं। करमना केशव शास्त्री ने सुभद्रार्जुन का संस्कृत में अनुवाद भी किया है। उनकी अन्य रचनाएँ निम्नलिखित हैं :

1. सन्मार्गोपदेश ओट्टनतुल्लल
2. रासक्रीड़ा कुरत्तिप्पाट्टु
3. पुराणश्रवण माहात्म्य किलिप्पाट्टु
4. कल्कि पुराण किलिप्पाट्टु
5. नलचरितम् नाटक
6. आर्याशतक।

तरवत्तु अम्मालु अम्मा : पालघाट के तरवत्तु परिवार में सन् 1873 में अम्मालु अम्मा का जन्म हुआ था। पंद्रह साल की अवस्था में पुन्नतूर कोविलकम् के एक राजकुमार से इनकी शादी हुई। अपने निकट संबंधियों की मृत्यु से इनको बड़ा आघात लगा और ये बड़ी भक्त बन गईं। भक्तिरस इनकी रचनाओं में भी काफी मात्रा में मिलता है। भक्तमाला–तीन भाग, एक तीर्थयात्रा, श्रीशंकर विजय, बुद्धचरित, शिवभक्ति विलास आदि इनकी सभी रचनाएँ भक्तिरस पूर्ण हैं।

कुंजुलक्ष्मी केट्टिलम्मा : सन् 1877 में तलश्शेरी (मलाबार) में इनका जन्म हुआ। कुरुंब्रानाडु कोविलकम् के राजा से इनकी शादी हुई। ये संस्कृत और मलयालम की विदुषी थीं। इन दोनों भाषाओं में ये काव्य रचना भी करती थीं। 'सावित्री वृत्त', 'कौसल्यादेवी', 'पुराणचंदिका', 'गोकर्ण प्रतिष्ठा', 'कटांकोट्टुमाक्कम' आदि इनकी प्रमुख काव्य रचनाएँ हैं।

अंबादेवी तंपुराट्टी : चंङ्नाश्शेरी के लक्ष्मीपुरम राजमहल में सन् 1890 में इनका जन्म हुआ। संस्कृत और मलयालम का इन्हें अच्छा ज्ञान था। 'दशकुमारचरित' और 'श्री भूतनाथोदय' इनकी प्रमुख कृतियाँ हैं। 1928 में इनकी मृत्यु हुई।

तोट्टय्क्काट्टु गौरीकेट्टिलम्मा : गौरीकेट्टिलम्मा तोट्टय्क्काट्टु इक्कावम्मा की बेटी है। सन् 1894 में इनका जन्म हुआ। संस्कृत और तर्क शास्त्र में ये पारंगत थीं। इनकी प्रमुख कृतियाँ 'विधिविलास', 'देवीयोग', 'बालगीत' आदि हैं। सन् 1973 में इनकी मृत्यु हुई।

मनोरमा तंपुराट्टी से लेकर गौरी केट्टिलम्मा तक जितनी कवयित्रियाँ हैं, उन सबको प्राचीन ढंग की शिक्षा ही मिली थी। मलयालम के साथ ये संस्कृत में भी निपुण थीं और तर्कादि शास्त्रों का इन्हें अच्छा ज्ञान था। इनमें से कई कवयित्रियाँ संस्कृत में भी काव्य रचना करती थीं। इन्होंने पौराणिक कथाओं के आधार पर प्रायः भक्तिरस प्रधान कविताओं की रचना की। लेकिन बीसवीं शताब्दी के दूसरे चरण तक आधुनिक ढंग की स्कूली शिक्षा सार्वजनिक बन गई और स्कूली शिक्षा प्राप्त

अनेक महिलाओं ने साहित्य जगत् में पदार्पण किया। ये निबंध, कहानी, उपन्यास, संस्मरण आदि गद्य की विभिन्न विधाओं पर लिखने लगीं। मलयालम गद्य के निर्माण में भी इन महिलाओं ने योग दिया था। इस युग की लेखिकाओं में टी.सी. कल्याणी अम्मा, बी. कल्याणी अम्मा, अंबाडी कार्त्यायनी अम्मा, अंबाडी इक्कावम्मा, कोन्नियूर मीनाक्षी अम्मा, चंद्रिका के. मेनोन आदि के नाम उल्लेखनीय हैं।

टी.सी. कल्याणी अम्मा : सन् 1879 में इनका जन्म हुआ। इन्होंने मेट्रिकुलेशन तक शिक्षा पाई। स्त्रियों के लिए इन्होंने 'शारदा' नामक एक पत्रिका भी चलाई। 'ईसोप्पु कहानियाँ', 'अम्मा रानी', 'विषवृक्ष', 'कृष्णकांत का मृत्यु पत्र' आदि इनकी प्रमुख कृतियाँ हैं।

बी. कल्याणी अम्मा (1833-1959) : विख्यात स्वतंत्रता सेनानी एवं पत्रकार स्वदेशाभिमानी रामकृष्ण पिल्लै की पत्नी थीं बी. कल्याणी अम्मा। इन्होंने बी.ए.एल. टी. तक शिक्षा पाई। हाई स्कूल में प्रधानाध्यापिका के पद से सेवानिवृत्त हुईं। बारह सालों की यादें (व्याषवट्ट स्मरणकल्) महतियाँ, कर्मफल, घर में और बाहर, 'स्वास्थ्य विज्ञान' आदि इनकी कृतियाँ हैं। सन् 1959 में इनकी मृत्यु हुई।

अम्बाडी कार्त्यायनी अम्मा : सन् 1896 में इनका जन्म हुआ। बी.ए.एल.टी. तक शिक्षा पाई। बत्तीस साल तक स्कूल की प्रधानाध्यापिका के पद पर रहीं। ये शिक्षा सलाहकार समिति, पाठ्य पुस्तक चुनाव समिति, विश्वविद्यालय सेनेट आदि की सदस्या रहीं। 'तरंग विहार', 'पंचतंत्र कथाएँ', 'बालवाणी-तीन भाग', 'भारत में कृषक जीवन' आदि इनकी प्रमुख रचनाएँ हैं।

अंबाडी इक्कावम्मा : सन् 1898 में इनका जन्म हुआ। मेट्रिकुलेशन पास करने के बाद कोच्चिन के शिक्षा विभाग में काम करती रहीं। 'अनासक्ति योग', 'गीताबोध', 'तॉल्स्तॉय की नीतिकथाएँ', 'श्रीहर्ष', 'पिता के पत्र पुत्री के नाम पर' (अनुवाद) आदि इनकी प्रमुख रचनाएँ हैं।

कोन्नियूर मीनाक्षी अम्मा : सन् 1902 में इनका जन्म हुआ। इन्होंने संस्कृत और मलयालम में एम.ए. किया। सरकारी कालेज में मलयालम की अध्यापिका थीं। साहित्यिक विषयों पर इनके कई प्रौढ़ लेख मिलते हैं। 'लंबी छाया' और 'आत्म बली' इनकी प्रमुख कृतियाँ हैं।

चंद्रिका.के. मेनोन : सन् 1919 में इनका जन्म हुआ। इन्होंने संस्कृत और मलयालम में विद्वान् परीक्षा पास की। इन्होंने कुमारसंभव के तीसरे और पाँचवें सर्ग की व्याख्या लिखी है। इनकी मशहूर कृति है 'रामायण में भरत का स्थान'।

इस प्रकार हम देख सकते हैं कि इन महिलाओं ने गद्य की विभिन्न विधाओं में लिखकर मलयालम गद्य के विकास में विशेष योग दिया है।

रोमांटिक युग की कवयित्रियाँ

तेक्केक्कुन्नत्तु कल्याणिक्कुट्टी अम्मा : सन् 1896 में इनका जन्म हुआ। बचपन से ही 'मंगलोदय', 'कवनकौमुदी' जैसी पत्रिकाओं में कविता लिखती रहीं। कोमलता ही इनकी कविता की प्रमुख विशेषता है। 'शारदा' पत्रिका की प्रकाशिका के पद पर भी कल्याणिक्कुट्टी अम्मा ने काम किया था। 'साहित्य सौंदर्य' पहला भाग नाम से इनका एक ही काव्य संकलन प्रकाशित हुआ है। इस संकलन में पैंतीस कविताएँ हैं। इनकी तीनों बेटियाँ भी पत्र-पत्रिकाओं में कविता लिखती रहती थीं।

मेरी जोण तोट्टम (सिस्टर बनींजा) : मेरी जोण का जन्म 1901 में हुआ। बचपन से ही कविता के प्रति इनकी विशेष रुचि रही। इनकी प्रारंभकालीन कविताएँ 'गीतावली' और 'कविताराम' नामक संकलनों में मिलती हैं। सत्ताईस साल की अवस्था में ये संन्यासिन बन गईं। उस अवसर पर उन्होंने 'दुनिया से बिदा' नामक जो काव्य लिखा, वह अत्यंत मार्मिक है। 'आत्मा की स्नेहगीता' सिस्टर की प्रसिद्ध कृति है। लौकिक बंधनों से मुक्त होकर, परमात्मा से मिलने के लिए तड़पती रहनेवाली आत्मा का सुंदर चित्र कवयित्री ने इस कृति में खींचा है। श्री.टी.एम. चुम्मार ने अपने 'पद्य साहित्य का इतिहास' में यह स्वीकार किया है कि 'आत्मा की स्नेहगीता' मलयालम की रहस्यवादी रचनाओं में अद्वितीय स्थान रखती है। भक्ति के अलावा सिस्टर की कविताओं में सहानुभूति की भी धारा मिलती है। 'तोट्टम कृतियाँ' नाम से इनकी कविताओं का संकलन किया गया है। हाल ही में इनका निधन हुआ।

मुतुकुलम् पार्वती अम्मा : मुतुकुलम् नामक गाँव में सन् 1904 में श्रीमती पार्वती अम्मा का जन्म हुआ। मलयालम की प्रौढ़ कवयित्रियों में पार्वती अम्मा की गणना की जाती है। अत्यंत प्रौढ़ एवं अकृत्रिम भाषा में प्रेम, सहानुभूति आदि उदात्त भावों की अभिव्यक्ति करने की क्षमता इनमें है। 'उदयप्रभा', 'फूलवाली', 'श्री चित्तिर महाराजा विजय', 'भुवन दीपिका', 'अहल्या', 'गानांजली', 'एक विलाप', 'अश्रुकुटीर' आदि इनकी प्रमुख कृतियाँ हैं। 'अश्रुकुटीर' भक्त मीरा के जीवन के आधार पर लिखा गया एक खंड काव्य है।

श्री बुद्धचरित महाकाव्य का उत्तरार्द्ध इन्होंने किलिप्पाट्टु में लिखा है। भगवद्गीता एवं गीतांजली का अनुवाद भी इन्होंने किलिप्पाट्टु में किया है। महाकवि उल्लूर ने पार्वती अम्मा को महाकवि कुमारनाशान की एक विनीत शिष्या कहा है।

मेरी जोण कूत्ताट्टुकुलम् : कूत्ताट्टुकुलम नामक गाँव में सन् 1905 में मेरी जोण का जन्म हुआ। मलयालम के मशहूर आलोचक श्री सी.जे. थामस इनका छोटा भाई था। मेरी जोण की प्रथम कृति 'प्रभात पुष्प' है। 'कबीर गीत' नाम से इन्होंने कबीरदास के सौ पदों का मलयालम में अनुवाद भी किया है। इनकी अन्य

कृतियाँ—'माँ-बेटी', 'चुनी हुई कविताएँ', 'अश्रुकण', 'सांध्य नक्षत्र' आदि हैं।

श्रीमती बालामणि अम्मा : मशहूर नालप्पाट्टु परिवार में सन् 1909 में बालामणि अम्मा का जन्म हुआ। काव्य प्रतिभा इन्हें विरासत में मिली है। इनकी कविता मलयालम भाषा-भाषियों में इतनी लोकप्रिय बन गई है कि ये 'मलयालम की माँ' कही जाती हैं। इनकी प्रमुख कृति 'अंजली' है। मातृत्व ही कवयित्री का प्रिय भाव है। प्रेम की पवित्रता के साथ मातृ हृदय की आर्द्रता एवं वात्सल्य के विभिन्न भाव इनकी कविताओं में मिलते हैं। 'प्रकाश में', 'प्रणाम, 'चूले पर', 'वे गाते हैं', 'नानी', 'मंदिर में', 'एक कुल्हाड़ी की कथा', 'धूप के चलने पर', 'संध्या' आदि इनकी प्रमुख कृतियाँ हैं। 'नानी' को केंद्र साहित्य अकादमी का पुरस्कार मिला है।

कटत्तनाट्टु माधवी अम्मा : सन् 1909 में कटत्तनाट्टु में इनका जन्म हुआ। माधवी अम्मा उत्तर काल की प्रिय कवयित्री हैं। 'कवन-कौमुदी' पत्रिका में इनकी कविताएँ प्रकाशित होती रहीं। ग्रामश्री, कल्पोपहार और 'कणिक्कोन्ना' में इनकी कविताएँ संगृहीत हैं। नारी जीवन की मूक पीड़ा को पाठकों के सामने प्रस्तुत करने में ये सफल हुई हैं।

ललितांबिका अंतरजनम् : कोट्टारक्करा के एक प्रसिद्ध ब्राह्मण परिवार में सन् 1909 में अंतरजनम् का जन्म हुआ। सरस लोरियों से लेकर गहन दार्शनिक विचारों से युक्त कविताएँ तक अंतरजनम् की कलम से निकली हैं। ब्राह्मण समाज में नारी वर्ग के प्रति जो अत्याचार होते हैं, उनको प्रकाश में लाने और उनके विरुद्ध आवाज उठाने का महान् कार्य इन्होंने किया। 'अंतरजनों का जीवन', 'भ्रष्ट' आदि कविताएँ इसके प्रमाण हैं। 'निश्शब्द संगीत', 'एक अट्टहास', 'भावदीप्ति', 'ललितांजलि', 'ओणम की भेंट' आदि संकलनों में इनकी कविताएँ संकलित हैं। कवयित्री होने के साथ ही साथ ये कथाकार भी हैं और मलयालम भाषी अंतरजनम् को कवयित्री की अपेक्षा कथाकार के रूप में ही मानते हैं। यदि ये कथा रचना की ओर न मुड़तीं, तो बालामणि अम्मा के बाद अंतरजनम् ही मलयालम की प्रिय कवयित्री बन जातीं।

आधुनिक युग की कवयित्रियाँ

पी. सुगतकुमारी : स्वतंत्रता संग्राम के सेनानी एवं कवि बोधेश्वर की पुत्री सुगतकुमारी का जन्म सन् 1933 में हुआ। आधुनिक काल की कवयित्रियों में सुगतकुमारी का स्थान अत्यंत महत्त्वपूर्ण है। एक अज्ञात पीड़ा एवं विषाद की भावना इनकी कविता की प्रमुख विशेषता है। स्वतंत्र भारत की गरीबी एवं बेकारी से कवयित्री अत्यंत दुःखी है। राजनीतिक नेताओं के अत्याचारों के विरुद्ध बड़े साहस के साथ ये आवाज उठाती हैं। ऐसे अवसरों पर कवयित्री मीठे व्यंग्य का भी सहारा लेती है। 'स्वप्न भूमि', 'अर्द्धरात्रि के फूल', 'बेचारा मानव हृदय', 'रात की वर्षा',

'मंदिर का घड़ियाल' आदि इनकी मशहूर कृतियाँ हैं। 'रात्रि की वर्षा', (रात्रिमषा) को केंद्र साहित्य अकादमी का पुरस्कार और 'मंदिर का घड़ियाल' को 'ओटक्कुषल्' पुरस्कार मिला है। पत्र-पत्रिकाओं में सामयिक महत्त्व रखनेवाले लेख भी ये लिखती रहती हैं।

पी.नलिनकुमारी : 1930 में इनका जन्म हुआ। मलयालम में एम.ए. किया। सरकारी कालेज में मलयालम विभाग की अध्यक्षा हैं। 'इंद्रधनुष', 'वनमाला', 'काँच की चूड़ियाँ' आदि संकलनों में इनकी कविताएँ संगृहीत हैं।

इन कवयित्रियों के अलावा पत्र-पत्रिकाओं में कविता लिखनेवाली कवयित्रियों में हृदयकुमारी, ललिता लेनिन, ओ.वी. उषा, आदि के भी नाम आते हैं।

कथाकार

के. सरस्वती अम्मा : मलयालम की प्रारंभकालीन कहानीकारों में सरस्वती अम्मा का नाम सर्वप्रथम आता है। इनका जन्म सन् 1919 में हुआ। ये सरकारी सेवा में लिपिक थीं। नारी जीवन से संबंधित विभिन्न समस्याएँ ही इनकी कहानियों के विषय हैं। इनकी कहानियों में जहाँ एक ओर नारी के प्रति सहानुभूति दिखाई पड़ती है तो दूसरी ओर पुरुष वर्ग के प्रति विद्वेष की भावना भी मिलती है। 'प्रेम भाजन', 'नारीजन्म', 'धनी-दीवार', 'स्त्री-बुद्धि, 'छायेदार पेड़' आदि इनके कहानी संग्रह हैं।

बी. सरस्वती अम्मा : मलयालम के लोकप्रिय कहानीकार कारूर नीलकंठ पिल्लै की पुत्री बी. सरस्वती अम्मा का जन्म सन् 1934 में हुआ। इन्होंने बी.ए. तक शिक्षा पाई और अब ये अध्यापन का कार्य कर रही हैं। इनका प्रमुख कहानी-संग्रह है 'सूखे फूल।'

ललितांबिका अंतरजनम् : कथाकार के रूप में ललितांबिका अंतरजनम् का मलयालम में महत्त्वपूर्ण स्थान है। अपनी कहानियों के जरिये ये ब्राह्मण समाज में नारी की जो दुर्दशा होती है, उसके विरुद्ध आवाज उठाती हैं। नारी को पुरुष की गुलामी से मुक्त कर उसे स्वतंत्र बनाने की अदम्य अभिलाषा इनमें है। 'चुनी हुई कहानियाँ', 'बीस सालों के बाद', 'झरोखे से', 'काल के पर्चे', 'पर्दे में', 'टूटी पीढ़ी', 'आँधी से', 'अश्रुकण की मुस्कुराहट' आदि अंतरजनम् के कहानी संग्रह हैं। 'अग्नि साक्षी' इनका मशहूर उपन्यास है, जिसे केंद्र साहित्य अकादमी का पुरस्कार मिला है।

राजलक्ष्मी : राजलक्ष्मी कॉलेज में भौतिक विज्ञान की अध्यापिका थीं। इनके तीन उपन्यास मिलते हैं। इनके उपन्यास 'हल्की चाँदनी और दुपहर की धूप' को साहित्य अकादमी का पुरस्कार मिला है। इनका अंतिम उपन्यास 'अहं का भाव' आत्म कथांश प्रधान है। कैंसर रोग से ग्रस्त राजलक्ष्मी ने आत्महत्या के द्वारा दुनिया की पीड़ाओं से मुक्ति पाई।

सरला रामवर्मा : मुंबई में रहनेवाली सरला रामवर्मा की कहानियों में नगरीय

जीवन के विभिन्न भावों के चित्र मिलते हैं। 'नवमुकुल', 'कथा कदंब' और 'बच्चों की ऐतिह्यमाला' इनकी प्रकाशित कृतियाँ हैं।

पी. वत्सला : हाई स्कूल की प्रधानाध्यापिका श्रीमती वत्सला का जन्म सन् 1938 में हुआ। ये कहानियाँ और उपन्यास लिखती हैं। वयनाडु के आदिवासियों के जीवन की पृष्ठभूमि पर लिखा गया 'नेल्लू' इनका मशहूर उपन्यास है। 'सोती छायाओं के रास्ते' (निषलुरंडून्न वषिकल्) उपन्यास को इन्हें साहित्य अकादमी का पुरस्कार मिला है। वत्सला के उपन्यास आंचलिक उपन्यासों की श्रेणी में आते हैं।

माधविक्कुट्टी : श्रीमती बालामणि अम्मा की बेटी माधविक्कुट्टी (कमला दास) का जन्म सन् 1931 में हुआ। इनका बचपन कलकत्ता में बीता। अपने पति के साथ मुंबई जैसे महानगरों में रहने के कारण इनकी कहानियाँ नगरीय वातावरण की पृष्ठभूमि पर लिखी हुई हैं। 'मेरी सहेली अरुणा', 'ऊसर भूमि', 'लाल पेटीकोट', 'ठंड' आदि इनकी कहानियों के संकलन हैं। माधविक्कुट्टी अंग्रेजी और मलयालम में कविता भी लिखती हैं। 1984 का आशान वर्ल्ड प्राइज इनके 'सेलेक्टेड पोयम्स' को मिला।

सारा थॉमस : 1934 में जन्मी सारा थॉमस ने बी.एस-सी. तक शिक्षा पाई। अपने डॉक्टर पति के साथ मेडिकल कॉलेजों के कैंपसों में रहनेवाली सारा थॉमस के उपन्यासों की पृष्ठभूमि अस्पताल और अस्पताल के कर्मचारियों एवं मेडिकल विद्यार्थियों का जीवन ही है। प्रेम के पावन रूप के चित्र इनकी रचनाओं में मिलते हैं। 'जीवन-रूपी नदी', 'अस्तमय', 'रजत रेखाएँ, 'अनबुझी बत्ती', 'मोती', 'हाँ वह आदमी तू ही है', 'अर्चना' आदि इनके उपन्यास हैं। केरल के तमिल ब्राह्मणों के जीवन के आधार पर इन्होंने 'नारमडिप्पुटवा' नाम से एक उपन्यास लिखा है, जिसे साहित्य अकादमी का पुरस्कार मिला है। इनके उपन्यास इतने लोकप्रिय बने हैं कि कुछ उपन्यासों से सिनेमा भी बनाए गए हैं। इनके चार कहानी संग्रह भी प्रकाशित हो चुके हैं।

पी.आर. श्यामला : श्यामला उपन्यास और कहानी दोनों लिखती हैं। इनकी कुछ कहानियाँ गुजराती में अनूदित हुई हैं। 'लालटेन', 'दुर्ग', 'संध्या को खिला फूल' आदि इनके उपन्यास हैं। प्रेम का कोमल रूप इनकी रचनाओं में मिलता है।

एम.डी. रत्नम्मा : इन्होंने हिंदी में एम.ए. किया और अब ये कॉलेज में हिंदी की अध्यापिका हैं। जातिगत अनाचारों एवं आर्थिक विषमता के विरुद्ध ये आवाज उठाती हैं। 'मकड़ी', 'आत्महत्या के पहले', 'कृष्णपक्ष', 'कोवलम', 'काला-कुंबल' आदि इनके उपन्यास हैं।

इनके अलावा डॉ. शारदा बालचंद्रन, के.पी. भवानी, रमादेवी वेल्लिमना, चंद्रका एस. कम्मत, सारा जोसेफ, चेल्लम्मा जोसेफ, मानसी, के.बी. श्रीदेवी, नलिनी बेकल आदि कहानीकारों के नाम भी उल्लेखनीय हैं।

बाल साहित्य

मलयालम में बाल साहित्य लिखनेवाली महिलाओं में सुमंगला का नाम सर्वप्रथम आता है। इनका जन्म सन् 1934 में हुआ। इनका वास्तविक नाम लीला नंबूतिरिप्पाटु है। इनकी एक दर्जन से ज्यादा पुस्तकें प्रकाशित हुई हैं। बालमासिकाओं में इनकी कहानियाँ प्रकाशित होती रहती हैं।

श्रीमती जी. कमलम्मा की कृति 'देश जागता है' को 1963 में साहित्य अकादमी की ओर से श्रेष्ठ बाल साहित्य रचना का अवार्ड मिला था। सरला रामवर्मा, ललितांबिकाअंतर्जनम, पद्मिनी बालकृष्णन आदि ने भी इस क्षेत्र में थोड़ा-बहुत काम किया है।

संस्मरण

श्रीमती बी. कल्याणि अम्मा की मशहूर रचना 'बारह सालों की स्मरणाएँ' अपने पति का संस्मरण है। श्रीमती एम.पी. पॉल ने अपने पति, मलयालम के सशक्त आलोचक एम.पी. पॉल का संस्मरण—'एम.पी. पॉल स्मृतियाँ' नाम से लिखा है। श्रीमती रोसी थामस ने अपने पति सी.जे थॉमस का संस्मरण 'यह मेरा प्रिय सी.जे.' नाम से लिखा है। श्रीमती लीला दामोदर मेनोन ने भी अपने पति दामोदर मेनोन का संस्मरण 'पति की छाया में' नाम से लिखा है। इन सबों ने अपने पतियों के ही संस्मरण लिखे हैं। लेकिन स्वर्गीय श्रीमती भारती उदयभानु ने 'यादों में बसे नेहरू जी' नाम से जवाहरलाल के संस्मरण लिखे हैं।

यात्रा-साहित्य

पर्यटन संबंधी साहित्य लिखेनवाली महिलाओं की संख्या ज्यादा नहीं है। कवयित्री अम्मालु अम्मा की बेटी अम्मिणी अम्मा को अपने पति के साथ उत्तर भारत की यात्रा करने का सौभाग्य मिला था और उन्होंने 'बदरीनाथ यात्रा' नाम से एक किताब भी लिखी थी। श्रीमती विलासिनी नारायण को अपने पति डॉ.सी.आर. नारायणन के साथ स्काटलैंड, इंगलैंड, अमरीका, नाइजीरिया जैसे देशों में रहने का अवसर मिला था। अपने अनुभवों के आधार पर श्रीमती सरोजिनी ने 'देहाती लड़की की लंदन-यात्रा' नाम से एक किताब लिखी है। श्रीमती एम.पी. पॉल ने 'अमरीका में एक नानी' नाम से अपनी अमरीकी यात्रा एवं अमरीका में उन्हें जो अनुभव हुए थे, उन पर एक पुस्तक लिखी है। इनके अलावा मिसेज के.एम. मैथ्यू और मिसेज प्रेमा माम्मन मैथ्यू अपनी विदेश यात्राओं का परिचय पत्र-पत्रिकाओं में लिखती रहती हैं।

ललित लेख

मलयालम में ललित लेख लिखनेवाली महिलाओं में श्रीमती जे. ललितांबिका ही हैं। ये भारतीय प्रशासनिक सेवा में हैं। सामयिक महत्त्व रखनेवाले विषयों पर इनके लेख विभिन्न पत्र-पत्रिकाओं में आते हैं। किसी को भी चोट पहुँचाए बिना सामयिक समस्याओं पर इनके जो लेख निकलते हैं, वे पाठकों का मनोरंजन करने के साथ उन्हें सामयिक्र समस्याओं के कठोर पहलुओं पर विचार करने के लिए विवश भी कर देते हैं। किंटरगार्डन की शिक्षा से लेकर सरकार की नीति तक उनकी लेखनी के विषय बनते हैं। गहनतम विषयों पर लिखते वक्त भी वे व्यंग्य का सहारा नहीं छोड़तीं।

आलोचना

आलोचना के क्षेत्र में डॉ. एम. लीलावती ही हैं। मलयालम में इन्होंने पी-एच.डी. की है। सरकारी कॉलेज की प्राचार्य के पद से सेवा निवृत्त होकर अब ये अपना सारा समय पूर्ण रूप से आलोचनात्मक ग्रंथ एवं लेख लिखने में व्यतीत करती हैं। 'कविता और विज्ञान', 'हमारे विलाप-काव्य', 'वर्णराजी' 'मलयालम कविता साहित्य का इतिहास' आदि इनकी महत्त्वपूर्ण रचनाएँ हैं। 'वर्णराजी' में इन्होंने मलयालम के श्रेष्ठ कवियों की कृतियों की आलोचना की है, जिसे सोवियतलैंड पुरस्कार मिला है। मलयालम की श्रेष्ठ पत्रिका 'मातृभूमि' और 'कलाकौमुदी' जैसी अन्य पत्रिकाओं में इनके प्रौढ़ लेख निकलते हैं। वाग्मिता में भी ये किसी के पीछे नहीं हैं।

विभिन्न विषयों पर लिखनेवाली महिलाएँ

भारती उदयभानु : ये 1952 से 1962 तक राज्य सभा की सदस्या थीं। 'रसोई घर से—संसद' नाम से इन्होंने एक किताब लिखी है। श्रीमती उदयभानु की तरह श्रीमती लीला दामोदन मेनोन, श्रीमती सुधीला गोपालन भी संसद सदस्याएँ रह चुकी हैं। श्रीमती मेनोन, और सुशीला गोपालन अब भी समाज सेवा में लगी हुई हैं और नारी जागरण एवं नारी की स्वतंत्रता के लिए प्रयत्न करती रहती हैं। इन विषयों पर लीला दामोदन मेनोन के लेख पत्रिकाओं में निकलते हैं।

डॉ. के. मालती : मालती ने जैव रसायन (बायो केमिस्ट्री) में पी-एच.डी. की है। स्वास्थ्य विज्ञान से संबंधित इनके लेख अक्सर पत्रिकाओं में आते हैं। 'पौष्टिक भोजन संबंधी विचार', 'माताओं के लिए एक किताब' आदि इनकी रचनाएँ हैं।

विभिन्न विषयों पर लिखनेवाली महिलाओं में मिस जानकी मेनोन, 'मातृभूमि' पत्रिका की संपादक समिति की भूतपूर्व सदस्या कुमारी तंकम आदि के नाम भी उल्लेखनीय हैं।

इस प्रकार हम देखते हैं कि प्राचीन काल से ही मलयालम साहित्य को संपन्न बनाने में अनेक लेखिकाओं ने योग दिया है। इनमें मनोरमा तंपुराट्टी को मलयालम की प्रथम लेखिका के रूप में याद कर सकते हैं। उन्नीसवीं शताब्दी में जितनी महिलाएँ साहित्य जगत् में आईं उन सबों ने पद्य रचनाएँ ही की थीं। लेकिन बीसवीं शताब्दी की लेखिकाएँ पद्य ही नहीं, साहित्य की सभी विधाओं पर लिखने लगीं। श्रीमती बालामणि अम्मा, श्रीमती कमलादास, श्रीमती ललितांबिका अंतर्जनम्, श्रीमती सुगतकुमारी आदि केरल में ही नहीं, सारे भारत में विख्यात हैं।

30

आधुनिक मलयालम कविता का विकास

पी.वी. कृष्णन नायर

आधुनिकता से समकालीनता तक की विकास यात्रा की रूपरेखा यहाँ पर खींची जा रही है।

'काल्पनिकता' साहित्य एवं कविता के संदर्भ में वसंत ही रही है। अंग्रेजी में रोमेंटिसिज्म, हिंदी में छायावाद और मलयालम में काल्पनिकता के नाम से इस काव्यांदोलन की चर्चा रही है। परंतु इस रोमेंटिसिज्म का भी विरोध हुआ। आत्मरति एवं आत्मविस्मृति के दायरों में सिमटनेवाली रोमेंटिक कविताओं के विरोध में ही आधुनिकता का काव्यांदोलन चला। लेकिन यह आंदोलन किसी मौलिक दर्शन से रहित हो जाने की सूचना नहीं था।

आज 'लिट्ररी मॉडेनिसम' को आलोचक एक साहित्यिक संज्ञा के रूप में स्वीकार करते हैं। आधुनिकता और परंपरा से संबंधित क्लायंत ब्रूक्स का प्रसिद्ध ग्रंथ, आधुनिक कविताओं के बारे में रोसंता द्वारा किया गया अध्ययन, सेल्सम रोस्मान के अध्ययन की 'टु मॉडर्न पॉयेट्री' जैसे ग्रंथों में आधुनिकता से संबंधित जो चिंतन और आलोचनाएँ प्रस्तुत की गईं उनसे भी हम परिचित हैं। नई कविताओं से संबंधित आलोचनात्मक अध्ययन भी मलयालम में प्राप्त होते हैं। 'पुतमुद्रकल' नामक काव्य संग्रह का अध्ययन, 'कुरुक्षेत्र' की विस्तृत भूमिका, सच्चिदानंदन की काव्यालोचनाएँ, 'नवीन कविता' के नाम से प्रस्तुत की गई आधुनिक कविता की आलोचना आदि इस संदर्भ में उल्लेखनीय हैं। इस दिशा में प्रोफेसर थॉमस मैथ्यू और प्रोफेसर एम.के. सानू और नारायण पिल्लै द्वारा लिखित लेख और आलोचनाएँ भी इस सदंर्भ में नजरन्दाज नहीं की जा सकती हैं।

इस प्रकार हम इस नतीजे पर पहुँचते हैं कि लिट्ररी मॉडेनिसम को एक साहित्यिक संज्ञा के रूप में संसार भर ने स्वीकार कर लिया है। हम जानते हैं कि नई कविता बिगड़ते हुए जमाने की कविता है। इस संदर्भ में हमारे एक आलोचक कहते हैं कि कविता नहीं भ्रष्ट हुई है, समय भ्रष्ट हुआ है। रोसंताल द्वारा प्रस्तुत

किए गए 'नई कविता' के अध्ययन का आरंभ ही 'चेन्ज इन सेन्सिबिलिटी' कहते हुए होता है। मलयालम के ही नहीं संसार-भर के अनेक काव्यालोचकों ने बदलती हुई संवेदना को सूचना के रूप में नई कविता का मूल्यांकन किया है। यहाँ भिन्नताएँ भी हो सकती हैं। जिस प्रकार 'पाडुन्न पिशाच' (गानेवाला पिशाच) और ओलप्पमण्णा की कविताओं के बारे में कहा गया है ठीक उसी प्रकार कालिदास की कविताओं के बारे में भी यह कहा जा सकता है कि उनमें भी आधुनिकता के अंश विद्यमान हैं, यहाँ नॉस्तालजिया या नगर बोध से उत्पन्न मानसिकता को लिया जा सकता है किंतु यहाँ आधुनिक कविता के बारे में कहते समय आवश्यक नहीं कि ऐसा उदारतावादी दृष्टिकोण अपनाया जाए। 'पाडुन्न पिशाच' में विद्यमान पाप के बोध और पछतावे को आधुनिकता का अंश कहकर समर्थित किया जा सकता है। सैमुअल बकेट जैसे रचनाकारों की रचनाओं का अध्ययन करते समय भी इस प्रकार के पाप बोध एवं पछतावे को साहित्य का केंद्र माना जाने लगा।

आधुनिकता एक नया लोकबोध है, साथ ही साथ एक नया काव्य बोध है। यहाँ लोक बोध से तात्पर्य हमारे इस शताब्दी के मनुष्य द्वारा भोगे जानेवाले अनुभव हैं। यहाँ पर एक बात ध्यान देने योग्य है। आज संसार के बारे में हमारा दृष्टिकोण बदल गया है। मनुष्य एवं प्रकृति के संदर्भ में हमारे दृष्टिकोण में अंतर आया है। आज माध्यमों की रीतियाँ बदल गई हैं। नई लोक व्यवस्था कायम हुई है जो कि स्पर्धाओं पर आधारित है। एक प्रसिद्ध विद्वान् गांधीजी तक को आधुनिकता का कारण मानते हैं। महायुद्धों एवं स्वतंत्रता आंदोलन के कारण भी अनेक स्तरों पर परिवर्तन आए हैं। यहाँ तक कि विज्ञान के क्षेत्र में भी 'द मैन अननोन' के नाम से आई पुस्तक द्वारा यह परिवर्तन सूचित होता है। इसके माध्यम से एक नया जनबोध ही दीख पड़ता है। आधुनिकता को हम इसी नए जनबोध की कल्पना कह सकते हैं। 'अब मेरी रचनाओं में किसी स्थायी पात्र को न खोजना' और 'मुझे दो हिस्सों' में चीर दिया गया है। आदि साहित्यकारों की प्रस्तावनाएँ इस क्षेत्र में आए हुए परिवर्तन की पृष्ठभूमि के रूप में सामने आती हैं।

जनबोध में आनेवाले परिवर्तन के साथ-साथ विचारधाराओं में भी परिवर्तन आया है और इन विचारधाराओं के रूपीकरण में संभवतः प्राचीन विचारधाराएँ बाधा डालती हैं। काव्य के संदर्भ में भी रूढ़िवादी धारणाएँ आधुनिक चिंतन के क्षेत्र में रुकावट पैदा करती हैं। इसी संदर्भ में छंदों के परिष्कार एवं तिरस्कार की आवश्यकता महसूस हुई। नए काव्य बिंबों की आवश्यकता पड़ी। नए प्रतीकों एवं रूपकों की आवश्यकता हुई। इस प्रकार से पुरानी रीतियों में आए परिवर्तन और नवीन रीतियों के आगमन का ही परिणाम है–'मॉडेनिसम'। पाँचवें दशक के अंत और छठे दशक के आरंभ में इसकी शुरुआत मानी जा सकती है। प्रत्येक कविता अपने आप में नई होती है और उसी प्रकार प्रत्येक युग अपने आप में आस्वादन

का नया बोध लेकर आता है। यहाँ प्रत्येक कवि अपने लिए पाठक बना लेने के लिए जिम्मेदार है।

कविता एक जैव रूप है। जैव रूपों में जिस प्रकार परिवर्तन आते हैं वैसे ही कविता में ही परिवर्तन आता है। इन परिवर्तनों ने जहाँ लोगों का ध्यान आकर्षित किया है वही लोगों के द्वारा ये अंगीकृत भी हुए हैं। मलयालम में नई कविता दो शाखाओं में विभक्त होती है। एक विभाग जो यूरोपियन मॉडेनिसम से जुड़ा है, इसमें अय्यप्पा पणिकर, आटूर, विष्णु नारायणन नंबूतिरी आते हैं जो मॉडेनिसम के संदर्भ में पाश्चात्य धारणाओं को अपनाते हैं। दूसरा विभाग उस समय भी काल्पनिकता के माध्यम से संप्रेषण कर रहा था। सुगतकुमारी, 'कडम्मनिट्टा' सच्चिदानंदन (आदिकालीन कविताएँ) आदि इस विभाग में आते हैं।

नई कविता से समकालीन कविता की ओर की विकास यात्रा के दौरान 'केरल कविता' 'समीक्षा' आदि लघु पत्रिकाओं का स्मरण भी आवश्यक हो जाता है। प्रत्येक भाषा में लघु पत्रिकाओं ने जो भूमिका निभाई है उसे नजरअन्दाज नहीं किया जा सकता है। उसके द्वारा हुए साहित्यिक अन्वेषण भी ध्यान देने योग्य हैं। इन पत्रिकाओं के माध्यम से योगदान देनेवाले लेखकों के प्रयास भी स्मरणीय हैं। इसी संदर्भ में इस कालखंड में प्रकाशित कुछ काव्य संग्रहों को भी लिया जा सकता है। साहित्यिक एवं साहित्यान्दोलनों के रूप एवं विचारों को आकार देने में इन काव्य संग्रहों का बड़ा हाथ है। सच्चिदानंदन द्वारा सम्पादित हरिश्री नामक काव्य संग्रह यहाँ पर ध्यान देने योग्य है। इसके पश्चात् पुतुपिरवी आता है। यहाँ पहुँचकर राजनीति को भी साहित्य के अंश के रूप में स्वीकार करने की प्रवृत्ति उभरती है।

आधुनिक कविता से नई कविता तक की यात्रा में एक बात ध्यान देने योग्य है कि प्रत्येक कविता में न तो पूर्ण रूप से कवि के दर्शन को अभिव्यक्त किया जा सकता है और न ही कवि के जीवन बोध की पूर्णतः अभिव्यक्ति की जा सकती है। अतः कविताओं का सूक्ष्म अध्ययन आवश्यक हो जाता है। इनमें से प्रत्येक कविता कवियों के भिन्न स्वत्व को भी प्रकट करती है। उदाहरणार्थ कडमनिट्टा और के.वी. रामकृष्णन एक ही युग के कवि रहे हैं किंतु उनकी कविताओं में पर्याप्त भिन्नता मिलती है। के.एम. पणिक्कर, जोन पॉल सार्त्र परस्पर मित्र थे किंतु के. एम. पणिक्कर ने चम्पू काव्यों की रचना की है। हम जानते हैं कि समकालीन कविता आज मॉडेनिसम पोस्ट मॉडेनिसम आदि पदों में विचरण कर रही है। यहाँ ध्यान देने योग्य बात यह है कि किसी भी लेखक के लेखन में विशिष्ट जीवन बोध, दर्शन आदि के अर्थ में यदि कुछ जुड़ता है तो वह अंश वस्तुतः उस लेखक द्वारा ही लाया गया होता है।

छठे दशक में यदि ये स्थितियाँ थीं तो सातवें दशक में दीख पड़नेवाली विशिष्टता साहित्य में राजनीति का आगमन था। काव्य के रूप और काव्य भाषा

संबंधी धारणाओं में भी बड़ा अंतर आया। यहाँ कविता इतिहास या राजनीति के रूप में परिवर्तित होती है। यहाँ पर 'कलिकाल कविता' का उल्लेख किए बिना नहीं रह सकते हैं। 'कलिकाल कविता' मलयालम में सौंदर्य बोध को समग्र रूप से प्रस्तुत करनेवाली कविता है।

सातवीं शती में जब राजनीति कविता का विषय बनी तो संभवतः वह मलयालम के कवियों के लिए नया उत्साह बनी। 'बंगला' इसी का उदाहरण है। भारत की बदली हुई स्थितियाँ इन कविताओं में मिलती हैं। कवि एक ऐसी छठी इंद्रिय से जो केवल उनमें मौजूद है उसे सहजाव बोध का नाम देने लगे और धारणाओं की सूक्ष्मता में उतरने लगे। संसार में होनेवाले परिवर्तनों को उन्होंने स्वीकार किया और खून को स्याही के रूप में परिवर्तित करके लिखी जानेवाली कविताओं के रूप में इन कविताओं को माना गया।

मलयालम की आधुनिक कविता मनुष्यास्तित्व के स्तरों में जाती है। के.जी. शंकर पिल्लै उसको 'अकम कविताएँ' कहते हैं। इन कविताओं का अपना विशिष्ट स्थान है। व्यक्ति के भावों एवं अस्मिता बोध के संदर्भ में इन कविताओं में बहुत सूक्ष्म एवं कलात्मक अंश विद्यमान दीख पड़ता है। सातवें दशक में मलयालम कविताओं में 'पालिटिकलाईसेशन' को लाने का परिश्रम दीख पड़ता है। समय के संदर्भ को कविता में उभारने का आग्रह यहाँ पर दीख पड़ता है। आट्टूर की 'कैंसर', 'संक्रमण' और कडमनिट्टाकी 'कुरत्ती' एवं 'शांता' तथा सच्चिदानंदन की 'पनी' आदि कविताएँ उल्लेखनीय हैं। इस कालखंड की एक अन्य विशेषता भी हम देख सकते हैं—वह है कविताओं का पालिटिकल मॉडेनाइजेशन। यह सातवें दशक का सौंदर्यात्मक परिवर्तन भी है। यहाँ पहुँचकर कविता आत्म संलाप से संलाप के रूप में परिवर्तित होती दीख पड़ती है।

आठवें दशक में कविता आधुनिक होती है। वह और अधिक केरलीय और सार्वजनिक हो गई। कविता में सांस्कृतिक अस्मिता आई। कविता संस्कृति का हिस्सा बनी। तब काव्य समीक्षाएँ संस्कृति की समीक्षाएँ हुईं। कविता की एक सांस्कृतिक अस्मिता सामने आई। नवीनता की ऊर्जा के साथ केरलीय बोध भी कविता में प्रकट होने लगा। यह कविता एवं साहित्य का संपन्न काल है। संसार में आए परिवर्तन के साथ कविता में भी परिवर्तन आया है। संसार का परिवर्तन ज्ञान और संस्कृति तथा विचार आदि का परिवर्तन है, इसीलिए यह बहुकेंद्रित है। इसके बहुत से स्तर हैं जैसे सिनेमा, फेमिनिसम, वातावरण आदि। यह समय की ही विशेषता है। क्योंकि आधुनिक संस्कृति बहुकेंद्रित है। यहाँ यह बात भी ध्यान देने योग्य है कि यह परिवर्तन किसी भी भाषा की समकालीन कविताओं में देखा जा सकता है। इसी समय गत वैशिष्ट्य को ग्रहण करके मलयालम कविता भी आत्म साक्षात्कार करती है।

अन्य संदर्भ 'कन्स्यूमरिसम' से जुड़ा है। जब नए-नए माध्यम आते हैं तो कविता एवं गद्य पर भी नई-नई जिम्मेदारियाँ आती हैं। ज्ञान के साथ आस्वादन का तरीका भी आज बदल गया है। प्रत्यय शास्त्रों का बाहुल्य भाषा की यान्त्रिकता और खोखलापन मानवीय संबंधों के संदर्भ को नष्ट करते हैं। अनुभवों के घनत्व कम होने का संदर्भ और इसके कारण भाषा के विकृत होने का संदर्भ आदि बहुत-सी साहित्यिक समस्याएँ नवीन कविता के परिणाम हैं। आज की स्थिति को देखते हुए ये समस्याएँ हैं। किंतु यही अनंतर समकालीन कविता को विकास की संभावनाओं की ओर भी ले जाती हैं।

31

केरल कविता का रचनात्मक परिपार्श्व

ए. अरविंदाक्षन

भारतीय साहित्य में सन् 1950 के आसपास बुनियादी स्तर पर परिवर्तन की दिशाएँ लक्षित होने लगीं। आधुनिक स्थिति की ओर भारतीय मानसिकता एवं सृजनशीलता के संचरण का यह एक स्पष्ट दृश्य विधान था। भारतीय समाज के बहुआयामी संदर्भों के उपलक्ष्य में सभी प्रकार के परिवर्तनों का अपना विशेष महत्त्व है। भिन्न-भिन्न भाषाओं में अलग-अलग पैमाने पर परिवर्तन की अवस्था दर्शित होती है। पर यह जरूर है कि परिवर्तन की अनिवार्यता सभी भाषाओं ने महसूस की थी।

केरल की कविता भी इसी समय परिवर्तित हो रही थी। मलयालम में यह स्वच्छंदतावादी कविता के दूसरे दौर का समय था। जी. शंकर कुरूप की समकालीन अवस्था के प्रति सृजनशील प्रतिक्रिया के बावजूद मलयालम कविता पर चङ्ङम्पुषा कृष्ण पिल्लै की स्वच्छंद भावुकता का केरलीय मानसिकता पर गहरा प्रभाव था। यह एक सामान्य वस्तुस्थिति नहीं है। उनकी कविता में भिन्न-भिन्न वर्गों के पाठकों के आस्वादन की पूरी सुविधाएँ थीं। भावुक एवं तरल शब्दनिबद्धता से बनी सौंदर्य की एक खास छटा थी। स्वच्छंदतावादी कविता के उस दूसरे दौर में उनकी कविता अधिक प्रभावशाली सिद्ध हुई। इसलिए यह स्वाभाविक था कि 'चङ्ङम्पुषा' के बहुत सारे अनुकर्ता भी हुए। परंतु दुःखद स्थिति यह रही कि अनुकर्ताओं ने उनकी कविता के क्षीणतम पक्षों का सतही अनुकरण किया। इनमें उस समय के तथाकथित प्रगतिवादी कवि भी शामिल हैं। मलयालम की प्रगतिशील कविता का राजनीतिक संदर्भ विशेष उल्लेखनीय तथ्य है। लेकिन उसकी आवेगमयी दृष्टि आखिरकार 'चङ्ङम्पुषा' की कविता के तरल गर्त में गुमसुम हो गई।

स्वच्छंदतावादी कविता की परिसीमा में जीवन के बहुआयामी पक्षों को सही मायने में आकर्षित करनेवाली रचनाएँ भी इसी समय निःसृत होने लगी थीं। वैसे यह एक ऐसा संक्रमण था और उसे वांछनीय ही माना जा सकता है। यह रोमांटिक

बोध से युक्त आधुनिक दृष्टि थी। वस्तुतः तब तक 'चङ्ङम्पुष़' की रचनाओं का तरल दौर समाप्त हो चुका था। इसलिए आधुनिक मलयालम कविता के विश्लेषण के दौरान परवर्ती स्वच्छंदतावादी कविता पर अनिवार्य रूप से प्रकाश डालना है। इडश्शेरी गोविंदन नायर, अक्कित्तम अच्युतन नम्पूतिरि तथा वैलोप्पिल्लि श्रीधर मेनोन इसी धारा के प्रवर्तक कवि हैं। इन तीनों की कविताएँ आधुनिक जीवन की सही अभिव्यक्ति है। 'इडश्शेरी' की 'करुत्तचेट्टिच्चिकल', 'पूतप्पाट्टु', अक्कित्तम की, 'इरुपताम नूट्टांडिन्टे इतिहासम्', वैलोप्पिल्लि की 'उज्ज्वल मुहूर्तम्', 'सह्यन्टे मकन' आदि रचनाएँ कुछ उदाहरण मात्र हैं। 'अक्कित्तम' की खंड-काव्यात्मक रचना 'बीसवीं शताब्दी का इतिहास' का आनुषंगिक परामर्श आवश्यक प्रतीत हो रहा है। आधुनिक जीवन का 'यथार्थ' उक्त काव्य का विषय है। आज की विडंबनापूर्ण स्थिति के प्रति कवि का उपदेशात्मक रुख पूरी स्थिति की हास्यास्पद अवस्था का द्योतक ही है :

बिटुआ, आलोक है दुखद
तम ही है सुखप्रद।

इसी प्रकार 'इडश्शेरी' और 'वैलोप्पिल्लि' की कविताओं से गुजरते समय हमें यही अनुभव प्राप्त होगा कि उन दोनों में आधुनिक दृष्टि का पलड़ा भारी है जबकि रोमांटिकता का बुनियादी भावबोध भी समानांतर ढंग से वर्तमान है।

करीब-करीब इसी समय मलयालम कविता में प्रयोगपरकता की एक नई दृष्टि पनपने लगी। इनमें बौद्धिक रुझान का प्रकट स्वर था। एन.वी. कृष्णवारियर और एम. गोविंदन की प्रारंभिक कविताएँ ऐसे ही एक बौद्धिक बोझिलता से युक्त हैं। लेकिन इसी प्रवृत्ति के कारण परिवर्तन की सही सूचनाएँ मिलने लगीं। सत्ता की निगूढ़ साजिश के प्रति 'एन.वी.' की बौद्धिक दृष्टि सचेत देखती है और औसत आदमी की अवस्था को वे सामान्य जीवन प्रसंगों के साथ जोड़कर उसकी भयावहता के साथ प्रस्तुत करते हैं। उनकी एक प्रसिद्ध कविता है 'गांधी और गोडसे'।

'क्यू' में खड़े हैं गांधी
चावल खरीदने
बड़ी मोटर में बैठकर
जा रहा है गोडसे।

यथार्थ के प्रतीकीकरण से समय के सही एहसास को वे व्यक्त कर सके हैं। प्रखर बौद्धिक दृष्टि से ओतप्रोत 'एन.वी.' की कविताओं से मलयालम की आधुनिक कविता का प्रारंभ अनुभव करनेवाले आलोचक भी हैं। जो हो, 'एन.वी.' की बौद्धिक एवं प्रयोगपरक दृष्टि की अपनी महत्ता है।

बोझिल बौद्धिकता की अपनी कविता से झटके के साथ निकालकर भाषा के द्रविड़ी सौंदर्य की छानबीन करते हुए आज के जीवन में निहित अर्थहीन पक्षों को 'मॉक हीरोयिक' ढंग से एम. गोविंदन अभिव्यक्त करते हैं। कहावतों एवं लोकोक्तियों को रचनाशील बनने का एक खास उपक्रम एम. गोविंदन की कविता में प्राप्त होता है। वे शब्दों के कलाकार हैं। शब्द उनके लिए सृजनशीलता का माध्यम है। 'प्रार्थना' नामक उनकी लघु कविता में वे शब्द के इस नए अर्थस्तर का अन्वेषण करते हैं। गोविंदन की 'विदाई' नामक कविता की कुछ पंक्तियाँ इस प्रकार हैं :

जन्म शताब्दी मनाते हुए
निर्यात की चीज के बराबर
विदेशी बाजार के लिए
हम उन्हें
एयर इंडिया के माध्यम से
भिजवा देते हैं।
कृपा करके, श्रीमान मोहनदास करमचंद गांधी
हमें अपनी नियति पर छोड़ दीजिए
आज के हम भारतीय गरीब हैं
एक अतिरिक्त गांधी को हम कैसे रख सकेंगे ?
इसलिए अलविदा
(राष्ट्र) पिता, हमें मालूम है कि हम कर क्या रहे हैं
जय हिन्द।

आधुनिक मलयालम कविता की रचनात्मक पृष्ठभूमि तैयार करने में कुछ लघु पत्रिकाओं का विशेष महत्त्व रहा है। कहना यह बेहतर होगा कि इन्हीं लघु पत्रिकाओं ने सही रचनाओं के लिए मंच खुलवा दिया था। एम. गोविंदन द्वारा संपादित 'समीक्षा' के अलावा 'केरल कविता', 'अक्षरम्', 'गोपुरम', 'अन्वेषणम्', 'युगरश्मी' आदि पत्रिकाओं ने नई रचनाओं की तलाश की, नए रचनात्मक प्रतिमान संस्थित किए। उन दिनों—करीब सन् साठ के आसपास प्रकाशित सभी लेखों में नई कविता की अनिवार्यता और सार्थकता की ओर इशारा उपलब्ध है।

नई मानसिकता को झेलनेवाले कवि जिनमें कुछ केरल के बाहर रहनेवाले थे और कुछ केरल के भी, अपनी-अपनी प्रतिक्रियाएँ व्यक्त करने लगे। वातावरण के नए स्वरूप को, बदलती मनःस्थिति को तथा विविधता को कवियों ने महसूस किया। मलयालम के एक प्रसिद्ध कवि एन.एन. कक्काड़ ने एक भेंट वार्ता में इस प्रारंभिक प्रतिक्रिया का एक दिलचस्प ब्यौरा यों प्रस्तुत किया है। 'इस विक्षुब्ध

अवस्था का अनुभव प्रथमतः मद्रास से माधवन अय्यप्पत्तु ने किया। तदनंतर तिरुवनंतपुरम से अय्यप्प पणिक्कर का स्वर सुना। 'पातल की अनुगूँज' भी इसी समय हुई। (यह कक्काड़ की ही रचना है) साथ ही मुंबई से 'पालूर' और दिल्ली से 'चेरियान' भी पहुँच गए। 'सुगतकुमारी' और 'आट्टूर रविवर्मा' भी आ गए। ऐसी एक खोज में लगे रहकर, जिसकी वास्तविक अवस्था से परिचित न होने पर भी, लगा कि सभी भटकते-भटकते एक तराई में पहुँच गए हैं। यह अनुभव उन सभी कवियों का है जो उस समय रचना एवं जीवन की पक्षधरता को निभाते हुए कुछ नया सुनाना चाहते थे, एक व्यापक अनुभव को शब्दबद्ध करना चाहते थे। 'मणियरलियेक्कु' नामक कविता जो 'माधवन अय्यप्पत्तु' की है, स्नेह और सौंदर्य की अन्वेषण से संबंधित है। चिंतन, स्वप्न और आशा के बीच में गुजरते हुए कवि को लगता है कि विगत शताब्दियाँ बेकार की हैं। फिर भी मनुष्य काल की दहलीज पर प्रतीक्षा निर्भर है। जीवन की अर्थवत्ता की खोज जो करता है उसका सिर दर्द काफी पुराना है। कवि के लिए प्रश्न यही है कि ये सब किस लिए ? तब कवि को बीच-बीच में नसीहत देनेवाला तोता बोल उठता है–'संशयात्मा विनश्यति।'

अय्यप्प पणिक्कर आधुनिक मलयालम कविता के शीर्षस्थ व्यक्तियों में से हैं। सन् पचास के आसपास पणिक्कर का आगमन हुआ। कविता की उस मर्यादित परंपरा का उल्लंघन पणिक्कर की कविता में हो गया था। उनकी 'मेरी दीवार' नामक एक प्रारंभिक रचना की पंक्तियाँ इस प्रकार हैं :

मेरी दीवार पर
मेरे हाथ के बनाए चित्र को देखो
खुले मुँह, क्यों ताक रहे हो बेवकूफ
ध्यान से देखो।

कवि की रचना ही कविता का परमसत्य है, जैसी उक्ति इन पंक्तियों के साथ स्पष्ट हो जाती है।

पणिक्कर की 'कुरुक्षेत्रम्' नामक लंबी कविता मलयालम कविता की अत्यंत समृद्ध रचनात्मक दिशा है, जो उन्नीस सौ साठ में प्रकाशित हुई थी। वह शिथिल बिंबों को आकलित करनेवाली ऐसी एक रचना है जो जीवन के एक आंतरिक पक्ष की ओर झाँकती नजर आती है। वह हमारी जिंदगी के भोथेरेपन के विरुद्ध रचित कविता है। जिंदगी की खूबसूरती की तमाम संपन्नताओं को जड़वत् एवं यांत्रिक बना डालनेवाले खोखले प्रारूपों से मुक्त होने का आग्रह 'कुरुक्षेत्रम्' में प्रबल है। हमारा युग आशंका और संशय का है। लेकिन बेबसी के रेगिस्तान में भी पणिक्कर में निहित कवि हरियाली का अनुभव करता है। घटती मानवीयता से उत्पन्न टीस

स कावता का प्रारंभ होता है। जीवन की त्रासदी के मौन चित्र इस कविता में भरे पड़े हैं :

मेरे इस बाजारनुमा संसार में लोगों की भीड़ बढ़ती जा रही है
माल बेचने लोग आ रहे हैं
जा रहे हैं
अपने को बेच रहे हैं।

पणिक्कर की और एक लंबी कविता इसी परिप्रेक्ष्य को अलग स्तर पर महसूस कराती है :

हम स्तुति गीत का आलाप करें
उस मनुष्य के लिए स्तुति गीत का आलाप करें
अपनी गरीब पड़ोसिन के पेट को फुलानेवाले
मनुष्य का स्तुति गीत आलापें

आठवें दशक में पणिक्कर की 'कार्टून कविताएँ' प्रकाशित हुईं। मलयालम कविता में आधुनिक भावबोध की निर्दिष्ट करनेवाली उन गंभीर रचनाओं से इधर प्रकाशित 'कार्टून' रचनाओं तक का सृजनात्मक आयाम काफी विशाल एवं व्यापक है।

मलयालम कविता में एक विशेष प्रकार का रोमांटिक रुख सशक्त रहा है। अन्य कवियों के समान इनमें भी सही प्रतिक्रिया के स्वर उपलब्ध हैं। निषेध का उतना तीखा स्वर प्राप्त होता नहीं है। इसलिए ये कवि सौंदर्य के लोप से दुखी, मानवीय धरातल के कांक्षी नजर आते हैं। जी. कुमार पिल्लै, सुगतकुमारी, ओ.एन. वी. कुरुप और विष्णुनारायणन नंपूतिरि आदि इसी भावबोध के प्रतिष्ठापक कवि हैं।

जी. कुमार पिल्लै की कविता मूलतः केरलीय काव्य परंपरा का निषेध न कर अनुसरण करनेवाली है। अकृत्रिमता उनकी कविता की आत्मा है। एकाग्रता को बनाए रखते हुए भाव संप्रेषण में लगी उनकी रचना कभी कोई चित्र, कभी कोई प्रतीति, कभी कोई सूक्ष्मानुभूति आदि को संप्रेषित करती है। 'मृदुलम्', 'मुग्दम', 'वळवुकळ' आदि रचनाएँ इसके उदाहरण हैं।

सुगतकुमारी आर्द्रता की कवयित्री हैं। मानवीयता की वह आर्द्रता है। विषाद का दार्शनिक पक्ष उनकी कविता का आंतरिक स्रोत है। समकालीन स्थितियों में आतंकित होकर जब वे लिखती हैं कि 'अब इस मन में कविता रह नहीं गई है,' तब कविता का सार्थक साकार रूप उनके शब्दों के हर रोएँ-रेशे से उभरने लगता है, कविता की महक उनकी कविता में प्राप्त होती है। उनकी एक कविता है 'सामान हृदयवाले, तुम्हारे लिए गाते समय' :

तुम्हारे लिए गाते समय
मित्र, यह जन्म निष्फल नहीं रहता
यह गीत भी निष्फल नहीं
जब यह तुम गुनगुनाते चलते हो।

इसी धारा के और एक प्रमुख कवि हैं ओ.एन.वी. कुरुप। प्रगतिवादी दौर से शुरू करके, स्वयं 'चङ्ङम्पुष़ा स्कूल' के अति तरल प्लवन में विभोर होने के उपरांत ओ.एन.वी. आधुनिक दृष्टि को अपनाने लगते हैं। इसलिए उनकी परवर्ती रचनाएँ आधुनिक संदर्भ में ही विवेचित होती हैं। उनके 'अक्षरम', 'मयिलप्पीलि' नामक संग्रहों में आधुनिक दृष्टि अधिक स्पष्ट है।

आज जीवन की भयावहता ने मनुष्य मात्र के अस्तित्व को कुचल दिया है और वह अपनी स्वहीनता को लेकर झूमता दिखाई देता है। माधवन अय्यप्पत्तु ने सचेत व्यक्तियों की संवेदनात्मक दृष्टि को सरदर्द जैसे सामान्य प्रसंग से जोड़कर सामान्यीकृत किया तो विष्णु नारायण नम्पूतिरि अपनी चेहराहीनता के प्रति अतिरिक्त सचेत दिखाई देते हैं। इसलिए विष्णु नारायण आज भी उस चेहरे की खोज में हैं। 'चेहरा कहाँ है' नामक उनकी कविता इसी का प्रतिपादन है। इसी बात को भारतीय भौगोलिक अवस्था से जोड़ने का प्रयास 'दिल्ली' नामक कविता में दिखाई देता है।

सातवें दशक के अंतिम चरण तक आते-आते मलयालम कविता का संवेदनात्मक स्वरूप स्पष्ट होने लगा। अलग-अलग ढंग के स्वरालाप के कारण इस दौर में मलयालम कविता ने अभूतपूर्व प्रगति पाई। एन.एन. कक्काड़ ने सही ही बताया था कि सभी लोग एक तराई में आ गए थे। कक्काड़ का स्वर विशिष्ट ही है। प्रारंभ में मानवीयता के हनन के विरुद्ध उन्होंने आवाज उठाई। आक्रोश और मोहभंग उनकी कविता में विद्यमान है। 'पट्टिप्पाट्टु' (कुत्तों का गीत), 'चेट्टकलुटे पाट्टु' (असभ्यों का गीत) आदि रचनाओं में तटस्थ दृष्टि से उभरता हुआ व्यंग्य भी प्राप्त है। 'इन बकरियों को देखो' नामक कविता की कुछ पंक्तियाँ इस प्रकार हैं :

पीछे से कोई हाँक रहा है
सूनी राह सामने होने के कारण आगे की ओर ही सही
उन्हें अपने बारे में कुछ नहीं लग रहा है
हमें उनके बारे में
हमें भी अपने बारे में कुछ भी तो नहीं लग रहा है।

बोलचाल की भाषा की सर्जनात्मक क्षमता से कक्काड़ भाषा के लोक लयविन्यास की ओर अपनी दृष्टि को परिणमित करते हैं। तब वे 'लोक-फैंटसी'

तैयार करते हैं। कविता का अनुपम सौंदर्य अनुवाद कार्य में नष्ट होने की संभावना ज्यादा है, फिर भी 'रास्ता बनानेवालों' नामक कविता द्रष्टव्य है।

इन दो रास्तों में
आम रास्ता बेहतर है
अरे मीत, आम रास्ते से होकर जाना
आम रास्ते को छोड़
नया रास्ता बनाओगे
तो कई मुश्किलों का सामना भी होगा।

आज की प्रतिक्रियाहीन अवस्था के प्रति कक्काड़ की प्रतिक्रिया उनकी 'पोत्तु' (भैंसा) नामक कविता में हुई है।

कुंजुण्णि मास्टर की कविताएँ प्रकटतः सूक्तियों का एक विशिष्ट संसार है। वे स्वयं नए सूक्तिकार हैं। इन सूक्तियों से वे एक चमत्कृत संसार का सृजन करते हैं।

मुझे देखने पर लगभग एक आदमी-सा लगा रहा है
तो बस, मैं संतृप्त हूँ।

व्यंग्य की महीन पर्त के नीचे मनुष्य की खोज सक्रिय है।

आधुनिकीकरण ने समाज को आधुनिक बना दिया है, पर बहुत कुछ गँवा भी दिया है। एक व्यापक जड़ता हमारे जीवन को ग्रस रही है। यांत्रिकता, अमानवीयता के हम शिकार होते जा रहे हैं। एम.एन. पालूर का मुख्य विषय ये ही सब हैं। उनकी 'नया अतिथि' नामक कविता इसके उदाहरण हैं। इतने पर भी अपने कवितापन की जड़ें वे अपनी सुदृढ़ परंपरा में से प्राप्त करना चाहते हैं। वस्तुतः यह बात मलयालम कविता की अतिसामान्य प्रवृत्ति है।

मलयालम कविता के आठवें दशक को कविता की आजादी का दशक कहा जा सकता है। मलयालम कविता इस युग में अपनी अस्मिता के प्रति अतिरिक्त ढंग से सचेत दिखाई पड़ती है। क्योंकि इतिहास बोध से साक्षात्कृत होकर स्वतंत्रता के खुले माहौल तक पहुँच जाना ही इस दशक की कविता का लक्ष्य रहा है। सांसारिक सत्ता के साथ अपने गत्यात्मक संबंध के दौरान स्वयं अपने आत्मबोध से परिचित होने का आग्रह समकालीन मलयालम कविता ने प्रकट किया है और यह इस दशक की मलयालम कविता की एक अनिवार्य शर्त है। मलयालम कविता अपने मिथ्याबोध से मुक्त होने के कारण उसमें मानवीय मुक्ति कामना का स्वर बुलंद है।

शब्द को वस्तु के रूप में (अनुभूत्यात्मक स्तर पर) परिणमित कराने का भार आधुनिक कवि पर है। भाषा जो अमूर्तन का माध्यम है, जिसके कवि को मूर्त

संवेदना गढ़नी है। अतः शिल्प और संवेदना के बीच संघर्ष काफी गहरा है। कविता की पहली प्रासंगिकता 'कविता' बनी रहने में ही है। समकालीन मलयालम कविता इस संघर्ष को बराबर झेलती आई है। कविता की आत्मवत्ता को ह्रासोन्मुख भावुकता या निरी आवेगमयता से बचाने और काव्यात्मक तथा समकालीन बनाने के प्रति आठवें दशक के कवि निष्ठावान हैं। इसी एक बिंदु से उनकी प्रतिबद्ध रचना-दृष्टि विकसित होती है।

कटम्मनिट्टा रामकृष्णन, सन् सत्तर के करीब मलयालम कविता के क्षेत्र में आए और उनकी कविता आठवें दशक से एक गतिशील शर्त सुनिश्चित करती है। यह शर्त आत्मबोध की उपज है। यह शर्त इसलिए गतिशील है कि वह किसी वैचारिक धरातल का मात्र संस्पर्श नहीं करती। कटम्मनिट्टा की कविताओं का अनुभव-जगत् इतना व्यापक है कि उनका हर एक बिंब एक विशिष्ट कविता है। द्रविड़ संस्कृति के प्राग रूपों की ओर झाँकनेवाले इस कवि की कविता सबसे पहले एक ऐसी भाषा गढ़ती है जो निजी है, परंपरा से सृजित है, परंपरा की खोज की है और बृहद् वाचिक परंपरा की भी है। तदर्थ वाचिक परंपरा की समृद्धि और संपन्नता उनकी कविताओं में एक गहरा तनाव उत्पन्न करती है। एक उदाहरण द्रष्टव्य है :

काली दुर्गे
... ...
आठों हाथों से मुझे बाँध लो
चरमराकर टूट जाएँ
मुश्किलों का यह कंकाल
आग के टीलों पर
आग से समंदरों में
असमाप्त कसक की तराइयों में
काले नाग सोए पड़े मंदिरों में
आँसुओं के खलिहानों में
हम लिपट जाएँगे
लोट-पीटकर, गलकर आग के तेल के समान
हम मिल जाएँगे
फिर भभकेंगे, फिर गले लग जाएँगे
मेरे हृदय को किसने जंजीरों से बाँधा
उस जंजीर को गन्ने के समान चूसकर
तुम्हारे अधरों पर बहते रस को पीकर
मेरी काली त्वचा से बना ढोलक
मेरी उँगली से निःसृत गीत के साथ

बजा-बजाकर मैं बुलाता हूँ
आलिंगन कर काली दुर्गे
निचोड़ लो महती मैया

इस अनुष्ठानात्मक रचना में कवि मनुष्य की प्रचण्ड शक्ति के संवाहक के रूप में स्थित है। भविष्य की ओर बढ़ते मनुष्य के चरण को कटम्मनिट्टा ने पूर्णतः प्रागूरूपात्मक बना दिया है। एक अन्य रचना में कर्कश गद्य की सहायता से इतिहास का वह रूप प्रस्तुत करते दीखते हैं जो हमारे जीवन की विडंबना से संबंधित है।

इसके भीतर
इतिहास का सुधार किया होगा
दुहराकर फिर आरचित किया होगा
गुलामी और अनुशासन की काली जंजीरें कसी होंगी
दबाव की चाबुक फुफकारी होगी
हड्डियाँ—
किलों की सीढ़ियों पर दब गई होंगी
कटारों और तलवारों ने
भले इंसानों का खून मन भर पिया होगा
जंगी घोड़ों की टापों के नीचे
बेकसूर आदमियों की चीख रौंद गई होगी
बेवकूफ विजयोन्मत्त हुए होंगे
तड़प-तड़पकर आदमी रोए होंगे
तटस्थ मृत्यु के दौरान सब कुछ भूले होंगे
मृत्यु कितनी बेकसूर है।
इतिहास की निर्मिति के लिए
बादशाह मृत्यु को साक्षी बना लेते हैं।

यह वह 'इतिहास' है जिसे कहकर हम अपना परिप्रेक्ष्य बना रहे हैं। मनुष्य के व्यक्तिपन और इतिहास से परिणमित व्यक्तिपन के अंतर से कटम्मनिट्टा वाकिफ हैं। उनकी हर रचना में इस द्वंद्व का आमना-सामना प्रायः होता रहता है।

आज की कविता यह प्रश्न उठाती है कि कैसे अपने अंतर्विरोधों से प्रतिक्रियान्वित हों। यही मलयालम कविता की समकालीन दृष्टि है। औसत आदमी के संदर्भ में इस सच्चाई को आट्टूर रविवर्मा देखना चाहते हैं। उनकी 'माधुर्य', 'बैठक' शीर्षक कविताएँ इसके उदाहरण हैं। उनकी एक बहुचर्चित रचना है 'संक्रमण'। अतीत की सड़ती अवस्था के प्रति कवि की तीक्ष्णतम प्रतिक्रिया इस रचना में व्यक्त हुई है। आज की सड़ती अवस्था का चित्र हमें उनकी 'कैंसर' शीर्षक कविता में

से मिलता है :

और आखिरी बार
तेज व चमकते शस्त्रों के ठूँसने के पहले ही
गले, आँतों और फेफड़ों में
बीमारी व्याप्त चुकी थी
... ...
पूरी तौर पर व्यापी हुई यह घातक बदबू
अपने ही वंश हनन की थी।

प्रारंभिक रचनाओं की थोड़ी-सी भटकन के उपरांत सच्चिदानंदन आठवें दशक में सही निर्णय पर आ जाते हैं। उन्होंने कविता को कर्मबोध की पहचान के रूप में स्वीकारा है। इसके लिए उनकी 'पनी', 'सत्यवाङ्मूलम', 'आशुपत्री', 'इडवेला' जैसी रचनाएँ उदाहरण हैं। प्रतिबद्ध कविता को सच्चिदानंदन ने इस प्रकार परिभाषित किया है—मौन रहकर वह गाती है, मृत्यु के मुँह में बैठकर वह सपना देखती है, पीड़ाओं के मध्य में रहकर उन्नत सिर के साथ सच्चाइयों का बयान देती है, क्योंकि कविता माने मनुष्य की आवाज है।

इतिहास, जो कि मोहनजोदड़ो की सूखी पुष्पकरणी में फेंकी हुई घड़ी नहीं, कनिष्क की अशर्फियों में रोज-ब-रोज धूमिल पड़ी चित्रलिपि नहीं, समुद्रगुप्त का वह तानपुरा भी नहीं, जिसमें संगीत रुक गया हो, हर पल, करोड़ों पैरों के सहारे हमारी छोटी-छोटी आँखों के सहारे गुजर रहा है।

के.जी. शंकर पिल्लै के लिए कविता एक सक्रिय पहचान है। अतः कम लिखने पर भी, आठवें दशक की मलयालम कविता का उद्विग्न चेहरा शंकर पिल्लै की कविता में अनावृत होता है। उनकी कविता में अग्निपर्वत का मौन व्याप्त प्रतीत होता है। मन की अतल गहराइयों से प्रवहित खून नस-नस में व्यापित होते समय कवि चेतना बोझिल शब्द क्रम अपनाती नजर आती है।

मौन के रेतीले विस्तार में कहीं
एक अग्नि पर्वत
आँखें छपका रहा है।

युवा कवियों ने 'अग्नि पर्वत की मौनावस्था' को शब्दबद्ध किया। तहखानों में मुर्दों की बदबू जमने लगी है—इन्होंने कविता की इस खास पहचान को अपना मान लिया—'काले चीथड़ों के समान निस्संगता/इस गाँव के ऊपर छाई है/अपनी उसाँसों से सही, तुम उसे तोड़ लेना/इस सूखे मौन के ऊपर पसीना बन जाना'—युवा कवियों ने उस गंभीर मौन को तोड़ने का कार्य जारी रखा है।

ए. अय्यप्पन मनुष्य की समूची हालत के बारे में लिखनेवाले हैं। समय की

रुग्णावस्था की तमाम स्थितियाँ उनकी कविता में स्थान अर्जित करती हैं। अपने एकमात्र काव्य संग्रह में उन्होंने एडवेर्ड एलबी के वाक्य को अग्र वाक्य के रूप में चुना है। 'मैं बलि पर चढ़नेवाला बकरा ही रहूँगा : कोई न कोई वह हो जाएगा' ही अय्यप्पन की रचना इस 'हो जाने' की त्रासदी की कविता है।

मेरा ख्याल था
कि ईश्वर व्यस्त व्यक्ति होंगे
ज्यादा सोनेवाला तथा कम काम करनेवाला
एक भुलक्कड़ ईश्वर ही मेरा सर्जक है
गिनतियाँ लेते समय
उनका चश्मा मेरा नाम छोड़ देता है
मेरा पूर्व अस्त होने तथा पश्चिम उदय होने लगता है।

अय्यप्पन की कविता अति सामान्य अवस्था में अवांछित अवस्था के खतरों को सूचित करनेवाली है।

मलयालम के युवा-कविता-लेखन में एक चर्चित नाम बालचंद्रन चुल्लिक्काड का है। कहीं-कहीं भावुक दीखते हुए भी (बिंबविधान में) अंतःक्षोभ की अनबुझी आग से हमेशा प्रज्वलित रहने के कारण बालचंद्रन की रचना कविता के संघर्ष का एक अविच्छिन्न अंग है।

इसी समंदर के किनारे
खड़े हुए लावारिस मुर्दे के समान
मैंने अपने को पाया
× × ×
हमारी शांति
कठघरे में खड़ा मौन मुजरिम है
और फैसला हमेशा उसके खिलाफ है
मुझे मृत्यु का भय नहीं।

इसलिए जिंदगी की सच्चाइयों का ब्यौरा देने को बाध्य हूँ। 'मुझे खो देनेवाले मेरे अपने समय' की अवस्था डी. विनय चंद्रन की कविता की निजी पहचान है। इसलिए मजबूरन वे लिखते हैं :

कोई धन्यता नहीं
कहीं कोई स्मृति भी नहीं
बस एक पसरती अँधियारी।

ज्यादातर लोक गीतों की लय को पकड़ने की चेष्टा भी समानांतर ढंग से विनय चंद्रन की कविता में प्राप्त होती है। अस्मिता की खोज उनमें निरंतर सक्रिय है।

इस विश्लेषण के दौरान कई नाम छूट गए हैं। इसका कारण यही है कि रचनात्मकता को एक खास अंदाज में महसूस किया गया है। रचनात्मकता का इस संदर्भ में अर्थ सिर्फ वह दृष्टि है जो हमें अपनी संवादहीन अवस्था से बचाती है, हमें समकालीन स्थिति से जोड़ती है। हर भाषा में कई प्रकार की कविताएँ प्रकाशित होती हैं। इतिहासकार के लिए सभी रचनाएँ भले ही महत्त्व की हों, लेकिन एक सही पाठक के लिए रचनात्मक दिशा की ओर परिणमित होनेवाली रचनाएँ आस्वादनीय होती हैं।

32

मलयालम उपन्यास की उपलब्धियाँ

आर. सुरेंद्रन आरसू

उन्नीसवीं शताब्दी के अंतिम चरण में मलयालम में उपन्यास साहित्य का आविर्भाव हुआ था। पाश्चात्य साहित्य से संपर्क जुटने के कारण ही इस विधा से मलयालम का संपर्क स्थापित हो गया था। प्रारंभकालीन उपन्यासों में मनोरंजन को प्रमुखता मिली थी। पाठकों को एक नए भाव संसार की ओर ले चलना उपन्यासकारों का उद्देश्य था। इतिवृत्त को उपन्यासकारों ने महत्त्वपूर्ण तत्त्व मान लिया था। केरलीय परिवार और समाज से जुटे तौर-तरीके इधर वर्णित हुए थे। ईश्वर विश्वास, परंपरागत मूल्य, वैवाहिक रिश्ते, अंग्रेजी पढ़े लोगों के व्यवहार में आए अंतर आदि पहलुओं पर उपन्यासकार जोर देते थे। यह पात्र प्रधान उपन्यासों का युग था। पात्रों को इन उपन्यासों में मानसिक जीवन मिला। पाठक पात्रों के जीवनानुभवों से तादात्म्य स्थापित करते थे। भाषा का विकास भी उपन्यास के द्वारा संभव हुआ। गद्य में इस विधा को पाठक अधिक पसंद करने लगे। व्यापक जीवनानुभव और सामाजिक यथार्थ के लिए उपन्यास एक उचित मार्ग बन गया।

ओ. चंतुमेनोन (1846-1899) को मलयालम उपन्यास का आरंभकर्ता मान सकते हैं। उनके पहले भी कुछ उपन्यास मिलने के प्रमाण आज प्राप्त हुए हैं। किंतु सही अर्थ में जनमानस को पसंद आनेवाले उपन्यास पहली बार उनसे ही मिले। 'इंदुलेखा' (1889) उनका प्रथम उपन्यास है। 'शारदा' उनका अधूरा उपन्यास है। पाश्चात्य शिक्षा मिलनेवाले एक आदमी के सोच-संस्कार में आनेवाले अंतर को इधर उपन्यासकार ने दिग्दर्शित किया है, सामंतवादी परिवार का ढाँचा, पीढ़ियों का अंतराल, नंपूतिरि और नायर घरानों में प्रचलित तौर तरीके, पूँजीवादी व्यवस्था के पतन के पड़ाव, शादी-ब्याह के तौर तरीके आदि पहलुओं पर चंतुमेनोन ने 'इंदुलेखा' के माध्यम से प्रकाश डाला है। दक्षिण भारत हिंदी प्रचार सभा ने इसका हिंदी अनुवाद प्रकाशित किया है। अनुवादक प्रो.वी.ए. केशवन नंपूतिरि हैं।

प्रारंभिक उपन्यास के तौर पर अप्पु नेटुंगाटि कृत 'कुंदलता' (1887) की चर्चा

भी प्रबल रही है। काल गणना की दृष्टि से यह प्रथम उपन्यास हो सकता है। किंतु औपन्यासिक तत्त्वों की कसौटी पर यह पूर्णतः खरा नहीं उतरता है। यही कई आलोचकों की राय है। उन्नीसवीं सदी के उपन्यास के रूप में और भी कई उपन्यासों की चर्चा इतिहासकारों ने की है। किंतु उनकी औपन्यासिकता और मौलिकता पर प्रश्नचिह्न लगे हैं। अनुकरण, अपहरण, छायानुवाद आदि आरोप उन पर लगाये गये हैं। 'पुल्लेलि कुंजु' (1882) 'घातकवधम्' (1877) 'फलमोनियुटे कथा' (1858) 'विरुतन शंकु', 'परंगोटि परिणयम्' (रचनाकाल अनिर्णीत) आदि उन्नीसवीं शती के उत्तरार्द्ध के चर्चित उपन्यास हैं।

सी.वी. रामन पिल्लै के आगमन से मलयालम उपन्यास की भावभूमि कुछ बदल गई। वे इतिहासोपजीवी उन्पयास की ओर मुड़े गए। 'मार्त्ताण्डवर्मा' (1891), 'धर्मराजा' (1913), 'रामराजा बहदूर' (1917), उनके प्रमुख उपन्यास हैं। इनके उपन्यास चंतुमेनोन के उपन्यासों से अलग प्रकार के थे। मेनोन समकालीन समाज की ओर मुड़कर लिखते थे, किंतु सी.वी. रामन पिल्लै ने इतिहास को उपन्यास का उपजीव्य बनाया। 18वीं सदी के तिरुवितांकूर के राजाओं के शासन काल को केंद्र में रखकर उनके उपन्यास रचे गए थे। ऐतिहासिक उपन्यास लिखते समय केवल शुष्क घटनाओं को उन्होंने आधार नहीं बनाया। रोमांस को भी उधर स्थान देकर उपन्यास को रोचक और प्रेरक बनाने में वे अत्यंत सफल निकले। केरलीय जीवन की प्राचीनता के विभिन्न पहलुओं को आधार बनाकर और भी कई उपन्यास इस युग में और परवर्ती युग में लिखे गए। अप्पन तंपुरान कृत 'भूतरायवर', अंपाटी नारायण पोतुवाल कृत 'केरल पुत्रन', कप्पना कृष्णन मेनोन कृत 'चेरमान पेरुमाल', एम.आर.के.सी. कृत 'वेल्लुवक्कम्मारन', के.एम. पणिक्कर कृत 'केरल सिंहम्' आदि उपन्यासों की चर्चा साहित्येतिहास में अवश्य आई है। किंतु औपन्यासिक चेतना के बल पर उनको विशेष स्थान नहीं मिला। हालाँकि केरल के इतिहास की घटनाओं और राजाओं के शासनकाल की खूबियों को समझने के लिए ये उपन्यास एक हद तक सहायक बन गए हैं।

सन् 1925 में नालाप्पाट्टु नारायण मेनोन ने विक्टर ह्यूगो कृत फ्रांसीसी उपन्यास 'लॉ मिरान्ला' का अनुवाद मलयालम में किया था। अंग्रेजी अनुवाद को आधार बनाकर यह मलयालम अनुवाद तैयार हुआ था। मलयालम अनुवाद का शीर्षक 'पावंगल' रखा गया था। सर्वहारा वर्ग के प्रति सहानुभूति जगानेवाला यह उपन्यास मलयालम के साहित्यकारों पर प्रभाव डालने लगा। आलोचक प्रवर केसरी बालकृष्ण पिल्लै और एम.पी. पॉल ने पाश्चात्य साहित्य की नई प्रवृत्तियों के संबंध में कई लेख लिखे। फिर अनुवादों का एक प्रवाह आया। मलयालम उपन्यास की भावधारा इससे बदलने लगी। केरलीय जीवन के परिप्रेक्ष्य में गरीब, दलित, शोषित जनता की जीवन समस्याओं पर प्रकाश डालनेवाले कई उपन्यास इस युग में लिखे

गए। प्रगतिवादी साहित्य को मलयालम में 'पुरोगमन साहित्यम' कहते हैं। इस आंदोलन के आदर्श और सिद्धांत को मानकर कुछ उपन्यासकार लिखने लगे। आदर्शवाद का स्वर तब प्रबल हो गया। तकषी शिवशंकर पिल्लै, पी.केशवदेव, वैकम मुहम्मद बशीर, एस.के. पोट्टक्काट्ट और उरूब की पीढ़ी ने मलयालम उपन्यास की चेतनाभूमि को बदल दिया। सामाजिक जीवन की जीर्णताओं पर उन्होंने प्रहार किया। आम आदमी की समस्याओं को उपन्यास का विषय बनाया। इतना ही नहीं आम आदमी के भाव विचार और भाषा में वे उपन्यास लिखने लगे। अब उपन्यास का मुख्य लक्ष्य मनोरंजन नहीं रह गया। जीवन की आलोचना को उन्होंने साहित्य का ध्येय माना। उपन्यास को आम आदमी की प्रिय विधा बनाया। राजनीतिक परतंत्रता, आर्थिक शोषण और सामाजिक दुरवस्था के बारे में सोचने-समझने के लिए पाठकों को मौका मिला। इस पीढ़ी के कुछ लेखकों ने यथार्थवाद पर बल दिया था। लेकिन रोमांस को भी उपन्यास में स्थान देनेवाले उपन्यासकार थे। तकषी आरंभ में यथार्थवादी थे। 'दो सेर धान', 'भंगी का बेटा', 'खोपड़ी', 'भिखारी समाज' आदि उपन्यास इसके नमूने हैं। लेकिन चेम्मीन एक शुद्ध रोमांटिक उपन्यास है। परवर्ती उपन्यास 'सीढ़े के डंडे' और 'कयर' में उनका दृष्टिकोण बदलकर आया है। 'नाली से' केशवदेव का बहुचर्चित उपन्यास है। एक रिक्शाचालक के जीवन में आनेवाले परिवर्तन को दर्शानेवाला यह उपन्यास यशपाल के 'मनुष्य के रूप' से समानता रखता है। 'पागल खाना', 'पड़ोसी' आदि केशवदेव के परवर्ती उपन्यास जैसा ही विशाल जीवनानुभव और व्यापक दृष्टिकोण इन उपन्यासों में हम देख सकते हैं। तशीर लघु उपन्यास के प्रयोक्ता हैं। करारा व्यंग्य और विशाल मानवीयता उनके उपन्यासों की खूबी है। वैविध्यपूर्ण अनुभव और मौलिक चिंतन के कारण उनके उपन्यास हर स्तर के पाठक पसंद करते हैं। 'पात्तुम्मा की बकरी', 'आवाजें', 'दीवारें', 'दादा का हाथी' आदि उनके प्रमुख उपन्यास है। एस.के. पोट्टेक्काट ने जीवन यथार्थ और भावना दोनों का मिश्रण किया है। उदर सत्य के साथ-साथ हृदय सत्य को भी वे चित्रित करते हैं। विष कन्या में मेहनती किसानों के संघर्ष भरे जीवन का चित्रण है। 'कथा एक गली की' में एक गली की कथा बताकर उपन्यासकार ने जन समूह की व्यथा कथा का चित्रण किया है। 'कथा एक प्रांतर की' आत्मकथापरक उपन्यास है। अतिराणिप्पाटम् में रहनेवाले श्रीधरन की कथा के माध्यम से उपन्यासकार ने देशकाल की गतिविधियों का लेखा जोखा प्रस्तुत किया है। उरूब इस पीढ़ी के एक उल्लेखनीय उपन्यासकार हैं। मलाबार के सामाजिक जीवन को उनके उपन्यासों में अभिव्यक्ति मिली है। धर्म और जाति से परे रहनेवाले प्रेम, सबको सुंदर देखने की प्रवृत्ति, काव्योन्मुखी शैली, पात्रों का स्वतंत्र विकास आदि उनके उपन्यासों की विशेषताएँ हैं। 'उम्माच्चु', 'सुंदरियाँ और सुंदर', 'आमीना' आदि उनके उत्कृष्ट उपन्यास हैं। उपन्यासकारों की इस पीढ़ी ने साहित्य को जनोन्मुखी

—और जनता को साहित्योन्मुखी बनाया।

प्रगतिशील उपन्यासकारों की पीढ़ी के बाद मलयालम उपन्यास की प्रवृत्तियाँ काफी बदल गईं। एक पीढ़ी के लिए मनोरंजन मुख्य लक्ष्य बना। दूसरी पीढ़ी के लिए सामाजिक संघर्षों का चित्रण मुख्य लक्ष्य बना। आदर्शवाद उधर वजनदार बन गया। लेकिन परवर्ती पीढ़ी इस रास्ते से भी हटकर चली। व्यक्ति की व्यथाएँ, आंतरिक संघर्ष, आदर्शों के पतन पर मोहभंग, सामाजिक व्यंग्य, निषेध, आत्मनिंदा वैज्ञानिक बोध, सेक्स, चित्रण, मृत्यु बोध, संत्रास, अजनबीपन, गृहातुरता, अलगाव की मनोवृत्ति, मध्यवर्गीय जीवन संघर्ष, मिथकों के प्रति लगाव, जनपथ और जनवर्ग विशेष का चित्रण, शैली का वैविध्य, महिला लेखन आदि इस युग की प्रमुख नई प्रवृत्तियाँ हैं। नवग्रहों का कैदखाना और अरब सोना मलयालम के दो सहयोगी उपन्यास हैं।

एम.टी. वासुदेवन नायर, नंदनार, के. सुरेंद्रन, ओ.वी. विजयन, विलासिनी, काक्कनाटन, एन.पी. मुहम्मद, एम. मुकुंदन, पुनत्तिल कुंजब्दुल्ला, कोविलन, सेतु, पी. वत्सला, वी.के.एन., आनंद, पद्मराजन, मलयाट्टूर रामकृष्णन, सी. राधाकृष्णन, पेरुंपटवम श्रीधरन, माटंपु कुंजुकुट्टन, जी विवेकानंदन आदि स्वातंत्र्योत्तर पीढ़ी के प्रमुख उपन्यासकार हैं। इनके उपन्यासों की प्रवृत्तियाँ अलग-अलग हैं। एक ही उपन्यासकार विभिन्न प्रवृत्तियों और प्रणालियों को स्वीकारता है। इसलिए इनका वर्गीकरण करना ठीक नहीं रहेगा। स्वातंत्र्योत्तर पीढ़ी के उपन्यासों की कुछ उल्लेखनीय प्रवृत्तियों पर प्रकाश डालना ही इधर समीचीन होगा।

आदर्शोन्मुखी जीवन के चित्रण में इस पीढ़ी के उपन्यासकारों ने विशेष रुचि नहीं दिखाई है। सामाजिक परिवर्तन का शंखनाद बजाना इन उपन्यासकारों का ध्येय नहीं है। कुछ उपन्यासकारों ने समाज से व्यक्ति को अलग लेकर उनकी मनोवृत्तियों का विश्लेषण किया। कहीं-कहीं व्यक्तिवादी स्वर या आत्मनिष्ठता को प्रमुखता मिली है। यथार्थवाद की रूखी-सूखी परिस्थितियों के स्थान पर व्यक्ति मन की कामनाओं, रोमांस मोह, मोहभंग आदि को कुछ उपन्यासों में अभिव्यक्ति मिली है। एम.टी. वासुदेवन नायर के उपन्यासों में ग्रामीण परिवेश में रहनेवाले युवक-युवतियों के आत्मविश्लेषण को अधिक स्थान मिला है। वे परंपरा की जड़ों को नहीं काटते हैं। गृहातुरता उनकी खूबी है। कूटल्लूर गाँव उनके उपन्यासों के केंद्र में प्रतिष्ठित हैं। व्यक्ति मानस की व्यथा कामना और उलाहना उन उपन्यासों की खूबियाँ हैं। जी. विवेकानन्दन, मलयाट्टर रामकृष्णन और पुतूर उण्णिकृष्णन के उपन्यासों में अपने जन्म गाँव की झलकियाँ हैं।

नदंनार, कोविलन, पारप्पुरत्तु के उपन्यासों में फौजी जीवन की खूबियाँ चित्रित हुई हैं। यह महज आँखों देखा जीवन है। लेकिन वैयक्तिक अनुभूतियों के इर्द-गिर्द उनके विवरण अधिक आस्वाद्य बन जाते हैं। सरकारी संयम, सत्ता केंद्र, भ्रष्ट

कर्मचारी, लाल फीताशाही, घूसखोरी आदि पर व्यंग्यबाण छोड़नेवाले उपन्यास भी मलयालम को मिले हैं। वी.के.एन., एन.पी. मुहम्मद, मलयाट्टूर रामकृष्णन, ओ.वी. विजयन के व्यंग्य उपन्यास मलयालम की विशिष्ट उपलब्धियाँ हैं। 'हिरण्य कशिपु', यंत्रम, धर्मपुराणम् आदि इसके कुछ नमूने हैं।

इधर हर जाति विशेष के अपने कुछ तौर तरीके, विश्वास, अंधविश्वास आदि होते हैं। कुछ उपन्यासकारों ने उनकी बारीकियों का चित्रण उपन्यास के द्वारा किया है। एन.पी. मुहम्मद (लकड़ी), पुनत्तिलकुंजब्दुल्ला (स्मारक शिलकल) ने मुस्लिम समाज के रस्म और रिवाजों को उजागर किया है। माडंपु कुन्जुकूट्टन, मलयाट्टूर रामकृष्णन, के.बी. श्रीदेवी जैसे उपन्यासकारों की कृतियों में ब्राह्मण परिवारों के आचारों का वर्णन मिलता है। अय्येनेत्तु और पारप्पुरत्तु के उपन्यासों में तिरुवितांकूर के ईसाइयों के जीवन के आचार-विचारों का चित्रण है। पी. वत्सला के कुछ उपन्यासों में आदिवासियों के जीवन की झाकियाँ मिलती हैं। इसका यह अर्थ नहीं है कि इनके उपन्यास जाति केंद्रित हैं। इन उपन्यासकारों की मानवीय संवेदना अत्यंत विशाल और व्यापक है।

केरलीय परिवेश के बाहर के उपन्यास भी इस युग में हमें मिलते हैं। एम. टी. वासुदेवन नायर कृत 'ओस' और पारप्पुरत्तु कृत 'अधूरा घर' नैनीताल के परिवेश में लिखे गए उपन्यास हैं। कुछ उपन्यासों में अभारतीय परिवेश भी है। विलासिनी के कई उपन्यासों में सिगपूर आया है। पुनत्तिलकुंजब्दुल्ला कृत 'कन्यावन' में अरब देश का वर्णन मिलता है। विज्ञान और प्रौद्योगिकी के क्षेत्र में आनेवाले नए निराले परिवर्तनों का चित्रण सी. राधाकृष्णन के उपन्यासों में मिलता है। पद्मराजन के उपन्यासों में यौवन के उमंग और आवेगों को प्रमुखता मिली है।

मिथकीय उपन्यासों की परंपरा मलयालम में सुदृढ़ नहीं है। महाभारत के कर्ण को मुख्य पात्र बनाकर पी.के. बालकृष्णन ने 'अब मैं सो जाऊँ' लिखा है। वी.टी. नंदकुमार का मेरा कर्ण और एक उपन्यास है। एम.टी. वासुदेवन नायर ने भीमसेन को एक नए सिरे से चित्रित किया है। भीम के मानसिक संसार का चित्रण अत्यंत निपुणता के साथ दूसरी बार उपन्यास में किया है। वैक्कम चंद्रशेखरन नायर ने भी इस दिशा में कदम रखा है। चरितमूलक उपन्यास भी मलयालम में कम हैं। श्री नारायण गुरु के जीवन पर आधारित 'गुरु' के. सुरेन्द्रन का एक बहुचर्चित उपन्यास है। एन.पी. मुहम्मद का 'दैव की आँख' पर्यावरण की समस्या पर केंद्रित एक उपन्यास है।

स्वातंत्र्योत्तर युग में लेखिकाओं की ओर से कई उपन्यास मलयालम को मिले हैं। ललितांबिका अंतर्जनम की मुख्य विधा उपन्यास नहीं है। लेकिन इस युग में उनका एक विशिष्ट उपन्यास 'अग्निसाक्षी' प्रकाशित हुआ। पी. वत्सला, के.बी. श्रीदेवी, एम.डी. रत्नम्मा, बी.एम. सुहरा इस युग की मशहूर उपन्यास लेखिकाएँ हैं।

साहित्य के क्षेत्र में नारीवाद पर आज जोरों से बहसें चल रही हैं। किंतु इन लेखिकाओं के उपन्यासों में नारीवाद एक मूल मुद्दा नहीं बना है।

आधुनिक बोध से आज का मलयालम उपन्यास संपृक्त है। संत्रास, गृहातुरता, मोहभंग, रिश्तों की अर्थहीनता, जीवन की निरर्थकता आदि तत्त्व आज मलयालम उपन्यासों में देख सकते हैं। ओ.पी. विजयन, एम. मुकुंदन, काक्कानाटन आज के बहुचर्चित उपन्यासकार हैं। इनके उपन्यासों का जीवनदर्शन हमारे देश और संस्कृति के उद्भूत नहीं है। लघु मानव, खण्डित व्यक्ति, परंपरा को तोड़ने की बलवती इच्छा इनके उपन्यासों की खूबियाँ हैं। व्यापक केनवास को अपनाकर आधुनिक जीवन की जीर्णताओं का चित्रण इन्होंने किया है। जीवन को एक वरदान या प्रसाद न मानकर उसे एक दुर्वह बोझ के रूप में माननेवाले उपन्यास इस युग में लिखे गए हैं। दिल्ली, माहि नदी के किनारे पर, दैव की विकृतियाँ मुकुंदन के ख्याति प्राप्त उपन्यास हैं। खसाक का इतिहास, धर्मपुराण, गुरु सागरम, ओ.वी. विजयन के प्रमुख उपन्यास हैं—भीड़, मरण सर्टिफिकेट, मरुभूमियों का उद्भव—आनंद के बहुचर्चित उपन्यास हैं। उष्णमेखला और चेचक काक्कनाटन के विशिष्ट उपन्यास हैं। युवा पीढ़ी की दिशाहीनता, मोहभंग आदि के कारणों का विश्लेषण इन लेखकों ने नए ढंग से किया है। उपदेश और आक्रोश के मार्ग से वे आगे नहीं बढ़ते हैं। पात्रों की अंतर्मुखता, निराशावादी और पलायनवादी जीवन दृष्टि के पीछे ठोस कारण हैं। कुछ आलोचक बताते हैं कि हमारी मानसिकता और संवेदना के अनुरूप उपन्यासकारों ने ऐसा चित्रण किया है। यह युग धर्म का पालन है। इसके खिलाफ और एक आलोचना भी आई है। इन उपन्यासकारों की जड़ें भारतीय संस्कृति और चिंतन में नहीं हैं। आयातीत चिंतनधाराओं से उन्हें प्रेरणा मिली है। यह हमारी संस्कृति की मिट्टी में उगनेवाले बीज नहीं हैं। इन कृतियों के वैचारिक धरातल के औचित्य पर विवाद हो सकता है। लेकिन आधुनिकता का आँचल पकड़कर मलयालम उपन्यास को आगे बढ़ने का मौका इन उपन्यासकारों ने दिया है।

उपन्यास आलोचना मलयालम में वांछित ढंग से विकसित नहीं हुई है। पी. के. बालकृष्णन और के. सुरेंद्रन के सैद्धांतिक ग्रंथ अवश्य उल्लेखनीय हैं। 'उपन्यास सिद्धि और साधना', और 'नोवल स्वरूप' ऐसे सैद्धांतिक ग्रंथ हैं। प्रो. के.एम. तरकन, के. अशोकन, के.पी. शरतचंद्रन, प्रो. एम. अच्युतन के अध्ययन व्यावहारिक आलोचना के अच्छे नमूने हैं। मलयालम के दस प्रमुख उपन्यासकारों से भेंटवार्ताएँ लेकर टी.एन. जयचंद्रन ने एक किताब का संकलन किया है। उपन्यासकारों के सृजन चिंतन के माध्यम से उपन्यास के तत्त्व और विकास यात्रा जानने का मौका इस कृति से मिलता है।

मलयालम का उपन्यास या मलयालम में उपन्यासवाला तर्क आज प्रबल है। संस्कृति और चिंतन की दृष्टि से अलगाव आने के कारण यह तर्क सिर उठा रहा

है। परंपरा के अंध भक्त होकर आज भी सृजनरत होना ठीक नहीं है। विश्व साहित्य की प्रवृत्तियों से दूर रहकर आज का लेखक सृजनरत नहीं हो सकता, यह तर्क भी प्रबल बन रहा है। एकरूपता की अपेक्षा वैविध्य समृद्धि का द्योतक बन सकता है। आज के उपन्यासकार केवल अपने देश और समाज के कठघरे में सीमित नहीं रह सकते। इतिहास, पुराण, मिथक, समाजशास्त्र, नृतत्वविज्ञान, मनोविज्ञान आदि विषय भी इस विधा से जुट जाते हैं। देवता के रूप में आज पात्र चित्रण नहीं होता। खंडित व्यक्तित्ववाले पात्र अधिक विश्वसनीय लगते हैं। गरीबी, शोषण और अत्याचार के खिलाफ आक्रोश इस युग में प्रबल बन गया था। आंतरिक संघर्ष, नामहीन संबंध, जीवन की दिशाहीनता, अंतर्मुखता भी सामाजिक यथार्थ है। इनका वर्णन उपन्यास में आना स्वाभाविक है। अस्तित्ववाद, अजनबीपन, गृहातुरता, दुःखवाद, क्षणवाद भोगवाद जैसी प्रवृत्तियों का समावेश कुछ समीक्षकों की दृष्टि में वांछनीय नहीं हैं। जो भी हो उपन्यास की विकास यात्रा में परिवर्तन के कई पड़ाव आए हैं। मनोरंजन, पात्र, विचार और आधुनिक बोध इस विकास यात्रा के केंद्रीय तत्त्व रहे हैं। साहित्य की केंद्रीय विधा के रूप में कई पाठक, लेखक और समीक्षक उपन्यास को मानते हैं। कहानी से शुरू करके उपन्यास तक न आनेवाले लेखक अत्यंत विरल हैं। कई कमजोरियों के होते हुए भी मलयालम उपन्यास प्रगति के पथ पर अग्रसर है।

मलयालम साहित्य : 'परख और पहचान' शीर्षक प्रकाश्य किताब का एक अध्याय।

33

मलयालम कहानी के विभिन्न मोड़

के.एम. मालती

मलयालम कहानी अब सौ वर्ष पार कर चुकी है। आधुनिक जीवन की सभी जटिल अनुभूतियों को सूक्ष्म अभिव्यक्ति प्रदान करने में आज की मलयालम कहानी सक्षम बन गई है। पिछले सौ वर्षों में मलयालम कहानी साहित्य का अभूतपूर्व विकास हुआ है और उसने भारतीय कथा साहित्य में अपना विशिष्ट स्थान बना लिया है।

प्रारंभिक कहानियाँ : सन् 1891 में 'विद्याविलासिनी' पत्रिका में प्रकाशित 'वासना विकृति' शीर्षक कहानी से मलयालम कहानी साहित्य का प्रारंभ माना जा सकता है। कहानीकार हैं वेंगयिल कुंजिरामन नायनार। 'वासना विकृति' वर्णनात्मक शैली में लिखी गई है, घटना या चरित्र को ज्यादा महत्त्व नहीं दिया गया। नायनार की कहानियों में हास्य का पुट मिलता है। प्रारंभिक कहानीकारों ने प्रमुख रूप से ऐतिहासिक विषयवस्तु को अपनाया। अंबाडी नारायण पोतुवाळ, एम.आर.के.सी. जैसे कहानीकारों ने केरल के प्राचीन इतिहास की अनेक घटनाओं को लेकर कहानियाँ लिखीं और इन कहानियों की भाषा भी प्रासमय और ऊलजलूल थी। प्रारंभिक कहानियाँ 'विद्याविनोदिनी', 'भाषा पोषिणी', 'रसिक रंजिनी' जैसी तत्कालीन पत्र-पत्रिकाओं के द्वारा प्रकाश में आईं। पी.जी. रामय्यर, पुत्तेषत्त गोविंद मेनोन, तेलप्पुरत्त नारायणन नम्पी, के. शंकर कुरुप जैसे लोगों ने सामाजिक कुरीतियों की आलोचना अपनी कहानियों के माध्यम से की। अभिनव चुंदुमेनोन के छद्मनाम से नारायणन नंबी ने 'कुंजुनंपूतिरी की दूसरी शादी' नामक कहानी में नंपूतिरी समाज की विसंगतियों पर प्रहार किया। अन्य प्रारंभिक कहानीकारों में ओडुविल कुन्जुकृष्ण मेनोन, सी.एस. गोपाल पणिक्कर आदि के नाम विशेष उल्लेखनीय हैं।

सुधारवाद और राष्ट्रीय भावना : मूर्कोत्तु कुमारन के साथ ही मलयालम कहानी में सामाजिक सुधार एवं नवीन विचारों का समावेश हुआ। 'भाभी के गहने', 'कलिकाल वैभव', 'एक नजर', 'मित्र का परिवर्तन' आदि कुमारन की बहुचर्चित कहानियाँ हैं।

प्रारंभिक कहानीकारों में के. सुकुमारन का महत्त्वपूर्ण स्थान है। कहानी का शिल्प, संवाद और समायोजन कौशल की दृष्टि से इनकी कहानियाँ आज भी दिलचस्प लगती हैं। 'पराया बच्चा', 'मैं और अपना डर' जैसी कहानियाँ उदाहरण हैं। मलयालम के प्रसिद्ध हास्यकार ई.वी. कृष्ण पिल्लै ने पहली बार स्वतंत्रता आंदोलन की पृष्ठभूमि में कहानियों की रचना की। केरल में जिन दिनों स्वतंत्रता आंदोलन की हलचल जोरों पर थी, तभी ई.वी. की 'यारवाड़ा का संधिधूत', 'मान्चस्टर का भूत' जैसी कहानियाँ चर्चित हुईं। लगभग सभी प्रारंभिक कहानीकार अपनी कहानियों में कुतूहलता बनाए रखने की कला में निपुण लगते हैं। ज्यादातर कहानीकार कुतूहलतावर्धक काल्पनिक घटनाओं के द्वारा आकस्मिक एवं अतिशयोक्ति पूर्ण सुखद अंत की ओर कहानी को ले जाते हैं। मूर्कोत्त कुमारन, केसरी नायनार और ई.वी. की कुछ कहानियाँ निश्चय ही इस प्रवृत्ति के अपवाद स्वरूप मिलती हैं। इन कहानीकारों ने एक लोक-प्रिय विधा के रूप में कहानी को प्रतिष्ठित किया। ई.वी. कृष्ण पिल्लै की कहानियों के साथ ही प्रारंभकालीन मलयालम कहानी की प्रवृत्तियों में काफी परिवर्तन आ जाता है। कहानियों में हास-परिहास ही नहीं जीवन दर्शन की गहराई भी ई.वी. के साथ मलयालम कहानियों में आ गई।

बीसवीं शती के प्रारंभ से ही कहानी के क्षेत्र में लेखिकाओं का आगमन हुआ। कुछ कहानीकारों ने जीवन के अनुभवों का यथातथ्य अंकन किया। अम्पाड़ी कार्त्यायनी अम्मा की 'अंतःकरण और मोह' एक ऐसी कहानी है जिसमें एक हत्यारे की अंतरात्मा और उसके दुर्मोह के बीच के संघर्ष का सजीव चित्रण किया गया है।

यथार्थवादी धारा : 1925 और 35 के बीच ऐसी यथार्थवादी कहानी का आरंभ मलयालम में हुआ जिनमें सामाजिक बुराइयों की तीखी आलोचना स्पष्ट रूप से मिलने लगती है। वी.टी. भट्टतिरिप्पाट, भूत्तिरिंगोट भवत्रादन नंपूतिरी, एम. आर.बी. आदि की सामाजिक कहानियों में यथार्थवादी रुझान मिलने लगता है। उस समय के नंपूतिरी समाज में स्त्री का जन्म एक अभिशाप माना जाता था। इन लेखकों ने अपनी कहानियों के माध्यम से नंपूतिरी गृहों की अँधेरी दुनिया में तड़पती नारियों को बाहरी दुनिया की रोशनी की ओर ले आने का प्रयास किया। वी.टी. का 'रजनीरंगम', एम.आर.बी. का 'पुच्छलिया आईना', मूत्तिरिंगोटन का 'फूलों का गुच्छा' जैसे कथा संग्रह की कहानियाँ उदाहरण हैं। इन कहानियों में तत्कालीन समाज में हो रहे वैचारिक परिवर्तन की झलक मिलती है। सन् 1940 के आसपास प्रगतिशील आंदोलन के साथ ही मलयालम कहानी ने कई नए आयाम प्राप्त किए। परंपरागत धारणाओं और नैतिकता एवं सदाचार की मूल्य मर्यादाओं पर प्रश्न चिह्न लगाए गए। तकषी शिवशंकर पिल्लै, पी केशवदेव, पोनकुन्नम वर्की, पोट्टक्काड, कारूर जैसे कहानीकारों के आगमन के साथ ही मलयालम कहानी में एक नवोत्थान दिखाई पड़ा। ये सभी साहित्यकार प्रगतिशील साहित्यिक आंदोलन से प्रेरित थे। तकषी की

ज्यादातर कहानियों में परिवेश के साथ पात्रों को जोड़ा गया है। पात्रों के भाव एवं क्रिया व्यापारों के चित्रण के द्वारा आर्थिक एवं सामाजिक स्थितियों की तीखी आलोचना 'चात्तन की कथा', 'किसान', 'बंटवारा' जैसी कहानियों में की गई है। फ्रायड का प्रभाव तकषी पर बहुत ज्यादा है। कुट्टनाड़ के गरीब किसानों की जिन्दगी का चित्रण करते समय भी यह प्रभाव साफ है। शायद ऐसी कहानियों के द्वारा वे समाज के मानवीय संबंधों की विकलता की आलोचना करना चाहते हैं। अपने आसपास के नायर परिवारों में जमीन जायदाद के लिए दावा करनेवाले लोगों के झगड़े और अन्दरूनी षड्यंत्रों तथा पतनोन्मुख जर्जरित हालत का इतिहास अपनी 'बँटवारा' शीर्षक कहानी के द्वारा तकषी ने बहुत ही कलात्मकता के साथ प्रस्तुत किया है। उनकी 'किसान' कहानी में कुट्टनाड़ इलाके के पुश्तैनी किसानों की निरीहता और नेकी देख सकते हैं तो कुट्टनाड़ के 'पुलयर', 'परयर' आदि आदिम जातियों की जिंदगी के आचार विश्वासों की दृढ़ता 'गोरा बच्चा', 'पति-पत्नी', जैसी कहानियों में द्रष्टव्य है। अपनी कहानियों के माध्यम से तकषी ने अपने विचारों को बहुत ही सफल ढंग से प्रेषित किया है। उनकी कहानियों की चलती मुहावरेदार भाषा इसके लिए उपयुक्त साबित हुई।

समाज की उच्च-नीचता और बुराइयों का जोरों से विरोध करनेवाले एक क्रांतिकारी की आवाज हम केशवदेव में सुनते हैं। समाज के प्रति अपने दायित्वबोध के आदर्श ने ही उन्हें लिखने के लिए प्रेरित किया था। उनका विचार था कि खून-खराबे से रहित मानवीय समता और प्रेम पर आधारित सामाजिक परिवर्तन के लिए एक संगठित प्रयास आवश्यक है। 'पड़ोसिन', 'कुल ड्रिंक्स', 'जीवन संघर्ष' आदि देव की कहानियों में गरीबी और शोषण प्रमुख विषय हैं। 'कुश्ती' शीर्षक कहानी में जाति के नाम पर लड़ मरनेवालों की अगली पीढ़ी अपने पुरखों की मूर्खता को समझकर एक-दूसरे से मिलकर रहने की समझदारी दिखाती है। समाज में फैले जुल्म और अन्याय से लड़नेवाले पोनकुन्नम वर्की अपने ईसाई समाज और पुरोहितों से कोई समझौता करने के लिए तैयार नहीं हैं। धर्म के नाम पर हो रही धोखाधड़ी और शोषण की पोल खोलनेवाली कई कहानियाँ वर्की ने लिखी हैं। 'बोलता हल', 'नौनसेन्स' जैसी उनकी कहानियाँ अत्यंत चर्चित रहीं।

वैक्कम मुहम्मद बशीर, पोट्टक्काड और उरूब (पी.सी. कुट्टिकृष्णन) ने मलयालम कहानी को एक अत्यंत लोकप्रिय विधा के रूप में विकसित किया। बशीर की कहानियों में व्यंग्य का तीखापन मिला हुआ है। इन्होंने अपनी कहानियों में आत्मचरित के अंशों और वैयक्तिक अनुभवों के चित्रण के द्वारा भूख और गरीबी से जूझनेवाले आम आदमी की कहानी कही है। 'जन्मदिन', 'जाली नोट', 'मूर्खों की जन्नत', 'विश्वविख्यात नासिका' आदि उनकी ख्यातिप्राप्त कहानियाँ हैं। कारूर ने मध्यवर्ग की गरीबी और तंगी से लाचार इंसान को चित्रित किया है। 'पाथेय',

'आर्द्रा', 'पूवनपष़म' जैसी कहानियों के पात्र अमर बन गए हैं। बशीर और कारूर की तरह उरूब भी हास्य व्यंग्य से पूर्ण कहानियाँ लिखने में सिद्धहस्त रहे। उनकी 'ढेर सारा आँसू', 'पोन्नम्मा', 'कन्हैया', 'किराये के घर' आदि कहानियों में मानवीयता और मनुष्य के प्रति आस्था का रूप दिया है। एम.के. पोट्टेक्काट यद्यपि यथार्थवादी लेखक थे फिर भी उनकी कहानियों में रूमानी भावना प्रमुख है। उनकी 'हिरण', 'भेंट', 'प्रतिभा', 'निशा गंधी' जैसी कहानियों में यथार्थ से नियंत्रित रोमांटिक भावना की अभिव्यक्ति हुई है। प्रकृति की सुंदरता और मानवीय भावों तथा चरित्रों के कलात्मक अंकन के कारण उनकी कहानियाँ काव्यात्मक संवेदना पाठकों को प्रदान करती हैं।

महिला कहानीकार : महिला कहानीकारों की सक्रियता मलयालम कहानी के नए युग की सूचक है। चालीस के आसपास की सरस्वती अम्मा ने कहानियाँ लिखना शुरू किया। पुरुष प्रधान समाज में स्त्री को जो यातनाएँ भोगनी पड़ती हैं उनका खुला चित्रण उन्होंने किया। पुरुष की जन्मदात्री है नारी। नारी को सही जगह मिलनी चाहिए। उसकी सही पहचान हो। कहानीकार सरस्वती अम्मा का यह विश्वास था कि स्त्री का भी हमारे समाज में स्वतंत्र रूप से जीने का अधिकार है। एक भेंटवार्ता में उन्होंने बताया था कि अपने चारों ओर उन्होंने पुरुष प्रधानसमाज को ही देखा। पुरुष कुछ भी कर सकता है लेकिन स्त्री कुछ भी कर नहीं सकती। उस समय की स्थिति यह थी कि पुरुष की अधीनता को मानने पर ही स्त्री जी सकती थी। इसके विरुद्ध लड़ने और प्रत्याक्रमण करने के लिए उन्हें तैयार होना पड़ा। सरस्वती अम्मा ने अपनी 'स्त्री जन्म' शीर्षक कहानी में स्त्री की अति भावुकता की हँसी उड़ाई है। उनकी कहानियों ने स्त्री के प्रति पाठकीय दृष्टिकोण में एक स्वस्थ मोड़ उपस्थित किया। सन् साठ तक उनकी कहानियाँ मलयालम में अत्यंत चर्चित रहीं।

ललितांबिका अंतर्जनम मलयालम की एक अन्य क्रांतिकारी लेखिका है। उन्होंने अपने नंपूतिरी समाज की औरतों के अन्दरूनी दर्द को आवाज ही नहीं दी बल्कि स्त्रियों की अनेक समस्याओं को अपनी कहानियों के द्वारा उजागर किया। उनकी कहानियों में करुणा की अजस्र धारा बहती है। अपने पुराण पंथी समाज के दकियानूसी विचारों पर उन्होंने कड़ा प्रहार किया। 'पर्दा', 'झरोखे से', 'मनुष्य पुत्री' जैसी कहानियों में उन्होंने अनेक जीवंत पात्रों को प्रस्तुत किया। इन दोनों कहानीकारों की परंपरा में आनेवाली माधवी कुट्टी ने समकालीन मलयालम कहानी में स्त्री-पुरुष के बदलते संबंधों और आंतरिक संघर्षों का बड़ा सूक्ष्म अंकन किया है। उनकी 'झूठ', 'शतरंज' जैसी कहानियों में पति-पत्नी के संबंधों में आए टूटन और अलगाव का चित्र है। पारिवारिक संबंधों में आए परिवर्तन के कारण नैतिक मूल्यों का जो पतन हुआ और पाप बोध आदि परंपरागत धारणाओं में जो बदलाव

आया उसको उन्होंने अपनी 'स्वतंत्र जीवि' कहानी में दिखाया है। क्रांतिकारी विचार दर्शन के कारण माधवीकुट्टी मलयालम कहानी साहित्य में अपने विशिष्ट स्थान पर खड़ी है। पी. वत्सला की कहानियों में स्थानीय रंग और आंचलिकता के साथ ही नारी का भावजगत भी उजागर हुआ है।

नई पीढ़ी के कहानीकार : एम.टी. वासुदेवन नायर मलयालम की नई पीढ़ी के अगुआ कहानीकार रहे हैं। उनके साथ ही टी. पद्मनाभन, मलयाट्टूर रामकृष्णन, वी.के.एन., ओ.वी. विजयन, एन. मोहनन, एम. मुकुंदन, काक्कनाडन आदि कहानीकारों ने बदलते सामाजिक परिवेश और उसमें अकेला पड़नेवाले इंसान के विभिन्न रूपों को अपनी कहानियों में दर्शाया है। एम.टी. वासुदेवन नायर ने टूटते खानदानों से निकलकर आज की दुनिया में अकेला पड़नेवाले इंसान और उसके संघर्ष को आवाज दी है। संयुक्त परिवारों का विघटन उनकी कहानियों का मुख्य विषय है। उनकी 'दीदी', 'अँधेरे की आत्मा' जैसी कहानियों की संवेदना पाठकों के दिल को गहराई से छू लेती है। आधुनिक मनुष्य के भावनात्मक रूपांतरण का दर्शन 'वानप्रस्थम' जैसी परवर्ती कहानियों में मिलता है। मानवीय भावनाओं की गहन अनुभूति उनकी कहानियों को ज्यादा संप्रेषणीय एवं मर्मस्पर्शी बनाती है।

टी. पद्मनाभन की प्रारंभिक कहानियाँ भारत के बँटवारे के आसपास की जिंदगी पर आधारित हैं। 'मखन सिंह की मृत्यु', 'रोशनी बिखेरनेवाली लड़की' आदि उनकी बहुचर्चित कहानियाँ ज्यादा सांकेतिक हैं। ओ.वी. विजयन, एम. मुकुंदन जैसे कहानीकारों ने महानगरीय जीवन के भयानक, संत्रासमय जीवन के अनुभवों को प्रस्तुत किया है। ओ.वी. विजयन, आनंद, एम. मुकुंदन, सक्करिया जैसे कहानीकारों की कहानियों में अन्दरूनी भावों की बारीक अभिव्यक्ति और दार्शनिक चिंतन के आयाम मिलते हैं।

समकालीन कहानी में यथार्थ के अनेक आयाम खुल रहे हैं। समकालीन कहानीकारों ने संवेदना के अनेक नए और अछूते पहलुओं को उजागर किया है। विदेशों में अपना भविष्य सँवारनेवाली संतानों से बिछुड़े माता-पिता की पीड़ा आज के पारिवारिक जीवन का अभिन्न पहलू है। इसके अलावा बेकार युवा के टूटते सपने, प्रवासियों का मानसिक तनाव और शरणार्थी होकर भटकने के लिए अभिशप्त इंसान की नियति, उपभोक्ता संस्कृति से उत्पन्न चुनौतियाँ जैसी वर्तमान युग की समस्याएँ समकालीन मलयालम कहानियों में उभरी हैं। पुनत्तिल कुन्जिब्दुल्ला, एम. सुकुमारन, सी.वी. श्रीरामन, वी.पी. शिवकुमार, शत्रुघ्न, हरिकुमार, एस.वी. वेणुगोपालन नायर, वैशाखन, सारा जोसफ, सेतु, सी.वी. बालकृष्णन, एन.एस. माधवन, अषिता जैसे कहानीकारों ने समकालीन मलयालम कहानियों को ताजगी एवं वैविध्य प्रदान किया है। अपने अनुभवों की ईमानदार अभिव्यक्ति के कारण ये कहानियाँ ज्यादा सूक्ष्म, सांकेतिक और सामाजिक सत्य के दस्तावेज बन गई हैं।

34

मलयालम समालोचना तथा आलोचक

एन.आर. इलेटम

काव्य के सुचारु अध्ययन के संदर्भ में साहित्य की एक विधा 'समालोचना' का प्रश्न उपस्थित होता है। 'समालोचना' के समानार्थक शब्द हैं समीक्षा विमर्श, मूल्यांकन और निरूपण। 'निरूपण' असल में ग्रंथों का पुनरावलोकन (रिव्यू) मात्र है। वस्तुतः निरूपण और आलोचना में कोई बड़ा भेद नहीं है। तथापि दोनों में एक अंतर द्रष्टव्य है। किसी समकालीन रचना को, सामान्य पाठकों तक पहुँचाने की समीक्षा, निरूपण नाम से अभिहित होती है। इसमें मूल्य निर्धारण का अपना स्थान है। (एन.वी. कृष्णवारियर 1961 ई. निरूपण बहुधा मासिक-साप्ताहिक पत्रिकाओं में पुस्तक परिचय के अंतर्गत प्रकाशित होता है। किसी ग्रंथ की ओर पाठकों का ध्यान आकर्षित करना इसका ध्येय है। इसमें पुस्तक का अध्ययन उतनी गहराई से नहीं होता जितनी गहराई से समालोचना में होता है। निरूपक केवल उक्त पुस्तक के प्रति पाठकों को (आबाल वृद्ध) आकर्षित करके विरत होता है। वह यही अपने काम की इतिश्री मानता है। जैसे प्रो. एम. कृष्णन नायर का कलाकौमुदी में लगातार आनेवाला 'साहित्य वारफलं' शीर्षक स्तंभ।

लेकिन विमर्श गंभीर अध्ययन है। विमर्श में आलोचक पुस्तक का विभिन्न दृष्टिकोण से अध्ययन करके अन्य इस प्रकार की पुस्तकों की तुलना भी करके, मूल्यांकन का महत्त्व और कृति का निचोड़ प्रस्तुत करता है। यह 'समीक्षा' का सम्यक् रूप से देखना है। आलोचना शब्द की व्युत्पत्ति भी 'लुचं' धातु से है। किसी रचना का मूल्यांकन ही समीक्षा है। बूस्टर स्टांलमैन कहते हैं कि मूल्यांकन ही सच में समालोचना का कार्य है। अतः आलोचना और निरूपण का कर्तव्य एक ही है। परंतु दोनों का आकार भिन्न है। समीक्षक के सामने अनेक संदर्भ ग्रंथ रहते हैं। गहराई, विशालता, विज्ञता और अनुसंधान, समीक्षा में अभिव्यक्त होते हैं।

समालोचना किसे कहते हैं ? इसके बारे में काफी चर्चा हुई है। किसी रचना के पढ़ने पर इसका जो प्रभाव, पाठक के मन पर पड़ता है उसके कारणों की खोज

ही समीक्षा है। अर्थात् आलोचक अपने लिए पढ़ता है और अपने मन को अभिव्यक्त करता है। अनातोले फ्रांस ने ठीक ही कहा है कि किसी रचना के पढ़ने पर पाठक के मन में जो प्रभाव पड़ता है, उसको दूसरों तक पहुँचाना ही समीक्षा है। (श्री पी. दामोदरन पिल्लै–1961–पृष्ठ 29) अनातोले फ्रांस के शब्द हैं–'मैं शेक्सपीयर के बारे में बोल रहा हूँ–न कहकर कहता है' शेक्सपीयर में अपने को लीन करके, मैं अपने बारे में बोलूँगा। अनातोले फ्रांस का मत है कि वह अपने लिए यह प्रभाव प्रस्तुत करना है, दूसरे स्वीकार करें या इंकार करें, उसकी परवाह नहीं करता। शेक्सपीयर का नाटक पढ़कर, ब्रैडली ने जो विचार प्रस्तुत किया है, यह ब्रैडली का अपना मूल्यांकन मात्र है। परंतु यह 'स्वांतसुखाया', 'परांतसुखाया' भी हो गया। सच्ची कला यही है। यहाँ डॉ. नगेंद्र के एक लेख की याद आती है। साहित्य में आत्माभिव्यक्ति मात्र होती है। (सं. संतराम विचित्र–1951–पृष्ठ 20) कवि या लेखक आत्माभिव्यक्ति ही करता है। पाठक स्वीकार करे या ठुकरा दे, उससे लेखक का कोई मतलब नहीं। कला आत्मानंद के लिए है, आत्माभिव्यक्ति ही रचनाकार का सर्वस्व है। लेकिन डॉ. नगेंद्र के इस पक्ष का खंडन, मार्क्सवादी प्रगतिवादी आलोचकों ने किया। मलयालम के साहित्यकार जोसफ मुंडश्शेरि ने भी यही किया। अपने ग्रंथ 'काव्यपीठिका' में कई अस्पष्टताएँ हों, तो भी जनसाधारण तक साहित्य को पहुँचाने के लिए उन्होंने आत्माभिव्यक्ति सिद्धांत का खंडन किया। यह ऐसा है जैसे कोई कहता है कि "No two persons read the same book". अर्थात् हर एक पाठक के मन में विभिन्न प्रतिक्रियाएँ होती हैं, एक ही पुस्तक पढ़ने पर। कहने का तात्पर्य यह है कि समीक्षा बहुधा समीक्षक के मन की प्रतिक्रिया ही है।

समीक्षा के प्रकार के बारे में भी मतभेद होते हैं। सैद्धांतिक समीक्षा (थियरिटिकल क्रिटिसिज्म), आनुमानिक समीक्षा (डिडक्टिव), सहानुभूतिपरक समीक्षा (सिंपेथिटिक), ऐतिहासिक समीक्षा (हिस्टोरिकल) आदि। किसी रचना की आलोचना में इनमें से एक ही प्रकार का व्यवहार नहीं होता। प्राचीन संस्कृत समीक्षा पद्धति को हमने स्वीकार किया। उसमें सूत्रवाक्य शैली का व्यवहार भी होता था। जैसे 'बाणोच्छिष्टं जगत् सर्वम्', 'उपमा कालिदासस्य', 'नैषधं विषऔषधम्' आदि, हिंदी का 'सूर सूर तुलसी शशि' आदि। इन समीक्षाओं में समालोचक ने एक प्रकार से तत्कालीन आस्वादन परक ढंग को ही अपनाया था। मलयालम में भी इस शैली की समीक्षा मिलती है। जैसे 'तुंचन्टे चक्किल् नालुं आरूं आटुम्' (तुंचन के कोल्हू में वार (वेद) और छः (शास्त्र) दोनों पीसे जा सकते हैं।) चेरुश्शेरी की एरिश्शेरी में इलक्कि नोक्कियाल् कषण्म काणुम चेरुश्शेरी–कृष्णगाथाकार की एरिश्शेरी–एक स्वादिष्ट व्यंजन को हिलाने पर फल के टुकड़े मिलेंगे। (कुंचन के तुल्य कुंचन मात्रं), कुंचन नंपियार तुल्लल गीतों के रचयिता–के समान कुंचन मात्र है। ऐसे आलोचनात्मक टिकिये मिलेंगे। सभी भाषाओं में आलोचना की अर्थात् आस्वादन

की शुरुआत इस प्रकार हुई होगी। फिर साहित्य को समझने के लिए साहित्यकार के मन में उभरकर आते भावों के अध्ययन—का प्रारंभ हुआ होगा। यह मनोवैज्ञानिक शैली नहीं है, बल्कि विश्व के प्रति साहित्यकार के मन की प्रतिक्रिया का उल्लेख मात्र है। अतः साहित्य के अध्ययन का श्रीगणेश रचनाओं की सृष्टि के साथ-साथ हुआ। पहले लक्ष्य ग्रंथ लिखे जाते हैं, फिर उन लक्ष्य ग्रंथों को देखकर, लक्षण ग्रंथों की रचना होती है। रामायण, महाभारत, अभिज्ञान शाकुंतल आदि का अध्ययन करके नाटकादि के अध्ययन का सैद्धांतिक पक्ष प्रस्तुत हुआ। फिर इनमें प्रतिपादित तत्त्वों के आधार पर सैद्धांतिक समीक्षा शुरू हुई। नायक, नायिका, प्रतिनायक, विदूषक, रसों के प्रकार, काव्य प्रयोजन, सब का चयन, भरतमुनि के 'नाट्यशास्त्र' में हुआ। तभी विधिवत् 'आलोचना' की साहित्य विधा पोषित हुई, ऐसा मानना गलत नहीं है। 'अभिज्ञानशाकुन्तल' आदि के अनुकरण पर कई नाट्यशास्त्र के सिद्धांतों का पालन हुआ। उन दिनों दुःखांत नाटकों के बारे में नाट्य शास्त्र में विस्तृत परामर्श नहीं हुआ। जब भवभूति ने उत्तर रामचरित की रचना की तो उस पर प्रचंड प्रहार हुआ। यह दुःखांत नाटक है। इसलिए इस पर तिरस्कारयुक्त भर्त्सनाएँ आईं। आखिर भवभूति को कहना पड़ा कि मेरे समान कोई नाटककार जन्म लेगा क्योंकि काल अनंत है, यह विश्व भी अनंत है। चलती लीक से हटने पर बहुधा ऐसा ही होता है। लेकिन आज देखें कि दुःखांत नाटक, सुखांत नाटक को ढकेलकर आगे आया है। शेक्सपीयर की कीर्ति का निदान हेमलैट जैसे उनके दुःखांत नाटक ही हैं। अतः कालगति से समालोचना के मानदंड बदलते गए।

कुंचन नंपियार के तुल्लल गीतों पर किसी सहृदय की दृष्टि न पड़ी थी। एष़त्तच्छन की रामायण को श्रद्धापूर्वक पढ़नेवाले कम थे। चेरुश्शेरी की कृष्णगाथा, औरतों के खेलकूद में ही स्थान पा सकी थी। लेकिन जब इन तीनों का साहित्य पंचानन पी.के. नारायण पिल्लै ने अध्ययन करके प्रस्तुत किया, इनका महत्व मालूम कर सके। कुंचन नंपियार (1908), कृष्णगाथा निरूपण (1915) और तुंचत्तेषत्तच्छन (1930) विरचित हुए। (सुकुमार अष़ीक्कोड—1985—पृष्ठ 188) साहित्य पंचानन की दृष्टि में ये तीनों क्लासिक कृतियाँ हैं। आभिजात्य से धनी, भक्ति से मुखरित, शब्द संपत्ति से कुबेरतुल्य हैं। अतः वे क्लासिक कहलाए। इन तीनों रचनाओं के अध्ययन के साथ मलयालम अन्य भाषाओं की श्रेणी में स्थान पा सकी, कहूँ तो अत्युक्ति नहीं है।

भूमिका के रूप में इतनी बातें कहकर, मलयालम साहित्यालोचना का इतिहास प्रस्तुत किया जा रहा है। मलयालम, तमिल की बहन होने पर भी, उसका ऋण संस्कृत से अधिक है। कारण यह है कि हमारे साहित्यिक ग्रंथ, अधिकतर संस्कृत से अनूदित हैं। इसके अलावा मणिप्रवालं भाषा का एक समय यहाँ बहुत बड़ा प्रचार रहा था। संस्कृत के संपर्क में आने पर मलयालम बहुत संपन्न भी हुई।

मलयालम में समालोचना का आरंभ गीतों के गायन से हुआ माना जा सकता है। उन लोकगीतों को सामान्य जनता तक पहुँचाने के लिए तारतम्य पठन-पाठन शुरू हुआ। आदिकाल में केवल रूप परक (फोरमलिस्टिक) चिंता मात्र ही तुलनात्मक अध्ययन का विषय रहा। अर्थात् यह देखा जाने लगा कि एक गीत अन्य गीत से ताल लय से कितना भिन्न है। इन गीतों के ताल लय क्रम के लिए छंद शास्त्र की रूपरेखा तैयार हुई। शब्दों के क्रमिक अध्ययन के लिए व्याकरण की रूपरेखा भी तैयार हुई। (गोविन्दन कुट्टि नायर पृष्ठ 34) आरंभकाल में शिक्षा का अर्थ रहा था गानों का आलाप और प्रचार। ये गीत अधिकतर वीर-रसाविष्ट, या धर्मपरक रहे थे। लोगों को वीर और भक्त बनाने के लिए ये गीत उपयुक्त रहे हैं। होमर के इलियट और ओड़िसी पढ़ाकर अरस्तू ने सिकंदर को वीर बनाया था। हमारे यहाँ भी रामायण पाठ्य ग्रंथ रहा था, अब भी बहुधा विद्यालयों में उससे एक कांड या कुछ छंद पढ़ाए जाते हैं। इन गीतों के अध्ययन करके उससे प्रेरित होना स्वाभाविक रहा। अतः हमारे पुराण, इतिहास आदि रसपूर्ण हो गए। गायक सुना-सुनाकर श्रोताओं को भावविभोर करते थे। अब भी 'कथा वाचन' से लोग अभिभूत होते हैं। गायक गीतों का आस्वादनपरक रूप प्रस्तुत करते हैं। यह प्रक्रिया निरंतर चलती है और गीत सुननेवाले लोग और नाटक देखनेवाले सभासद अभिभूत हो जाते थे। फिर अनेक गीत लिपिबद्ध हुए और नए गीत विरचित भी हुए। इनका तारत्म्य विवेचन भी शुरू हुआ। यहीं से समीक्षा का प्रारंभ हुआ।

मलयालम का प्रथम समालोचना ग्रंथ 'लीला तिलकं' है। यह मणिप्रवाल रचनाओं की बड़ी संख्या में प्रचार होने पर विरचित हुआ था। तो भी वह गुण-दोष चर्चा तक सीमित रहा। मलयालम में फिर 'कवि मृगावलि', 'कवि पुष्पमाला', 'कवि रामायण', 'कवि मत्स्यावली', 'कवि भारतं' जैसी समीक्षात्मक रचनाएँ निकलीं। इनमें कवियों के बारे में आलोचना होती है, काव्य के बारे में कुछ भी नहीं। अस्थि मात्र समान इन रचनाओं के बाद सच्ची समालोचना का आरंभ होता है।

हम पश्चिम के संपर्क में आए और अंग्रेजी से हमारा सामीप्य हुआ। इसके परिणामस्वरूप मलयालम गद्य का विकास हुआ। गद्य के परिमार्जन का श्रेय केरलवर्मा वलिय कोयितंपुरान (1848-1915) को है। अंग्रेजी गद्य साहित्य से प्रभावित होकर तंपुरान ने 'विज्ञानमंजरी', 'सन्मार्ग संग्रह', 'महच्चरितं संग्रह' आदि छोटी पुस्तकों की रचना की और मलयालम गद्य के विकास का पथ प्रशस्त किया। केरलवर्मा वलियकोयितंपुरान, ने शाकुन्तलं का अनुवाद भी किया। इसलिए आप 'केरल कालिदास' के नाम से विख्यात हो गए।

मलयालम गद्य के प्रचार में केरल कालिदास का योगदान चिरस्मरणीय रहेगा। तिरुवितांकूर के विद्यालयों में पढ़ाने के लिए पुस्तकों की रचना के लिए जो समिति गठित की थी, उसका अध्यक्ष आप नियुक्त हुए थे। लेकिन केरल कालिदास

उच्चकोटि का आलोचक नहीं है। उनका विमर्श खंडनात्मक नहीं है। आप उसी प्राचीन परिपाटी का ही अनुसरण करते थे। उदाहरण के लिए तोट्टक्काट्टु इक्कावम्मा के 'सुभद्रार्जुन' नाटक का आपका विमर्श द्रष्टव्य है। यह 'सुभद्रार्जुन' नाटक अब तक विरचित सब भाषा नाटकों को लालित्य और माधुर्य के कारण परास्त कर गया है। इसमें कोई संदेह नहीं। (सुकुमार अषीक्कोट–पृष्ठ 62) आपने तरवत् अम्मालुवम्मा की रचनाओं के बारे में ऐसा प्रशंसात्मक विचार ही लिखा है। पंतलात्तु तंपुरान के 'रुग्मांगद चरितम्' के संबंध में कहा है कि वह अत्यंत कमनीय है। इस प्रकार की आलोचना को सुकुमार अषीक्कोड पोषक विमर्श कहते हैं। (सुकुमार अषीक्कोड–पृष्ठ 63) फिर भी आप ने डॉ. जॉनसन के विचारों को भी अवतरित किया है। के.सी. केशव पिल्लै के 'लक्ष्मी कल्याणम्' नामक नाटक की आलोचना में उन्होंने लिखा कि साधारण अशिक्षित जनता के अंधविश्वासों को दूर करके, जन सामान्य के प्रयोजन पर भी प्रकाश डाला गया है।

उल्लूर के महाकाव्य 'उमा केरलं' की उनकी आलोचना विशेष उल्लेखनीय है। उन्होंने उसकी 'नैषधीय चरित' से तुलना की है, न कालिदास के रघुवंश से। 'गुण दोष निरूपण' को आपने 1912 में वैक्कम में संपन्न 'भाषा पोषिणी' सभा के अधिवेशन में विस्तार से समझाया। तुलनात्मक विमर्श की ओर पहले पहल केरलवर्मा तंपुरान ने हमारा ध्यान आकर्षित किया। ड्राइडन का यह मत कि हर एक युग का अपना प्रतिभा धनी लेखक होता है केरलवर्मा के संबंध में यह सटीक बैठता है। ('जॉन ड्रैडन'–1870–पृष्ठ 56)। केरलवर्मा का युग विमर्श साहित्य का आरंभ-युग है।

केरलवर्मा वलिय कोयि तंपुरान के भतीजे ए.आर. राजराज वर्मा ने समीक्षा साहित्य को बहुत आगे बढ़ाया। उनके समय तक (1912-1936) हमारा अंग्रेजी साहित्य से संपर्क बहुत बढ़ गया। अतः समालोचना का मेरुदंड उनका समय है। राजराज वर्मा के युग के श्री सी.पी. अच्युत मेनन ने साहित्य पत्रिकाओं के द्वारा समीक्षा क्षेत्र में पर्दापण किया। 'विद्याविनोदिनी' का स्थान सदा स्मरण किया जाता है। महावीर प्रसाद द्विवेदी के संपादकत्व में 'सरस्वती' ने जो महान् साहित्य सेवा की है, वही 'विद्याविनोदिनी' ने भी की है। शब्द संपत्ति से भाषा को संपन्न करना दोनों की महत्त्वपूर्ण देन है। अच्छे ग्रंथ को स्वीकार करना और बुरी पुस्तक को ठुकरा देना दोनों आचार्यों ने अपना धर्म समझा था। इस दृष्टि से उन्होंने समीक्षा साहित्य को पुष्ट किया। सी.पी. अच्युत मेनन की समीक्षाएँ बहुधा खण्डनात्मक थीं। उनका दृढ़ विश्वास था कि खण्डनात्मक समीक्षा ही साहित्य को संपन्न कर सकती है। अंग्रेजी साहित्यिक पत्रिकाओं का अध्ययन कर अच्युत मेनन मलयालम समीक्षा को नया दिशा निर्देश भी दे सके। एडिन्बरो रिव्यू, ब्लेकवुड्स मेगजीन, क्वार्टरलि आदि ने अच्युत मेनन पर प्रभाव डाला। 'कथामंजरी' और 'रतिसुंदरी' की आलोचना करने

में इन अंग्रेजी पत्रिकाओं का प्रभाव उन पर पड़ा। तो भी अपने व्यक्तित्व के उन्मेष के कारण मेंनन अंग्रेजी पत्रकारों के बहुत भिन्न भी रहे हैं। एडिन्बरो रिव्यू के आलोचक मेकाले का उन पर अधिक प्रभाव था ही। श्री पी.के. परमेश्वरन नायर का मत है कि अच्युत मेनन एडिसन और स्टील के समकक्ष हैं। (पी.के. परमेश्वरन नायर 1954–पृष्ठ 215) लेकिन डॉ. अषीक्कोड की दृष्टि में परमेश्वरन नायर का मत युक्तिसंगत नहीं है। (सुकुमार अषीक्कोड–1985–पृष्ठ 105) मेनन कभी किसी साहित्यिक वाद-विवाद में न पड़े। कवि-रामायणादि के प्रति भी आप उदासीन रहे।

संक्षेप में अच्युत मेनन के बारे में कहा जा सकता है कि उन्होंने विद्याविनोदिनी के माध्यम से स्यात् अकेले मलयालम साहित्यालोचना को दिशा निर्देश दिया।

अच्युत मेनन के समकालीन कोटुंगल्लूर कुन्जिक्कुट्टन तंपुरान कवि थे। साथ-साथ 'रसिक रंजिनी' पत्रिका के संपादक भी। श्रीकंठेश्वरम पद्मनाभ पिल्लै के 'केरलवर्माशतकम्' का खंडन करते हुए तंपुरान ने रसिकरंजिनी में लेख लिखा। शेक्सपीयर के 'मिडसम्मर नाइट्स ड्रीम' के अनुवाद की आलोचना करते हुए तंपुरान ने रसिकरंजिनी में लिखा और कहा कि यह अनुवाद 'सुधर्मा' एक मलयालम नाटक ही है। (रसिक रंजिनी–1887, पृष्ठ 4-6)

तंपुरान के पथ पर चलनेवाले आलोचकों में 'स्वदेशाभिमानी' रामकृष्ण पिल्लै का नाम आता है। उनके संपादकत्व में 'आत्म पोषिणी' नामक पत्रिका चलती थी जो तत्कालीन साहित्यिक रचनाओं की समीक्षा द्वारा सही साहित्य को पोषित करती थी। 'स्वदेशाभिमानी' रामकृष्ण पिल्लै तथा अच्युत मेनन का साहित्यालोचना पर प्रभाव महत्त्वपूर्ण रहा। (भास्कर पिल्लै, 1966, पृष्ठ 336) रामकृष्ण पिल्लै की आलोचना का एक नमूना है कोच्चीप्पन तरकन के 'मरियाम्मा' नाटक का विमर्श।

बुरी पुस्तकों को कंपनी नावों और उनके लेखकों को मल्लाहों के रूप में और उनके प्रशंसकों को दलालों के रूप में चित्रित किया जा सकता है। (अषीक्कोड–1900–पृष्ठ 115)

इसके खिलाफ सी. अंतप्पायी ने आवाज उठाई। उन्होंने लिखा कि इतने रमणीय छंदों सहित कोई दूसरा नाटक मैंने नहीं पढ़ा है। रामकृष्ण पिल्लै ने पी.के. नारायण पिल्लै के 'भाषा भागवत', सी.वी. रामन पिल्लै के 'धर्मराजा' का भी निंदात्मक विमर्श लिखा। ये दोनों मलयालम के लब्धप्रतिष्ठ विद्वान् और आलोचक हैं। केवल वल्लत्तोल के 'चित्रयोग' महाकाव्य को ही रामकृष्ण पिल्लै की प्रशंसा मिली। रामकृष्ण पिल्लै, डॉ. जॉनसन के एक विचार की याद दिलाते हैं। अपने को यात्रा के बीच खाने के लिए बकरी के पैर का एक टुकड़ा मिला। उसके बारे में उन्होंने कहा As bad as could, be illfed, ill killed, ill kept and ill dressed (अषीक्कोड–पृष्ठ 117) अतः कहा जा सकता है कि रामकृष्ण पिल्लै प्रमुख रूप से स्वतंत्रता सेनानी हैं, गौण रूप से आलोचक। इसका कारण यह होगा कि पिल्लै

का संस्कृत भाषा ज्ञान अल्प था और अंग्रेजी साहित्यिक ग्रंथों का अध्ययन अधूरा था।

आलोचकों में कुन्जिरामन नायनार 'केसरी' का स्थान उल्लेखनीय है। विद्याविनोदिनी के यह संपादक थे। हास साहित्य के प्रमुख लेखकों में सबसे आगे हैं। कुछ आलोचकों की आलोचना करते हुए उन्होंने लिखा कि उनके उपन्यास अच्छे हैं। शब्दों की कवायद ही हैं। लेकिन केसरी नायनार के विमर्शात्मक लेख, विमर्श के सिद्धांतों का स्मरण दिलाने योग्यमात्र हैं। समीक्ष्यमाण ग्रंथ में गुण-दोष निरूपण पर अधिक ध्यान नहीं दिया गया। काव्य में रस के पक्ष में रहे हैं। नायनार के लतीफे मशहूर हैं। यह विमर्श साहित्य में महत्त्वपूर्ण नहीं है।

सी. अंतप्पायी का नाम भी आलोचक के रूप में स्मरणीय है। मलयालम नाटककारों की हँसी उड़ाते हुए उन्होंने 'नालुपेरिलोरुत्तन' (चार आदमियों में एक) नामक उपन्यास लिखा। अंतप्पायी ने मार्के की एक बात यह कही कि 'नाटक प्रकृति का दर्पण होना चाहिए।' यह पश्चिमी विचार से प्रभावित कथन है। आपने यह भी कहा कि नाटक की घटनाएँ तनावपूर्ण हों। यह बात पहली बार कहने का श्रेय अंतप्पायी को ही है। इतना होने पर भी अंतप्पायी की देन का उचित मूल्यांकन नहीं हुआ। अषीक्कोड के विचार में अंतप्पायी के विमर्शात्मक लेख गंभीर नहीं हैं। (अषीक्कोड–पृष्ठ 131)

इस तरह शास्त्रीय समीक्षा पद्धति से धीरे-धीरे स्वच्छंदतावादी समीक्षा पद्धति उभर आई। अंग्रेजी रोमेण्टिक आलोचना शैली का प्रभाव मलयालम में जबर्दस्त रूप से पड़ा। इसके उन्नायकों में केरपाणिनी ए.आर. राजराज वर्मा, पी.के. नारायण पिल्लै, उल्लूर एस. परमेश्वर, अय्यर केसरी, ए. बालकृष्ण पिल्लै प्रमुख हैं। अंग्रेजी साहित्य के संपर्क में आने के कारण उन्होंने नए विमर्श दर्शन को अपनाया, ऐसा मानना गलत नहीं है। 'राजराज वर्मा आंदोलन' चला और राजराज वर्मा का काव्यादर्श सहर्ष स्वीकार किया गया। उस समय काव्य भाषा और छंद निबंधन के बारे में एक विवाद उठा। ए.आर. द्वितीयाक्षर प्रास के पक्ष में नहीं थे चाहे मेघदूत के अनुवाद में इसकी छाप पड़ी है। भाषा को संस्कृत के ऋण से मुक्त करने का प्रयास करने भी लगे। चाहे इसमें उनको पूरी सफलता न मिली। अपने मामा केरलवर्मा वलिय कोयितंपुरान के 'मयूर संदेशम्' नामक संदेश काव्य को उन्होंने कालिदास के मेघदूत से श्रेष्ठतर कहा। 'मयूर संदेशम्' की भूमिका में उनका यह निष्कर्ष उल्लेखनीय है।

निर्विवाद कहा जा सकता है कि कविकुलाग्रेसर कालिदास के नए पथ को सफलता मिली मयूर संदेश में। (ए.आर. 1963–पृष्ठ 1) मैं यह भी कहूँगा कि मयूर संदेश शब्द सौंदर्य में मेघदूत से एक कदम आगे है। (ए.आर. 1963–पृष्ठ 4)

उन्होंने 'भाषा भूषणम्' और 'साहित्य साहयम्' दो लक्षण ग्रंथ लिखकर

मलयालम भाषा को मार्ग दर्शन दिया। हिंदी भाषा और साहित्य के विकास में जो कार्य महावीर प्रसार द्विवेदी ने किया, मलयालम के विकास में ए.आर. ने किया। अंग्रेजी शिक्षा प्राप्त कर उन्होंने महान् अंग्रेजी लेखकों और काव्याचार्यों के ग्रंथ पढ़े। उन आचार्यों में फ्रॉयड, मेकाले और शोपेन होबर प्रमुख हैं। जब आप तिरुवनंतपुरम महाराज कालेज में मलयालम के प्रोफेसर एवं प्रिंसिपल रहे तब मलयालम का स्वर्ण युग ही मानो आ गया। ए.आर. राजराज वर्मा शीर्षक जीवनी ग्रंथ में भागीरथी अम्मा तंपुरान ने कहा है कि महाविद्यालय जीवन में उन्होंने भाषा के पोषण में महान् कार्य किया। (भागीरथी अम्मा तंपुरान—1963—पृष्ठ 112) काव्य रचना में रोमांटिक भाव का प्रभाव इस समय देखने को मिलता है। ऐसे काव्यों की उन्होंने भूरि-भूरि प्रशंसा की है। कुमारनाशान का 'वीणपूवु' (1908), वी.सी. बालकृष्णप्पणिक्कर का 'ओरु विलापम्' (1908) रोमांटिक काव्य की प्रतिनिधि रचनाएँ हैं। आशान के 'नलिनी' नामक खंडकाव्य के आमुख में ए.आर. ने स्वच्छंदतावाद पर अपने विचार प्रस्तुत किए। उन्होंने नव-नवोल्लेख कल्पना की प्रशंसा की। पुरानी लीक को छोड़कर चलने का आह्वान किया। उन्होंने आशान की यह कहकर प्रशंसा की कि नलिनी की कथावस्तु को उन्होंने असाधारण ढंग से विकसित किया। उत्कृष्ट कविता के विषय और वस्तु को नलिनीकार ने मौलिकता के साथ अवतरित किया। यह नलिनी की महत्ता का कारण है, भूमिका में यह मत उन्होंने घोषित किया। यह भूमिका नए विमर्श का पथ प्रदर्शक है।

ए.आर. का एक अन्य ग्रंथ नवचरित का 'कांतारतारकं' नामक मूल्यांकन है। यह साहित्य पढ़ने का मार्गदर्शक भी है। शब्दार्थ के अध्ययन से बढ़कर यह रचना को आस्वादन परक दृष्टि से भी प्रस्तुत करता है।

'राजराजन की प्रतिध्वनि' शीर्षक ग्रंथ में प्रो. मुण्डश्शेरि ने ए.आर. की देन का विस्तार से अध्ययन किया। यह मलयालम आलोचना साहित्य की महत्त्वपूर्ण रचना है। आलोचना के प्रमुख उपकरण तुलना और विश्लेषण है। इलियट के इस मत का पालन मुंडश्शेरि ने राजराजन की प्रतिध्वनि में किया है। 'मयूर संदेश' को मेघ संदेश से बृहत्तर रचना कहकर ए.आर. ने जो विवाद खड़ा किया उसके बारे में मुंडश्शेरि ने ए.आर. के पक्ष का समर्थन किया। (अष़ीक्कोड—पृष्ठ 267) उच्चकोटि के साहित्य में साहित्यकार के व्यक्तित्व की छाप कहाँ तक पड़ी है, उसका मूल्यांकन भी आलोचक का कर्तव्य है। (1961—पृष्ठ 105) मयूर संदेश की श्रेष्ठता को प्रमाणित करते हुए ओ. चन्तु मेनन ने कहा कि इस प्रकार के सौंदर्यपूर्ण मणिप्रवाल छंद मैंने नहीं पढ़े हैं। (अष़ीक्कोड—पृष्ठ 267)

ए.आर. की परंपरा के प्रमुख हैं पी.के. नारायण पिल्लै। आप ए.आर. के प्रिय शिष्य माने जाते हैं। हिंदी साहित्य में आचार्य शुक्लजी का जो स्थान है, मलयालम में पी.के. का है। मलयालम के प्रसिद्ध कवि एष़त्तच्छन चेरुश्शेरि और कुंचन नंपियार

के काव्यों का अध्ययन कर जन साधारण द्वारा विस्मृत कवियों को उन्होंने केरलीय जनता के सामने अवतरित किया। इसकी तुलना शुक्लजी के जायसी, तुलसीदास और सूरदास की रचनाओं से की जा सकती है। अगर पी.के. ने उन कवियों का विस्तृत अध्ययन न प्रस्तुत किया होता तो अब भी वे नगण्य माने जाते। जायसी, तुलसी और सूर का पुनरुद्धार किया शुक्लजी ने।

पी.के. साहित्य पंचानन नाम से प्रसिद्ध हुए। डॉ. जॉनसन ने अंग्रेजी कवियों का अध्ययन जिस प्रकार प्रस्तुत किया, पी.के. ने मलयालम के कवित्रय को अवतरित किया। नारायण पिल्लै का कुंजन नंपियार 1906, कृष्ण गाथा निरूपण (1915) और तुंचत्तेषत्तच्छन 1930 में प्रकाशित हुए। इनकी आलोचना में व्यक्ति और रचना पर विशेष बल दिया। काव्य लक्षणों को महत्त्व नहीं दिया है। रचनाओं के ऐतिहासिक पक्ष को भी परखा है। इन कवियों के बारे में जो किंवदंतियाँ प्रचलित थीं उनका खंडन भी किया। उदाहरण के लिए कुंचन नंपियार लिया जा सकता है। पहले अध्याय में कवि का जीवनवृत्त, दूसरे में कृतियों का निर्णय, तीसरे में अन्य कवियों से उनका ऋण आदि की चर्चा करते हुए सच्ची समीक्षा प्रस्तुत करते हैं। उनकी खोज प्रियता का परिचय भी मिलता है। यह पांडित्यपूर्ण विमर्श आगे आए विमर्शकों को प्रेरणा प्रदान कर गया है। आलोचना में सच्चाई का पक्ष भी उन्होंने लिया। 'तुंचत्तेषत्तच्छन की समीक्षा में उन्होंने 'प्रिफ्रेस' में लिखा—"मैं आलोचना के परंपरागत पथ के विपरीत चला। आलोचना की अन्यवादिता मेरे सामने जबर्दस्त थी जो मैं नकार नहीं सका।' (पी.के. नारायण पिल्लै, पृष्ठ 6) यह ऐतिहासिक आलोचना का पथ प्रदर्शक भी है। 'कृष्णगाथा निरूपण' में दुनिया के अन्य कवियों के साथ चेरुश्शेरि की तुलना करने का प्रयास तुलनात्मक आलोचना के लिए नमूना प्रस्तुत करता है।

इन तीनों ग्रंथों की श्रेष्ठता अनिर्वचनीय है। जॉनसन का 'बायोग्राफिक लिटरेरिया' पी.के. ने जरूर पढ़ा होगा, तथा पढ़कर प्रेरणा ली होगी।

समकालीन आलोचकों में अजेय रहे पी.के. भविष्य का रास्ता दिखानेवाले आचार्य भी हैं। इस काल के अन्य समालोचकों में पी. अनंतन पिल्लै, के.आर. कृष्ण पिल्लै, महाकवि कुमारनाशान, वल्लत्तोल आदि भी हैं। स्वच्छंदतावादी समीक्षकों में ए.सी. चाक्को का नाम भी उल्लेखनीय है। 'गुरुनाथन' मासिक पत्रिका में चाक्को के निबंध आते रहते थे।

पी.के. के बाद के सर्वश्रेष्ठ विमर्शक केसरी ए. बालकृष्ण पिल्लै हैं। उन्होंने आलोचना की तकनीक पर बल दिया। ए.आर. तंपुरान का ऋणी होने पर भी उनसे आगे बढ़े। 'साकंतिक ग्रंथ निरूपणंगल' उनके विमर्श निबंधों का संग्रह है। उसमें रूपवाद (फोर्मलिज्म), यथार्थवाद (रियलिज्म) आदि पर आचार्य तुल्य अध्ययन प्रस्तुत किया। उनका 'नोवल प्रस्थानंगल' भी बहुचर्चित ग्रंथ है। बाहरी मापदंड से आलोचना

करने के कारण बड़े, छोटे सब साहित्यकार अद्वैत में लीन हो जाते हैं। यह उनकी आलोचना की त्रुटि थी। उन्होंने माना कि आलोचना का एकमात्र कार्य, आलोच्य ग्रंथ के विषय के बारे में नहीं, रचना की रीति के बारे में अध्ययन करना चाहिए। रचना के सौंदर्य पक्ष पर आलोचक को बल देना है। (ए. बालकृष्ण पिल्लै, पृष्ठ 15) यथार्थवाद, स्वच्छंदतावाद अति यथार्थवाद आदि पर उनके विचारों ने आगे आए कवियों, नाटककारों, उपन्यासकारों सबको प्रभावित किया। 'नवलोकं' में भी आपके समीक्षा विचार संगृहीत हैं।

बालकृष्ण पिल्लै के पथानुयायी एम.पी. पॉल भी प्रगतिवादी विचारधारा के पोषक लेखक हैं। पॉल का कहना है कि पिल्लै ने अनेक विचारों का ध्वंस किया। पॉल के शब्दों में यह 'विग्रह ध्वंस है'। 'गद्य गति' और 'नोवल साहित्य' पॉल के आलोचनात्मक लेखों का संग्रह है। उनका एक विचार देखें :

भूतकाल साहित्यकार की पृष्ठभूमि मात्र है, आदर्श नहीं। यह सही है कि इसी पर जमकर रहने पर ही उद्धार बढ़ सकता है। (एम.पी. पॉल–1954–पृष्ठ 13) प्रगतिशील साहित्य के उन्नायकों में एम.पी. पॉल का महत्त्वपूर्ण स्थान है। जोसफ मुण्डश्शेरि, कुट्टिप्पुषा कृष्ण पिल्लै आदि प्रगतिशील साहित्य के पक्ष में रहे हैं।

जोसफ मुंडश्शेरि के बारे में ए.आर. ने आलोचना साहित्य की चर्चा के प्रसंग में लिखा था। आधुनिक आलोचना के प्रसंग में उनकी 'काव्य पीठिका' अनन्य है और बहुचर्चित भी तथा ए.आर. के 'साहित्य साहयम्' के समकक्ष है। उसे अत्यधिक मशहूर लक्षण ग्रंथ के रूप में 'साहित्य साहयम्' के साथ लिया जा सकता है।

लेकिन विमर्शकों में कुट्टिकृष्ण मारार नाम ध्रुवतारा जैसे प्रकाशमान है। मारार का काव्यालोचना ही प्रमुख विषय रहा है। श्री मारार ने विक्टर ह्यूगो का 'ला मिराबिला' (लेस मिसरबिल्स) पढ़कर कहा कि यह महाकाव्य है। उसको पढ़ने के बाद 'इंदुलेखा' और तकषि के 'रण्डिटङ्ङषि' को भी मारार काव्य मानने लगे। संस्कृत काव्य शास्त्र के अनुसार छंदबद्ध रचना मात्र महाकाव्य नहीं है नाटक भी महाकाव्य है। मारार की अखण्ड निष्ठा ने आलोचना साहित्य को संपन्न किया। मारार का विश्वास था कि काव्य के माध्यम से एक संस्कृति संपन्न व्यक्ति का हृदय-विहार ही आलोचना है। (मारार–1967–पृष्ठ 47) मारार की अन्य आलोचनात्मक कृतियाँ हैं : 'केविलक्कु', 'पंद्रह निबंध', 'मलयाल शैली', 'राजांकणम्', 'साहित्य सल्लाप'। मारार ने समीक्षा को एक कला की श्रेणी में स्थान दिया। मारार साहित्य की शाश्वत सत्ता के प्रचारक रहे।

सी.पी. श्रीधरन की 'इन्नत्ते साहित्यकारन्मार' एक महत्त्वपूर्ण रचना है। (साहित्यवेदी प्रकाशन–कोट्टयम 1969) इसकी भूमिका मलयालम साहित्य का विवेचनात्मक इतिहास है। एक सुष्ठु समालोचक के रूप में उनके निष्कर्ष महत्त्वपूर्ण हैं। उनके अनुसार कुट्टिकृष्ण मारार, मुंडश्शेरि और उल्लाट्टिल गोविंदनकुट्टि नायर

समालोचना साहित्य की त्रिमूर्ति हैं। (सी.पी. श्रीधरन–1969–पृष्ठ 115)।

पीछे आगत समीक्षकों में एन.वी. कृष्ण वारियर, एस. गुप्तन नायर, एम.के. सानु भी हैं जिन्होंने साहित्यालोचन को गहराई और व्यापकता प्रदान की। पश्चिमी साहित्य के संपर्क में आकर उन्होंने समीक्षा को उच्चकोटि की साहित्य-विधा का स्थान दिया।

बीसवीं शताब्दी के इस अंतिम दशक तक आकर विमर्श साहित्य में अराजकता फैल गई, ऐसा मालूम होता है। किसी रचना की आलोचना की जाए तो यह देखते कि यह किसकी रचना है। रचनाकार को देखकर आलोचना करना स्वस्थ परंपरा का परिचायक नहीं। व्यक्तिगत या जातिगत स्पर्धा रचना के सही मूल्यांकन में बाधक होती है। मैं डॉ. अषाक्कोड की आलोचना दृष्टि का समर्थक रहता हूँ, पर उनके 'शंकरकुरुप विमर्शिक्कप्पेटुन्नु' रचना पढ़ने का अवसर मिला तो लगा कि यह पक्षपातपूर्ण मूल्यांकन है।

इस अंतिम दशक के आलोचकों में विश्वविद्यालयों के हिंदी, मलयालम, संस्कृत, अंग्रेजी आदि के प्रोफेसर हैं जो पश्चिमी साहित्य का गहरा अध्ययन कर मलयालम साहित्य की श्रीवृद्धि में योगदान कर रहे हैं। उनमें श्री के.पी. अप्पन, एम. कृष्णन नायर, सच्चिदानंदन आदि के नाम लिए जा सकते हैं। इनमें नमूने के रूप में श्री के. पी. अप्पन के विमर्श लेख का एक अंश दिया जा सकता है।

'हमारे पंडित लोग कहा करते हैं कि 'नलचरित' एक श्रेष्ठ कृति है। लेकिन वह कालिदास के शाकुंतलम् से श्रेष्ठ है यह मेरा मत है। मुण्डश्शेरि ने नवचरित की प्रशंसा करते समय कहा कि उसे मलयालम का शाकुंतलम् कहा जा सकता है।' (के.पी. अप्पन, 1992, पृष्ठ 7, खंड 2)

आधुनिक आलोचक पश्चिमी समीक्षकों और साहित्यकारों की रचनाएँ पढ़कर हमारी रचनाओं का मूल्यांकन करना पसंद करते हैं। के.पी. अप्पन के इस प्रकार के समालोचनात्मक ग्रंथ में प्रमुख हैं, 'तिरस्कारं', 'कलह और विश्वास', 'बदलते मलयालम उपन्यास', 'रेखाएँ और रंग'।

कवि प्रतिभा सृजनात्मक है, जबकि विमर्श प्रतिभा आस्वादनपरक है। बर्नाडशा ने ठीक ही कहा कि तुम में जो कवि हो, कविता लिखे, अन्य वह दूसरों को पढ़ाए।

संदर्भ ग्रंथ सूची

1. एन.पी. कृष्णवारियर–विमर्शनम् और निरूपणम् 1961, नवकेरल प्रकाशन
2. पी. दामोदरन पिल्लै–मलयालम में समीक्षा, 1961, नवकेरल प्रकाशन
3. संतराम विचित्र–सिद्धांत और समीक्षा, 1951, राजकमल प्रकाशन
4. सुकुमार अषीक्कोड–मलयालम साहित्य विमर्शनम, 1985, डी.सी. बुक्स, कोट्टयम

5. गोविंदन कुट्टि नायर–विमर्शन मलयालत्तिल, नवकेरल प्रकाशन
6. पी.के. परमेश्वरन नायर–आधुनिक मलयालम साहित्यं, 1954
7. मलयाली दैनिक
8. रसिक रंजिनी, 1887
9. के. भास्करन पिल्लै का लेख–1966–एस.पी.सी.एस.
10. मयूर संदेश की मुखवुरा–कमलालय प्रकाशन–1963, तिरुवनंतपुरम
11. भागीरथी तंपुरान–ए.आर. राजराज वर्मा, प्रथम भाग, 1963, एस.पी.सी.एस. कोट्टयम
12. ए. बालकृष्ण पिल्लै–रूपक मंजरी
13. एम.पी. पॉल–गद्यगति 1954, एस.पी.सी.एस. कोट्टयम
14. मारार–दंतगोपुरम्, 1967, करंट बुक्स, त्रिच्चूर
15. के.पी. अप्पन–मलयालम भावना, मूल्य और संघर्ष, 1992, डी.सी. बुक्स, कोट्टयम
16. सी.पी. श्रीधरन–इन्नत्ते साहित्यकारन्मार, 1969, वेदी प्रकाशन, कोट्टयम
17. Booster Stallman–The Critics' Note Book
18. John Dryden–An Essay of Dramatic Poetry, English Critical texts-1870, Oxford University.

35

मलयालम सिनेमा की विशिष्ट उपलब्धियाँ

टी. शशिधरन

दक्षिण भारत के प्रादेशिक चलचित्रों में मलयालम भाषा के चलचित्रों का इतिहास संक्षिप्त है। लेकिन गुणात्मक दृष्टि से मलयालम सिनेमा तमिल, तेलगू और कन्नड़ चलचित्रों से बहुत ऊपर है। मलयालम चलचित्रों की कथा सामग्री केरल के जागरूक निर्माताओं ने अपने प्रदेश के जन जीवन से ही चुनी और पूर्ण ईमानदारी के साथ अभिव्यक्ति प्रदान की।

मलयालम की पहली सवाक फिल्म है 'बालन्'। 1938 में मद्रास के मॉडर्न थियेटर्स ने इसका निर्माण किया था। प्रारंभ से ही मलयालम चलचित्रों की कथावस्तु सामाजिक रही है, जो अधिकांशतः प्रगतिवादी विचारों से प्रभावित है। केरल का नैसर्गिक सौंदर्य, अद्भुत प्राकृतिक दृश्य और उनसे प्रभावित मलयालम चलचित्रों का शिल्प विधान अपनी यथार्थता के लिए यश का भागी है।

प्रारंभ में मलयालम सिनेमा के व्यापारिक क्षेत्र बहुत सीमित थे' फिर भी उस समय के मलयालम चलचित्र अपनी कलात्मक तथा साहित्यिक परंपरा के लिए अत्यधिक प्रसिद्ध हैं।

सामाजिक चलचित्रों के निर्माण में मलयालम चलचित्रों के निर्माताओं को विशेष सफलता प्राप्त हुई है। पचास के दशक में सर्वाधिक सफलता सामाजिक चलचित्र 'जीविता नौका' (1951) को प्राप्त हुई। यह चलचित्र तीन भाषाओं—तमिल, तेलगू और हिंदी—में डब किया गया। इस दशक की अन्य विशिष्ट उपलब्धियाँ हैं—'नीला कुयिल' (1954) और 'न्यूज पेपर बोय' (1955)। 'नीला कुयिल' में एक ऐसी युवती की दुखभरी प्रणय कथा थी, जो जाति से अछूत थी और एक ऊँचे परिवार के अध्यापक से प्रेम करती थी। इस फिल्म को अखिल भारतीय योग्यता प्रमाण पत्र और राष्ट्रपति का रजत-पदक प्राप्त हुआ। 'न्यूज पेपर बोय' केरल के छात्र शिल्पकारों का एक महत्त्वपूर्ण प्रयोग था, जिसे बिना किसी बड़े स्टूडियो, कलाकारों तथा धन की सहायता से निर्मित किया गया था। इस फिल्म के निर्माण

से केरल के छात्रों तथा बौद्धिक पक्ष की प्रगतिवादी विचारधारा का अनुपम उदाहरण प्रस्तुत होता है।

तकषि शिवशंकर पिल्लै के अंतर्राष्ट्रीय स्तर के उपन्यास 'चेम्मीन' को रामु कारियाट ने चलचित्र के रूप में प्रस्तुत किया। इस फिल्म को राष्ट्रपति का स्वर्ण पदक प्रदान किया गया। दक्षिण भारत की प्रादेशिक भाषाओं में राष्ट्रपति का स्वर्ण पदक मिलनेवाली पहली फिल्म है 'चेम्मीन' (1966)।

पचास के दशक में बंगाल ने भारतीय सिनेमा की भाषा को इतना अधिक विस्तार दिया कि लंबे समय तक विदेशों में भारतीय सिनेमा का अर्थ था–बंगला सिनेमा। और बंगला सिनेमा में भी सत्यजित राय, ऋत्विक घटक और मृणाल सेन। और इन तीनों में भी सत्यजित राय का सिनेमा।

नए भारतीय सिनेमा को बंगाल से बाहर आने में काफी समय लगा। मुंबई में विमल राय, गुरुदत्त आदि कुछ फिल्मकार मुख्य धारा से अलग हटकर स्वस्थ सार्थक सिनेमा बना जरूर रहे थे पर वहाँ कोई आंदोलन नहीं उभर सका। बंगाल से थोड़ा हटकर हल्ला 1969 में 'भुवनशोम' के बनने के बाद हुआ। मुंबई में कुछ नए फिल्मकारों ने तथाकथित नई धारा (न्यू वेव) का सिनेमा बनाया और सत्तर के दशक में नए भारतीय सिनेमा को एक नई जगह मिली–मलयालम में। मलयालम भाषा के सिनेमा में एक नई संवेदना को अभिव्यक्ति मिली। मुख्यतः ग्रामीण परिवेश को रचना भूमि बनाकर मलयालम सिनेमा ने भारतीय सिनेमा की भाषा को समृद्ध किया। इस लहर ने भारतीय सिनेमा को केरल स्कूल दिया।

एम.टी. वासुदेवन नायर की पटकथा पर आधारित 'ओलवुम तीरवुम' (1970) (निर्देशक–पी.एन. मेनन) ने मलयालम सिनेमा में नई धारा की शुरुआत की। सत्तर के दशक की अन्य विशिष्ट उपलब्धियाँ हैं–'स्वयंवरम्' (1972–अडूरगोपाल कृष्णन), 'निर्माल्यम्' (1973–एम.टी. वासुदेवन नायर), 'उत्तरायणम्' (1974–जी. अरविन्दन), 'स्वप्नाटनम्' (1975–के.जी. जॉर्ज), 'मणिमुषक्कम' (1976–पी.ए. बक्कर), 'कोटियेट्टम' (1977–अडूर), 'तम्पू' (1978–जी. अरविंदन), 'कांचना सीता' (1978–अरविंदन), 'एस्तप्पान' (1979–अरविंदन) आदि।

मलयालम सिनेमा को अंतर्राष्ट्रीय नक्शे तक पहुँचाने का श्रेय तीन व्यक्तियों–अरविंदन, अडूर गोपालकृष्णन और शाजी को दिया जा सकता है। अरविंदन ने कम बजट में अर्थपूर्ण, कलात्मक फिल्में बनाईं। प्रारंभ में बनी अरविंदन की सभी फिल्में लीक से हटकर रही हैं। उनकी पहली फिल्म है 'उत्तरायणम्'। इस बड़ी दुनिया में छोटे आदमी का परिप्रेक्ष्य इस फिल्म का मूल है। 'तम्पू' सर्कस के कलाकारों के जीवन पर आधारित थी। अरविंदन की रहस्यमयी फिल्म 'पोक्कुवेयिल' (साँझ की वेला) में मानसिक रूप से अस्वस्थ एक युवक की व्यथा को बहुत ही मार्मिक ढंग से दिखाया गया है। 'कांचना सीता' में जंगल के निवासी के रूप

में राम का और एक अपरोक्ष उपस्थिति के रूप में सीता के किरदार का स्तंभित कर देनेवाला दृश्यांकन किया गया है। सीता कभी परदे पर नहीं आती।

अरविंदन की अन्य फिल्में 'एस्तप्पाल', 'ओरिडत्त्', 'माराट्टम' स्मिता पाटिल द्वारा अभिनीत 'चिदंबरम्' और अंतिम फिल्म 'वस्तुहारा' भी मलयालम की श्रेष्ठ उपलब्धियों की श्रेणी में आती हैं।

बहुचर्चित मलयालम फिल्मकार अडूर गोपालकृष्णन ने 1965 में पुणे के फिल्म और टी.वी. संस्थान से पटकथा लेखन व दिर्नेशन का डिप्लोमा प्राप्त किया था। उनकी पहली फिल्म 'स्वयंवरम्' 1972 में बनी थी जिसे राष्ट्रीय पुरस्कार प्राप्त हो चुका था। 'कोटियेट्टम' उन्होंने 1977 में बनाई और 'एलिप्पत्तायम्' 1981 में। 'मुखामुखम्' उनकी चौथी कथा फिल्म है। इस फिल्म का हर फ्रेम अडूर को एक बड़े भारतीय फिल्मकार के रूप में स्थापित कर देता है। अडूर की 'मसिलुकल' वैक्कम मुहम्मद बशीर की जीवनी पर आधारित थी। उनकी 'विधेयन' नामक फिल्म, जो ज़ाकरिया की कहानी पर आधारित थी, विवादों के कारण केरल में अच्छी तरह नहीं चली। लेकिन विदेशी समारोहों में इस फिल्म की काफी तारीफ की गई।

गोपालकृष्णन की आठवीं फिल्म है 'कथापुरुषन', जिसे 1995 का राष्ट्रीय पुरस्कार प्राप्त हो चुका है। जापान का नेशनल ब्राडकास्टिंग कॉर्पोरेशन इस फिल्म में सह प्रयोजक है। यह कॉर्पोरेशन द्वारा विदेशों के साथ संयुक्त रूप से बनाई जा रही पाँच फिल्मों में से एक है और भारत में यह अकेली फिल्म है। पिछले पचास सालों में केरल के सामाजिक-राजनीतिक माहौल में आए बदलाव का इस फिल्म में चित्रण हुआ है। इसकी कथा एकरेखीय है।

सिनिमैटोग्राफर शाजी ने अपने द्वारा निर्देशित फिल्म 'पिरवी' के जरिये अंतर्राष्ट्रीय ख्याति अर्जित की है। उनकी दूसरी फिल्म है 'स्वं'।

मलयालम चलचित्रों की सबसे महत्त्वपूर्ण विशेषता यह है कि ये चलचित्र किसी एक परंपरा अथवा लीक से बँधकर नहीं चलते। इन चलचित्रों में विशेषतः सामाजिक कथाओं को ग्रहण किया जाता है और उन्हें पूर्ण विश्वास के साथ प्रगतिशील विचारधारा से संयुक्त करके अभिव्यक्त किया जाता है। मलयालम चलचित्रों ने हिंदी और अन्य प्रादेशिक चलचित्रों की दृष्टि में, संख्या में सीमित होते हुए भी, अपनी मौलिकता को अक्षुण्ण रखा है।

36

केरल में हिंदी

एन.ई. विश्वनाथय्यर

भाषावार जनगणना के अनुसार मलयालम केरल में सबसे अधिक व्यवहृत भाषा है। मलयालम भाषियों के मुकाबले में एक चौथाई लोग तमिलभाषी हैं। दक्खिनी भाषा कुछ-कुछ मातृभाषा के रूप में बोलनेवाले 12000 लोग केरल के कुछ जिलों में बिखरे मिलते हैं। ठेठ हिंदी इन्हीं के पूर्वजों की भाषा के रूप में केरल में आई थी। उनके स्रोत विभिन्न रहे हैं। लोग उस दक्खिनी को कभी हिंदुस्तानी पुकारते रहे, कभी उर्दू। यह भाषा रूप बोलनेवाले प्रायः मुसलमान थे। उन्हें स्थानीय केरलीय पट्टाणि (पठान) पुकारते थे, यद्यपि उनका अफगानिस्तान के पाठान से कोई संबंध नहीं रहा है।

केरल में हिंदी की चर्चा दो युगों की दृष्टि से करना उचित है—आधुनिक पूर्व और आधुनिक। आधुनिक पूर्व युग में हिंदी का व्यवस्थित प्रचार नहीं रहा था। इसका परिचय तीर्थयात्रियों के मुँह से मिलता था। अखिल भारत में प्रसिद्ध संतों और महात्माओं की कथाओं से लोग परिचित होते गए। कबीर, तुलसी, सूर व मीरा आदि इसके उदाहरण थे। ऐतिहासिक या साहित्यिक ग्रंथों के अध्ययन की जगह जनश्रुतियों पर आधारित कथाएँ ही रही थीं। दिल्ली, हैदराबाद, मैसूर, आर्काट आदि विभिन्न प्रशासनिक केंद्रों में प्रचलित भाषा के रूप में हिंदी का खास रूप तथा फारसी शब्द केरल की रियासतों के प्रशासनिक क्षेत्र में भी चालू होते गए थे। खासकर अदालत, राजस्व, सामान्य एवं पुलिस प्रशासन आदि में यह बात अनुभव होती है। इस पृष्ठभूमि ने बीसवीं सदी के हिंदी प्रचार के लिए अनुकूल परिस्थिति तैयार कर दी थी।

मलयालम भाषा व साहित्य के क्षेत्र में हिंदी व मलयालम की मित्रता का एक रोचक प्रसंग सत्रहवीं सदी के हास्य कवि कुंचन नंबियार की कुछ पंक्तियों में दिखाया जाता है। नंबियारजी तिरुवनंतपुरम के श्रीपद्मनाभस्वामी मंदिर में सार्वजनिक भोज में भाग लेनेवाले गोसाईं तीर्थयात्रियों के संवाद एवं टिप्पणी के रूप में कुछ हिंदी पंक्तियाँ अपनी शैली में दुहराते हैं। उन दिनों रियासतों के प्रशासन में कुछ अधिकारी

एवं द्विभाषी हिंदी भी जानते थे। इसका उल्लेख रियासतों के इतिहास में मिलता है।

अंग्रेज शासन के दिनों में केरल में गोसाईं साधु आते थे, फौज के मुसलमान भाई आते थे, उत्तर भारत में नौकरी करनेवाले केरलीय भाई गाँव आते समय हिंदी बोलते थे। केरल के चुने हुए स्थानों पर दक्खिनी भाषी मुसलमान बसे थे। सबसे बढ़कर तिरुवितांकूर की नायर-फौज में उर्दू सिखाने का इंतजाम था।

केरल में हिंदी के प्रचार का सशक्त आंदोलन बीसवीं सदी के तृतीय दशक में प्रारंभ हुआ। हिंदी प्रचार के प्रथम केरलीय अग्रदूत श्री एम.के. दामोदरन उण्णि थे। मद्रास की दक्षिण भारत हिंदी प्रचार सभा के आदेशानुसार उन्होंने केरल के कई नगरों तथा प्रमुख गाँवों में हिंदी का संदेश पहुँचाया। वे कम से कम समय में कई उत्साही भाई-बहनों को हिंदी प्रचार की सेवा के लिए तैयार कर सके। मद्रास की सभा ने छमाही स्तरीय परीक्षाओं से अध्ययन का उत्साह बढ़ाया। देश-भर में स्वाधीनता आंदोलन की लहर थी। इन्हीं परिस्थितियों में हिंदी केरल में जल्दी से जल्दी जम सकी। केरल हिंदी प्रचार सभा दूसरी सशक्त प्रचार संस्था है। यह भी बड़ी सेवा कर रही है।

केरल में हिंदी के शीघ्र फैलने का सामाजिक एवं सांस्कृतिक कारण भी रहा था। पहले तो केरल की भाषा मलयालम का संस्कृत से घनिष्ठ संबंध व संपर्क रहा। यहाँ अभिजात वर्ग ही नहीं, अधिकांश जातियों के लोग संस्कृत किसी रूप में सीखते थे। इस संस्कृत ने उन्हें हिंदी सीखने में मदद और प्रेरणा दी।

केरल में हिंदी प्रचार क्षेत्र तक सीमित नहीं रही। 1934-35 में यहाँ स्कूलों में हिंदी पाठ्यक्रम का अंग बनी। यह विविध स्तरों पर लाई गई। अब तो पाँचवीं कक्षा से दसवीं कक्षा तक हिंदी अनिवार्य है, यद्यपि ज्ञान की मात्रा सीमित है। इसका मतलब यह है कि केरल की संपूर्ण युवा पीढ़ी हिंदी कुछ न कुछ जानती है।

स्कूलों में हिंदी के प्रारंभ ने हजारों भाई-बहनों को हिंदी अध्यापक बनने का मौका दिया। विश्वविद्यालयों में डिग्रीस्तर तक हिंदी द्वितीय भाषा बनाई गई। फिर मुख्य विषय बनी। कॉलेजों में हिंदी प्राध्यापकों की माँग बढ़ी। बहुत से युवक-युवती हिंदी प्रदेश के विश्वविद्यालयों में एम.ए. हिंदी में करने जाने लगे। 1957 में केरल के ही दो कॉलेजों में हिंदी में स्नातकोत्तर पाठ्यक्रम प्रारंभ हुआ। 1963 में केरल विश्वविद्यालय का अपना हिंदी शोध केंद्र खुला जो 1971 से कोच्चिन विश्वविद्यालय का विभाग हो गया। 1971 में कालिकट विश्वविद्यालय में विभाग खुले। बीच-बीच में कई कालेज स्नातकोत्तर विभाग शुरू करते गए। अब इतनी प्रगति हुई है कि प्रतिवर्ष नियमित स्नातकोत्तर छात्रों की संख्या केरल में 20-250 होगी। निजी क्षेत्र के छात्र तो 1000 या अधिक होंगे। हिंदीभाषी क्षेत्र के लोगों को ये आँकड़े आश्चर्यजनक लग सकते हैं।

विविध स्तरों पर हिंदी अध्यापन के विकास के दौरान शिक्षण प्रशिक्षण की संस्थाएँ भी चलती हैं। सरकारी प्रशिक्षण संस्थान एवं बी.एड. कॉलेज कई हैं।

शिक्षण-प्रशिक्षण के विकास से केरलीय भाइयों ने हिंदी में कैसी उन्नति की ? इसका भी संक्षेप में उल्लेख आवश्यक है। केरल के विद्यालयों में योग्यताप्राप्त हिंदी अध्यापक सैकड़ों हैं, जो केरलीय ही हैं। कॉलेजों में भी सैकड़ों हिंदी प्राध्यापक हैं। ये भी करेलीय हैं। इनमें अब सौ-दो सौ पी-एच.डी. उपाधिवाले मिलेंगे। ऐसे लोगों की संख्या प्रतिवर्ष बढ़ती जा रही है। इस बढ़ती के अनुपात में नए पदों की बढ़ती नहीं हो पाती। इसलिए अब केरल के कृषि, उद्योग आदि क्षेत्रों की तरह हिंदी क्षेत्र में भी निर्यात के विकास का योजनाबद्ध उपाय आवश्यक हो गया है। इस समस्या की विकटता बाहर ज्वालामुखी-सी नहीं फूटती तो इसका कारण यह है कि हिंदी के उपाधिधारियों में 80 प्रतिशत बहनें हैं और उनको गृहिणी बनाकर फिलहाल समस्या का समाधान किया जाता है। परंतु यह असली समाधान नहीं है।

केरलीयों ने हिंदी सीखकर उसमें विभिन्न प्रकार की निपुणता प्राप्त की है। साहित्य सृजन में कई लोग कुशल निकले हैं। उन्होंने कविता, कहानी, नाटक, निबंध, आलोचना आदि क्षेत्रों में मौलिक रचनाएँ की हैं। कई तो अखिल भारतीय स्तर पर विविध पुरस्कार तक पा चुके हैं। स्वर्गीय बुजुर्गों में ए. चंद्रहासन, पी.के. केशवन नायर, एन. वेंकटेश्वरन, एन.वी. कृष्ण वारियर आदि हैं। वर्तमान व्यक्तियों में बुजुर्गों में सर्वश्री पं. नारायण देव, पी. नारायण, रविवर्मा, जी.जी. वासुदेव, एन. चंद्रशेखरन नायर, पी. लक्ष्मीकुट्टि अम्मा आदि प्रमुख हैं। दूसरी पीढ़ी में अनेक हैं—जैसे डॉ. गोपीनाथन, एन. रवींद्रनाथ, पी. कृष्णन, एन.पी. कुट्टन पिल्लै आदि। हिंदी-मलयालम तथा मलयालम-हिंदी अनुवाद यहाँ के सृजनशील हिंदी प्रेमियों के विशिष्ट कार्यक्षेत्र हैं। इनमें इन्होंने अत्यंत प्रशंसनीय सेवाकार्य किया है। साहित्य अकादमी, नेशनल बुक ट्रस्ट आदि सरकारी संस्थाओं की प्रेरणा से काफी अनुवाद कार्य हुआ है। कुछ निजी प्रकाशकों ने भी अनुवाद कराया है। यों अनूदित मलयालम साहित्यकारों में सर्वश्री शंकरकुरुप, आशान, वल्लत्तोल आदि प्रसिद्ध कवि हैं। तकषि, केशवदेव, बशीर, आदि अनेक कथाकार अनूदित हुए हैं। यह प्रविधि जारी है।

केरल में नियमित रूप से चार-पाँच हिंदी पत्रिकाएँ निकलती हैं—केरल भारती, केरल ज्योति, साहित्य मंडल पत्रिका, संग्रथन, अनुशीलन (वार्षिक)। हाल ही में शोध क्षितिज नामक छमाही शोध पत्रिका प्रारंभ हुई है। और भी एकाध चलती हैं। उनके नियमित होने की आशा है। रजत जयंती मनानेवाली साहित्य संस्था केरल हिंदी साहित्य मंडल कोचीन में नियमित कार्य करती है। तिरुवनंतपुरम में केरल हिंदी साहित्य अकादमी नामक संस्था है। जगह-जगह छोटी-बड़ी प्रचार संस्थाएँ भी हैं।

प्रचार व प्रयत्न के बिना ही दूरदर्शन व आकाशवाणी के माध्यम से हिंदी की प्रशंसनीय सेवा हो रही है। फिल्में हिंदी का प्रचार कर रही हैं। यों केरल में हिंदी

खूब फल-फूल रही है।

इस आनंद व उल्लास की घड़ी में भी पुराने कार्यकर्ता की हैसियत से इस लेखक का मन दुःखी है। उसे भय है कि यह विकास उल्लास कहीं बाढ़ का पानी-सा न हो जाए। केरल में पश्चिमी शिक्षा, अंग्रेजी भाषा आदि के लिए अब भी विदेशों से व्यक्ति, संस्थाएँ, सरकारें, प्रकाशन घर आदि हाथ खोलकर खर्च करते हैं—खूब आर्थिक सहायता देते हैं। उनका भविष्य भी उज्ज्वल से उज्ज्वलतर हो रहा है। केरल में हिंदी की विकास यात्रा को थोड़ा-सा भी आर्थिक प्रोत्साहन हिंदी भाषी प्रदेश के धनी व्यक्ति एवं संस्थाएँ दें तो दस गुना विकास होगा। कुछ राज्य सरकारें तथा एकाध संस्थाएँ अब जो पुरस्कार देती हैं वे अवश्य प्रोत्साहन देती हैं। वही अब नैतिक शक्ति देता है। आशा है, इस दिशा में संबंधित लोग रुचि लेंगे। इस विषय पर बहुत कुछ लिखना है। पर ग्रंथ के संतुलन के विचार से संक्षेप में लिखा है। कमियों के लिए लेखक क्षमाप्रार्थी है।

37

केरल के ज्ञानपीठ पुरस्कार विजेता

टी.एन. विश्वंभरन

कवि और भाषा की अस्मिता की तलाश : 1965 का समय भारत के साहित्यिक एवं सांस्कृतिक क्षितिज में एक अजीब विस्फोट का कारण हुआ था। जबकि प्रथम भारतीय ज्ञानपीठ पुरस्कार घोषणा की वजह से केरल की भाषा की अभिव्यंजना की क्षमता एवं कविता की सौंदर्य छटा भारतीय संदर्भ में सबसे पहले निखर उठी थी। भारत के साहित्यिक एवं राजनैतिक इतिहास में केरल मद्रास की मार्फत से जाना जाता था। यह सच है कि केंद्र साहित्य अकादमी और राज्य स्तर की अकादमियों ने एक विशाल भारतीय साहित्य की परिकल्पना की थी। परंतु उसे साकार करने में उसे सफलता नहीं हासिल हुई। यह ऐतिहासिक सत्य है कि ज्ञानपीठ पुरस्कार योजना इस दिशा में एक महत्त्वपूर्ण कदम थी।

पहली प्रवर समिति की बैठक के दिनों में एक विशाल भारतीय साहित्य सम्मेलन कोचीन में संपन्न हो रहा था। जानेमाने लेखक उसमें भाग ले रहे थे। उन दिनों एक सनसनी खबर फैल रही थी कि ज्ञानपीठ पुरस्कार की घोषणा अभी-अभी हो जाएगी। आखिरी दौर में दो कवि सबसे आगे आए हैं–एक बंगाल के नज़रूल और दूसरे केरल के महाकवि जी. शंकर कुरुप। तुरंत घोषणा हुई कि भारतीय ज्ञानपीठ का सबसे पहला पुरस्कार जी.शंकर कुरुप को 1950 में प्रकाशित उनके 'ओटक्कुष़ल' शीर्षक कविता संकलन के नाम पर समर्पित किया जाएगा। प्रवर समिति का निर्णय था–'यह कृति कवि के न केवल 1950 तक के सर्वश्रेष्ठ कृतित्व का प्रतिनिधत्व करती है, अपितु उनके अगले 15 वर्षों तक के अधिक समर्थ कृतित्व का पूर्ण परिचय देती है।'

ओटक्कुष़ल और जी. शंकर कुरुप : ओटक्कुष़ल–बाँसुरी–मलयालम की बहुचर्चित रचना है। उसमें संकलित कविताएँ न केवल केरल की कविता के परिवर्तनाकार संकेत कर रही हैं अपितु समस्त भारत के संदर्भ में हुए काव्यांदोलन और उसके संस्कार का प्रतिनिधित्व करती हैं। वह भारतीय कविता के युगांतर का

स्पष्ट प्रमाण है। 'बाँसुरी' अपनें आप में प्रतीकत्व लिये हुए है। उसकी सुर लहरियों में कवि की आत्मा का स्पन्दन है। वह स्वयं युग द्रष्टा एवं भोक्ता कवि का प्रतिबिंब है। अपने जीवन के ह्रस्व काल में संसार को आनंद और उल्लास प्रदान करते रहने में वह जीवन की चरितार्थता का अनुभव करती (ता) है। सिर्फ संगीत की अजस्रधारा को अमंद प्रवहित करते रहने में उसने अपनी जीवन की सार्थकता देखी है। उसे यह चिंता कतई नहीं सताती रही कि वह अविलंब काल की टोकरी में फेंक दी जाएगी और दीमक का आहार हो जानेवाली है। उसे न कुंठा है, न ग्लानि।

विमल प्रेम की उन्मुक्त क्रांति : ज्ञानपीठ की घोषणा के पहले–1960 में–जी के काव्य जीवन के अगले दौर की प्रतिनिधि कविताओं का संकलन प्रकाशित हो चुका था। बाँसुरी बजानेवाले कवि की रूमानी चेतना दार्शनिक क्षितिज को छू रही थी। विराट जीवन का अनुभवजन्य संस्कार कविता के अंतरंग को काफी दृढ़ कर चुका था। प्रकृति की चिर परिवर्तनशील संकल्पना पर आधारित सत्य, शिव और सौंदर्य की विराट कल्पना ने कविता को एक अपूर्व ओजस्विता प्रदान की। 'साहित्य कौतुकम' से 'ओटक्कुष़ल' तक की काव्य यात्रा से एकदम भिन्न आयाम 'विश्वदर्शनम्' में दिखाई देता है। प्रेम सदा कुरुप की कविता का विषय रहा है। उसमें मांसलता का नितांत अभाव है, नर-नारी संपर्क से उद्भूत आत्मानुभूति की गुदगुदी का जीवंत वर्णन भी उसमें नहीं हुआ है। ब्रह्म चैतन्य और प्रकृति के पारस्परिक मिलन के रागात्मक संबंध की सूक्ष्मता को व्यंजना के धरातल पर उभारने का काव्य कौशल कुरुप ने प्रकट किया है। विमल प्रेम की उन्मुक्त क्रांति उनकी कविता को रूप और भाव की दृष्टि में आकर्षणीय बना देती है।

कभी-कभी उनकी भाषा भाव से बोझिल और दुरूह हो जाती है। कल्पना की सूक्ष्मता, भाषा की दुरूहता, नयी प्रतीकात्मकता के कारण वे मिस्टिक–रहस्यवादी–कवि कहलाए गए। 1931 में लिखी कविता 'नाले' (आनेवाला कल) उनकी काव्य यात्रा की एक मानशिला है। यों तो वह प्रकृति वर्णनात्मक छोटी कविता है। गोधूली वेला से रात के आगमन तक की वेला में प्रकृति जिस परिवर्तन का शिकार बन जाती है उसका सूक्ष्मातिसूक्ष्म चित्र प्रस्तुत करने के साथ ही साथ अपने समकालीन जीवन के कारुणिक परिवेश में उभरे दीन-हीन सामाजिक प्राणियों के कारुणिक जीवन की त्रासदी का विराट रूप भी कलात्मक गरिमा के साथ ही अंकित हुआ है। यह कवि की अचुंबित कल्पना एवं जीवन दृष्टि का पुष्ट प्रमाण देती है। गोधूली वेला को दिन की शवयात्रा के रूप में प्रतीकीकृत करते हुए कारुणिक प्रसंग की जो उद्भावना की है उसमें कला के सौंदर्य और जीवन के सत्य की अनूठी छवि है। 'सूर्यकांति'–सूरज मुखा–मांसल नर-नारी प्रेम एवं सूक्ष्मातिसूक्ष्म आधिभौतिक रागात्मक अनुभूति दोनों का ताजा अनुभव निराले ढंग से प्रदान करनेवाली उत्कृष्ट कविता है।

भारतीय मिस्टिक या रहस्यवादी कवियों की परंपरा में आते हुए भी कुरुप जीवन से पराङ्मुख नहीं हुए। वे काल सत्य से टकराना नहीं चाहते थे। विज्ञान की प्रगति और उसकी अपराजेय शक्ति को उन्होंने नजरअंदाज नहीं किया। अक्तूबर क्रांति के परिणामस्वरूप, सोवियत संघ के उदय के परिलक्षित होने के बाद 'नवयुग' और 'नवमानवतावाद' की जो संकल्पना हुई उसका असर शंकर कुरुप की कविता पर भी पड़ा। शोषण युक्त आदर्श राष्ट्रं मल म=पना ने उनको पुलकित किया। कुरुप अग्रगामी कवि तो रहे, परंतु वामपंथी विचारधारा से प्रभावित प्रगतिवादी आंदोलन के वे समर्थक नहीं हो पाए। वे सर्वहारा वर्ग की मुक्ति की कामना के पक्ष में तो थे ही। अंतरिक्ष यात्री गॉगरिन और चंद्रमंडल के वैज्ञानिक पर्यवेक्षण ने उनकी कल्पनानुप्रेरित कवि चेतना को ठेस नहीं पहुँचाई। सभी प्रकार के अनुभवों से उन्होंने लाभ उठाया। उनका विश्वास था कि विज्ञान मनोमंडल का परिष्कार कर देता है, भावना या मनोविकार को वह स्वस्थ बना देता है। युगानुकूल बदलते भावों की व्यंजना सटीक बिंबों से उन्होंने कराई। अपने परिवेश की प्रकृति से ही उन्होंने बिंबों-प्रतीकों को ग्रहण किया। अवचेतन की गहराइयों और उसके विवर्तों से उद्भूत तरलता को काव्य सौंदर्य के संस्पर्श से पाठकीय अनुभव के साधन के रूप में परिवर्तित करने का उनका रचना परक कौशल अनुपम था।

सर्वश्रेष्ठ कविता की मुहर : मलयालम कविता के काव्य संस्कार से उनका घनिष्ठ संबंध है। कविता उनके लिए 'अहं' का विस्फोट नहीं, आत्मा का विस्तार थी। पेरुंतच्चन और पाणनार उनकी सामूहिक चेतना से उद्भूत मिथक है। 'पेरुंतच्चन' में समस्त सामूहिक बंधनों से मुक्त कलाकार की यशोकामना से उद्भूत 'अहं' की दीप्ति का प्रतीकीकरण हुआ है। 'तिरुवरंग' के 'पाणनार' में 'युगचेतना' के जागरण संदेश को बिंबित करने का प्रयास हुआ है। कवि की भावना के सत्य और युग धर्म दोनों को समाविष्ट करने योग्य प्रतीकों-बिंबों की कल्पना शंकर कुरुप ने बड़ी सफलता से की। मानव मन के सहज सत्य को अपनी भाषा के मुहावरे में अभिव्यक्त करनेवाले समर्थ भारतीय कवि का मुकुट ज्ञानपीठ ने जी. शंकर कुरुप को पहनाया। यह ज्ञानपीठ ने सिद्ध किया और रेखांकित किया कि 'ओटक्कुषल' 1920-50 के बीच भारतीय भाषाओं में प्रकाशित जीवित कवियों की कविताओं में सर्वश्रेष्ठ है।

एस.के. : नई सौंदर्य चेतना के समर्थ लेखक : 1965 के बाद आधुनिकता और नई आलोचना की लहर जैसे समस्त भारतीय साहित्य में उठ रही थी, केरल में भी उठी। साहित्यिक दृष्टि और सामाजिक मूल्य की दृष्टि की टकराहट होती रही। नए लेखन की बाढ़ ने पुराने प्रतिष्ठित लेखकों और उनकी रचनाओं को कुछ इधर का कुछ उधर का कर दिया। कविता की अपेक्षा कथा साहित्य ने नई पीढ़ी की संवेदना की मुहर अपने पर अधिक लगाई। नए सौंदर्यबोध और नए मूल्यबोध के

माहौल में एक पुराने प्रतिष्ठित कवि तथा कथा साहित्यकार की बहुचर्चित कृति को भारतीय संदर्भ में पुनर्मूल्यांकित करने के प्रयास के रूप में 1980 के ज्ञानपीठ पुरस्कार की घोषणा का–जो 1981 में हुई थी–अधिक महत्त्व है। एस.के. पोट्टेक्काट–शंकरनकुट्टि पोट्टेक्काट लोकप्रिय साहित्यकार थे। मातृभूमि में प्रकाशित उनकी कहानियाँ, उपन्यास, कविता तथा घुमक्कड़ साहित्य लोग बहुत चाव से पढ़ा करते थे। 'यात्रा-वृत्त' लिखते वक्त उनकी कलम जादू की छड़ी की करामात दिखा देती थी। कोई उस क्षेत्र में उनका मुकाबला नहीं कर सकता था।

कहानी रचना की उनकी अपनी निराली शैली विख्यात है। केरल उनको कहानी कला का राजशिल्पी मानता था। कथा साहित्य में देव, तकषी तथा बशीर ने जो प्रतिमान बनाया था उसको एस.के. ने रचना के संदर्भ में बड़े कलात्मक कौशल के साथ तोड़ा। मलयालम भाषा की गद्यात्मक अभिव्यंजना की क्षमता और सौंदर्य छवि का अनुभव युगीन जीवन संदर्भ में करा देने में एस.के. समर्थ थे।

अनुभवों की लगन : साहित्यकार एस.के. को-पेशा थे। रोज सुबह पाँच बजे उठकर चार मील नए-नए रास्ते से चलते और वापस आकर नित्य के अनुभवों को डायरी या नोटबुक में लिखा करते थे। अपनी इन स्मृतिरेखाओं को वे कथा साहित्यकार की लगन के रूप में सुरक्षित रखा करते थे। 1939 में उनका प्रथम उपन्यास–नाटन प्रेमम–प्रकाशित हुआ। युवापीढ़ी को उस रचना ने काफी आकर्षित किया। 1948 में 'मूटुपटम' प्रकाशित हुआ। देशानुराग, धर्ममैत्री, आदर्शपरता जैसे कोमल भावों की अभिव्यंजना के कारण यह उपन्यास केरल की युवापीढ़ी के पाठकों को अच्छा लगा। मलयालम के साहित्यिक अंतरिक्ष में रोमांटिक कवि चङ्ङम्पुषा का असर अभी मिट नहीं पाया था। रूमानी भावना को अभिव्यक्ति देते समय एस.के. ने यथार्थ बोध के साथ वातावरण और चरित्र का सृजन किया है। तकषी और देवन ने जिस यथार्थबोध और क्रांतिकारी भावना से सामाजिक जीवन का चित्रण किया वह एस.के. की रचनाओं में परिलक्षित नहीं है। वे प्रगतिवादी लेखकों की प्रतिबद्धता और भाव-रूपपरक संकल्पना को ज्यों का त्यों स्वीकार नहीं कर पाए। वे वर्ग वर्चस्व की विडंबनाओं के चित्रण में लेखकीय धर्म की पराकाष्ठा को देखनेवालों के खेमे में नहीं थे। वे बिना पूर्वाग्रह से जीवन जीना चाहते थे और अपनी अनुभूतियों को शब्दबद्ध किया करते थे। उनमें मानवीय दृष्टि और लेखकीय ईमानदारी की भावना प्रबल थी। केरल के गाँवों, प्रांतों और बड़े-बड़े शहर की गलियों में पसरे-बिखरे मानवीय जीवनन को एस.के. की कथात्मक प्रतिभा ने बटोर लिया। अच्छे-बुरे कार्य करनेवाले, अपनी जिंदगी आप जीने को मजबूर हुए बड़े-छोटे लोगों की आप बीती जगबीती जीवन गाथा बड़ी रसीली भाषा में एस.के. ने गाई। पाठकों को अजीब-सा, परंतु अपना अनकहा सच-सा लगा। भाव की सघनता, भाषा का जादू, विचारों की बुनावट तथा रचना की सहजता के कारण 'विषकन्या' 'तेरुविन्टे कथा'–गली की कहानी और 'ओरु देशत्तिन्टे कथा'–कथा एक

प्रांतर की—मलयालम के उपन्यासों में बेजोड़ है।

नई रचना पद्धति : कथाहीन, चरित्रहीन उपन्यासों की रचना का मिसाल ये कथा साहित्य में प्रस्तुत करते हैं। 'विषकन्या' मलाबार के पहाड़ी आँचलों में आ बसे तिरुवितांकूर के ईसाई कृषकों की जीवन त्रासदी का चित्र प्रस्तुत करनेवाला उपन्यास है। बंजर धरती को उपजाऊ बनाकर वन्य जन्तुओं को मारकर रोगाणुओं का शिकार बन जानेवाले परिश्रमी किसानों की गूँजभरी वन्य भूमि का यथार्थ चित्रण एस.के. ने किया। जॉन स्टीन बेक और पाल बैं के औपन्यासिक शिल्प ने परिवेश प्रधान उपन्यास—विषकन्या—की रचना में एस.के. को प्रभावित किया है। 'गली की कहानी' और 'कथा प्रांतर' तक आते-आते एस.के. की शैली निखर उठी। आख्यान का एक नया तंत्र उन्होंने अपनाया। 'गली' की निराली कहानी लघु मानवों की अपनी कहानियों के माध्यम से प्रस्तुत करनेवाले एस.के. ने केरल के बदले जीवन को, जीवन संदर्भों के निरालेपन को, धर्मच्युति को, मूल्यहीनता के नकारखाने में तूती की आवाज-सी हो जानेवाली नैतिक भावना को बड़ी सफलता से प्रस्तुत किया।

कथा एक प्रांतर की : 'कथा एक प्रांतर की' बृहदाकार उपन्यास है। इसका लहजा आत्म कहानी का है। स्मृति प्रसंगों और घटना स्थलों को मानवीय संवेदना से संपृक्त करने के रचनापरक कौशल के कारण काल और स्थानबद्ध जीवन में काल और स्थान की सीमाओं को एकदम लाँघनेवाले मानवी जीवन अनुभव की छवि दिखाने में लेखक ने अपूर्व विजय हासिल की है। श्रीधर इसका केंद्र है। उसकी स्मृतियों से अतिराणिप्पाटम की युग-युग की चपेट खाई जिंदगी उभार दी गई है। लेखक की दृष्टि ऐतिहासिक सत्य की अपेक्षा जीवन सत्य पर अधिक टिकी हुई है। 'अतिराणिप्पाटम से स्विटजरलैंड' तथा 'कालिकट से दिल्ली तक' बिखरे-पसरे जीवन के चित्रण में मानवीय संवेदना का पहलू ही मुख्य है। 'कथा एक प्रांतर की' को ज्ञानपीठ पुरस्कार प्रदान करते हुए ज्ञानपीठ ने एक गतिशील सर्जक व्यक्तित्व को सम्मानित किया और भारत के औपन्यासिक क्षेत्र की प्रयोगधर्मिता को मान्यता दी।

विश्वविख्यात मलयालम का उपन्यासकार—तकषी और नई संवेदना के कथाकार एम.टी : 1984 और 1995 के ज्ञानपीठ पुरस्कार तकषी और एम.टी. को प्रदान किए गए। उनकी किसी विशिष्ट रचना पर प्रवर समिति ने बल नहीं दिया, मान्यता दी थी उनके समग्र लेखन को, तकषी प्रगतिवादी आंदोलनों से जुड़े उपन्यासकार हैं। एम.टी. नई संवेदना के कथा साहित्यकार के रूप में लोकप्रिय हैं। दोनों गाँव की आत्मा की पहचान किए हुए हैं। निखरी हुई प्रतिभा के इन दोनों कथा साहित्यकारों को दस सालों के अंतराल में पुरस्कृत करते हुए मलयालम की दो विभिन्न शैलियों को मान्यता दी गई है। 'अर्द्ध शताब्दी' से अधिक समय तक मलयालम कहानी और उपन्यास की श्रीवृद्धि करनेवाले सारस्वत पुत्र के रूप में तकषी को प्रवर समिति ने देखा और सम्मानित किया। तकषी मलयालम के विश्व

प्रसिद्ध उपन्यासकार हैं। उनकी प्रशस्ति की धुरी है 'चेम्मीन'। चेम्मीन की प्रेम कथा की रूमानी भावना की अपेक्षा 'भंगी का बेटा' और 'दो सेर धान' की प्रगतिवादी विचारधारा से आप्लावित सामाजिक चेतना ने मलयाली पाठक को अधिक प्रभावित किया है।

दलितों-पीड़ितों का चितेरा : तकषी केरल के दलितों, पीड़ितों की कारुणिक गाथा के उद्गाता हैं। स्त्री-पुरुष संबंधों पर आधारित उनका कथा साहित्य केरल के सामाजिक जीवन के विभिन्न स्तरों की झाँकी प्रस्तुत करता है। नैतिक मूल्य की आड़ में जीवन का जो ढोंग चालू है उसका तकषी ने कलात्मक सौंदर्य पर ठेस पहुँचाए बिना विरोध किया। सामाजिक मान्यताओं को उन्होंने चुनौती दी। रचना के प्रारंभ में वे मोपासां और चेखव से प्रभावित थे। जितने कलात्मक कौशल के साथ किसानों और मजदूरों की समस्याओं का चित्रण उन्होंने किया उतनी ही सफलता से नारी जीवन की विभिन्न समस्याओं का रूपांकन उन्होंने किया है। वे नारी को 'भोग्या' के रूप में देखनेवाले समाज को नंगा करते रहे। अभद्र और अश्लील चित्रों के चितेरे के रूप में तकषी की निंदा हुई तो वे अपना बयान यों देने आगे आए—यह एक शिकायत रही है कि मैं सिर्फ जीवन की विरूपता को देखनेवाला हूँ। यह आरोप भी लगाया गया है कि मैं बदबूदार मालिन्य को संभ्रांत व्यक्तियों के सामने उछाल देनेवाला हूँ। मैं यह व्यक्त करना चाहता हूँ कि कीचड़ की ओर मेरा कोई खास लगाव नहीं है। मैं इतना ही चाहता हूँ कि लोग कीचड़ को कीचड़ की तरह ही देखें। जीवन के विशाल परिवेश से व्यक्ति को वे जोड़ते हैं और उस व्यक्ति की अंतरात्मा की आवाज सुनाना चाहते हैं।

कलम के मजदूर की उपलब्धि : तकषी अपने को कुट्टनाट का देहाती आदमी मानते थे। वे कलम के मजदूर थे। जीवन के प्रति उनकी आस्था थी। मानव पर उन्हें विश्वास था। समाज को परिवर्तित करने लायक जैसे प्रतीत हुए सिद्धांतों की ओर उनका आकर्षण था। आखिर वे मानव मात्र की ओर ध्यान देने लगे। राजनैतिक सिद्धांत और राजनैतिक दल के बीच की अनबनी बातों ने उनको सचेत किया। कोरे नारेबाजी से वे असंतुष्ट थे। व्यक्ति से नहीं समाज से उनका सरोकार है। शोषण का, जमींदारी प्रथा का, सामाजिक बंधन का उन्होंने विरोध किया। जमींदारी की जगह पर कुट्टनाटु में जो नई वणिक्वृत्ति उभरी और उससे जो पूँजीपति चेतना उत्पन्न हुई उसे तकषी ने उजागर कर दिया। केरल के सामाजिक और सांस्कृतिक जीवन के कथाकार के रूप में उपन्यासकार तकषी पठनीय है। भंगी का बेटा, दो सेर धान, एणिप्पटिकल, अनुभवङ्ङल पालिच्चकल, औसोप्पिन्टे मक्कल, कयर जैसे उपन्यास मलयालम में श्रेष्ठ उपन्यासों के रूप में ही नहीं केरल के सामाजिक जीवन की गतिविधियों के चित्रण के रूप में भी महत्त्वपूर्ण हैं।

एक आत्म केंद्रित कलाकार की मान्यता : 1995 का ज्ञानपीठ पुरस्कार केरल

की नई साहित्यिक प्रवृत्ति की स्वीकृति के रूप में विख्यात कथा साहित्यकार एम. टी. वासुदेवन नायर को समर्पित हुआ है। एम.टी. की गणना देव तकषी की पंक्ति में नहीं की जा सकती। सामाजिक प्रगति को लक्ष्य बनाकर लिखनेवाले साहित्यकारों की श्रेणी में एम.टी. नहीं दिखाई देते। तकषी और पोट्टेक्काट से भिन्न दृष्टि से एम. टी. ने केरल के सामाजिक जीवन को देखा था। वे आत्मकेंद्रित थे। समाज और परिवार से उपेक्षित व्यक्ति के 'अहं' को उन्होंने आख्यायित किया है। निला नदी के किनारे के निम्न मध्यवर्गीय नायर खानदान के पतन का जीवंत चित्र प्रस्तुत करने के साथ ही साथ व्यक्ति के 'स्वत्व' के अन्वेषण की त्वरा का चित्रण भी बड़ी सफलता से उन्होंने किया है। आजादी के बाद की जवानी को मानवीय कमियों और खूबियों के साथ प्रस्तुत करनेवाले एम.टी. के उपन्यासकार ने मलयालम के पाठकों को एक नए भावबोध से अवगत करा दिया। एम.टी. के 'नालुकेट्ठु' से लेकर 'रण्डामूषम' तक की औपन्यासिक रचनाओं का शिल्प मलयालम उपन्यास के संदर्भ में एकदम नवीन ही था। 'वलर्त्तुमृगङ्ङल' से 'वानप्रस्थम' तक की कहानियों में मानवीय संवेदनाओं को झंकृत करने की क्षमता दिखाई देती है।

नई संवेदना और नई रचना शैली : 'नालुकेट्ठु' मातृसत्तात्मक संयुक्त परिवार का जीता जागता चित्र प्रस्तुत करता है। नायर खानदान के पतन का दस्तावेज प्रस्तुत करने की अपेक्षा उपेक्षित और प्रताड़ित व्यक्ति के बदला लेने के मौके की खुदकुशी और उद्दीप्त अहं की भावना के चित्रण में एम.टी. ने अद्‌भुत करामात दिखाई। केरल साहित्य अकादमी ने उसे पुरस्कृत किया। मात्र मुख्य पात्र को केंद्र में रखकर कहानी कहने की उनकी शैली अत्यंत आकर्षक है। 'असुरवित्तु' में जीवन का प्रसंग बिल्कुल भिन्न है। लेकिन नालुकेट्ठु में जिस नायर खानदान की दीनदशा का वर्णन हुआ है उसका और एक आयाम इसमें दिखाई देता है। 'मंजु' और 'कालम्' में प्रत्याशाभरी जीवन दृष्टि और अंतर्द्वन्द्व का चित्रण हुआ है। मौसम के आने पर अपने अतीत की स्मृतियों को पुनर्जाग्रत करके अपने मनचाहे व्यक्ति की वापसी का सपना देखनेवाली मंजु की नायिका विमला वर्तमान से निर्लिप्त है। उसका द्वंद्व, अपने भीतर बंद हुए समय से है। 'कालम' पुराने मूल्यबोध पर करारी चोट करनेवाले जीवन के मोह और मोहभंग की कहानी है। मंजु और कालम काल-समय की अवधारणा से जुड़ी बहुआयामी रचनाएँ हैं। 'मंजु' में कालक्रम को उलट-पलटकर विमला के मानसिक कालचक्र से जोड़ दिया गया है। अनुभव को अनुभूति में परिवर्तित करने की दिशा में यह परिवर्तन, अत्यंत कामयाबी सिद्ध होता है। 'कालम' का सेतु स्थिति और गति के बीच अपनी नियति को आप बनाने का अथक परिश्रम करता है। गाँव से शहर तक व्याप्त जीवन में ताजगी है और उसके चित्रण में नवीनता और सौंदर्य तत्त्व का समावेश हुआ है।

'रण्टामूषम' दूसरी बारी—इतिहास-पुराण को नई शैली में प्रस्तुत करने की

दिशा में एक नया प्रयोग है। इसका उपजीव्य ग्रंथ महाभारत है। व्यास की प्रतिभा से प्रभावित एम.टी. महाभारत का पुनराख्यान अपना लेखकीय धर्म नहीं मानते थे। महाभारतकार ने मौन के जो क्षण छोड़े हैं उनके अंतराल से काल-स्थान सीमा के परे के मानवीय जीवन की चिरन्तन समस्या और नैतिक मूल्यों को कलात्मक वैभव के साथ पकड़ लेने का कौशल एम.टी. ने दिखाया है। भीमसेन के दृष्टिपथ से महाभारत की कथा को पुनः प्रस्तुत करने का कार्य महाप्रस्थान के समय बिंदु पर हुआ है। भूतकाल के तमाम तंतुओं का विच्छेद करके मुक्तिपथ के महाप्रस्थान के लिए निकले महाभारत योद्धाओं की अंतिम घड़ी के क्षणों का स्पंदन इसके आदिम बिंदु पर समाहित है। प्रस्थान हुआ है योग के भोग के लिए। उत्तर दिशा की ओर की यात्रा में स्मृति का पाथेय वर्ज्य है। राग-द्वेष भरे रंगीनी दृश्यों के वार से द्रौपदी अपने को बचा न पाई। द्रौपदी की चीत्कार ने भीमसेन के पैरों पर बेड़ी पहनाई। अगर्त्यता पर जीत हासिल करनेवाली भर्त्यता के परिदृश्य में मानवी कमियों, खूबियों तथा जीवन की नैतिकता-अनैतिकता की रंगीनी छवि उपन्यासकार ने पाँच खंडों में दर्शाई जो केरल के उपन्यास-साहित्य के क्षेत्र में एकदम निराला प्रयोग ही कहा जा सकता है। द्रौपदी की निश्चल हुई देह को धरा पर लिटाकर अपने भाइयों के पगचिह्नों का अनुसरण करनेवाला भीमसेन जीवन की अनरुकी यात्रा का प्रतीक-सा प्रतीत होने लगता है। जीवन की किसी धर्म की स्थापना को ध्यान में रखकर यह कृति रची नहीं गई थी। मानवीय दृष्टि से पौराणिक कथा को प्रस्तुत करना केरलीय साहित्यिक जीवन के प्रसंग में बहुत महत्त्वपूर्ण बात है।

1965 से 95 तक के अंतराल में साहित्य के क्षेत्र में काफी परिवर्तन हुए हैं। साहित्य की पुरानी मान्यताएँ बदल गईं। वस्तु स्वीकृति और प्रस्तुति के संदर्भ में दृष्टि बदल गई। लेकिन सौंदर्य चेतना वही रही है। अनुभव को वाग्जाल में फँसा देने की कलात्मक करामात ही पाठक की दृष्टि का अंचल केंद्र रही है। इस दिशा में केरल भारत के किसी राज्य से पीछे नहीं है। ज्ञानपीठ पुरस्कार की प्राप्ति कम से कम यह प्रमाण पत्र प्रस्तुत कर चुकी है। जी., एस.के., तकषी और एम.टी. मान्यता प्राप्त भारतीय साहित्यकारों की कोटि में आ गए।

38

मलयालम नाट्य साहित्य की विकास यात्रा : ऐतिहासिक महत्त्व के कुछ पड़ाव

एम.एस. विश्वंभरन

मलयालम नाट्य साहित्य के कल और आज के बीच का कालगत भौतिक अंतराल विकास क्रम के परिप्रेक्ष्य में अंदरूनी नाट्य संवेदनाओं की बदलती दिशाओं की कई परतें खोल देता है। उनका अध्ययन-विश्लेषण अकादमिक दृष्टि से दिलचस्प विषय है ही, वर्तमान विकास की मंजिलों को देखकर भविष्य के पड़ावों के सृजनात्मक निर्माण की दृष्टि से भी नितांत जरूरी कदम है। प्राचीन केरल की नाट्य शाखाओं में व्यवहृत कूत्त, कूटियाट्टम, तुल्लल, कथकली आदि की दृश्य परंपरा प्रचलित वर्ण व्यवस्था के कारण केरल की आम जनवादी चेतना के खुले प्रांगण से हटकर तथाकथित अभिजात वर्ग के बंद घराने के विलास प्रिय आमंत्रित सामाजिकों के सामने से होकर बहती थी। संस्कृत भाषा और रंगमंच के अभिज्ञ तत्कालीन रंगकर्मी उस रंग परंपरा के अभौम नाट्य रस को भी छुआछूत की सीमा में आबद्ध करने के असंस्कृत एवं रंगमंच विरोधी कार्यकलाप में जुड़े रहे। जनवादी सहयोग एवं भागीदारी के अभाव में उक्त रंग परंपरा के अस्तित्व पर संकटकालीन विपत्तियाँ पड़ गईं और अब वे सब गर्व के शेषचिह्न मात्र रह गए। यद्यपि संस्कृत रंगमंच की समृद्ध बिरादरी के व्यावहारिक पक्ष से केरल का रंगमंच बड़ी मात्रा में लाभान्वित नहीं हो सका तो भी मलयालम नाट्य रचनाओं के सृजन पक्ष पर इसका जबरदस्त प्रभाव पड़ा है। क्योंकि मलयालम नाटकों की रचना का मूल स्रोत संस्कृत नाटक ही थे। जिस तरह सारी भारतीय भाषाओं की प्रारंभकालीन रचनाएँ संस्कृत नाटकों की अनुवाद थीं उसी प्रकार केरल में भी मलयालम नाटकों की प्रारंभकालीन दशा में संस्कृत नाटकों के अनुवाद की भरमार थी।

मलयालम का प्रथम अनूदित नाटक 'अभिज्ञान शाकुंतलम' है जिसका प्रकाशन सन् 1882 में हुआ। शाकुंतलम को मलयालम नाट्य साहित्य का अरुणोदय

कहा गया है।[1] इसके बाद मलयालम में संस्कृत नाट्यानुवाद का एक लंबा सिलसिला शुरू हुआ। 'जानकी परिणय', 'मालविकाग्निमित्रम', 'विक्रमोर्वशीयम्' 'आश्चर्य चूड़ामणि', 'वेणी संहारम्', 'उत्तर रामचरितम्' आदि प्रौढ़ संस्कृत नाटक अनूदित होकर मलयालम में प्रकाशित हुए। इन नाटकों ने इस विधा के प्रति जनरुचि तो जगाई, किंतु सच बात यह है कि जनरुचि आशाप्रद स्वस्थ दिशा नहीं ले रही थी। बड़ी संख्या में हीन स्तर के नाटकों के रचनाक्रम से मलयालम नाट्य साहित्य प्रदर्शित होने लगा। इसी संदर्भ में मुंशी रामक्कुरूप ने 'चक्कीचंकरम्' (1894) नाटक के द्वारा ऐतिहासिक महत्त्व के नाट्य संकल्प का सूत्रपात किया। इसने तत्कालीन नाट्य जगत् में सृजनात्मक क्रांति मचा दी और नाटककारों को नए सिरे से सोचने की प्रेरणा प्रदान की। उस समय की सस्ती भावुकता भरी नाट्य संवेदना पर हास्यात्मक टिप्पणी करके 'चक्कीचंकरम्' ने तमाम शिल्प विधि की कटु आलोचना की। इस प्रकार दिशाहीन भटकते मलयालम नाट्य जगत् में तमिल नाट्य मंडलियों के आगमन से संगीत का नया सुर गूँजने लगा। मलयालम साहित्य की सहज अनुकरणप्रियता, कर्नाटक संगीत के प्रति पहले ही बनी आस्था, तमिल संगीतज्ञों के प्रवेश-प्रस्थान की निरंतरता आदि सामयिक प्रवृत्तियों ने मिलकर केरल में तमिल संगीत नाटकों के सहर्ष स्वागत-सम्मान के लिए उचित वातावरण तैयार किया।[2] उसमें से जो नया रंग संस्कार उभर आया वह केरल के पूर्व प्रचलित दृश्य संस्कार से नितांत भिन्न था। इसी कारण नए रंग संस्कार ने तत्कालीन जनता की चित्तवृत्ति को तत्काल आकृष्ट किया। यों तो इस तमिल रंगशैली पर तमिल भाषा-भाषी लोगों की अपनी बिरादरी की रंगशैली का कोई अधिकार नहीं था। क्योंकि यह उनकी रंग परंपरा का विकसित रूप नहीं था। यह तो उन्हें मुंबई की पारसी रंगशैली के अंधानुकरण से प्राप्त हुई थी। जो भी हो, तमिल संगीत नाट्य मंडलियों ने केरल में धूम मचाई। चकाचौंध करनेवाली भारी-भरकम रंग सज्जा, चमक-दमक भरी वेशभूषा, सस्ती भावुकता के सतही स्तर पर फिसलती वासनापूर्ण वस्तु योजना आदि अर्थहीन व्यापारों से केरल का नाट्य जगत् 'भौचक्का' रह गया। इससे प्रभावित कुछ नाटककारों ने उन तमिल नाटकों का लिप्यंतरण करके केरल की भावी पीढ़ी के लिए सुरक्षित रखने का प्रयास किया। फिर भी तत्कालीन पाठक/श्रोता अपनी आत्मा की तह में उनको जगह देने से हिचकते रहे। इसके समांतर ही विदेशी नाट्य शैली और देशी नाट्य शैली का सम्मिश्रण करके 'चविट्टुनाटकम्' नाम से एक नाट्य रूप का प्रादुर्भाव हुआ जो ऐतिहासिक दृष्टि से एक महत्त्वपूर्ण मंजिल है। पुर्त्तगल से उधार में लिया कथानक केरल की कलरी की शस्त्रकला और अन्य पारंपरिक नाट्य रूपों का परिधान पहनकर प्रस्तुत किया गया तो जनसाधारण के लिए यह हठात आकर्षक

1. टी.एम. चुम्मार–भाषा गद्य साहित्य चरित्रम्, पृ. 199
2. जी. शंकर पिल्लै–मलयालम नाटक साहित्य चरित्रम्, पृ. 24-25

लगा। फिर भी दर्शक समाज विलायती कथानक से आत्मीयता स्थापित नहीं कर सका।

संस्कृत नाट्यानुवाद की साहित्यिक रंगधारा और तमिल संगीत नाटकों तथा चविट्टुनाटकों की मंचीय रंगधारा के बाद मलयालम में स्वतंत्र नाट्यालोचन की मंजिल तैयार करने का प्रयास शुरू हुआ। 'चंद्रिका', 'मरियात्मा नाटक', 'कल्याणी नाटक' आदि अठारहवीं सदी के अंतिम चरण में प्रणीत स्वतंत्र नाटकों की श्रेणी में आते हैं। 'सदारामा' आदि नाटक इस दिशा के मील पत्थर हैं। इसी संदर्भ में विदेशों के सम्पर्क में आकर और पाश्चात्य साहित्य से प्रभावित होकर प्रचुर मात्रा में शेक्सपीयर नाटकों के अनुवाद का एक नया दौर शुरू हुआ। अंग्रेजी भाषा और साहित्य के पठन-पाठन के साथ शेक्सपीयर के नाटकों के अध्ययन के प्रति पहले ही रुचि बढ़ने लगी थी इसलिए केरल के पाठकों को मलयालम में शेक्सपीयर नाटकों को अनूदित करके देने की जरूरत एक सामयिक माँग बन गई। लेकिन ये नाटक स्कूल-कॉलेजों के पाठ्यक्रम के अकादमीय वातावरण में सीमित रह गए, मंचन का कार्य बहुत कम ही हुआ। 'कॉमदी ऑफ एरेर्स पोरशिया स्वयंवर' (मर्चेण्ट ऑफ वेनिस), 'तूफान' (टेम्पस्ट), 'हमलेट' (हामलेट) किंगलियर आदि मलयालम में अनूदित होकर प्रकाशित हुए। अनुवादक एवं पाठक इन अंग्रेजी नाटकों के काव्यात्मक सौंदर्य से अभिभूत थे। अभिनेता पर्याप्त परिप्रेक्ष्य के अभाव में भावुकतापूर्ण अभिनयकला के लट्टू बन गए और इन दोनों वर्गों के अनुकूल प्रेक्षक भी नाट्य बोध की दिशा से दूर रहे। इस परिस्थिति में मलयालम नाटक और रंगमंच के विकास के दरवाजे बंद हो गए।

सन् 1900-1930 के कालखंड में कुछ विशिष्ट अभिनेताओं के नेतृत्व में जो नाट्य मंडलियाँ केरल में नाट्य प्रदर्शन के लिए निकल पड़ीं जिन्होंने केरल में व्यावसायिक नाट्य मंडलियों की स्थापना करने में महत्त्वपूर्ण भूमिका निभाई। ओच्चिरा वेलुक्कुट्टी, अनार्कली वासुदेव, सेबास्टन कुंजुकुंजु भागवतर आदि ऐसी नाट्य मंडलियों के सूत्रधार थे। इतना होते हुए भी नाट्य रचना की दिशा में केरल में आशाप्रद प्रगति नहीं हुई। सी.वी. रामन पिल्लै की नाट्य कृतियाँ, जो इस दशा की प्रतिक्रिया में निकलीं, ऐतिहासिक महत्त्व रखती हैं। 'चंद्रमुखी विलास', 'मत्तविलास' उनके प्रख्यात नाटक थे जो क्रमशः 1884 में और 1893 में निकले थे। 'कुरुप्पिल्ला कलरी', 'कैमलाशान्टे कटश्शिक्कै', 'डाक्टरक्कु किट्टिय मिच्चम' आदि प्रहसन की कोटि में आते हैं। उनसे प्रेरणा पाकर केरल में बहुत से नाटक लिखे गए। इनके बाद कैनिक्करा ई.वी. आदि नाटककार केरल के सामाजिक क्षेत्र की ओर मुड़कर नाट्य रचना क्षेत्र में आए। लेकिन सामाजिक पक्ष का जीवंत रूप वी.टी. भट्टतिरिप्पाडु के 'अटुक्कलयिल निन्नु अरंगत्तेक्कु' नाटक में जितनी मात्रा में मिला उतना शायद ही और किसी नाटक में मिला हो। तत्कालीन रूढ़िवादी आचार-विचार को लक्ष्य करके छोड़ा वी.टी. का यह नाट्य शर बहुत नुकीला था

और वह सीधे लक्ष्य पर जा लगा भी। नम्पूतिरि समाज के जीर्ण-शीर्ण विचार जगत् में इस नाटक ने काफी होहल्ला मचाया। जी. शंकर पिल्लै के मत में सामाजिक व्यवस्था की जड़ को हिलानेवाले इस सशक्त हथियार ने एक आंदोलन का सूत्रपात किया।[1] जोकि इस परंपरा का एक महत्त्वपूर्ण कदम है। दामोदरन का नाटक 'पाट्टबाक्की' जिसने समाज में व्याप्त आर्थिक असमानता के खिलाफ विरोधी आवाज बुलंद की। कथावस्तु की सरलता, कथ्य की आत्मयीता 'पाट्टबाक्की' को राजनीतिक नाटकों की कोटि में रखती है।[2] इसी वक्त अनुवाद की और परंपरा मलयालम में शुरू हुई जो पहले निकले शेक्सपीयर नाटकों के अनुवाद की आगे की कड़ी है। ए. बालकृष्ण पिल्लै ने इब्सन नाटकों को और नालप्पाडु नारायण मेनोन ने मेटरलिक के नाटकों का अनुवाद प्रस्तुत किया। इब्सन के अनूदित नाटकों की संवेदना से आकृष्ट होकर एन. कृष्ण पिल्लै मलयालम में समस्या नाटकों की रचनाधर्मिता की नवीन धारा ले आए।

एन. कृष्ण पिल्लै तत्कालीन प्रहसनों की सारहीनता पर पहले ही दुखी थे। प्रहसनों की संवाद योजना के सतहीपन को समझकर उसमें बदलाव लाकर वे गंभीर नाटकों की रचना में लगे। इब्सन के एब्सर्ड नाटकों के अनुकरण पर लक्ष्मीनारायण मिश्र ने हिंदी में जिस प्रकार समस्या नाटकों की रचना प्रणाली शुरू की उसी प्रकार इब्सन से प्रभावित होकर मलयालम में एन. कृष्ण पिल्लै ने नाटक रचे। इन्होंने इब्सन की नाट्य शिल्प विधि को पूरी तरह अपनी रचना शैली में समाहित कर दिया। केरल की राजधानी तिरुवनंतपुरम में उस समय प्रचलित प्रस्तुति की असंगतियों ने भी उन्हें इस शैली में नाटक लिखने को प्रेरित किया था। 1942 में प्रकाशित उनका 'भग्न भवन' इस शैली की शुरुआत को संकेतित करता है। कृष्ण पिल्लै ने लिखा है कि 'तत्कालीन मलयालम नाटककारों की उदासी और अज्ञान तथा इससे भिन्न होकर इब्सन की प्रभावी रंग दृष्टि ने मुझे ऐसे नाटक लिखने की प्रेरणा प्रदान की।[3] भग्न भवन, कन्यका (1944) में इन्होंने इब्सन नाट्यशिल्प का प्रयोग किया। 'बलाबलम्' (1945), 'दर्शन' (1949), 'अनुरंजन' (1950), 'मुटक्कुमुतल' (1953), 'अषिमुखत्तेक्कु' (1955), 'चेंकोलुम मरवुरियुम्' (1956) आदि इनके अन्य नाटक हैं। इब्सन की ही तरह कृष्ण पिल्लै ने मलयालम में विगताख्यान शैली का चमत्कार दिखाया।

एन. कृष्ण पिल्लै के बाद इस रंगशैली के अनुकरण पर बहुत से नाटक लिखे गए। लेकिन प्रचलित नाट्यशैली और नवीन नाट्यशैली का सम्मिश्रण हो जाने की वजह से अपने पैरों पर वे इब्सन शैली को खड़ा नहीं कर सके। इब्सन नाटकों में भरी पड़ी काव्यात्मकता, यथार्थवाद और दृश्य बिंब को वे अपने नाटकों में आत्मसात

1. जी. शंकर पिल्लै—मलयालम नाटक साहित्य चरित्रम्, पृ. 77
2. सी.जे. थॉमस—उयरुन्न यवनिका, पृ. 18
3. एन. कृष्ण पिल्लै—कैरलियुटे कथा, पृ. 255

नहीं कर सके। विगताख्यानशैली का हास्यास्पद अनुकरण, संघर्ष, क्रियांश आदि के प्रति सतही दृष्टिकोण इन सबों ने मिलकर इस शैली में रचे नाटकों को सस्ते भाव स्तर का बना दिया।

1944 में रचा 'समत्ववादी' (पुलिमान परमेश्वरन पिल्लै) नाटककार की कल्पना शक्ति, कांतदर्शिता और विश्लेषणपटुता का श्रेष्ठ उदाहरण है। पाश्चात्य नाटककारों की अभिव्यंजनावादी शैली में रचा यह नाटक विचारों को मूर्त रूप देने का प्रयास करता है। इस एकमात्र सार्थक प्रयास के साथ उनका नाट्य जीवन समाप्त भी हो गया।

आगे की मंजिलों में मलयालम नाटक को दिशांतरकारी प्राणवत्ता प्रदान करनेवाले नाटककारों में अग्रणी थे सी.जे. थॉमस। ग्रीक दुखांत नाट्य शैली में रचित 'अवन वीन्टुम वरुन्नु' तत्कालीन मलयालम नाट्य साहित्य के लिए बिल्कुल अपरिचित एक रंगशैली लेकर आया था। ग्रीक नायक परिकल्पना के ही अनुसार प्रस्तुत नाटक के नायक का चरित्रांकन किया गया है। विभिन्न चारित्रिक अंशों का बहुस्तरीय व्यक्तित्ववाला नायक (दावीद), पाप के गर्त में जानबूझकर गिरनेवाली नायिका (बतृशेबा) इन दोनों का प्रेम संबंध ग्रीक क्लासिक नाट्य रचनाओं के नायक-नायिका का स्मरण दिलाते हैं। उनके '1128 में क्राइम 27', 'आ मनुष्यन नी तन्ने' ये दो और नाटक प्रकाशित हुए। ये तीनों नाटक तत्कालीन रंगमंच की सीमाओं को तोड़नेवाले निजी अस्तित्व के घोषणा पत्र थे।

यदि 1943-46 का समय मलयालम में कलात्मक नाटकों का कालखंड माना जाए तो 1950-60 का कालखंड कलात्मकता की इंद्रधनुषी शोभा के फैलाव का कालखंड माना जाएगा। भारतीय स्वतंत्रता आंदोलन के समय पर मुंबई में स्थापित 'इप्टा' की रंग प्रेरणा की लहर केरल तक दौड़ आई और इप्टा से पर्याप्त ऊर्जा लेकर केरल पीपल्स आर्ट्स सोसाइटी (के.पी.ए.सी.) कार्यरत हुई जो साम्यवादी आंदोलन के सांस्कृतिक कार्यक्रम को प्रचलित करने के उद्देश्य से केरल में जनवादी नाट्य संवेदना का संचार करने लगी। 1952 में तोप्पिल भासी द्वारा रचित 'निंगलेन्ने कम्युनिस्टाक्की' (तुमने मुझे साम्यवादी बना दिया) ने इस दिशा में काफी धूम मचाई। इस नाटक में केरल के मध्य भाग के ग्रामीण जीवन का जीवंत चित्रण हुआ है। मजदूर लोगों के दैनिक जीवन की घटनाएँ, उनके आचार-विचार के अनुकूल भाषिक संरचना, अपने अधिकारों के प्रति मजदूरों को सचेत करने की सामाजिक प्रतिबद्धता आदि कथ्यपरक गुणों के साथ ही नाट्य चेतना को अशिक्षित और अर्द्धशिक्षित दर्शकों के अंतस्तल तक पहुँचाने योग्य प्रस्तुतिपरक खूबियाँ तोप्पिल भासी की नाट्यकला की विशेषताएँ थीं। 'सर्वेक्कल्लु', 'अश्वमेध', 'मूल धनम्' 'शरशय्या', 'पुतिय आकाशम् पुतिय भूमि', 'कूट्टकुटुम्बम' आदि नाटकों में भी ये गुण समाविष्ट थे। केरल की आम जनता में साम्यवादी दृष्टिकोण जगाने में इन नाटकों

का योगदान उल्लेखनीय है। तोप्पिल भासी ने मलयालम नाटकों को आम जनता की दैनिक समस्याओं के नजदीक खड़ा कर दिया।

1950 के आसपास मलयालम रंगजगत् पर के.टी. मुहम्मद का पदार्पण हुआ। 'करवट्टा पशु', 'इतु भूमियाणु', 'पेटिक्कुन्नु', 'उरंगान वैकिय रात्री', 'वेलिच्चम विलक्कन्वेषिक्कुन्नु', 'मनुष्यन काराग्रहत्तिलाणु', 'चुवन्न घटिकारमे', 'सृष्टि-स्थिति', 'संहारम्' आदि दो दर्जन से अधिक नाटक लिखकर उन्होंने अपनी नाट्य प्रतिभा प्रदर्शित की। तोप्पिल भासी की ही तरह के.टी. ने भी नाटक को रंगमंच के निकट पहुँचाया। पेशेवर नाट्य मंडली का नेतृत्व करते हुए के.टी. ने पूरे मलाबार प्रांत में एक रंगमंचीय क्रांति मचा दी।

इस कालखंड में केरल का नाट्य जगत् तीन प्रकार की नाट्य मंडलियों को जन्म दे रहा था। पेशेवर रंगमंच, व्यापारिक रंगमंच और शौकिया रंगमंच। अक्सर यह विभाजन नाटकों के अंदरूनी गुणों के आधार पर नहीं, बल्कि प्रस्तुति की प्रणलियों के आधार पर किया जाता है। नाटक को एक पेशे के रूप में अपनाकर रंगमंच में लगनेवाले रंगमंच को पेशेवर रंगमंच कहते हैं। जब पेशेवर रंगमंच में व्यापारिक मनोवृत्ति जुड़ जाती है और दर्शकों को तत्काल आकृष्ट करने के लिए उपयुक्त सस्ती चीजों को मिला दिया जाता तो व्यापारिक रंगमंच का प्रारूप बनता हैं। लेकिन इन दोनों से एकदम अलग होकर प्रयोगात्मक प्रस्तुति के लिए रंगरत होनेवाले रंगकर्मियों का सार्थक रंगमंच एमेच्युर रंगमंच कहलाता है। नाटक के प्रति समर्पित दृष्टिकोण लेकर ये कलाकार नाटक के हर शिल्प में प्रयोग करते हैं। पर्याप्त आर्थिक बल के अभाव में छुटपुट प्रस्तुतियों से वे अपने को धन्य मानते हैं। फिर भी केरल के प्रत्येक शहर में बड़ी संख्या में शौकिया रंगमंच सक्रिय रहता है। अगर किसी रंगमंच से सार्थक भविष्य की अपेक्षा की जा सकती है तो सिर्फ शौकिया रंगमंच से। 1950 के बाद इस तरह का रंग कार्य केरल में जोर पकड़ा था, तो भी कालिदास कलाकेंद्र, के.पी.ए.सी., गीथा आर्ट्स क्लब, कलिंग थियेटर्स आदि ख्यात व्यापारिक नाट्य मंडलियों की पकड़ में केरल का नाट्य जगत् आ चुका था।

1960-70 के समय एन.एन. पिल्लै अपनी विश्व केरल कला समिति नाम की नाट्य मंडली लेकर स्वयं रचे नाटकों को प्रस्तुत करने लगे। 'आत्मबली' और 'प्रेतलोकम्' से शुरू होकर और 'क्रॉसबेल्ट', 'मरणनृत्तम', 'वैनग्लास' (1967), 'कापालिका' (1970), आदि नाटकों से होकर वे एक अजीब प्रकार की रंगचेतना संचारित करने लगे। वे नाट्यकला के मर्मज्ञ थे और प्रस्तुति की सफलता की दृष्टि से एक रंगाचार्य। लेकिन सामान्य दर्शक के वाचिक कौतूहल को रिझाने के लिए वे ज्यादा क्रियाशील रहे। संवाद में द्वयार्थ प्रयोग की करामात से वे दर्शकों को लुभाते रहे। यह व्यापारिक मनोवृत्ति उनकी शिल्पकला को सस्ते धरातल की ओर धकेल देती थी। विशेषकर उनका 'कापालिका' नाटक केरल के कोने-कोने में प्रदर्शित होकर

सफलता हासिल कर सका। 'नाटक दर्पण' नाम से प्रकाशित नाट्य सैद्धांतिक ग्रंथ ने भी एन.एन. पिल्लै को काफी ख्याति प्रदान की।

मलयालम नाटक और रंगमंच की इस विकास यात्रा में जी. शंकर पिल्लै की समर्पित रंग यात्रा काफी महत्त्वपूर्ण है। इस यात्रा में सुदूर दक्षिण के केरल में ही नहीं पूरे भारतीय रंग परिवेश में भी वे अपने व्यक्तित्व की छाप छोड़ सके। रंगकला के विभिन्न अंगों पर उनकी विद्वत्ता और नाट्य मर्मज्ञता की दृष्टि पड़ी थी। उनका कार्य व्यापार नाट्य सृजन, नाट्य निर्देशन और 'नाट्यास्वादन' इन तीन आयामों पर समान रूप से छाया रहा। 1956 में लिखे 'स्नेहदूतन' से लेकर उनकी रंग यात्रा शुरू होती है। लगभग तीस साल की लंबी अवधि तक वे रचना कर्म में लगे रहे। 'इटान मरन्न इषा', 'रेल पालंगल', 'विवाहम् स्वर्गत्तिल नटक्कुन्नु', 'मृगतृष्णा' ये यथार्थवादी शैली के नाटक हैं। 'रक्षा पुरुषन', 'अवतरणम् भ्रांतालयम्' 'अण्टनुम् अटकोटनुम' ये हास्य व्यंग्यात्मक शैली के नाटक हैं जिनमें से बौद्धिक अंतराल की ओर निकलनेवाला नाट्यलय ताल बहने लगा। उनके रचे एकांकियों की संख्या नाटकों से अधिक है। 'तावलम्', 'कावल', 'मोचनम्', 'अमालनूमार', 'पावक्कूत्तु', 'मून्नु पंडितन्मारुम परेतनाय सिंहवुम्', 'दीपम् दीपम्' इस प्रकार एकांकियों की पंक्ति और लंबी हो जाती है। नई पीढ़ी में जीवंत रंग मूल्यों की स्थापना करने के लिए भी ये एकांकी सहायक रहे। केरल के हजारों रंगमंच पर उनके एकांकी अभिनीत हुए। नाट्यालोचन की दिशा में जी. शंकर पिल्लै ने जो संचेतना जगाई वह उल्लेखनीय महत्त्व रखती है। पत्र-पत्रिकाओं में प्रकाशित उनके नाट्य लेखों ने रंगान्दोलन को दिशांतरकारी आयाम प्रदान किया। नाटक और संबद्ध वन्य कला रूपों पर उनकी गहरी शोध दृष्टि पड़ी है। इब्सन, ब्रख्श्त, स्टानिस्लाविस्की आदि पाश्चात्य नाटककारों के सिद्धांतों को केरल के नाट्य प्रेमियों ने इन्हीं से सीख लिया। 'मलयालम नाट्य साहित्य चरित्रम्' केरल के लोक गीतों पर गवेषणात्मक लेखों का संकलन—ये सब उनके सैद्धांतिक विवेचन के निदर्शन हैं।

जी. शकर पिल्लै नाट्यास्वादन के सही पथ प्रदर्शक थे। जब नाटक में काम करना मात्र मनोरंजन का विषय माना जाता था तब उन्होंने उसे गंभीर सृजनात्मक कर्म के रूप में देखने का प्रयास किया। उन्होंने नाट्य जगत् में एक वैज्ञानिक व्यवस्था लाकर नए भावबोध का संचार किया। उनके नेतृत्व में केरल के शहर-शहरों में आयोजित 'नाटकक्कलरी' (नाट्य प्रशिक्षण शिविर) काफी विवादास्पद विषय रही। अभिनेताओं के लिए शारीरिक प्रशिक्षण देना और इस प्रशिक्षणों के जरिए शरीर, मन और आवाज को संतुलित करके नाटक में प्रयुक्त शब्द और उससे अभिप्रेत अर्थ की गहराई में जाने का पाठ्यक्रम तैयार करना आदि जी. शंकर पिल्लै के नेतृत्व में संपन्न नाट्यास्वादन के क्रांतिकारी पड़ावों में प्रमुख हैं। केरल में बाल रंगमंच के विकास के लिए जी. शंकर पिल्लै का योगदान स्मरणीय है। उनके समय

तक नाटक की इस शाखा में सूनापन ही सूनापन था। राष्ट्रीय और अंतर्राष्ट्रीय स्तर पर विकासोन्मुख इस शाखा को केरल में एक मजबूत आधार प्रदान करना उनकी नाट्य साधना का एक सृजनात्मक प्रयास था। बड़ों के लिए लिखे नाटकों को काट-छाँटकर बाल नाटक बना लेने की अर्थहीनता पर प्रश्न चिह्न लगा के उन्होंने आशाप्रद बदलाव का सूत्रपात किया। मनोरंजन और विज्ञान के संतुलित स्वरूप से उभरते बाल नाटकों पर उनकी सजग रंगदृष्टि पड़ी। मिथ, पुराण, इतिहास, लोक कथा आदि से सांस्कृतिक ऊर्जा लेकर और बच्चों के खेलकूद के द्वारा उनके तन-मन को रिझानेवाले नाटक रचकर उन्होंने बाल मनोविज्ञान के अनुकूल नाट्य रचना की शुरुआत की। बालकों की दुनिया के स्निग्ध भाव व्यापारों की बारीकियों के वे अच्छे जानकार थे। उनकी इच्छा-अनिच्छा, प्रकृति प्रेम, जानवरों के प्रति उनका सहज लगाव सब कुछ शंकर पिल्लै के बाल नाटकों में जीवंत हो उठे। 'गुरु दक्षिणा', 'नोन्नुमुक्कुटम्', 'निषल', 'उम्माक्की', 'वेनलिल विरिन्ज पुवु', 'ओरु कूट्टम एरुम्पुकल' आदि प्रयोगपरक बाल नाटकों ने प्रस्तुति की संभावनाओं को बढ़ा दिया। बालकों के लिए आयोजित नाट्य-शिविरों ने उनमें आस्वादन की रुचि जगाई।

मलयालम रंग जगत् में सी.एन. श्री कण्ठन नायर का योगदान कथावस्तु के चयन और चुनाव की दृष्टि से एक सार्थक प्रयोगात्मक प्रयास के रूप में महत्त्वपूर्ण रहा। यद्यपि 'कांचन सीता', 'साकेत', 'लंका लक्ष्मी'—ये तीन नाटक रामकथा को आधार लेकर रचे गए थे तो भी वे समसामयिक जीवन के संदर्भ की याद दिलाते रहे। 'कांचन सीता' की कथा श्रीरामकथा और आर्य द्रविड़ संघर्ष पर केंद्रित होते हुए भी आम मानव के जीवन संघर्ष की कथा है। इस नाटक की प्रस्तुतियों की सफलता से प्रेरित होकर सी.एन. ने दो और रामकथाश्रित नाटक लिखे, 'साकेत' और 'लंका लक्ष्मी'। जब मानव की जिंदगी अपने संकल्प की राह से हटकर बहने लगती है तो उसे अवाक् देखते खड़ा होना पड़ता है। इस विडंबना के बोझ से प्रताड़ित आधुनिक मानव का तनाव इन दोनों नाटकों के प्रतिपाद्य का केंद्र बिंदु है। 'आषाढ़ का एक दिन' और 'लहरों के राजहंस' के जरिए मोहन राकेश ने हिंदी नाट्य साहित्य में आधुनिक मानव की विसंगत जीवन दशा का जैसा चित्रण किया वैसा चित्रण सी.एन. ने उपर्युक्त नाटकों में किया।

1970 के पहले ही मलयालम में नाट्य रचना प्रस्तुति और आस्वादन के स्तर पर सौंदर्यशास्त्रपरक बदलाव की जरूरत महसूस होने लगी थी। नाटक के प्रति एक गंभीर संकल्प लेकर पिटी-पिटाई शैली से छुटकारा पाने का जबरदस्त प्रयास शुरू हुआ। इसी के उपलक्ष्य में केरल में 'कळरी' नाम से कई नाट्य प्रशिक्षण शिविर आयोजित हुए। श्री शंकर पिल्लै, सी.एन. श्रीकण्ठन नायर, पी.के. वेणुक्कुट्टन नायर, एस. रामानुजुज, एम.वी. देवन आदि प्रतिबद्ध रंग प्रेमी इस कार्यक्रम को बहुत आगे ले चले। इन प्रशिक्षण केंद्रों ने इस बात पर जोर दिया कि संवाद के वाचिक स्तर

पर या मंच के थोड़े से क्रियांश पर नाटक के ध्वनि पाठ को अर्थ की पूर्ण गरिमा नहीं मिलती, उस गरिमा के लिए मंच के हर हिस्से का समुचित प्रयोग, उन हिस्सों का परस्पर पूरक संबंध, नेपथ्य का योगदान आदि भी जरूरी है। जिन नाटकों पर अरंगमंचीयता का लेबल लगाकर पहले दूर रख दिया था उनको 'कळरी' में प्रशिक्षित कलाकारों ने प्रस्तुत करके उनकी रंगमंचीय संभावनाओं का भेद खोल दिया जैसे हिंदी में प्रसादजी के नाटकों पर लगी अरंगमंचीयता का लांछन शांता गांधी जैसे निर्देशकों ने मिटा दिया।

निजी रंगमंच की तलाश की कोशिशें 1970 के बाद के मलयालम नाटक और रंगमंच को एक और सक्रिय रंग दिशा की ओर ले गईं। केरल के कूत्ताट्टुकुलम गाँव में सी.जे. थॉमस पर आयोजित नाट्यसंगोष्ठी में सी.एन. श्रीकण्ठन नायर ने अपने लेख में निजी रंगमंच के संबंध में पहली बार उल्लेख किया। उनके अनुसार यही केरल के भविष्य का असली रंगमंच था। जो कुछ तब तक चल रहे थे वे सब उनकी निगाह में नकली रहे। इस नाट्य संकल्प पर रचा पहला नाटक 'कली' जो पहली प्रस्तुति में ही असफल निकला तो भी इस संकल्प को छोड़ने को वे तैयार नहीं थे। केरल को विरासत में प्राप्त पारंपरिक दृश्य रूपों के प्रसंगोपयोगी अंशों को लेकर आधुनिक जनजीवन के बहुआयामी स्वरूप का चित्रण कहाँ तक संभव है ? आधुनिक और पारंपरिकता की गलबाही नाटक को किस ओर ले जाएगी ? आधुनिकता और पारंपरिकता अपनी-अपनी जगह पर टिके रहे तो नाटकत्व का क्या रूप रहेगा ? आदि सवाल उठाए गए। ये सवाल तो अब भी उठाए जा रहे हैं और जवाब की तलाश करते-करते नाट्य समीक्षक और नाट्यास्वादक बहुत देर तक झगड़ा करते रहते हैं। आखिर उसी सवाल के पास वापस आ जाते हैं। जो भी हो इस नई नाट्य प्रवृत्ति की ओर सबसे अधिक आकृष्ट हुए कावालम नारायण पणिक्कर 'दैवत्तार', 'अवनवन कटंबा', 'करंकुट्टी' इन तीन नाटकों में केरल के पारंपरिक कलारूपों का नाट्यानुभूति प्रवण प्रयोग करके उन्होंने एक नई लहर दौड़ाई। उपर्युक्त नाटक लिखने से पहले कावालम और भी कुछ नाटक लिख चुके थे जिनमें 'साक्षी', 'तिरुवाषित्तान' और 'जाबाला सत्यकामन' प्रमुख हैं। 'तिरुवाषित्तान की कथावस्तु में शिल्प की संश्लिष्टता और घटना की सुसंबद्धता है। तीन अंकों में विभक्त प्रस्तुत नाटक में प्रयोग पक्ष की बड़ी संभावनाएँ नजर आईं। 'जाबाला सत्यकामन' में मानव मन के युगों के उलझन भरे बंधनों का विश्लेषण है। कावालम की नाट्यकला की चरमसीमा 'दैवत्तार' और 'अवनवन कटंबा' में पाई जाती है।

'दैवत्तार' की कथावस्तु एक मिथकीय परिकल्पना पर आधारित है। मिथक के संयोजन से नाटककार गत संस्कृति की विभूतियों की छटा प्रदान करते हैं। दर्शक के मन और आँख को खूब अभिभूत करनेवाली सामग्रियाँ दैवत्तार और अन्य नाटकों में मौजूद हैं। वेशभूषा, शारीरिक नियंत्रण से उत्पन्न दृश्य सौंदर्य नाटक के आभ्यंतर

सौंदर्य की श्रीवृद्धि करता है। आहार्य सौंदर्य को प्रमुखता देकर प्रस्तुत अवनवन कटंबा ही निजी रंगमंच की तलाश का महत्त्वपूर्ण पड़ाव था। उपर्युक्त नाटक लिखने और मंचन करने से पहले कावालम ने संस्कृत नाटकों का निर्देशन किया, जैसे 'मध्यमव्यायोग', 'कर्णभार', 'भगवद्ज्जुकम' आदि। इनमें भी उन्होंने केरलीय दृश्य रूपों का कलात्मक प्रयोग किया। इस प्रकार कावालम नारायण पणिक्कर ने मलयालम नाटक और रंगमंच को एक नई दिशा प्रदान की।

कावालम के अतिरिक्त इस रंगमंचीय आंदोलन में सक्रिय भूमिका लेनेवाले नाटककार हैं, वयला वासुदेवन पिल्लै ('अग्नि') नरेंद्र प्रसाद ('सौपर्णिका') प्रभाकरन ('पुलिजन्मम्') आदि। इस नवनाट्य प्रवृत्ति के अतिशय प्रचार और आकर्षण से प्रेरित होकर केरल में बहुत से नाटककार और निर्देशक इस दिशा की ओर मुड़े। लेकिन अधिकांश नाटक और उनकी प्रस्तुतियाँ महज अनुकरण रहे। नाटक की आत्मा से मेल न खाने की वजह से नाटकों पर बलपूर्वक आरोपित पारंपरिक दृश्य रूप का उचित आस्वादन नहीं हो सका। ये प्रस्तुतियाँ इस बात का समर्थन करती हैं कि पारंपरिक लोकनाट्य रूपों का समावेश तभी किया जाना चाहिए जब नाटक की 'आंतरिक चेतना' उनके समावेश का सचमुच मार्गदर्शन करें।

केरल में कालिकट विश्वविद्यालय के स्कूल ऑफ ड्रामा, संगीत नाटक अकादमी आदि संस्थाओं से प्रशिक्षण प्राप्त युवा कलाकार तथा विभिन्न नाट्य कला समितियों से जुड़े प्रतिबद्ध रंगकर्मी रंगमंच के कार्यकलापों को स्वस्थ दिशा निर्देशन देने में लगे हैं। सरकार द्वारा आयोजित नाट्य प्रतियोगिताएँ भी नाटक/रंगमंच के प्रति रुचि बढ़ाती हैं। कुछ कलाकारों को पाश्चात्य रंगानुभवों के प्रति ज्यादा आकर्षण है तो कुछ कलाकार देशी रंगमंच की प्राणवत्ता से मुग्ध। इन दोनों का मिला-जुला रूप भी यत्र-तत्र दिखाई देता है। बीसवीं सदी केरल के नाटक और रंगमंच के लिए एक संधिकाल रही। सक्रियता और जागरण की यह अवस्था इक्कीसवीं सदी के लिए आशाप्रद संकेत देती है।

39

केरल के सामाजिक परिवर्तन में साक्षरता और पत्रकारिता का योगदान

सी.वी. हेमावती

किसी भी देश की प्रगति वहाँ की साक्षरता के दर पर निर्भर है। इस तथ्य को ध्यान में रखकर सबसे पहले भूतपूर्व प्रधानमंत्री राजीव गांधी ने अपनी शिक्षा नीति में यह नया लक्ष्य रखा था कि सन् 2000 तक सबके लिए शिक्षा उपलब्ध कराई जाए। केरल में कानफेड की ओर से पी.एन. पणिक्कर के नेतृत्व में प्रौढ़ शिक्षा योजना इसके बहुत पहले ही बनाई गई थी। प्रौढ़ शिक्षा को बढ़ावा देने के लिए 1988 से अनेक कार्य चलाए जा रहे हैं। इसे सफल बनाने के लिए नई शिक्षा नीति में रोजगार दिए जाने की शिक्षा में जोर दिया गया है।

निरक्षरता जनतंत्र पर कलंक है। निरक्षरता के कारण अंधविश्वास बढ़ जाते हैं और सामाजिक कुरीतियाँ बढ़ जाती हैं। निरक्षर समाज में औरतों का अपमान होता है। उनकी इज्जत लूटी जाती है, सन् 1951 में भारत में 21.3 करोड़ निरक्षर थे। फिर धीरे-धीरे साक्षरता दर में लगातार वृद्धि आई। केरल को छोड़कर भारत के अन्य प्रांतों में महिलाओं की तुलना में पुरुषों में साक्षरता दर तेजी से बढ़ी है। लेकिन केरल में स्थिति इसके ठीक विपरीत है। यहाँ साक्षार महिलाएँ 87 प्रतिशत हैं।

'साक्षरता यज्ञ' में आज केरल अन्य प्रांतों के लिए एक नमूना बन गया है। पहले कोट्टयम जिले को इस यज्ञ में पूरी सफलता मिली। साथ ही एरनाकुलम जिला उत्साह से आगे बढ़ा और फरवरी 1990 में वह भी पूर्णतः साक्षर निकला। फिर केरल में मुख्यमंत्री की अध्यक्षता में एक साक्षर समिति रूपायित हुई। इस समिति के नेतृत्व में 'अक्षर केरलम्' योजना बनाई, जिसकी विजय अंत में संपूर्ण केरल की विजय बन गई।

18 अप्रैल 1991 में केरल को शत प्रतिशत साक्षर राज्य होने का गौरव प्राप्त

हुआ। साक्षर बनकर चुप रहे तो सफलता पूर्ण नहीं होगी। नेहरूजी ने कहा था—पढ़ी गई वाणी के चक्रों पर जनजीवन आगे बढ़ता है, अतः अर्थ बोध के साथ वाणी का प्रयोग न करें तो उस चक्र के नीचे जनजीवन कुचल जाएगा। इसलिए अर्थ बोध के साथ वाणी का प्रयोग करना अनिवार्य है। साक्षरता ज्ञान का प्रसार करके उज्ज्वल भविष्य का द्वार खोल देती है। समाज का हर वर्ग शिक्षा से लाभान्वित होता है। साक्षरता के साथ ही सफाई एवं स्वास्थ्य की प्राथमिक शिक्षा देने की योजना भी है।

केरल में साक्षरता यज्ञ और उसकी सफलता कर्मरत पीढ़ियों की सेवा का उत्तम दृष्टांत है। समष्टि की भलाई को लक्ष्य करके आपसी सहयोग के साथ कर्मक्षेत्र में प्रवेश करें तो निरर्थक झगड़े और विद्वेष समाज में नहीं होंगे। वे सब मिट जाएँगे। साक्षर समाज द्वारा एक हद तक यह संभव स्थापित हुआ है। नए युग में और भी विस्तृत सोद्देश्य और रचनात्मक कार्य करने का संकल्प लेकर वे आगे बढ़ रहे हैं।

साक्षरता अभियान से केरलीय समाज में बहुत सारे परिवर्तन आए हैं। नव-साक्षर लोग अपनी त्रुटियों का सुधार करते रहते हैं और धीरे-धीरे समाज में व्याप्त दुर्गुणों का नाश होता रहा। साथ ही अनेक प्रकार के गुणों का विकास हुआ। साधारण लोग जाने-अनजाने बदलने लगे हैं। उन्हें अपनी शिक्षा तथा शिक्षकों से नई जानकारी प्राप्त हुई है। आज भी साक्षरता के प्रचार-प्रसार के लिए नई-नई योजनाएँ बनाई जा रही हैं। ऐसी योजना निर्माण में शासक वर्ग तथा अधिकारी लोग सहायक हुए हैं। नव साक्षर समाज योजनानुसार अग्रसर होता रहता है। नई शिक्षा ने हर एक में समानता और स्वतंत्रता की भावना भी जगा दी है। समाज में फैले भ्रष्टाचार एवं अनाचार को समझने और सुधारने में साक्षरता बहुत कुछ सहायक हुई है।

साक्षरता प्रचार को आगे बढ़ाने में पत्रकारिता का विशेष योगदान है। पत्रकारिता का प्राण तत्त्व है समाचार। पंद्रहवीं शताब्दी में जर्मनी के गुटनवर्ग ने टाइप के सचल अक्षरों के माध्यम से मुद्रण प्रणाली का आविष्कार कर मानव विकास के क्षेत्र में एक नई क्रांति खड़ी कर दी थी जिसकी सामाजिक परिवर्तन की क्षमता सदा बढ़ती हुई दिखाई दे रही है। मुद्रण के साथ ही पत्रकारिता का जोरदार विकास भी होता रहा। आज पत्रकारिता यानि पत्र-पत्रिकाएँ राजनीतिक-सामाजिक परिवर्तनों की प्रबल शक्ति बनकर आगे बढ़ रही है।

भारत और लोकतांत्रिक देश में समाचार पत्रों की भूमिका कम महत्त्व की नहीं। सामाजिक दुःस्थिति के विरुद्ध आवाज उठानेवाले समाज सुधारकों ने ही भारत में पत्रकारिता का श्रीगणेश किया था। अपने चारों ओर होनेवाली घटनाओं से अनभिज्ञ आम जनता में स्वतंत्रता संबंधी भावना जगाने में समाचार पत्रों का महत्त्वपूर्ण हाथ है।

सन् 1847 में कण्णूर जिला के तलश्शेरी इल्लिक्कुन्नु से डॉ. हेर्मन गुंडर्ट द्वारा